Kaiser Wilhelm-Institut für
AUSLÄNDISCHES und INTERNATIONALES PRIVATRECHT
Direktor: Hans Dölle

BEITRÄGE ZUM BÜRGERLICHEN RECHT

Herausgegeben von ERNST WOLFF

Sonderveröffentlichung der Zeitschrift für
AUSLÄNDISCHES und INTERNATIONALES PRIVATRECHT

1950

Im gemeinsamen Verlag von WALTER DE GRUYTER & CO. BERLIN und
J. C. B. MOHR (PAUL SIEBECK) TÜBINGEN

Die nachfolgenden Beiträge sind als deutsche Landesreferate zum III. Internationalen Kongreß für Rechtsvergleichung in London 1950 erstattet worden.

Der vorliegende Band umfaßt die zum 2. Teil des Kongreßprogramms erstatteten Referate. Eine Gesamtausgabe der Referate ist gleichzeitig unter dem Titel „Deutsche Landesreferate zum III. Internationalen Kongreß für Rechtsvergleichung in London 1950" als Sonderveröffentlichung der „Zeitschrift für Ausländisches und Internationales Privatrecht" im gemeinsamen Verlag von *Walter de Gruyter & Co., Berlin*, und *J.C.B. Mohr (Paul Siebeck), Tübingen*, erschienen.

Die Einrichtung für den Druck besorgte *Dr. Bernhard C. H. Aubin.*

Druck: Langenscheidt KG., Berlin-Schöneberg

INHALT

Die angegebenen Seitenzahlen beziehen sich auf die Paginierung am inneren Rand der Textseiten

Bürgerliches Recht

Internationales Privatrecht

Zivilprozeßrecht

BÜRGERLICHES RECHT

SCHULDEN IN ENTWERTETER WÄHRUNG

Von Dr. KONRAD DUDEN
Rechtsanwalt in Mannheim-Heidelberg

und Dr. HANS WÜRDINGER
ord. Professor an der Universität Hamburg

A. Auftreten und Behandlung des Problems bis zur Währungsreform von 1948

(Von Dr. Duden)

Das Referat umfaßt die Zeit nach der Geldreform, die auf den Zusammenbruch des Geldwesens nach dem 1. Weltkrieg folgte. An die Stelle der „Mark" trat damals die „Reichsmark". Die gesetzliche Grundlage dieser Währung bildeten in der Hauptsache die Währungsgesetze vom 30. 8. 1924: das Münzgesetz, das Bankgesetz, das Privatnotenbankgesetz und das Gesetz über die Liquidierung des Umlaufs an Rentenbankscheinen (Noten der kurz vorher im Zuge der Stabilisierung der Währung geschaffenen Deutschen Rentenbank). Die Bedeutung der Entwertung der Mark für den Inhalt von Schuldverhältnissen war zuerst von der Rechtsprechung anerkannt worden. Der Gesetzgeber folgte ihr bald mit vorläufigen Anordnungen und nach der Neuordnung der Währung mit dem Aufwertungsgesetz vom 16. 7. 1925. Das Gesetz ließ der Entscheidung nach den Umständen des Einzelfalles einen breiten Raum und gab dadurch Anlaß zu einer Flut von Aufwertungsstreitigkeiten, welche die Rechtsprechung und in einzelnen Fragen auch den Gesetzgeber noch durch viele Jahre beschäftigten. Das gegenwärtige Referat befaßt sich nicht mit diesen Vorgängen, sondern geht von der Schaffung der Reichsmarkwährung aus und untersucht die Bedeutung, die deren spätere Entwertung für Rechtsverhältnisse besaß, die entweder erst unter dieser Währung begründet oder unter der älteren Markwährung begründet, aber nach den Aufwertungsregeln auf Reichsmark umgestellt worden waren.

1. Die rechtsgeschäftliche Vorsorge für den Fall der Geldentwertung

Die Währungsgesetze von 1924 wurden bis zur Machtergreifung der Nationalsozialisten nach ihrem Buchstaben und Geiste angewandt, und es gelang der deutschen Wirtschafts- und Finanzpolitik, die Stabilität der Reichsmark zu wahren. Die Reichsmark nahm auch an der Abwertung zahlreicher Währungen im Anschluß an die internationale Finanzkrise von 1931 nicht teil. Freilich bedurfte es dazu seit 1931 einer Zwangsregulierung des Geldverkehrs mit dem Ausland durch die sog. Devisenvorschriften.

Im innerdeutschen Wirtschaftsverkehr hat es in dieser Zeit Erscheinungen der Geldentwertung nicht oder nicht in dem Maße gegeben, daß sie zu einem Problem des Rechts hätten werden können. Die Erfahrungen der Vergangenheit veranlaßten aber die Geschäftswelt und die Rechtspraxis in großem Umfange, sich um die Sicherung der Rechtsgeschäfte gegen eine künftige Geldentwertung zu bemühen.

a) Das deutsche bürgerliche Recht setzte im Grundsatz diesen Bemühungen keine Schranke. Das *Prinzip der Vertragsfreiheit* gestattete die mannigfaltigsten Klauseln zur Sicherung von Verträgen und Verbindlichkeiten gegen eine Geldentwertung. In gewissem Umfange setzte die Rechtspraxis zu diesem Zwecke an die Stelle von Verbindlichkeiten zur Zahlung gesetzlicher Währung Verbindlichkeiten zur Leistung anderer Gegenstände, die als wertbeständig angesehen wurden, z. B. Verbindlichkeiten zur Leistung ausländischer Währung oder von Gold oder anderen Edelmetallen oder von Waren. In dieser Weise wurde z. B. in ländlichen Verhältnissen, aber auch in der Industrie und anderen Wirtschaftsbereichen nicht selten die Leistung von Kaufpreisen, Renten, Pachten, Mieten usw. *in Sachwerten* statt in Geld vereinbart. In größerem Umfange aber wurden in gesetzlicher Währung zu erfüllende Verbindlichkeiten begründet, die in der Weise gegen eine Entwertung der gesetzlichen Währung gesichert werden sollten, daß die bei Fälligkeit zahlbaren Beträge sich nach einem Maßstab bestimmten, von dem angenommen wurde, daß er sich im Falle einer Entwertung der gesetzlichen Währung entsprechend ändern werde, so nach dem Preise von Edelmetallen oder von gängigen Handelsgütern, nach der jeweiligen Vergütung gewisser Dienste (z. B. der jeweiligen Besoldung gewisser Beamter oder Tariflöhnung von Angestellten oder Arbeitern) oder nach laufend statistisch ermittelten Vergleichszahlen der durchschnittlichen Lebenshaltungskosten, der Preise gewisser Gruppen von Gütern oder ähnlicher Größen (Lebenshaltungskostenindex, Großhandelsindex usw.). Alle Vereinbarungen dieser Art waren nach dem Grundsatz der Vertragsfreiheit gültig und wirksam. Dieser Grundsatz erlitt jedoch in einigen Sparten des Rechtsverkehrs bedeutsame Ausnahmen.

b) Das bürgerliche Recht *schränkte die Vertragsfreiheit ein,* indem es in gewissen Bezirken der Rechtsgestaltung durch die Vertragsparteien nur begrenzte Möglichkeiten ließ. In diesen Bezirken ergab sich infolgedessen das Problem, in welcher Weise und in welchem Maße es den Parteien möglich sei, durch die Gestaltung ihrer Verträge Vorsorge gegen eine Entwertung der Währung zu treffen.

Z. B. müssen die *Hypothek* (§§ 1113ff. BGB) und die ihr verwandte *Grund- und Rentenschuld* (§ 1191ff. BGB) auf die *gesetzliche Währung* lauten[1]. Es waren also einmal Rechte ausgeschlossen, nach denen an den Berechtigten aus dem belasteten Grundstück fremdes Geld oder Sachwerte zu leisten gewesen wären. Darüber hinaus verlangt das Gesetz eine *bestimmte* Geldsumme (§ 1113 BGB). Aus diesem Grunde hatte schon die ältere Rechtsprechung die Goldklausel bei der Hypothek nur als Gold*münz*klausel, nicht als Gold*wert*klausel zugelassen, also nicht in dem Sinne, daß die Hypothek in gesetzlicher Währung nach dem möglicherweise wechselnden Werte einer bestimmten Goldmenge auszuzahlen sei, sondern nur in dem Sinne, daß die Zahlung in Goldmünzen und nicht in anderen gesetzlichen Zahlmitteln zu leisten sei, woraus sich ergab, daß die Klausel gerade dann, wenn sie ihre Wirkung äußern sollte, gegenstandslos wurde, nämlich wenn die Währung sich entwertete und die Goldmünzen aus dem Verkehr gezogen wurden[2].

Diese Grundsätze waren in der Zeit des Währungszusammenbruchs nach dem ersten Weltkrieg, vor der Stabilisierung der alten und Schaffung der neuen Währung durch wichtige Ausnahmevorschriften durchbrochen worden, die auch nach der Schaffung der neuen Währung in Geltung blieben. Schon eine Verordnung vom 13. 2. 1920 (RGBl I 231) gestattete die Begründung von Hypotheken *in ausländischer Währung.* Sodann gestattete das Gesetz über *wertbeständige Hypotheken* vom 23. 6. 1923 (RGBl I 407) die Begründung von Hypotheken in der Weise, „daß die Höhe der aus dem Grundstück zu zahlenden Geldsumme durch den amtlich festgestellten oder festgesetzten Preis einer bestimmten Menge von Roggen, Weizen oder Feingold bestimmt wird". Mit gesetzlicher Ermächtigung wurden durch verschiedene Verordnungen ferner auch Hypotheken nach dem Preise bestimmter Kohle- oder Kalisorten oder nach dem Kurse des USA-Dollars zugelassen. Die nach dem Preise des Goldes bestimmte „Feingoldhypothek" konnte auch so formuliert werden, daß eine bestimmte Zahl von „Goldmark" als geschuldet genannt wurde, wobei unter der Goldmark nichts anderes verstanden war

[1] Dies ist nicht im BGB selbst ausgesprochen, sondern nur in einer Vorschrift der Grundbuchordnung (§ 28) zum Ausdruck gebracht, nach der die Eintragungen in das Grundbuch in Reichswährung erfolgen müssen.

[2] Vgl. RGZ 108/179; 136/172.

als die nach dem Münzgesetz die Münzeinheit bildende Goldmenge[3]. Diese „Goldmarkhypothek" fand besonders weite Verbreitung.

In ähnlicher Weise wurden unter anderem *wertbeständige Inhaberschuldverschreibungen* (Gesetz vom 23. 6. 1923) zugelassen, nachdem die Konzessionspflicht, die nach § 795 BGB nur für Verschreibungen über „bestimmte" Geldsummen galt, auf sie ausgedehnt worden war.

In manchen anderen Sparten des privatrechtlichen Verkehrs und durchweg im öffentlich-rechtlichen Geldverkehr hinderte dagegen die Formstrenge der Rechtsübung, teils auf Grund gesetzlicher Vorschrift, teils ohne solche, die wertbeständige Rechnung, obwohl eine solche auch in diesen Bereichen während des vorangegangenen Währungszusammenbruchs zum Teil schon angewandt worden war. So im Kontokorrent- und Giroverkehr der Banken, im Wechsel- und Scheckrecht, im Recht der Steuern, öffentlichen Abgaben und Gebühren, öffentlichen Entschädigungen, staatlichen Strafen usw., ebenso im kaufmännischen Rechnungswesen (§ 40 HGB) und bei der Bestimmung der Nennkapitalien und Nennbeträge von Mitgliedschaftsrechten in den Kapitalgesellschaften. In diesen Bezirken, in denen — aus mannigfaltigen Gründen — der Nominalismus von jeher zu Hause ist, blieb es bei der Rechnung in der gesetzlichen Währung.

2. *Die Entwertung der Reichsmarkwährung*

Die Finanzpolitik des Reichs verließ bald nach der Machtergreifung der Nationalsozialisten die Bahnen, die ihr die Tradition und die Währungsgesetze vorschrieben. Zuerst zur Belebung der daniederliegenden Wirtschaft, dann zur Finanzierung der gewaltigen öffentlichen Unternehmungen des Dritten Reichs, u. a. der Rüstung und später der Kriegführung, wurden neue Methoden der Geldschöpfung entwickelt, die sich zunächst nach der äußeren Form noch im Rahmen der Vorschriften des Bankgesetzes von 1924 hielten, in der Sache aber diesen Rahmen sprengten. Durch Aufhebung des Bankgesetzes von 1924 und Erlaß eines neuen Reichsbankgesetzes vom 15. 6. 1939 wurde ihnen auch von Gesetzes wegen der Weg freigemacht. Die Geldschöpfung des Dritten Reichs führte zu einer Vermehrung des Umlaufs von Reichsbanknoten von 8,2 Milliarden RM noch im Jahre 1938, schon einige Jahre nach dem Beginn der Hitlerschen Finanzpolitik — auf 61 Milliarden RM bei Kriegsende[4]. Ähnlich vermehrte sich das Giralgeld. Die Höhe der Bankguthaben wurde nach dem Zusammenbruch auf wenig unter 100 Mil-

---

[3] Vgl. § 1 Ges. v. 23. 6. 1923 und 5. DVO zu diesem Ges. v. 17. 4. 1924 (RGBl I 415).

[4] Vgl. die Veröffentlichung der Industrie- und Handelskammer Mannheim: Zur Währungs- und Finanzlage Deutschlands (1947) 11. Neben den Reichsbanknoten liefen noch mehrere Milliarden Rentenbankscheine und Scheidemünzen um.

liarden RM geschätzt, neben denen noch über 100 Milliarden Sparguthaben bestanden, die wegen ihrer kurzen Kündigungsfristen für den Geldmarkt von ähnlicher Bedeutung sind[5].

Dieser außerordentlichen Erhöhung der Beträge des umlaufenden deutschen Geldes stand keine entsprechende Vermehrung des Volksvermögens und des Sozialproduktes gegenüber. In einer — vermutlich optimistischen — Schätzung wurde für das Jahr 1941 einem nominellen Volkseinkommen von 130 Milliarden RM im Jahr ein marktgängiges Güterangebot einschließlich aller Dienstleistungen von 40 Milliarden RM gegenübergestellt[6].

Bei freier Entwicklung der Preise und Dienstentgelte hätte die Vermehrung des Geldes alsbald, nachdem die zu Beginn dieser Politik unausgenutzte Wirtschaftskapazität in die Produktion wieder eingeschaltet war, zur Erhöhung der Preise und Dienstentgelte führen müssen. Die nationalsozialistische Wirtschaftspolitik ließ aber dieser natürlichen Entwicklung nicht Raum. Um in der Auswertung der zusätzlichen Geldschöpfung nicht durch steigende Preise und Löhne beschränkt zu werden, und um der Öffentlichkeit die mit Preissteigerungen verbundene Unruhe fernzuhalten, zugleich auch die wahre Bedeutung dieser Finanzpolitik zu verschleiern, unterband die Regierung durch Zwangsvorschrift die Erhöhung der Preise, Dienstentgelte, öffentlichen Tarife usw.[7]. Nur in schmalen Bereichen wurde der freien Preisentwicklung Spielraum gelassen, so etwa im Handel mit Kunstwerken, Antiquitäten, Gegenständen von Sammlerwert. Gestopt wurden auch die Preise der für langfristige Anlagen flüssiger Mittel besonders in Betracht kommenden Gegenstände, insbesondere die Grundstückspreise und die Börsenkurse der Wertpapiere.

Dieser Preisstop hinderte die Anpassung des Preisniveaus an das Geldvolumen und Nominaleinkommen und schuf eine ständig wachsende Spannung zwischen einem geringen Güterangebot und einer großen Nachfrage. Das kauf- und anlagebereite Geld blieb in großem Umfange unverwendbar. Hierin vor allem bestand die Entwertung der Reichsmark; nur in dem unbedeutenden Gebiet gesetzlich freier Preisbildung und im schwarzen Markt kam die Entwertung des Geldes in der Erhöhung der Preise zum Ausdruck. Die Entwertung der Reichsmark war anderer Art als die Geldentwertung, die aus früheren deutschen Erfahrungen und aus denen anderer Länder bekannt war.

Die Entwertung der Mark im und nach dem ersten Weltkriege war — die Erscheinung im ganzen unter Außerachtlassung von Einzelheiten geringerer Bedeutung genommen — *unbedingt* und *absolut*. Durch

---

[5] Vgl. die zitierte Mannheimer Veröffentlichung, 12.
[6] Vgl. *Max Schnurr*, Öffentliches Preisrecht (1948) 37.
[7] Vgl. u. a. Preisstopverordnung v. 26. 11. 1936 (RGBl I 955).

die Veränderung des ganzen Preisniveaus, in Einheiten der geltenden Währung ausgedrückt, war die Währungseinheit überall und unter allen Bedingungen, einerlei in wessen Hand, in welcher Zahl und unter welchen sonstigen Umständen sie sich fand, in einem bestimmbaren und überall gleichen Ausmaß entwertet. Ähnliches galt für die Entwertung anderer Währungen. Dagegen entstand im Hitlerreich der „Überhang" des Geldes über die Realgüter, also unverwendbares Geld neben verwendbarem. Hinzu kam, vor allem nach dem Kriegsbeginn, die Rationierung der Güter, die ihre Verteilung nicht dem Zufall oder der Gewandtheit der Interessenten überließ, sondern durch Austeilung von Erwerbsbescheinigungen (Bezugsrechten) ordnete. Infolgedessen war die Verwendbarkeit des Geldes weithin davon abhängig, inwieweit es mit Bezugsrechten in einer Hand zusammentraf; der Wert des Geldes für den Besitzer war durch das Vorliegen solcher Bezugsrechte *bedingt*, er war in diesem Sinne *relativ*. Anschaulich hat man gesagt: es bestanden zwei Währungen, die Reichsmark mit Bezugsrecht und die Reichsmark ohne Bezugsrecht. Und da die Bezugsrechte anders verteilt waren als das Geld — weil Vermögen und Einkommen verschieden blieben, die Bezugsrechte aber weitgehend gleichmäßig verteilt wurden — war die Verwendungsmöglichkeit der einzelnen Geldeinheit in der Hand verschiedener Geldbesitzer außerordentlich verschieden: während die Verteilung der Bezugsrechte dem Bezieher eines kleinen Einkommens die Verwendung seiner Mittel meist im vollen Umfange zu den alten Preisen sicherte, konnte der Bezieher eines großen Einkommens oder Besitzer eines großen flüssigen Vermögens seine Mittel nur zum kleinen Teil zur Anlage in den rationierten Werten zu alten Preisen verwenden, während er mit den übrigen entweder auf die wenigen Güter mit freien, außerordentlich erhöhten Preisen oder auf die geringe Anlagechance in den nicht rationierten, aber im Preis gebundenen Werten — z. B. an der Börse — abgedrängt war, wenn er sich nicht dem schwarzen Markt zuwandte, in dem eine gewaltige Preiserhöhung ebenfalls die Geldeinheit entwertete. Der Wert der Geldeinheit wechselte in den verschiedenen Situationen zwischen wenig über Null und fast 100%.

Den Tiefpunkt erreichte diese Entwicklung nach dem Zusammenbruch des Reichs, als der Strom der Reichsmarkzahlungsmittel noch durch das von den Besatzungsmächten emittierte Geld vermehrt, andererseits das deutsche Sozialprodukt durch die Verengung des Wirtschaftsgebiets und den Ausfall vieler Produktionsmöglichkeiten stark vermindert wurde.

3. *Die Folgerungen für die Behandlung der Geldschuldverhältnisse*

Im Falle einer Geldentwertung der früher bekannten Art, in der für die Währungseinheit ein allgemein gültiges Verhältnis des alten zum neuen Werte ermittelt werden kann, hätten Rechtsprechung und Gesetzgebung vor der Frage gestanden, ob Wertbeständigkeitsklauseln, die an einen veränderlichen Maßstab, insbesondere an veränderliche Preise anknüpften, nunmehr zu einer Erhöhung der Beträge der Verbindlichkeiten nach Maßgabe der Änderung der Preise oder sonstigen Maßstäbe führen konnten und ob, wie die Aufwertungsrechtsprechung angenommen und das Aufwertungsgesetz anerkannt hatte, diese Erhöhung der Schuldbeträge, auch wenn keine Wertbeständigkeitsklausel vereinbart war, angenommen werden mußte. Die besondere Art der Geldentwertung, die durch die Wirtschafts- und Finanzpolitik des Dritten Reiches eintrat, führte zu anderen Fragestellungen und Lösungsversuchen und schließlich zu anderen Lösungen.

a) Die üblichen Wertbeständigkeitsklauseln *versagten* im allgemeinen schon darum, weil die Preise, d. h. die *gesetzlichen* Preise der in der Vereinbarung in Bezug genommenen Güter *nicht* geändert wurden. Dasselbe galt von den als Schuldmaß gewählten Kursen ausländischer Währungen, da die Devisenwirtschaft das amtliche Kursverhältnis zwischen der Reichsmark und den ausländischen Währungen aufrecht hielt, ebenso von den in Bezug genommenen Gehalts- oder Lohnsätzen, Indizes usw. Ferner war die freie Anpassung der Schuldverhältnisse an den Zustand des Geldwesens auf dem durch die *Aufwertung* gewiesenen Wege, nämlich durch die Erhöhung der Schuldbeträge, darum in angemessener Weise unmöglich, weil, wie im vorangehenden Abschnitt gezeigt, ein in Zahlen ausdrückbares Verhältnis des neuen zum alten Werte der Geldeinheit mit *allgemeiner* Geltung nicht bestand. Die Relativierung des Wertes der Geldeinheit hätte dazu genötigt, den angemessenen Umrechnungsschlüssel für jedes Schuldverhältnis gesondert festzustellen, und zwar hätte, da für die Geldeinheit im allgemeinen innerhalb großer Beträge geringere Verwendungsmöglichkeiten bestanden als innerhalb kleinerer, die Aufwertung durchweg *um so höher* sein müssen, *je größer* der Betrag war! Zudem lagen die für den Umfang der Verwendungsmöglichkeiten maßgebenden Umstände oft bei Gläubiger und Schuldner verschieden. Praktisch war eine Lösung dieser Art nicht durchführbar. So ist denn auch die Frage der Erhöhung der Schuldbeträge entsprechend der Aufwertung von 1923 in dieser zweiten deutschen Geldentwertung im allgemeinen nicht gestellt, und wo sie gestellt wurde, verneint worden[8].

b) In dieser Situation hatte es eher psychologische als juristische Bedeutung, daß die Gesetzgebung die *Zulässigkeit der Wertbeständigkeits-*

[8] Vgl. u. a. das Urteil OLG Kiel v. 17. 12. 1946 (SJZ 1947, 183ff., MDR 1947, 15ff.). Das Gericht lehnt es ab, sich über die Höhe eines veränderten Betrages der streitigen Hypothekenforderung sowie darüber, ob er überhaupt zu ändern sei, zu äußern, da eine Maßnahme dieser Art ausschließlich vom Gesetzgeber getroffen werden könne. Das Gericht gestattet jedoch dem Gläubiger der Hypothek mit Rücksicht auf die derzeitigen Verhältnisse des Geldwesens, die Annahme des nach vertragsmäßiger Kündigung zur Rückzahlung angebotenen Betrages abzulehnen. Hierüber vgl. weiter unten.

klauseln in den Bereichen der beschränkten Vertragsfreiheit (siehe oben unter 1 b) wieder *einengte*, zum Teil auch mit Wertbeständigkeitsklauseln begründete Verbindlichkeiten in solche von festem Reichsmarkbetrage umwandelte.

Im Hypothekenrecht insbesondere durften schon nach Gesetzen vom 17. 12. 1928 (RGBl I 405) und vom 12. 3. 1931 (RGBl I 31) im allgemeinen keine Rechte in ausländischer Währung mehr begründet werden. Durch Gesetz vom 16. 5. 1934 (RGBl I 391)[9] wurde sodann die Begründung neuer Roggen- und Weizenhypotheken untersagt und wurden die bestehenden Schulden dieser Art in Reichsmarkhypotheken umgewandelt. Die Verordnung über wertbeständige Rechte vom 16. 11. 1940 (RGBl I 1521) beseitigte sodann auch die Zulässigkeit der Dollar-, Kohle- und Kali-Hypotheken. Die Verordnung bestimmte fernerdin einer verklausulierten, in der Tendenz aber eindeutigen Vorschrift durch Bezugnahme auf den gesetzlich festgelegten — in der Hauptsache fiktiven — Goldankaufspreis der Reichsmark die Gleichstellung der Goldmark mit der Reichsmark. Es wurde nach dem Zusammenbruch des Reichs streitig, ob diese Vorschrift als eine Maßnahme nationalsozialistischer Wirtschafts- und Rechtspolitik noch angewandt werden könne. Da ähnliche Eingriffe in die Vertragsfreiheit in neuerer Zeit in vielen Ländern erfolgt sind, ist die Frage in der Rechtsprechung mit Recht überwiegend bejaht worden[10]. Die Goldmarkhypotheken blieben gültig und konnten auch neu begründet werden; die Goldklausel war jedoch fortan ohne Bedeutung.

c) Die Vereinbarung *neuer* Wertbeständigkeitsklauseln wurde ferner durch die Vorschriften des Preisrechts eingeschränkt. Die Preisstopverordnung verbot nicht nur die offene Erhöhung der Preise, sondern auch die Änderung von Vertragsbedingungen zum Nachteil des Abnehmers, in der eine versteckte Erhöhung des Preises gesehen wurde[11]. Durch diese Vorschrift wurde die Vereinbarung von Wertbeständigkeitsklauseln im Rahmen der Anwendbarkeit der Preisvorschriften — also bei den meisten entgeltlichen Geschäften über Waren oder Leistungen, z. B. im Grundstücksverkehr — verboten, wenn nicht ausnahmsweise anzunehmen war, daß die Vereinbarung solcher Klauseln in der Vergleichszeit (Oktober 1936) üblich gewesen war.

Die erwähnte politische Tendenz, die schon als Motiv dieser Gesetzgebung eine Rolle spielte, kam ferner darin mit nicht geringerer Wirkung zum Ausdruck, daß das Dritte Reich die Wertbeständigkeitsklauseln als Ausdruck des Mißtrauens in seine Währung verpönte, so

---

[9] Mit DVOen v. 25. 5. und 5. 9. 1934 (RGBl I 448, 824).
[10] Vgl. die Darstellung von *Duden:* DRZ 1947, 290 Anm. 21.
[11] § 1 II PreisstopVOv. 26. 11. 1936, siehe oben.

daß es auch ohne gesetzliches Verbot schwieriger wurde, sie zu vereinbaren[12].

d) Während es zu einer Aufwertung der Geldschulden wegen der Relativität der Entwertung der Reichsmark, welche die Festsetzung eines Aufwertungsschlüssels unmöglich machte, nicht kam, mußte doch die Geldentwertung in anderer Hinsicht in der Behandlung der Geldverbindlichkeiten ihre Wirkung äußern.

Vor dem Zusammenbruch des Dritten Reiches verhinderte die Diktatur eine *Repudiation der Reichsmark* in größerem Umfange. Nach dem Zusammenbruch hielten zwar die Besatzungsmächte das System der Preisregulierung und Zwangsbewirtschaftung aufrecht, aber weder sie noch die schwachen deutschen Regierungen konnten verhindern, daß die Wirtschaft in wachsendem Maße die Hergabe von Waren und Leistungen für Geld ablehnte und durch den Tausch mit anderen Waren oder Leistungen ersetzte, obwohl diese Geschäfte den Gesetzen zuwiderliefen. Diese Repudiation des Geldes entwertete es weiter. Zudem entfiel die inoffizielle Regulierung des Geschäftslebens durch eine mit den Mitteln der Diktatur arbeitende Verwaltung und Parteiführung. Unter diesen Umständen mußte sich das natürliche valoristische Rechtsempfinden Bahn brechen. Während es dabei blieb, daß eine Aufwertung der Geldschulden durchweg nicht zur Diskussion gestellt wurde, wiesen die Gläubiger fälliger Geldschulden die angebotenen Schuldbeträge zurück und verlangten, daß ihre Forderungen bis zu der von den Besatzungsmächten seit 1945 in Aussicht gestellten Geldreform in der Schwebe blieben, in der Hoffnung, daß bei der Geldreform ohne Herabsetzung der Schuldbeträge an die Stelle des entwerteten Geldes ein neues, vollwertiges gesetzt würde. Zu dem von manchen Stellen geforderten Sperrgesetz, das die Rückzahlung langfristiger Verbindlichkeiten, insbesondere von Hypotheken, bis zur Neuordnung der Währung anhalten sollte, kam es zwar nicht. Wohl aber entschieden mehrere Gerichte, daß der Gläubiger einer langfristigen Forderung unter den derzeitigen Umständen befugt sei, die Rückzahlung der kraft Vertrages fälligen oder vertragsgemäß fällig gestellten Schuldsumme bis zu einer Neuordnung des Geldwesens zurückzuweisen[13]. Mangels eines höchsten Gerichts gelangte die Rechtsprechung in dieser Frage jedoch zu keiner einheitlichen Haltung.

---

[12] Vgl. z. B. eine Vereinbarung der Organisationen des Kreditwesens v. 22. 12. 1936 (Reichsanzeiger 1936 Nr. 299) betr. sog. wertbeständige Konten in Reichsmark auf Feingoldbasis oder Basis einer ausländischen Währung. Die Vereinbarung wurde vom Reichskommissar für das Kreditwesen auf Grund des Ges. über das Kreditwesen v. 5. 12. 1934 (RGBl I 1203) im Anwendungsbereich des Gesetzes für allgemein verbindlich erklärt.

[13] Vgl. u. a. die in Note 8 erwähnte Entscheidung OLG Kiel 17. 12. 1946; im entgegengesetzten Sinne u. a. OLG Köln 7. 5. 1947 (MDR 1947, 91ff.); vgl. ferner die Angaben bei *Duden*, Die Währungskrise in der Rechtsprechung: 1947, 287ff.

Auch außerhalb der Frage der Behandlung fälliger Geldschulden hatte die Rechtsprechung sich mit der Wirkung der Währungskrise auf privatrechtliche Verhältnisse auseinanderzusetzen. In zahlreichen Entscheidungen wurde die Möglichkeit des Schadensersatzes durch Abgabe von Sachwerten an Stelle einer Zahlung gegenüber der bisherigen Praxis erheblich erweitert. In verschiedenem Sinne wurde über die Frage geurteilt, ob der Teilhaber einer Rechtsgemeinschaft, z. B. ein Miterbe, sich auch unter den derzeitigen Verhältnissen für seinen Anteil an den Sachwerten der Gemeinschaft mit Geld abfinden lassen müsse, wenn nach den allgemeinen Vorschriften die Auseinandersetzung zu erfolgen hatte. Vielfach verneint wurde die Frage, ob der Verwalter fremden Vermögens, z. B. ein Vormund, unter den derzeitigen Verhältnissen entsprechend früheren Geschäftsgepflogenheiten berechtigt sei, aus dem ihm anvertrauten Vermögen Sachwerte zu den gesetzlichen Preisen gegen Geld abzugeben. Vereinzelt verneint wurde auch die Anwendbarkeit der öffentlich-rechtlichen Vorschriften, nach denen die öffentliche Hand für gewisse Zwecke die Abgabe von Sachen gegen Zahlung ihres Marktpreises fordern kann[14].

e) Ohne Zweifel hätte wie 1923 die ständige Verschärfung des Gegensatzes zwischen dem wahren Wert des Geldes und dem Werte, den das nominalistische System des allgemeinen Schuldrechts ihm zuschrieb, die Rechtsprechung immer mehr zu Lösungen gedrängt, die dem Verfall der Währung Rechnung trugen und dadurch beitrugen, den Gesetzgeber zur Neuordnung des Geldwesens zu drängen. Jedoch wandten sich die Besatzungsmächte gegen diese Tendenz der Rechtsprechung — in erster Linie wohl, um sich bei der Vorbereitung und Durchführung der in dem Vierzonen-Regime außerordentlich schwierigen Geldreform die freie Hand in vollem Umfange zu wahren —. Durch die sog. „*Mark = Markgesetze*" von 1947 untersagten sie den Gläubigern fälliger Geldschulden mit und ohne Wertbeständigkeitsklausel, die Annahme des Nennbetrages der Schuld bei Fälligkeit als Erfüllung abzulehnen. Dabei wurde in diesen Vorschriften ausdrücklich verfügt, daß der Rückzahlung der Verbindlichkeiten zum Nennbetrage auch nicht die allgemeinen Grundsätze des deutschen bürgerlichen Rechts, insbesondere der Grundsatz der Schulderfüllung nach Treu und Glauben (§ 242 BGB), entgegengehalten werden dürften, auf welche die Rechtsprechung im Jahre 1923 die Aufwertung gestützt hatte[15]. Die Kritik dieser Vorschriften ging so weit, daß von einem hohen Richter die These aufgestellt wurde, die deutschen Gerichte könnten sie nicht anwenden, weil ihnen bei der Beurteilung privater

---

[14] Vgl. die Zusammenstellung bei *Duden*, DRZ 1947, 287ff.

[15] Vgl. in der US-Zone: Ergänzung 1 des MilRegG 51, in Kraft ab 1. 7. 1947; brit. Zone: MilRegVO 92, in Kraft ab 1. 7. 1947 (Amtsblatt der MilReg. 1947, 567); in der franz. Zone: MilRegVO 118 (JO 1211); in Berlin: Anordnung der Kommandantur v. 28. 10. 1937 (VOBl 1947, 247).

Rechtsstreitigkeiten die Berücksichtigung von Treu und Glauben nicht verboten werden könne[16]. Die Gerichte haben sich dennoch sämtlich der gesetzlichen Anordnung gefügt; ihr Verhältnis zur Besatzungsmacht schloß es praktisch aus, daß sie ihr gegenüber ähnlich Stellung nahmen, wie es die Richter des Reichsgerichts im Jahre 1923 gegenüber der Reichsregierung taten, als diese gedroht hatte, ein Gesetz herbeizuführen, das die vom Reichsgericht anerkannte Aufwertung verbot. Überdies war auch vor dem Erlaß der M=M-Gesetze die Beurteilung der Rechtslage durch die Gerichte nicht einheitlich gewesen.

In mancher Hinsicht blieb die Tragweite der sog. „Mark=Mark-Gesetze" umstritten, insbesondere in der Frage, ob aus ihnen der allgemeinere Satz zu entnehmen sei, die Gerichte dürften aus dem Verfall der Währung keinerlei Rechtsfolgen herleiten. Vereinzelt wurde dies bejaht[17]. Im allgemeinen aber wurde diese These, die eine Wiedererweckung der längst tot geglaubten Fiktionstheorie von der „legalen Wertkonstanz" des Geldes[18] bedeutete, abgelehnt[19]. In zahlreichen Fällen mußten danach Kündigungen, Optionserklärungen und ähnliche Rechtshandlungen, wenn sie in der Zeit des Währungsverfalls vorgenommen wurden und zur Zahlung von Beträgen in der entwerteten Währung führen sollten, als mit Treu und Glauben unvereinbar für unwirksam erklärt werden. Rechtsstreitigkeiten über Vorgänge dieser Art beschäftigen auch heute noch vielfach die Gerichte.

Die Mark=Mark-Vorschriften von 1947, die, wie erwähnt, vielfach als unbilliger Eingriff in die allgemeinen Rechtsgrundsätze empfunden wurden, kennzeichneten die Spannung, die zwischen dem nominalistischen Gesetz und der Wirklichkeit durch den fortschreitenden Verfall des Geldes entstanden war. Die endgültige Lösung der durch diese Verhältnisse aufgeworfenen Rechtsprobleme blieb den Gesetzen zur Neuordnung des Geldwesens vom Juni 1948 vorbehalten. Diese Lösungen werden im folgenden Teil dieses Referats dargestellt.

---

[16] Vgl. Landgerichtspräsident *Koch*, NJW 1947/48, 170ff.

[17] Vgl. das Urteil LG Rottweil 20. 10. 1947 (DRZ 1948, 24ff.) mit ablehnender Anmerkung von *Duden*.

[18] Vgl. *Knies*, Geld und Kredit (1873/79); Übersicht bei *Schwander*, Geldschuldlehre (1938), 27.

[19] Vgl. aus der *Rechtsprechung* insbesondere die Entscheidungen OLG Stuttgart v. 24. 9. 1947 — Rs 102/47 —; OLG Oldenburg 15. 10. 1947 (SJZ 1948, 90 = MDR 1948, 17ff.); OLG Hamm 19. 3. 1948 — 5 U 25/48 —; OLG Stuttgart 3. 11. 1948 (NJW 1949, 348ff.); OGH BZ 16. 12. 1948 — II 27/48 — (BB 1949, 109). Bei der letztgenannten Entscheidung handelte es sich darum, ob eine durch Vertrag von 1938 eingeräumte Option zum Rückkauf eines verkauften Grundstücks ohne Rücksicht auf den Währungsverfall ausgeübt werden konnte. Vgl. aus der *Literatur* insbesondere die Anmerkungen von *Duden* in DRZ 1947, 376, 1948, 26 und die Anmerkung von *Kohler* zu dem vorstehend erwähnten Urteil OGH BZ 16. 12. 1948.

B. Lösungen des Problems durch die Währungsreform von 1948 und die anschließende Gesetzgebung

(Von Dr. Würdinger)

Literatur: *Harmening-Duden*, Die Währungsgesetze, Kommentar (1949) — *Binder-Wetter-Reinbothe*, Kommentar zum Währungsgesetz, Emissionsgesetz und Umstellungsgesetz (1949).

Abkürzungen:

BG	D-Mark-Bilanzgesetz v. 21. 8. 1949
EG	Emissionsgesetz v. 23. 6. 1948
DRsp	Deutsche Rechtsprechung (Sammlung von Entscheidungen und Aufsatzausschnitten)
FG	Festkontogesetz v. 4. 10. 1948
LG	Gesetz zur Sicherung von Forderungen für den Lastenausgleich v. 17. 9. 1948
MilGovGaz	Military Government Gazette
SG	Soforthilfegesetz v. 8. 8. 1949
UG	Umstellungsgesetz v. 29. 6. 1948
VA	Veröffentlichungen des Zonenamtes des Reichsaufsichtsamtes für das Versicherungswesen, Hamburg
WG	Währungsgesetz v. 21. 6. 1948

I. Vorbemerkung

Die politische und staatsrechtliche Situation in Deutschland war zur Zeit der Währungsreform von 1948 folgende:

1. Der Kontrollrat der Siegerstaaten hatte infolge der politischen Divergenzen zwischen der Sowjetunion und den Vertretern der Westmächte aufgehört, als oberste Instanz für einheitliche Gesetzgebung und Verwaltung in Deutschland zu funktionieren. Es hatte damit Deutschland de facto aufgehört, ein einheitliches Staatsgebilde zu sein. Die westlichen Besatzungsmächte sahen sich daher genötigt, die Währungsreform für die ihrer Zuständigkeit unterliegenden Länder selbständig durchzuführen, während die sowjetrussische Besatzungsmacht für Ostdeutschland mit der Einführung der Ostmark eine eigene Währung schuf[1]. Ost- und Westwährung stehen sich als fremde Währungen gegenüber. Die Einfuhr westlichen Währungsgeldes in den Ostsektor Berlins und in die sowjetische deutsche Besatzungszone ist verboten; für den Zahlungsverkehr ist maßgebend die 19. DVO z. UG. Im übrigen ist für das Verhältnis der Ostwährung zur Westwährung maßgebend das Gesetz Nr. 53 in der revidierten Fassung und die 1. DVO hierzu. Forderungen und Verbindlichkeiten in DM, deren Gläubiger oder Schuldner ihren Wohn-

[1] Über die Währungsreform in der Ostzone vgl. *Benkard*, BB 1948, 580; *Wünschmann*, JR 1948, 240.

sitz oder Sitz in einem deutschen Gebiet außerhalb des Währungsgebietes haben (§ 26 II UG), unterliegen den Gesetzen Nr. 52 und 53 der MilReg[2].

2. Auch Westdeutschland bildete zu jener Zeit keinen einheitlichen Staat. Mit dem Zusammenbruch des Reiches waren die Länder als selbständige Staaten wieder erstanden, deren staatsrechtliches Verhältnis zu einander bis zur Gründung der Bundesrepublik Deutschland ungeklärt geblieben war. Die Währungsreform wurde daher für alle Länder des deutschen Westens gleichzeitig und sachlich übereinstimmend durch die zuständigen Militärregierungen vollzogen. So entstand der Begriff „*Währungsgebiet*" (vgl. § 1 V UG), worunter die Länder der westlichen Besatzungszonen (mit Ausnahme des währungsmäßig an Frankreich angeschlossenen Saarlandes) zu verstehen sind, welche nunmehr zur Bundesrepublik Deutschland gehören.

Die Westsektoren Berlins gehören nicht zum „Währungsgebiet". Gleichwohl gelten die dort ausgegebenen DM-Noten im Gebiet der Bundesrepublik Deutschlands, wie auch umgekehrt die im Währungsgebiet ausgegebenen Noten in den Westsektoren Berlins Geltung haben[3]. Wo jedoch Gesetze von „Währungsgebiet" sprechen (vgl. insbes. 35. DVO z. UG), sind die Westsektoren Berlins nicht inbegriffen.

3. Für die Darstellung der Währungsreform kann die bisher noch nicht endgültig geklärte Rechtsfrage dahingestellt bleiben, ob die westdeutschen Länder (und jetzt die Bundesrepublik Deutschland) als Rechtsnachfolger des Reiches anzusehen seien. Die Reichsaufgaben waren schon früher teils von den Ländern, teils von überzonalen Verwaltungsinstanzen übernommen worden, und sind jetzt im Grundgesetz der Bundesrepublik Deutschland geregelt. Das Vermögen des Reiches jedoch wie auch das Vermögen der ihm gleichgestellten Rechtsträger, welches nach Gesetz Nr. 52 der Beschlagnahme durch die Militärregierung unterworfen worden war, wurde nach den Grundsätzen der Kontrollratsdirektive Nr. 50 vom 31. 5. 1947, für die britische Zone ergänzt durch die VO 149, 150, 159 und 202 (für die amerikanische Zone vgl. Gesetz Nr. 19) auf verschiedene deutsche Rechtsträger aufgeteilt und übertragen, soweit es nicht gemäß Art. 89, 90, 134 und 135 des Grundgesetzes auf die Bundesrepublik Deutschland überging, und war, soweit hiernach nicht besondere Rechtsträger in Frage kamen, zur Verwaltung und, soweit erforderlich, zur Liquidation je nach Belegenheit den Oberfinanzpräsidenten treuhänderisch zugewiesen. Soweit zu diesem Vermögen Forderungen des Reiches

---

[2] Über interzonales Währungsrecht und über die Anwendbarkeit der Grundsätze des internationalen Privatrechts vgl. *Binder-Wetter-Reinbothe* Nr. 19ff.; *Harmening-Duden* 159ff.

[3] Vgl. 3. DVO z. WG; ferner die von den einzelnen Militärbefehlshabern für Westberlin erlassenen, mit den Gesetzen des Währungsgebietes im wesentlichen gleichlautenden Gesetze v. 25. 6./5. 7. 1948; dazu *Harmening-Duden* 85ff. und *Binder-Wetter-Reinbothe* II, 1 Vorspruch Nr. 15.

gehören, mögen sie öffentlich-rechtlichen oder privat-rechtlichen Verhältnissen entsprungen sein, wurden sie nach Maßgabe des UG auf neue Währung umgestellt, und es ist Aufgabe der Oberfinanzpräsidenten, diese Forderungen bei den Schuldnern einzuziehen. Die Verpflichtungen des Reiches jeglicher Art hingegen sind von der Umstellung auf neue Währung grundsätzlich ausgeschlossen, so daß sie nicht mehr geltend gemacht werden können und ihr endgültiges Schicksal einer künftigen Gesetzgebung vorbehalten bleibt.

II. Rechtsgrundlagen

Die einschlägigen Gesetze sind folgende:

1. Gesetz Nr. 61 v. 21. 6. 1948 (Währungsgesetz); dieses Gesetz gilt für die brit. und amerik. Zone; ihm entspricht die VO Nr. 158 der franz. Zone. Hierzu ergingen Durchführungsverordnungen v. 21. 6. 1948, 13. 7. 1948, 31. 8. 1948, 23. 8. 1948, 25. 11. 1948 und 15. 8. 1949.
2. Gesetz Nr. 62 (Emissionsgesetz) v. 23. 6. 1948; ihm entspricht die VO Nr. 159 der franz. Zone.
3. Gesetz Nr. 63 (Umstellungsgesetz) v. 29. 6. 1948; dazu Änderung durch VO Nr. 166 v. 21. 4. 1949; dem Gesetz Nr. 63 entspricht die VO Nr. 160 der franz. Zone.

Zu 3. ergingen bisher 45 Durchführungsverordnungen, nämlich:

1. DVO v. 1. 6. 1948 (VOBl 157);
2. DVO v. 1. 6. 1948 (VOBl 163);
3. DVO v. 1. 6. 1948 (VOBl 167);
4., 5. und 6. DVO v. 31. 8. 1948 (VOBl 245/6);
7. DVO v. 23. 9. 1948 (VOBl 285);
8. DVO v. 8. 10. 1948 (VOBl 303);
9. DVO v. 9. 12. 1948 (VOBl 347);
10. und 11. DVO v. 25. 11. 1948 (VOBl 338);
12. und 13. DVO v. 9. 12. 1948 (VOBl 348/9);
14. und 15. DVO v. 6. 1. 1949 (VOBl 1 und 3);
16. DVO v. 31. 1. 1949 (VOBl 43);
17. DVO v. 1. 3. 1949 (VOBl 65);
18. DVO v. 20. 11. 1948 (VOBl 1949, 66);
19. DVO v. 1. 3. 1949 (VOBl 1949, 66);
20. DVO v. 1. 3. 1949 (VOBl 1949, 73);
21. DVO v. 20. 3. 1949 (VOBl 1949, 107);
22. DVO v. 20. 4. 1949 (VOBl 1949, 113);
23. DVO v. 1. 5. 1949 (VOBl 1949, 114);
24. DVO v. 1. 5. 1949 (VOBl 118);
25. DVO v. 5. 5. 1949 (VOBl 148);
26. DVO v. 20. 6. 1949 (VOBl 244);
27. DVO v. 15. 7. 1949 (VOBl 282);
28. DVO v. 1. 7. 1949 (VOBl 290);
29. und 30. DVO v. 18. 7. 1949 (VOBl 292/4);
31. DVO v. 20. 7. 1949 (VOBl 295);
32.—34. DVO v. 15. 8. 1949 (VOBl 369/71);
35. DVO v. 1. 10. 1949 (VOBl 471);
36. DVO v. 21. 8. 1949 (VOBl 488);

37. DVO v. 15. 9. 1949 (VOBl 502);
38. DVO v. 17. 10. 1949 (VOBl 535);
39. DVO v. 17. 10. 1949 (VOBl 536);
40. DVO v. 22. 10. 1949 (VOBl 537);
41. DVO v. 12. 12. 1949 (VOBl 1950, 17);
42. DVO v. 23. 12. 1949 (VOBl 1950, 18);
43. DVO v. 10. 1. 1950 (VOBl 31);
44. DVO v. 10. 1. 1950 (VOBl 36);
45. DVO v. 23. 1. 1950 (VOBl 79).

4. Gesetz Nr. 65 (Festkontogesetz) v. 4. 10. 1948 (VOBl 1948, 304) mit 4 Durchführungsverordnungen (VOBl 1948, 329; 1949, 4, 140 und 488); für die franz. Zone gilt die VO Nr. 175.
5. D-Mark-Bilanzgesetz v. 21. 8. 1949 (VOBl 1949, 419).
6. Gesetz zur Sicherung von Forderungen für den Lastenausgleich v. 17. 9. 1948 (VOBl 1948, 277); dazu Änderungsgesetz v. 10. 8. 1949 (VOBl 375); ferner 2 Durchführungsverordnungen (VOBl 1948, 278 und 1949, 376).
7. Soforthilfegesetz v. 8. 8. 1949 (VOBl 1949, 329).

III. Währungsumstellung und Währungssanierung

1. Das WG hat gemäß § 1 mit Wirkung vom 21. 6. 1948 ab die alte Währung außer Kraft gesetzt und die *Deutsche Mark-Währung* eingeführt.

Technisch vollzog sich die Umstellung in der Weise, daß sowohl alle Privatpersonen und Gesellschaften wie alle Kassen der öffentlichen Hand das gesamte Altgeld (vgl. § 9 WG) einschließlich der in Umlauf gesetzten Noten der alliierten Militärbehörden (mit gewissen Ausnahmen) bei Bankinstituten einzuzahlen hatten (vgl. § 11 I WG) und die so entstandenen Guthaben zusammen mit schon bisher bei Geldinstituten im Währungsgebiet unterhaltenen Reichsmark-Guthaben die sogen. Altgeldguthaben bildeten. Im Zeitpunkt der Währungsumstellung waren mithin alle beteiligten Personen, Gesellschaften und öffentlichen Kassen ohne Bargeldbesitz (die etwa nicht eingezahlten Noten wurden mit Außerkraftsetzung der alten Währung wertlos). Die so entstandenen Altgeld-Guthaben bildeten die Transformatoren für die Umstellung von alter auf neue Währung.

2. Gleichzeitig bestimmte § 2 WG, daß überall, wo in Gesetzen, Verordnungen, Verwaltungsakten oder Rechtsgeschäften die Rechnungseinheiten Reichsmark, Goldmark oder Rentenmark verwendet waren, fortan die Rechnungseinheit D-Mark getreten sei.

Mit dieser Bestimmung ist dem Grundsatz nach nicht nur die außer Kraft gesetzte Währungseinheit generell durch die neue Bezeichnung D-Mark ersetzt, sondern zugleich eine *Umstellung auf die neue Währung im Verhältnis 1:1* verfügt worden. Soweit jedoch im Umstellungszeitpunkt Geldschulden irgendwelcher Art *existent* waren, ist dieser Grundsatz der Umstellung 1 : 1 durch die Sondervorschriften des UG weitestgehend durchbrochen (vgl. unten IV B). Die im § 2 WG enthaltene Umstellung 1 : 1 beschränkt sich mithin praktisch im Wesentlichen auf die Vorschriften oder Vertragsvereinbarungen, in denen künftige Geldschulden betragsmäßig vorweg festgelegt waren, wie es z. B. bei den im StGB enthaltenen Strafrahmen für Geldstrafen, bei den gesetzlichen Preisvorschriften, bei den Gebührensätzen der Gebührenordnungen oder bei Gehalts-, Lohn- und Tarifordnungen, aber auch bei rechtsgeschäftlich vorgesehenen Vertragsstrafen, Garantiezusagen, vertragsmäßigen Haftungsbeschränkungen usw. zutrifft.

3. *Währungsklauseln* (Gold-, Devisen-, Waren- oder Indexklauseln) haben bei der Umstellung durchweg versagt. Soweit in den Verträgen ein Grundbetrag vereinbart war, welcher sich je nach Gold-, Devisen- oder Warenwert verändern sollte, der sich aber nach den bisherigen Preisbindungen nicht verändern konnte, hat dieser Grundbetrag der Umstellung gemäß den §§ 13ff. UG unterlegen; soweit die Höhe der alten RM-Schuld lediglich durch eine bestimmte Waren- oder Goldmenge errechnet werden sollte, war für die Umstellung dieser errechenbare Betrag maßgebend[3a]. Ob die Währungsklauseln nunmehr für den umgestellten Betrag noch Gültigkeit besitzen, ist zweifelhaft und bestritten[3b]. Nach § 3 WG bedürfen neu zu vereinbarende Goldklauseln oder andere Sicherheitsklauseln, wonach der Wert der D-Mark sich nach dem Feingoldpreis oder nach dem Preis anderer Güter (z. B. Roggen) oder Leistungen bestimmen soll, besonderer Genehmigung.

Hierunter fallen jedoch nicht Verträge, bei denen die Höhe der Gegenleistung unter dem Vorbehalt vereinbart wird, daß sich die Selbstkosten des Unternehmers (z. B. Löhne, Materialkosten) gegenüber den der Kalkulation zugrundeliegenden Sätzen nicht verändern, welche Klausel sich bei langfristigen Werklieferverträgen nicht selten findet.

4. Im Gegensatz zum Bankgesetz v. 30. 8. 1924 entbehrt die neue Währung einer *gesetzlichen Deckung*. Das Emissionsvolumen konnte daher nicht mit dem Umfang einer Deckung in Beziehung gesetzt werden. Deshalb bestimmt § 5 EG eine ziffernmäßig feste Emissionsgrenze. Der Umlauf von Noten und Münzen der Bank deutscher Länder (als der alleinigen Emissionsbank (vgl. § 1 EG) soll den Betrag von zehn Milliarden nicht übersteigen, und eine Überschreitung dieses Betrages ist nur unter erschwerten Bedingungen und höchstens um eine Milliarde zulässig.

Die D-Mark-Währung ist ferner zur Zeit eine Binnenwährung, so daß der Zahlungsverkehr mit anderen Währungsgebieten (also auch mit der deutschen Ostzone) den Bestimmungen der Devisengesetzgebung unter-

---

3a Vgl. dazu *Harmening-Duden*, Komm. § 13 Anm. 28ff., *Schmölder-Geßler-Merkle*, Komm. z. D-Mark Bil. Ges. Anm. z. § 11.

3b *Herold*, MDR 1948. 137ff; BB 1947, 80, 315. *Hammes*, MDR 1949, 278.

liegt und der für den Zahlungsverkehr maßgebende Umrechnungskurs offiziell festgesetzt wird.

5. Das *Volumen* des im Zeitpunkt der Währungsumstellung (im Rahmen des § 5 EG) zu emittierenden Notengeldes wurde dadurch bestimmt, daß gemäß § 16 und 17 WG für jede Privatperson ein sogen. Kopfbetrag und für jeden Unternehmer ein sogen. Geschäftsbetrag (unter Anrechnung auf das Umstellungsguthaben) in bar zur Auszahlung kam, daß ferner der öffentlichen Hand eine Erstausstattung zugewiesen wurde, deren Einzelheiten in den §§ 15ff. WG geregelt sind. Auch den Geldinstituten wurden zur Deckung ihrer aus den Umstellungskonten hervorgegangenen D-Mark-Verbindlichkeiten teils Barmittel, teils Ausgleichsforderungen gegen die öffentliche Hand zugewiesen, deren Umfang sich mithin nach dem Betrag der entstandenen Passiven der Banken richtete. Bei der Zuteilung von Ausgleichsforderungen an die Banken wurde aber auch den Bedürfnissen nach Ausstattung der Geldinstitute mit einem angemessenen Eigenkapital Rechnung getragen (vgl. § 12 UG). Wegen der überaus komplizierten Regelung der Geldinstitute sei hier lediglich auf die einschlägigen Rechtsgrundlagen verwiesen. Maßgebend ist die 2. DVO z. UG — „Bankenverordnung" —, ergänzt durch die 6., 11., 15., 21., 28.—30., 35., 36 und 42. DVO zum UG; vgl. ferner die 1. DVO zum UG und unten F.

Die den Unternehmern zugeteilten Geschäftsbeträge waren grundsätzlich so bemessen, daß die nächstfälligen Lohnzahlungen in D-Mark entrichtet werden konnten. Im übrigen waren die Unternehmer genötigt, im Wege des Barumsatzes sich weitere Mittel zu beschaffen. Damit trat zwangsläufig der neuen Währung ein Warenangebot gegenüber, weshalb in der Folgezeit die Warenbewirtschaftung weitgehend gelockert oder aufgehoben und die Preisgestaltung dem Kräftespiel von Angebot und Nachfrage überlassen wurde.

Auch die Ausstattung der öffentlichen Hand wurde grundsätzlich nach dem durch Gehalts- und Lohnzahlung bestimmten Bedarf bemessen, während der übrige Geldbedarf gemäß § 28 UG durch laufende Einnahmen zu decken war. Auch die Beschaffung von Mitteln im Kreditwege wurde der öffentlichen Hand nur im Vorgriff auf künftige Einnahmen gestattet. Andererseits ermächtigte § 27 UG die öffentliche Hand, auf dem Gebiet des Beamten- und Besoldungsrechts jene Maßnahmen zu treffen, die zur Sicherung der öffentlichen Finanzen geboten erschienen. Demgemäß wurden in der Folgezeit Beamtenstellen aufgehoben, Beamte und Angestellte entlassen, Pensionen und Versorgungsbezüge herabgesetzt, sonstige Sparmaßnahmen durchgeführt; vgl. auch 1. VO zur Sicherung der Währung und öffentlichen Finanzen vom 29. 6. 1948 (VOBl 1948, 207).

Vorstehende Grundsätze lassen ersehen, daß das neu ausgegebene Notengeld seinen wirtschaftlichen Kreislauf vorzüglich beim Konsumenten begonnen hat, während der Unternehmer erst durch geschäftlichen Umsatz zu neuen Barmitteln gelangte. Auf diese Weise traten sich Kaufkraft der Konsumenten, die zumeist an allen Lebensgütern Bedarf hatten, und Angebot von (vielfach gehorteten) Waren gegenüber, was noch dadurch unterstützt wurde, daß Kredit ausschließlich als Wechselkredit auf Warenwechsel gegeben wurde.

6. Was sodann die *Altgeld-Guthaben* (vgl. oben sub 1) anlangt, so war deren Behandlung bei der Umstellung eine verschiedene. Das UG teilte die Altgeld-Guthaben in vier Gruppen ein, zu denen als Sondergruppe die Altgeld-Guthaben der Besatzungsmacht hinzuzufügen sind.

a) Die Altgeldguthaben des Reiches, seiner Behörden und Einrichtungen sowie der im Reichsbesitz befindlichen Gesellschaften, wie sie insbesondere während des Krieges zum Zwecke der Rüstungsfinanzierung und Kriegswirtschaft errichtet wurden, ferner die Altgeldguthaben der Bahn- und Postverwaltungen sowie aller sonstigen Kassen der öffentlichen Hand, endlich die Guthaben der Reichsbank und jene der NSDAP und aller Gliederungen begründeten nach § 9 UG keinen Anspruch auf Umwandlung in neue Währung und sind daher völlig erloschen. Damit sind Riesenbeträge alten Geldes vernichtet worden.

b) Erloschen sind ferner die Altgeldguthaben aller Geldinstitute; § 1 Ib und § 2 II UG. Erloschen sind aber auch alle RM-Verbindlichkeiten aus Schuldverhältnissen zwischen Banken § 18 III UG.

c) Die Altgeldguthaben jener Personen, welche nicht zum Währungsgebiet gehören, sowie einzelne Sonderguthaben (vgl. § 1 Id UG) wurden in vollem Umfange, jedoch abgewertet im Verhältnis 10 : 1, auf D-Mark umgestellt (§ 2 IV UG).

d) Die Altgeldbestände der Besatzungsmacht unterliegen nach § 23 UG einer Sonderbehandlung.

e) Die Altgeldguthaben aller Privatpersonen und der privaten Gesellschaften (vgl. § 1 Ia UG mit § 10, 11 BG) hingegen wurden in Freikonten, über welche sogleich verfügt werden konnte, und in gesperrte Festkonten geschieden (vgl. § 2 I UG). Die ersteren unterlagen in Höhe des zunächst freigegebenen Betrages einer Umstellung im Verhältnis 10 : 1; die letzteren erfuhren nachträglich durch das Gesetz 65 eine weitergehende Zusammenlegung auf 6½%.

7. Zu den Sanierungsmaßnahmen, wenn auch auf anderer Ebene liegend, gehört sodann die Regelung des § 14 UG, wonach (vorbehaltlich einer Sonderregelung für Angehörige der Vereinten Nationen) *Verbindlichkeiten des Reiches* und der von ihm abhängigen Kriegsgesellschaften (vgl. § 14 Nr. 5 UG), ferner vor dem 6. 5. 1945 begründete Verbindlichkeiten der Reichsbahn und Reichspost (soweit sie nicht von den Bahn- und Postverwaltungen im Währungsgebiet übernommen wurden), desgleichen Verbindlichkeiten der Reichsbank (soweit nicht von den Landeszentralbanken übernommen), endlich alle Verbindlichkeiten der NSDAP und ihrer Gliederungen eine Umstellung auf D-Mark nicht erfahren. Da die Ansprüche der Gläubiger gegen die vorgenannten Rechtsträger als Reichsmark-Ansprüche nicht mehr geltend gemacht werden können, sind sie praktisch entfallen.

Diese Regelung gilt sowohl für alle Ansprüche öffentlich-rechtlicher Art wie z. B. für Gehalts- und Pensionsansprüche früherer Reichsbeamter, für Ansprüche Betroffener aus Kriegsschäden, insbesondere Bombenschäden, welche vor dem Zusammenbruch des Reiches entstanden waren (aus Demontage, Restitution oder entschädigungsloser Enteignung in der Zeit nach dem Zusammenbruch des Reiches stehen den Betroffenen Entschädigungsansprüche gegen den Staat zur Zeit nicht zu), als auch für Ansprüche vertraglicher Art, wie z. B. Ansprüche aus Rüstungslieferungen oder sonstigen Reichsaufträgen oder Ansprüche aus Reichsanleihen, Reichsgarantien oder Reichsbürgschaften. Die hiernach entfallenden Beträge sind gewaltig. Über den Schutz der hiernach ausfallenden Gläubiger vgl. unten IV D 2.

Nicht entfallen, sondern im Verhältnis 10 : 1 auf D-Mark umgestellt sind hingegen Forderungen des Reiches gegen dritte Personen (Gegensatz: Die Altgeld-Guthaben des Reiches bei Banken, vgl. vorstehend sub 6a). Sie werden, wie oben I, 3 erwähnt, von den Oberfinanzpräsidenten treuhänderisch eingezogen, was in vielen Fällen dazu führte, daß ein Unternehmer auf Rückzahlung erhaltener Vorschüsse belangt wurde, seines Gegenanspruches gegen das Reich aber verlustig gegangen war. In solchen Fällen hat die britische Militärregierung auch die Einstellung des Zahlungsbegehrens für das Reich verfügt.

IV. Die Umstellung schwebender Schuldverhältnisse

A. Allgemeines

1. Die in Teil 2 des UG getroffene Regelung der Umstellung schwebender Schuldverhältnisse hat mit der Währungssanierung nichts mehr zu tun. Diese Vorschriften betreffen die Frage, in welcher Weise schwebende Reichsmarkverbindlichkeiten in neuer Währung zu erfüllen sind. Das gesamte Volumen des emittierten Notengeldes wird dadurch nicht berührt; die aufgestellten Grundsätze gehören zu jenen Maßnahmen, welche die *Zuteilung und Verteilung des neuen Geldes* betreffen.

2. Die Regelung soll in erster Linie dem Prinzip der *Rechtsklarheit* dienen. Daher knüpfen die gesetzlichen Entscheidungen formal an Tatsachen an, deren Eintritt oder Nichteintritt vielfach dem Zufall unterlegen hat, ohne daß der individuellen Billigkeit im Einzelfall Rechnung getragen wurde. Die Rechtsprechung hat es deshalb auch grundsätzlich abgelehnt, die gesetzliche Regelung aus dem Gesichtspunkt von Treu und Glauben (welcher die Aufwertungsrechtsprechung in der Zeit der Währungsregulierung von 1924 beherrschte) zu durchbrechen. Bei Auslegung der Einzelbestimmungen und der tatbestandlichen Abgrenzung ist die Rechtsprechung bemüht, Unbilligkeiten zu vermeiden.

3. Die Regelung des UG ist *nicht erschöpfend*. Der Gesetzgeber hat eine Reihe von Schuldverhältnissen kasuistisch normiert, wichtige Rechtsverhältnisse jedoch nicht erwähnt (z. B. die Grundpfandrechte). Auch die Terminologie und Systematik des Gesetzes stimmt mit dem überkommenen deutschen Recht in Einzelheiten nicht überein, woraus sich zahlreiche Zweifelsfragen ergeben. Nach § 34 UG ist der deutsche Gesetzestext maßgebend; dasselbe gilt für das entsprechende Gesetz Westberlins. Obgleich beide Gesetze auf gleicher Grundlage beruhen, sind die deutschen Texte in wichtigen Einzelfragen verschieden, sogar einander widersprechend.

4. Die Regelung des UG ist *nicht zwingend*. Die Beteiligten eines Rechtsverhältnisses können daher *nachträglich* statt des gesetzlichen Umstellungsmodus eine andere Regelung vereinbaren und Streitigkeiten im Weg des Vergleiches erledigen. Als zulässig haben auch *vor* der Währungsumstellung getroffene Vereinbarungen zu gelten, welche Forderungen betreffen, die nach Inhalt und Höhe völlig unbestimmt waren oder durch welche die Fälligkeit der Verbindlichkeit für einen Zeitpunkt nach der Umstellung vereinbart war[4]. Unwirksam hingegen sind vor der Umstellung vereinbarte Währungsklauseln, durch die sich ein Beteiligter vor Abwertungsverlusten dadurch zu schützen sucht, daß RM-Zahlungen nur im Verhältnis der Wertänderung des Geldes angerechnet werden sollen; denn solche Klauseln verstoßen gegen den in der VO 92 der Militärregierung aufgestellten Mark = Mark-Grundsatz[5].

B. Die Regelung im einzelnen

1. Nach § 13 III S. 2 UG findet das Gesetz auf RM-Verbindlichkeiten, die im Umstellungszeitpunkt bereits *erloschen* waren, keine Anwendung. Sie sind erledigt, mag auch im übrigen das Schuldverhältnis noch fortbestehen, insbesondere die Gegenleistung für die empfangene Zahlung noch nicht bewirkt worden sein oder mögen diese Schulden, falls sie noch nicht beglichen worden wären, einer vollen Umstellung 1 : 1 unterliegen.

a) Hierher gehören zunächst alle Vorauszahlungen bei Dauerschuldverhältnissen wie z. B. bei Miet-, Pacht- oder Lizenzverträgen, bei denen die Gegenleistung für einen längeren Zeitraum, vielleicht für ein ganzes Jahr, pränumerando zu entrichten war. Grundsätzlich kann daher für die Laufzeit des Vertrages vom Zeitpunkt der Währungsregulierung ab nicht nochmal ein entsprechender Teil der Miet- oder Pachtgebühr verlangt werden.

Im Falle der pränumerando bezahlten Jahrespacht oder Lizenzgebühr entsteht für den Pächter oder Lizenznehmer ein sog. Umstellungsgewinn. Pächter oder Lizenznehmer hat seine Schuld in alter Währung getilgt, ist aber jetzt in der Lage, seine Nutzungen in neuer Währung zu verwerten. Diesen Gewinn zu erfassen bleibt nach § 16 III UG dem Lastenausgleich (siehe unten) vorbehalten.

b) Das Gesagte über die Behandlung erloschener Geldschulden gilt sodann für alle übrigen vertragsmäßigen Vorauszahlungen wie z. B. bei Liefergeschäften, Werkverträgen oder anderen Rechtsverhältnissen (Anwaltsgebühren, Prozeßgebühren, Gerichtskosten, rechtmäßig vorausbezahlte Steuern).

---

[4] Vgl. *Bergmann* NJW 1948, 406; *Caemmerer* SJZ 1948, 519; *Harmening* NJW 1949, 402.

[5] Vgl. LG Hamburg, MDR 1949, 632; darüber eingehend der Bericht von *Duden*, oben S. 309ff,

Bei Werk- und Lieferverträgen hat die Vorauszahlung oder Anzahlung in der Regel den Zweck, dem Unternehmer die Materialbeschaffung zu ermöglichen. War eine solche vor der Währungsregulierung indessen nicht mehr möglich, so ist der bezahlte Betrag gleichwohl voll anzurechnen.

c) Die volle Anrechnung der Vorauszahlung auf den bei Vertragserfüllung geschuldeten D-Mark-Betrag setzt jedoch voraus, daß die Vorauszahlung gesetzlich oder vertraglich zulässig war.

Hat z. B. ein Steuerschuldner dem Finanzamt vor der Währungsregulierung und vor der steuerlichen Veranlagung einen größeren RM-Betrag als Vorauszahlung überwiesen oder der Besteller von Waren dem Lieferanten vor Empfang der Ware eine Vorauszahlung zugesandt, so braucht der Empfänger sich dieselbe nicht anrechnen zu lassen. Über unrechtmäßig vorausgezahlte Steuern vgl. VO über die Behandlung von steuerlichen Verbindlichkeiten vom 9. 7. 1948 (VOBl 229).

Wenn umgekehrt der Schuldner zur Vorauszahlung berechtigt war, der Gläubiger jedoch die Annahme des RM-Betrages verweigerte, so greifen zu Gunsten des Schuldners die Grundsätze des Annahmeverzuges des Gläubigers Platz.

2. Während gemäß § 2 WG, wie oben III, 2 dargestellt, in allen Fällen, wo Geldbeträge im Rechtsverkehr bedeutsam sind, an die Stelle der alten Währungseinheit die Rechnungseinheit D-Mark getreten ist, bestimmt § 16 UG für die noch schwebenden Zahlungsverpflichtungen, daß (vorbehaltlich der noch darzustellenden Sondervorschriften) für je 10 RM alter Schuld 1 DM zu entrichten sei. Mit dieser Bestimmung ist eine generelle *Abwertung aller am Stichtag schwebenden Zahlungsverpflichtungen im Verhältnis 10 : 1* erfolgt, gleichgültig, ob es sich um öffentlich-rechtliche Verpflichtungen, z. B. Geldstrafen, Gebühren oder fällige Steuern oder um privatrechtliche Zahlungsverbindlichkeiten handelt. Dieser Grundsatz greift mithin überall da Platz, wo im Gesetz nicht eine Ausnahme vorgesehen ist (vgl. § 13 I UG). Über die Geldansprüche von Angehörigen der Vereinten Nationen vgl. § 15 (in der Änderung gemäß der 7. DVO zum UG) und § 13 IV UG mit Anhang zum UG; ferner die 13. und 37. DVO zum UG und die VO Nr. 166 v. 20. 3. 1949 (GVBl 105). Über die Umstellung von Vollstreckungstiteln vgl. 16. DVO zum UG.

Eine Umstellung und Zusammenlegung erfuhren hiernach auch die RM-Guthaben von Ausländern gegenüber Deutschen und umgekehrt RM-Ansprüche Deutscher gegen Ausländer, soweit deutsches Recht zur Anwendung kommt. Für Angehörige der Vereinten Nationen hat jedoch § 15 UG eine Sonderregelung gebracht.

Der Grundsatz des § 16 UG bezieht sich auf alle schwebenden Schuldverhältnisse im Sinne des § 13 II—III UG. Er gilt also nicht für Ansprüche aus Pfandbriefen und verbrieften Schuldverschreibungen, für welche § 22 UG und die 22. und 27. DVO zum UG Sondervorschriften enthalten. Er gilt ferner nicht für Versicherungsansprüche und Ansprüche aus Bausparkassen, deren Behandlung unter C dargestellt wird.

Er gilt endlich nicht für die Guthaben bei Geldinstituten, welche der oben III, 6 erwähnten Sonderregelung unterliegen und nicht für Ansprüche gegen das Reich und die gleichgestellten Rechtsträger, da diese Ansprüche überhaupt nicht umgestellt worden sind (vgl. oben III, 7).

Hatte z. B. ein Schuldner ein RM-Darlehen aufgenommen und dafür Ware beschafft, so ist das Darlehen nunmehr, umgestellt im Verhältnis 10 : 1, in D-Mark zurückzuzahlen, während Darlehnsnehmer die von ihm beschaffte Ware zum vollen Wert zu realisieren in der Lage ist.

3. Der Grundsatz des § 16 UG setzt ferner voraus, daß die schwebende *Geldschuld bereits konkretisiert* ist, d. h. auf einen bestimmten Betrag lautet. Letzteres trifft nicht zu bei Geldforderungen, welche nicht Betragsschulden, sondern sogen. *Wertschulden* darstellen, deren Höhe durch den wechselnden Wert einer Sache bestimmt wird, wie es grundsätzlich beim Schadensersatzanspruch zutrifft.

Hier ist Gläubiger so zu stellen, wie wenn das schädigende Ereignis nicht eingetreten wäre. Es ist dem Gläubiger daher die Wiederbeschaffung des zerstörten Gegenstandes zu ermöglichen und, falls diese erst nach der Währungsumstellung erfolgt, zum vollen Wiederbeschaffungspreis in D-Mark[6].

Nicht zu den Wertschulden, sondern zu den dem § 16 UG unterliegenden Betragsschulden gehört der Aufwendungsersatzanspruch, da seine Höhe bestimmt wird durch den festen Betrag der gemachten Aufwendungen; zur Umstellung von Bereicherungsansprüchen vgl. die Rechtsprechung des OGH Köln in DRsp. II (251) 24b—c.

Sehr umstritten ist noch die Frage, in welchem Verhältnis das Entgelt umzustellen ist, welches ursprünglich vom Rückerstattungspflichtigen für einen entzogenen Gegenstand bezahlt worden war, der nunmehr an den Rückerstattungsberechtigten herauszugeben ist, wofür letzterer den seinerzeit empfangenen Gegenwert wieder zurückzugewähren hat, wie es das Rückerstattungsgesetz vorsieht. Eine höchstrichterliche Entscheidung dieser Frage liegt bisher noch nicht vor. Die Urteile der unteren Instanzen sind uneinheitlich.

4. Nicht anwendbar ist § 16 UG sodann auf *Beteiligungen*, die sich von Geldforderungen wohl unterscheiden.

Die Forderung richtet sich gegen den Schuldner und hat die Zahlung einer bestimmten Geldschuld zum Inhalt. Die Beteiligung dagegen bezieht sich auf das Objekt, dessen Wert sie dem Beteiligten vermittelt. Der Wert der Forderung wird durch die Höhe der Schuld bestimmt; der Nennbetrag der Beteiligung (z. B. Aktie) bringt nicht den Wert derselben zum Ausdruck, sondern lediglich den rechnerischen Anteil, während der Wert der Beteiligung durch den schwankenden Wert des Vermögens bestimmt wird, an dem die Beteiligung besteht. Die Forderung gehört daher auf die Geldseite und unterliegt der Währungs-

[6] Vgl. jedoch OLG Celle 18. 11. 1948 (NJW 1949, 223); über Wertschulden vgl. *Bruns* MDR 1948, 400. — Über die Umstellung von Bergschäden vgl. *Boldt*: Glückauf 1949, 151.

umstellung. Die Beteiligung gehört zum Sachbesitz und wird von der Umstellung nicht berührt.

a) Die Kapitalanteile bei der *Personalgesellschaft* (OHG, KG), die sich aus den Salden der Kapitalkonten der Gesellschafter ergeben, unterliegen als solche nicht dem Grundsatz des § 16 UG. Ihre Umstellung erfolgt in der Weise, daß zunächst die Gesellschaftsaktiven und -verbindlichkeiten nach den im D-Mark-Bilanzgesetz (BG) aufgestellten Bewertungsgrundsätzen und nach den Grundsätzen der einschlägigen Umstellungsvorschriften zusammengestellt werden, woraus sich bei Gegenüberstellung der nach § 2 WG nunmehr in D-Mark lautenden und 1 : 1 umgestellten Kapitalkonten ein buchmäßiger Gewinn oder Verlust ergibt. Dieser Gewinn oder Verlust ist auf den Kapitalkonten der Gesellschafter gutzuschreiben oder abzubuchen, wobei im Schrifttum ein erheblicher Meinungsstreit darüber besteht ob für die Verteilung dieser Währungsverluste oder -gewinne die Gewinn- und Verlustregelung des Gesellschaftsvertrages maßgebend sein soll oder etwa das Verhältnis der Kapitalbeteiligung der einzelnen Gesellschafter zueinander. Letzteres verdient u. E. den Vorzug. Das BG hat diese Frage nicht geregelt, ihre Lösung mithin der Entscheidung der Gesellschafter selbst überlassen.

Sehr zweifelhaft ist auch die Behandlung von Gesellschafterdarlehen. Sie unterliegen grundsätzlich nach § 16 UG der Zusammenlegung 10 : 1. Indessen wird in der Praxis bei Mangel klarer Regelung im Gesellschaftsvertrag zwischen Darlehen und Einlage vielfach nicht deutlich unterschieden, und den Gesellschafterdarlehen kommt oft die Funktion einer Einlage zu. In solchen Fällen ist zweifelhaft, ob auch solche Darlehen in bezug auf die Umstellung als Einlagen zu behandeln seien. Dieselbe Meinungsverschiedenheit besteht hinsichtlich der Umstellung der Einlagen sog. stiller Gesellschafter[7].

b) Bei den *Kapitalgesellschaften* (AG, KommAG, GmbH), welche auf einem ziffernmäßig festen Grundkapital (Stamm- oder Nominalkapital) beruhen, würde § 2 WG dazu führen, daß das Grund- (Stamm- oder Nominal-) Kapital unverändert auf D-Mark umzustellen wäre, da es keine Gesellschaftsschuld darstellt, sondern lediglich den bilanzmäßigen Gegenposten für die eingebrachten oder in bar einbezahlten Aktiven bildet, während das Gesellschaftsvermögen, soweit es sich aus Geldforderungen (Obligationen, Bankguthaben) und Geldschulden zusammensetzt, infolge der Währungsumstellung eine wesentliche Änderung erfuhr. Für die Kapitalgesellschaften hat jedoch das BG eine eingehende Sonderregelung getroffen.

Hiernach haben auch diese Gesellschaften eine D-Mark-Eröffnungsbilanz per 21. 6. 1948 aufzustellen unter Berücksichtigung der im BG aufgestellten sehr detaillierten Bewertungsvorschriften. Besondere

---

[7] Vgl. hierüber *Schneider* BB 1948, 526; *Otto* BB 1948, 292; *Peters* BB 1948, 465.

Schwierigkeiten ergeben sich für Unternehmungen, welche durch die Trennung Deutschlands in Ost und West zerschnitten sind, vgl. § 2 BG. Auf Grund dieser Vermögensübersicht können die Kapitalgesellschaften sodann gemäß § 35 BG ihr Nominalkapital neu festsetzen, hierbei einen Teil des Reinvermögens auch als Rücklage einstellen und die Anteile an die Festsetzung des Nominalkapitals anpassen; vgl. § 41, 42, 44, 54, 55 BG.

Da eine Vermögensrückzahlung an die Anteilseigner in keinem Falle erfolgen darf, die Substanz des Gesellschaftsvermögens mithin unverändert bleibt, werden die Gläubiger von dieser Umstellung nicht betroffen. Auch für den Wert der Anteile (Aktien) ist diese Maßnahme ohne Bedeutung, da der Wert der Anteile vom Nennbetrag des Nominalkapitals und des Anteils unabhängig ist. Herbeigeführt wird lediglich der bilanzmäßige Ausgleich zwischen dem effektiven Gesellschaftsvermögen und dem Nominalkapital als bilanzmäßigem Gegenposten.

Das neu festgesetzte Nominalkapital kann im Verhältnis zum früheren Reichsmarkbetrag gleich hoch, niedriger oder auch höher sein. Eine Erhöhung würde z. B. möglich sein, wenn die Gesellschaft im Umstellungszeitpunkt als Aktiven lediglich (gehortete) Warenbestände, aber keine Geldforderungen besaß, während die Geldschulden 10:1 zusammengelegt wurden. In vielen Fällen wird freilich eine Herabsetzung des Nominalkapitals erforderlich sein, welche nicht nur durch Währungsverluste, sondern auch durch Demontage oder Kriegsschäden oder durch Ausfall von Ansprüchen gegen das Reich usw. bedingt ist. Die als D-Mark-Eröffnungsbilanz aufgestellte Handelsbilanz wird durch § 74 BG zugleich zur Steuerbilanz erklärt.

Statt der endgültigen Neufestsetzung ist nach § 36 BG auch eine vorläufige Neufestsetzung durch Einstellung eines Kapitalentwertungskontos zulässig, welches in den in § 36—38 BG vorgesehenen Formen durchgeführt werden kann. Für alle gesellschaftsrechtlichen Beteiligungen jedoch ist zu beachten, daß jene Gesellschafter, welche eine im Umstellungszeitpunkt ganz oder teilweise noch vorhanden gewesene Bareinlage geleistet haben, im Verhältnis zu den Sacheinlegern wertmäßig eine Besserstellung erfahren, weil den durch die Zusammenlegung der Geldbeträge entstandenen Verlust auch die Sacheinleger anteilmäßig mit zu tragen haben, während umgekehrt den Geldeinlegern die Stabilität des Sachwertes gleichermaßen zugute kommt.

Für Geldinstitute, Versicherungsunternehmungen und Bausparkassen sind Sonderbestimmungen außerhalb des BG ergangen bzw. werden noch erlassen werden.

5. Nicht geklärt ist im UG die Behandlung der *dinglichen Verwertungsrechte* (Pfandrechte an beweglichen Sachen, Hypotheken- und Grundschulden). Das Gesetz zur Sicherung von Forderungen für den Lastenausgleich (vgl. oben II, 6) ließ jedoch aus § 1 ersehen, daß nach Auffassung des Gesetzgebers auch die Hypothek- und Grundschulden dem § 16 UG unterliegen. Diese Frage wurde nun nachträglich geregelt und in Einzelheiten ergänzt durch die 40. DVO z. UG. Bei den Hypotheken- und Grundschulden sind zu unterscheiden einerseits die zu sichernde Geldforderung (sogen. Valutaschuld aus Darlehen oder aus Kaufpreis), andererseits das an dem Grundstück bestehende Pfandrecht. Sowohl die Valutaschuld als auch das Pfandrecht sind grundsätzlich für den Gläu-

biger gemäß § 16 UG im Verhältnis 10 : 1 abgewertet worden. Die entfallenen $^{9}/_{10}$ des Reichsmark-Nominalwertes des Pfandrechtes sind indessen nicht untergegangen, sondern Gegenstand der Regelung des vorerwähnten LG[8].

In Höhe der entfallenen $^{9}/_{10}$ des Reichsmarkbetrages des Pfandrechtes entsteht hiernach als gesetzliche dingliche Belastung des Grundstückes eine DM-Grundschuld, welche der zusammengelegten Hypothek oder Grundschuld im Range unmittelbar folgt und treuhänderisch dem Staat zusteht, welcher die darauf entfallenden Zins- und Tilgungsbeträge für den Lastenausgleich verwendet. Das bewirkt, daß für den Eigentümer des belasteten Grundstückes (Schuldner) die dingliche Belastung ihrem Nominalbetrag nach unverändert geblieben ist, sich in bezug auf den Gläubiger jedoch geteilt hat, indem $^{1}/_{10}$ des Betrages dem bisherigen Hypothekengläubiger verblieb, während $^{9}/_{10}$ dem Staat zugefallen sind.

Sofern die der Hypothek zugrundeliegende Valutaschuld nach dem UG jedoch im Verhältnis 1 : 1 umgestellt wird, gilt dasselbe für die Hypothek, welche alsdann dem LG nicht unterliegt[9].

6. Auf die Umstellung von *interzonalen Verträgen*, welche von einem in der Westzone ansässigen Partner mit einem Partner der Ostzone geschlossen wurden, kann hier nicht näher eingegangen werden[10].

7. Von dem in § 16 UG aufgestellten Grundsatz, daß alle im Umstellungszeitpunkt schwebenden Geldschulden im Verhältnis 10 : 1 umzustellen seien, bringt § 18 UG wichtige *Ausnahmen*:

a) Forderungen auf regelmäßig wiederkehrende Leistungen, insbesondere Löhne, Gehälter, Miet- und Pachtzinsen, Altenteile, Renten, Pensionen, werden für die Zukunft 1 : 1 umgestellt. Das gemeinsame Kriterium dieser Beispiele besteht darin, daß die genannten Forderungen entweder eine Gegenleistung für eine vom anderen Vertragsteil zu erbringende Dauerleistung darstellen oder daß sie auf Versorgung des Empfängers gerichtet sind (über Versicherungen vgl. unten C).

Zum Begriff „wiederkehrende Leistung" vgl. DRsp II (251) 27—34; ferner OLG Celle in BB 1948, 524.

Nicht unter § 18 Ziff. 1 UG fallen Provisionen und Darlehenszinsen, weil deren Höhe abhängig ist von dem Schuldbetrag, nach welchem sie sich bemessen. Wohl aber gehören zu § 18 Ziff. 1 wiederkehrende Vergütungen für Konkurrenzunterlassung und pauschalierte, also lohnähnlich vereinbarte Provisionsgarantien.

b) In § 18 Ziff. 2 UG ist sodann die Umstellung der Vergütung aus *schwebenden Kauf- und Werkverträgen* geregelt. Diese Verträge sind die wichtigsten Typen jener Geschäfte, welche auf Austausch von Sachleistung gegen Geld gerichtet sind, wobei unter Sachleistung auch immaterielle Werte oder die Herbeiführung eines rein tatsächlichen Leistungserfolges mit verstanden wird, wie sie häufig Gegenstand des Werkvertrages sind.

[8] Vgl. dazu das Schrifttum in DRsp II(257) 17 D—E.

[9] Vgl. *Däubler* DRZ 1949, 3; OLG Hamm in BB 1949, 172.

[10] Vgl. darüber DRsp II (250) 5.

Bei solchen Geschäften kommt es darauf an, wer von den beiden Vertragsbeteiligten im Zeitpunkt der Währungsumstellung Sachbesitzer oder Geldbesitzer war. Da die Währungsregulierung eine monetäre Maßnahme bildet, wird nur der Geldbesitz von ihr betroffen. Hatte der Verkäufer vor dem Währungsstichtag die Kaufsache dem Käufer geliefert oder beim Werkvertrag der Unternehmer dem Besteller die Werkleistung bereits erbracht, so war er als Gläubiger des Anspruches auf Kaufpreis oder Werklohn nur noch Geldbesitzer, erfährt also eine Zusammenlegung seines Anspruches 10 : 1. Dasselbe gilt entsprechend bei Teillieferungen, sofern sie auf Grund des geschlossenen Vertrages als Teilerfüllung zu werten sind. Bei Versendungskauf, bei welchem Käufer mit Absendung der Ware in der Regel bereits das Transportrisiko trägt (vgl. § 447 BGB), erlangt Käufer oder Besteller gleichwohl erst mit Auslieferung der Ware durch den Frachtführer den Sachbesitz[11]. Hat dagegen der Verkäufer oder Besteller, ohne sich im Leistungsverzug zu befinden, die Lieferung erst nach dem Währungsstichtag bewirkt, so war er im Zeitpunkt der Umstellung noch Sachbesitzer und wird von der Umstellung nicht betroffen. Hier hat Käufer oder Besteller den Preis 1 : 1 zu bezahlen[12].

Für die Frage, wie beim Werkvertrag, der etwa auf Herstellung einer Sache gerichtet ist, die vor dem Stichtag geleistete Unternehmertätigkeit zu werten sei, ist demnach entscheidend, ob diese Arbeit im Sinne des Werkvertrages bereits als Erfüllung angesehen werden kann. Das trifft regelmäßig zu bei den sogen. Selbstkostenerstattungsverträgen, bei denen Unternehmer nach gemachtem Aufwand plus Gewinnzuschlag abrechnet. Teilerfüllung ist in der Regel auch gegeben bei Teilbarkeit der Leistung, sofern die Teilleistung für den Besteller einen wirtschaftlichen Wert besitzt. Bei den Festkostenverträgen kann eine laufende Teilerfüllung auch darin liegen, daß das wachsende Werk (z. B. der im Bau befindliche Fischdampfer) dem Besteller laufend gegen Abschlagszahlung übereignet wird[13].

Wenn Käufer oder Besteller bei Empfang der Lieferung nach dem Stichtag den Preis 1 : 1 zu bezahlen hat, so ist dies dadurch gerechtfertigt, daß Käufer oder Besteller in dem Sachwert das volle Äquivalent erlangt. Nicht der konkrete Vertrag ist es also, durch den Käufer einen Verlust erleidet, sondern der Verlust beruht auf der allgemeinen Geldabwertung, von welcher auch der Käufer betroffen wird, weil er in Bezug auf den schwebenden Vertrag im Umstellungszeitpunkt noch Geldbesitzer war. Andererseits erlangt Verkäufer oder Unternehmer, der sich die zu liefernde Sache oder die Rohstoffe für das herzustellende Produkt noch in der Reichsmarkzeit beschafft hatte, einen Umstellungsgewinn. Diesen zu erfassen ist Aufgabe des Lastenausgleichs (vgl. § 16 III UG und unten unter D).

[11] Vgl. OLG Celle in MDR 1949, 626.

[12] Nach § 20 UG hatten Käufer oder Besteller in diesem Falle ein zeitlich begrenztes Rücktrittsrecht. Dieses führte bei großen Werkverträgen (z. B. Brückenbau) dazu, daß die Beteiligten sich auf DM-Basis über Preis- und Zahlungsbedingungen neu verständigten.

[13] Vgl. im übrigen DRsp II (251) 5 und 20ff.

Der Grundsatz, daß bei Bewirkung der Sachleistung nach dem Währungsstichtag das Entgelt 1 : 1 zu entrichten ist, hat auch für entgeltliche Geschäfte anderer Art zu gelten, wie z. B. entgeltliche Besichtigung, Auskunfterteilung, Krediteröffnung usw.

c) In § 18 Ziff. 3 UG werden schließlich Geldansprüche geregelt, welche auf *Auseinandersetzung* beruhen, wie z. B. bei Auseinandersetzung von Gesellschaftern, von Miterben, von Ehegatten, ferner die Abfindungsansprüche bei Übernahme eines Gutes oder sonstiger Vermögen. Diese Tatbestände sind dadurch gekennzeichnet, daß die sich auseinandersetzenden Beteiligten ursprünglich gemeinsam Träger von Sachwerten waren, daß aber bei der Auseinandersetzung der eine Teil den Sachwert übernommen, der andere Teil den Anspruch auf Geldabfindung erlangt hat. War die Geldabfindung bereits gezahlt, so greift § 13 III S. 2 UG Platz (vgl. oben IV B 1). Hat der Abfindungsanspruch zur Zeit der Währungsumstellung noch bestanden, so ist er 1 : 1 umzustellen[14].

C. Die Umstellung von Versicherungsverträgen

1. Rechtsquellen der Umstellung

Die Gesetzgebung zur Währungsreform enthält nur wenige Vorschriften über die Umstellung von allgemeinen Schuldverhältnissen, so daß viele Einzelfragen durch Wissenschaft und Rechtsprechung geklärt werden mußten. Demgegenüber ist die Umstellung von Versicherungsverträgen durch eine Vielzahl von Bestimmungen geregelt, die teilweise dem Besatzungsrecht, teilweise dem innerdeutschen Recht angehören.

(1) *Normen des Besatzungsrechtes*

Es handelt sich für die Westzonen besonders um folgende Bestimmungen:

a) § 24 3. G zur Neuordnung des Geldwesens (Umstellunsgesetz) (MilGoGaz Nr. 25, 862 = VOBlBZ 1948, 149) (Westberlin: Art. 21 §§ 50—56 UmstellungsVO, VOBl Berlin 1948, 374);

b) 3. DVO (VersicherungsVO) (MilGov Gaz Nr. 25, 886 = VOBl BZ 1948, 167) (Westberlin: Durchführungsbestimmung Nr. 4 zur UmstellungsVO, VOBl Berlin 1948, 377);

c) § 4 17. DVO (Reichsmarkabschluß und Geschäftsjahr) (MilGovGaz Nr. 28, 1118 = VOBl BZ 1949, 65);

d) 23. DVO (Umstellungsrechnung der Versicherungsunternehmer) (MilGovGaz Nr. 28, 1122 = VOBl BZ 1949, 114);

e) 24. DVO (Abschlagszahlungen auf die Zinsen für Ausgleichsforderungen) (MilGovGaz Nr. 28, 1127 = VOBl BZ 1949, 118);

f) 32. DVO (VOBl BZ 1949, 369).

---

[14] Über Einzelheiten vgl. DRsp II (251) 6 und 27ff.

(2) *Normen des innerdeutschen Rechtes*

Nach § 8 IV VersicherungsVO konnten die Aufsichtsbehörden weitere Vorschriften „für einzelne Versicherungsunternehmen ... oder für einzelne Versicherungsarten" treffen. Diese Delegation hat in der britischen Zone das Zonenamt des Reichsaufsichtsamtes für das Versicherungswesen durch eine größere Reihe von Verordnungen ausgenutzt, während z. B. für Westberlin nur Verfügungen, also Verwaltungsakte erlassen sind. In der britischen Zone handelt es sich um folgende Verordnungen, die noch durch gewisse Anordnungen sowie Amtliche Hinweise ergänzt sind:

a) VO des Zonenamtes des RAA über die Schadens-, Unfall- und Krankenversicherung aus Anlaß der Neuordnung des Geldwesens v. 5. 7. 1948 (VA 1948 Nr. 7, 2);
b) 2. VO des Zonenamtes des RAA über die Schadens-, Unfall- und Krankenversicherung vom 27. 7. 1948 (VA 1948, 49);
c) 3. VO des Zonenamtes des RAA über die Schadens-, Unfall- und Krankenversicherung vom 27. 7. 1948 (VA 1948, 50);
d) VO des Zonenamtes des RAA über die Lebens- und Rentenversicherung aus Anlaß der Neuordnung des Geldwesens vom 5. 7. 1948 (VA 1948 Nr. 7, 1);
e) 2. VO des Zonenamtes des RAA über die Lebens- und Rentenversicherung vom 27. 7. 1948 (VA1948, 51);
f) 3. VO des Zonenamtes des RAA über die Lebens- und Rentenversicherung vom 24. 9. 1948 (VA 1948, 69);
g) 4. VO des Zonenamtes des RAA über die Lebens- und Rentenversicherung vom 22. 12. 1948 (VA 1949, 1);
h) 5. VO des Zonenamtes des RAA über die Lebens- und Rentenversicherung vom 28. 3. 1949 (VA 1949, 22);
i) 6. VO des Zonenamtes des RAA über die Lebens- und Rentenversicherung vom 25. 6. 1949 (VA 1949, 50);
k) VO über den Aufruf unbekannter Versicherungen außerhalb der Sozialversicherung vom 27. 7. 1948 (VA 1948, 52);
l) 2. VO über den Aufruf unbekannter Versicherungen außerhalb der Sozialversicherung vom 15. 2. 1949 (VA 1949, 9).

2. Grundzüge der Umstellung

Während in § 24 I S. 1 UG der Grundsatz der Abwertung im Verhältnis 10 : 1 für die gesamte Privatversicherung aufgestellt wurde, brachte bereits § 6 VersicherungsVO eine Trennung nach Lebensversicherung und „sonstiger Versicherung", die eine Differenzierung der verschiedenen Versicherungszweige anbahnte.

Grundlegend sind Lebens-, Schadens- und Krankenversicherung zu unterscheiden. Zugleich wurden anläßlich der Währungsreform die Bestände der Versicherungsunternehmen bereinigt (vgl. § 24 IX UG) und die unter Mitwirkung des Reiches zustandegekommenen Kriegstransport- und Kreditversicherungsverträge wurden aus den übrigen Beständen der Versicherungsunternehmen herausgelöst (vgl. § 24 III, V UG).

(a) *Lebensversicherung*

Kapitallebensversicherungen, für die eine Prämienreserve zu bilden war, sind derart umgestellt, daß zunächst die Prämienreserve des 21. 6. 48 dezimiert wurde. Die neue Versicherungssumme wurde so berechnet, daß die alte Versicherungssumme auf die vereinbarte Dauer der Prämienzahlung gleichmäßig verteilt wurde: Die auf die restliche, nach der Währungsreform liegende Dauer entfallenden Summenteile waren voll in Ansatz zu bringen. Die neue Versicherungssumme ist in einer amtlichen Tabelle ersichtlich gemacht. Die Tabelle begünstigt die bereits lange Zeit bestehenden Verträge, welche sonst von der Währungsreform besonders schwer betroffen wären. Der Versicherungsnehmer hat die Prämie in unveränderter Höhe weiter zu zahlen und ist berechtigt, durch Zahlung des erforderlichen Betrages seine Lebensversicherung bis zu dem ursprünglich in Reichsmark ausgedrückten Betrag wieder herzustellen.

Umstritten ist die Frage, ob Versicherungsnehmer, welche die Jahresprämie in unterjährigen Raten begleichen, die nach der Währungsreform zu zahlenden Prämienraten des Versicherungsjahres voll entrichten mußten oder nur zu einem Zehntel. Nach den Versicherungsbedingungen ist nämlich trotz Ratenzahlung die gesamte Jahresprämie bereits bei Beginn des Versicherungsjahres fällig geworden, also vor dem Währungsstichtag. Zu besonderen Härten hat es geführt, daß auch die Rentenlebensversicherung abgewertet wurde, während Sozialversicherungsrenten und überhaupt sonstige Renten nicht betroffen sind. Auch im Bereiche der Handwerkerlebensversicherung sind große Unzuträglichkeiten dadurch entstanden, daß Handwerker, welche sich nicht für die Sozial-, sondern für die private Lebensversicherung entschieden haben, schlechter behandelt sind.

(b) *Schadensversicherung*

In der Schadensversicherung sind Versicherungssummen und Prämien im Verhältnis 1 : 1 in Kraft geblieben. Zum Ausgleich für den Prämienverlust, der bei den Versicherern eingetreten ist, wurde entweder die Versicherungsdauer gekürzt (Zeitraffung) oder es wurden in Deutscher Mark 90 v. H. des Reichsmarknennbetrages nacherhoben, der als Versicherungsprämie für die Zeitspanne vom Währungsstichtag bis zum Ende des ursprünglich gedeckten Zeitraumes zu zahlen gewesen wäre. Wohl alle Versicherer haben sich für die Prämiennacherhebung entschieden.

Ansprüche aus vor dem Währungsstichtag eingetretenen Versicherungsfällen sind im Verhältnis 10 : 1 umgewertet. Zu besonderen Unzuträglichkeiten hat dieses Verfahren bei Haftpflichtversicherungsrenten geführt. Hier war es von vornherein bestritten, ob der Versicherungsnehmer, der seinerseits dem geschädigten Dritten fraglos die Rente voll weiterzuzahlen hatte, nicht seinerseits vom Versicherer weitere volle Freihaltung fordern konnte. Die Streitfrage ist zu Gunsten der Versicherungsnehmer durch die 32. DVO geklärt worden.

(c) *Krankenversicherung*

In der Krankenversicherung kam nur eine Prämiennacherhebung, keine Zeitraffung in Betracht.

Bei überhängenden Schäden sind Härten für die Versicherungsnehmer deshalb nicht entstanden, weil als Zeitpunkt des Eintritts des Schadensereignisses der Zeitpunkt der Gewährung der Leistung durch den Arzt usw. gilt.

3. Zuteilung von Ausgleichsforderungen

Die Verpflichtungen der Versicherer sind ohne Rücksicht auf die Höhe der ihnen verbliebenen Aktiven bemessen. Die Versicherer erlangen einen Ausgleich durch Forderungen gegen die Länder. Nachdem die Zuteilung der Ausgleichsforderungen zunächst nur in groben Umrissen geregelt war, brachte die 23. DVO klare Einzelbestimmungen auch über die Überleitungsrechnung und das künftige Eigenkapital der Versicherer. Die Länder haben nach der 24. DVO Abschlagszahlungen auf die Zinsen für Ausgleichsforderungen zu leisten.

4. Abtrennung der Ostbestände

Die Materie des interzonalen Privatversicherungsrechtes war besonders im Verhältnis zwischen der sowjetischen Besatzungszone und den Westzonen bis zur Währungsreform äußerst umstritten. Die Sozialisierung der Privatversicherung in der sowjetischen Besatzungszone machte es notwendig, die Ostversicherungen streng von den Verbindlichkeiten des Währungsgebietes zu scheiden.

§ 24 VI UG hat bereits bestimmt, daß alle Verbindlichkeiten erlöschen, die auf Grund eines außerhalb des Währungsgebietes ergangenen Gesetzes einem anderen Unternehmen übertragen worden sind. Damit waren die Fälle erfaßt, in denen eine Monopolanstalt der sowjetischen Besatzungszone den Versicherungsnehmern haftet. Die später seitens der Aufsichtsbehörden erlassenen Vorschriften haben noch weitere Verpflichtungen der Versicherer aus sogen. Ostversicherungen erlöschen lassen.

So hat die Währungsreform den westdeutschen Versicherern einen neuen Start ermöglicht, der die Unklarheiten der bisherigenRechtslage beseitigt und vermöge der Ausgleichsforderungen auch die erforderlichen finanziellen Mittel bereit sein läßt.

D. Schutz des Geldschuldners durch Vertragshilfe. Liquidation der Rüstungsschulden.

1. Den vor der Währungsumstellung begründeten Reichsmark-Verbindlichkeiten hat die Liquidität des Geldschuldners zugrundegelegen,

wie sie vor der Währungsumstellung bestanden hatte. Durch die Währungsumstellung aber sind zahlreiche Schuldner in finanzielle Schwierigkeiten geraten. Das Gesetz hat daher in § 21 UG einen Schuldnerschutz durch richterliche Vertragshilfe vorgesehen, wonach auf Antrag des Schuldners durch den Richter Geldschulden zwangsweise gestundet oder sogar herabgesetzt werden können, wenn es bei gerechter Abwägung der Interessen und Lage von Schuldner und Gläubiger dem Gläubiger zugemutet werden kann. Ausgeschlossen von der Vertragshilfe sind nach § 21 III UG Löhne, Gehälter, Steuerschulden sowie öffentliche Gebühren.

a) Die Vertragshilfe greift zunächst da Platz, wo das UG zu einer *Umstellung 1 : 1* führt.

Beispiel: Bei Auseinandersetzung des Miteigentums an einem Grundstück hatte der eine Teilhaber das Grundstück übernommen, der andere den Abfindungsanspruch erlangt. Nachträglich wurde das Grundstück völlig ausgebombt und daher entwertet. Der Abfindungsanspruch wäre jedoch 1 : 1 in voller Höhe zu entrichten.

b) Bei Geldschulden, welche nach § 16 UG *10 : 1 abgewertet* wurden, war gemäß § 21 II UG eine Vertragshilfe zunächst nur möglich, wenn dem Geldschuldner seinerseits Ansprüche gegenüber dem Reich oder gleichgestellten Rechtsträgern zustanden, die völlig gestrichen wurden, so daß der Geldschuldner trotz Abwertung seiner eigenen Verbindlichkeit dadurch einen Schaden erleidet, daß er seinerseits mit Ansprüchen gegen das Reich völlig ausgefallen war. Die Vertragshilfe kam daher nicht zugute einem Unternehmer, dessen Geldschulden zwar abgewertet waren, der aber in Zahlungsschwierigkeiten geriet, weil er von Demontage, Restitution oder von entschädigungsloser Zwangsenteignung im Ostgebiet betroffen war, oder der als Flüchtling aus dem Osten nunmehr im Westen von seinen Gläubigern auf Zahlung in Anspruch genommen wurde. In all diesen Fällen nämlich stand dem Schuldner ein Entschädigungsanspruch gegen das Reich überhaupt nicht zu. Die 28. DVO zum UG hat nunmehr die Möglichkeit richterlicher Vertragshilfe auch auf solche Tatbestände ausgedehnt.

2. Von größter Tragweite ist die in § 21 IV UG getroffene Regelung der *Schulden aus Reichsaufträgen*, insbesondere der sogenannten *Rüstungsschulden*. Diese Sonderregelung hat mit der Vertragshilfe nichts zu tun, da sie ein materielles Leistungsverweigerungsrecht gewährt, welches im gewöhnlichen Prozeßverfahren zu berücksichtigen ist. Die Regelung des § 21 IV UG gibt wegen der Kürze und Unklarheit ihrer Formulierung zu vielen Zweifelsfragen Anlaß[15].

[15] Vgl. *Würdinger*, Gutachten über die Möglichkeit einer gesetzlichen Regelung der Rüstungsverbindlichkeiten, dargestellt am Beispiel der Werftenindustrie (1947); ferner zu § 21 IV UG: *Würdinger* MDR 1948, 232 sub V; dagegen *Walb* MDR 1949, 147; vgl. weiter DRsp II (253) 6 und die

Die einschlägigen Tatbestände sind folgendermaßen gekennzeichnet: Das Reich oder eine von ihm autorisierte Stelle hat insbesondere während des Krieges leistungsfähige Unternehmer, die sog. Hauptunternehmer, mit der Lieferung eines Produktes oder mit der Erbringung einer sonstigen Leistung (z. B. Ausführung eines Bauwerkes, Transportleistung usw.) beauftragt. Dieser Hauptunternehmer hat zwecks Arbeitsteilung im eigenen Namen mit einschlägigen Unterlieferern kontrahiert, welche ihm bestimmte Teilprodukte zu fertigen hatten; die Unterlieferer aber haben ihrerseits wiederum bei weiteren Vorlieferanten Bestellungen im eigenen Namen aufgegeben. In all diesen Fällen ist eine Pyramide vertraglicher Beziehungen entstanden, deren Spitze gebildet wird durch den vom Reich beauftragten Hauptunternehmer und deren Basis besteht aus der Vielzahl der beteiligten Vorlieferer und Unterlieferer. Da nun die Hauptunternehmer ihre Ansprüche gegen das Reich aus erbrachten Lieferungen oder sonstigen Leistungen verloren haben (vgl. oben II, 7), die Vorlieferer oder Unterlieferer dagegen aus dem Vertragsverhältnis gegenüber dem Hauptunternehmer ihren Zahlungsanspruch, wenn auch abgewertet 10 : 1, geltend machen können, in welchem sich zugleich die Ansprüche aller weiteren Vorlieferanten summieren, würden die Hauptunternehmer die Gesamtrechnung für den Reichsauftrag, also alle noch offenstehenden Rüstungskosten, selbst zu bezahlen haben. Die Beträge, um die es sich hierbei handelt, sind gewaltig.

Dem tritt § 21 IV UG entgegen, indem er bestimmt, daß ein Hauptunternehmer, soweit er selbst vom Reich nicht mehr befriedigt worden ist, seinerseits auch die Zahlung gegenüber den Vorlieferanten verweigern kann; und auch ein Vorlieferant, welcher hiernach von dem Hauptunternehmer keine Zahlung mehr erhält, kann seinerseits gegenüber seinen Unterlieferern die Zahlung verweigern[15]. Das Ergebnis dieser Regelung ist, daß jeder Beteiligte seinen zur Ausführung des Reichsauftrages erbrachten Leistungsbeitrag verliert, indem die Beteiligten insoweit eine Gefahrengemeinschaft bilden. Auf diese Gefahrengemeinschaft dürften die konkursrechtlichen Grundsätze der bevorrechtigten Forderungen und der Absonderung sinngemäß anwendbar sein[16].

Sehr umstritten und vom Obersten Gerichtshof bisher noch nicht entschieden ist die Frage, ob auch *Rüstungskredite der Banken* als Vorleistungen im Sinne des § 21 IV UG aufzufassen sind[17].

Entscheidung OGH BZ 13. 11. 1948 (NJW 1949, 102) und 27. 5. 1949 (NJW 1949, 710); neuestens *Würdinger*, SJZ 1950, 477.

[16] Während der deutschen Besetzung wurden Reichsaufträge (z. B.durch die Aero-Bank, Paris) auch an Unternehmungen des besetzten Gebietes erteilt. Inwieweit auch hier der Rechtsgedanke des § 21 IV UG zur Anwendung gebracht wird, bleibt der dortigen Gesetzgebung vorbehalten.

[17] Dafür *Würdinger* a. a. O., dagegen *Walb* a. a. O.; die Rechtsprechung der unteren Instanzen hat bisher teils bejaht, teils verneint.

E. Der Lastenausgleich

Als monetäre Maßnahme hat die Währungsreform lediglich den Geldbesitz betroffen. Der Geldbesitzer erlitt mithin einen Währungsverlust; der Sachbesitz hingegen wurde von der Geldabwertung nicht berührt. Für den Sachbesitzer ergab sich daher eine Erhaltung der Vermögenssubstanz. Inwieweit aber die Beteiligten im Umstellungszeitpunkt Geld- oder Sachbesitzer waren, war vielfach allein durch Zufall bedingt. Das Hauptbeispiel eines spekulativen Währungsgewinnes jedoch sind die Fälle „gehorteter Waren". Das große Warenangebot nach dem Währungsstichtag läßt erkennen, wie groß die Bestände gehorteter Waren waren. Wenngleich diese Warenbestände gegenüber der neuen Währung eine wichtige Funktion erfüllten, weil dem einer Deckung entbehrenden neuen Geldvolumen ein entsprechendes Warenvolumen gegenübertrat (vgl. oben III, 5), so ist es gleichwohl unangemessen, die daraus erzielten Währungsgewinne den Beteiligten zu belassen. Deshalb bestimmt § 16 III UG, daß die Währungsgewinne zum Lastenausgleich heranzuziehen sind. Als erste vorläufige Maßnahme der zu erwartenden Gesetzgebung erging das Gesetz zur Sicherung von Forderungen für den Lastenausgleich (vgl. oben IV B 4). Ihm folgte am 8. 8. 1949 als weitere Teilmaßnahme das Soforthilfegesetz. Politisch wird nun vielfach die Notwendigkeit einer Ausweitung der Idee des Lastenausgleiches betont; nicht nur die Währungsgewinne sollten von ihm erfaßt werden, sondern generell der vorhandene Sachbesitz, da es während des Krieges und der Nachkriegszeit wiederum reiner Zufall war, wem noch wesentlicher Sachbesitz erhalten blieb. Die Verwirklichung dieses politischen Postulates würde eine generelle Neuverteilung des Volksvermögens bedeuten. Demgegenüber wird das Argument erhoben, daß vor allem die deutsche Wirtschaft in ihrem durch Kriegs- und Nachkriegsfolgen überaus geschwächten Zustand im Falle solcher Vermögensaufteilung völlig zum Erliegen käme. Die Regierung der Bundesrepublik Deutschland hat die Ausführung des Lastenausgleiches als eine ihrer vornehmsten Aufgaben bezeichnet. Ihr obliegt es, in diesem Dilemma einen dem Erfordernis der Gerechtigkeit entsprechenden, aber zugleich auch wirtschaftlich tragbaren Ausgleich zu finden.

Nach dem SG haben die Eigentümer land- und forstwirtschaftlichen Vermögens, sonstigen Grundvermögens und von Betriebsvermögen pro Jahr eine allgemeine Soforthilfeabgabe in Höhe von 3% des Wertes des abgabepflichtigen Vermögens und als Soforthilfe-Sonderabgabe einen erhöhten Satz auf das sog. Vorratsvermögen zu leisten. Befreiungen sind insbesondere für öffentliche Körperschaften und für Angehörige und Gesellschaften der Vereinten Nationen vorgesehen.

Aus den so aufgebrachten Mitteln erhalten nach den Bestimmungen des 2. Teiles des Gesetzes eine Soforthilfe die Flüchtlinge, Kriegssachgeschädigten, Währungsgeschädigten und politisch Verfolgten. Als Arten der zu leistenden Soforthilfe sind vorgesehen: 1. Unterhaltshilfe, 2. Ausbildungs-, Aufbau- und Hausratshilfe, 3. Gemeinschaftshilfe. Wegen der Einzelheiten sei auf das umfangreiche Gesetz verwiesen.

F. Bankguthaben und Bankschulden

Bankinstitute, insbesondere die Großbanken, haben ein über ganz Deutschland verzweigtes Netz von Filialen und Niederlassungen, das nunmehr nach der politischen Trennung Deutschlands in Ost und West und nach Begründung drei verschiedener Währungsbereiche (Währungsgebiet, Westberlin, sowjetische Besatzungszone mit Ostberlin) de facto zerrissen ist. Träger der Aktiven und Passiven aber ist jeweils die „juristische Person", deren juristischer Sitz vielfach außerhalb des Währungsgebietes liegt. In der Ostzone zumal sind die Bankniederlassungen beschlagnahmt und geschlossen worden. Dies machte eine Sonderregelung erforderlich, welche in der 35. DVO z. UG erfolgte.

Nach § 1 dieser VO gilt ein Geldinstitut, welches am 21. 6. 1948 seinen Sitz außerhalb des Währungsgebietes hatte, in bezug auf jene Niederlassungen (und nur für solche), welche schon vor dem 21. 6. 1948 im Währungsgebiet begründet waren, als im Währungsgebiet liegend. Dasselbe gilt, wenn das Institut im ganzen oder eine Niederlassung desselben als nach dem Westen „verlagert" anerkannt wird. Eine solche Anerkennung ist für die in § 12 genannten Institute jedoch nicht möglich. Soweit nun hiernach eine Bank oder einzelne Niederlassungen derselben als im Währungsgebiet liegend anerkannt werden, sind auch die Altgeldguthaben damit im Währungsgebiet belegen. Das führt zu der Frage, inwieweit die Banken aus diesen Verbindlichkeiten in Anspruch genommen werden können. Hierüber stellt § 6 der DVO eine Sonderregelung auf. Wiewohl rechtlich die „juristische Person" Trägerin der Schuldverhältnisse bleibt, werden also die Verbindlichkeiten zum Zweck der praktischen Realisierung bei den restlichen Niederlassungen lokalisiert[18].

---

[18] Vgl. dazu *Würdinger*, Zur Haftung für Ostschulden: SJZ 1950, 87 sub VI.

RECHTS- UND SACHMÄNGELHAFTUNG

Von Dr. ARWED BLOMEYER
ord. Professor an der Universität Würzburg

Literatur: *Stölzle*, Gerichtliche Entscheidungen über den Viehkauf I (1910), II (1928) — *Chr. Meißner*, Das Viehgewährschaftsrecht (1927) — *Kessler*, Über die Eigentumsverhältnisse an zur Disposition gestellten Waren: Festschr. Handelshochschule Berlin (1931) 97ff. — *Süß*, Wesen und Rechtsgrund der Gewährleistung für Sachmängel (1931) — *Großmann-Doerth*, Die Rechtsfolgen der vertragswidrigen Andienung (1934) — *Korintenberg*, Erfüllung und Gewährleistung beim Werkvertrag (1935) — *Raape*, Probleme der Wandelung und Minderung: Festschr. f. H. Lehmann (1937) 159ff. — *Rabel*, Zu den allgemeinen Bestimmungen über Nichterfüllung gegenseitiger Verträge: Festschr. f. Dolenc (1937) 703ff. — *Bötticher*, Die Wandelung als Gestaltungsrecht (1938) — *Flume*, Eigenschaftsirrtum und Kauf (1948) — *Korintenberg*, Abschied von der Gewährleistung: Rechtswiss. Arbeiten aus dem Justiz-Prüfungsamt Köln (1948) — *Korintenberg*, Die Beschaffenheit der Spezies als Element des Rechtsgeschäfts: ebda. — *Raape*, Sachmängelhaftung und Irrtum beim Kauf: ArchCivPr 150 (1948/49) 481ff. — *Blomeyer*, Der Anspruch auf Wandelung und Minderung: ArchCivPr 151 (1950) 91ff. — *Rabel*, Art. „Kaufvertrag": RvglHdWb IV 727ff.

A. Systematik

Der Zweck des Kaufvertrags, dem Käufer den dauernden ungestörten Gebrauch der ihm übergebenen Sache zu ermöglichen, wird verfehlt, wenn Dritte die Sache in Anspruch nehmen können oder wenn die Sache nicht brauchbar ist. Die Rechtsfolgen dieser *Mängel* (Rechtsmängel, Sachmängel) sind im deutschen Recht nicht gleichartig geordnet[1].

1. *Rechtsmängel* liegen vor, wenn ein Dritter das Eigentum oder ein anderes Recht an der Sache gegen den Käufer geltend machen kann. Während das römische Recht und ihm folgend noch heute die romanischen Rechte die Rechtsbehelfe des Käufers an den Tatbestand der Eviktion durch den Dritten anknüpfen und deshalb den Verkäufer verpflichten, dem Käufer den hiervon ungestörten Besitz und Genuß zu garantieren und ihn darin u. U. zu verteidigen, legt das deutsche Recht — darüber hinausgehend — dem Verkäufer ausdrücklich neben der Übergabe die Pflicht auf, dem Käufer das lastenfreie Recht an der Sache zu verschaffen, §§ 433, 434ff.[2]. Es beurteilt Rechtsmängel grundsätzlich unter dem Gesichtspunkt der *Nichterfüllung* des Kaufvertrags.

[1] Kritisch zu dieser Differenzierung von Rechts- und Sachmängeln, *Rabel*, Festschrift Dolenc 720f.

[2] §§ ohne Gesetzesangabe beziehen sich auf das BGB.

2. Den gleichen Standpunkt berücksichtigt das Bürgerliche Gesetzbuch für *Sachmängel* aber nur beim Gattungskauf. Beim Stückkauf trennt es wie die übrigen kontinentalen Rechte das Einstehen für Mängel von der Nichterfüllung der Liefer- und Übereignungspflicht und behandelt jenes nach *besonderen*, überwiegend milderen Regeln.

B. Rechtsmängel

I. Die Rechtsverschaffung

Der Verkäufer hat dem Käufer das Eigentum an der *Sache* zu verschaffen, § 433, und zwar frei von allen Rechten, die der Käufer gegen sich gelten lassen müßte, §§ 434, 435; öffentlich-rechtliche Beschränkungen und Lasten sind ausgenommen, § 436. Der Verkäufer hat damit die Pflicht, alles zu tun, was zum Übergang des Eigentums auf den Käufer erforderlich ist. Wenn er nicht selbst Eigentümer ist, muß er für die Zustimmung des Eigentümers zur Übereignung an den Verkäufer sorgen oder dessen Recht sonstwie ablösen. Das gleiche gilt für bestehende Belastungen. Diese Verpflichtungen entfallen, wenn der Käufer durch die Übereignung des Verkäufers das Eigentum an der Sache oder die Lastenfreiheit schon kraft guten Glaubens erwirbt, was das deutsche Recht in weitem Umfang zuläßt, § 892 (Grundstücke), § 932ff. (bewegliche Sachen). Dadurch verringert sich die praktische Bedeutung der Rechtsmängel-Haftung erheblich. Der Verkäufer eines *Rechts* haftet schlechthin für rechtlichen Bestand und Einredefreiheit, § 437 (aber nicht für die Zahlungsfähigkeit des Schuldners!). Diese Verpflichtung schließt die Regel des § 306, wonach der auf eine objektiv unmögliche Leistung gerichtete Vertrag nichtig ist (impossibilium nulla obligatio), beim Kauf der Rechte aus, deren Bestehen überhaupt möglich ist; beim Sachkauf ist die anfängliche objektive rechtliche Unmöglichkeit der Leistung selten, weil in der Regel nur ein (subjektives) Unvermögen des Verkäufers vorliegt (Beispiel für § 306: Heeresgut, RGZ 105/349).

II. Ausschluß der Haftung für Rechtsmängel

1. Der Verkäufer haftet nicht für Rechtsmängel, die der Käufer bei Vertragsschluß *kennt*, § 439 I, da dann anzunehmen ist, daß der Käufer die aus dem Rechte des Dritten drohende Gefahr übernehmen will (Mot. zum BGB 2, 215). Die Kenntnis muß sich auf das Fehlen des Rechts oder auf die bestehende Belastung beziehen; Kenntnis der Tatsachen, die dazu führen, genügt nicht, wenn der Käufer irrtümlich trotzdem an das Recht oder die Lastenfreiheit glaubte[3], Kenntnis des Rechtsmangels genügt andererseits, auch wenn der Käufer über dessen Tragweite irrte[4]. Hypotheken, Grund- und Rentenschulden hat der Verkäufer eines Grundstücks auch dann zu beseitigen, wenn sie der Käufer kannte, § 439 II (die vertragliche Übernahme ist häufig, vgl. § 416).

[3] RGZ 59/400 (408); JW 1911, 645.
[4] RGZ 52/167.

Die Rechtsmängelhaftung entfällt ferner nach ausdrücklicher Vorschrift beim Verkauf in der Zwangsvollstreckung und Zwangsversteigerung, §§ 806 ZPO, 56 S. 3 ZVG; sie ist hier ohnedies kaum von Bedeutung, da der Ersteher die Sache gewöhnlich kraft Staatsaktes erwirbt, RGZ 156/398, § 90 ZVG.

2. Der *vertragliche* Ausschluß der Haftung ist wirksam, außer wenn der Verkäufer den Mangel arglistig verschwiegen hatte, § 443. Umgekehrt läßt sich die Haftung für rechtliche Umstände über das gesetzliche Maß hinaus zusichern, z. B. bei Kenntnis des Käufers, RGZ 88/165 (167).

3. Der Ausschluß der Haftung in den gesetzlichen Fällen hebt die *Verschaffungspflicht* des Verkäufers nach Rechtsprechung und Lehre nicht auf, sondern befreit ihn nur vom Vertreten seines Unvermögens; er wird nicht schadensersatzpflichtig. Der Käufer soll deshalb, wenn ihm der Verkäufer das Eigentum nicht verschaffen kann, das Dahinfallen seiner Kaufpreispflicht geltend machen und einen gezahlten Kaufpreis zurückverlangen können, § 323, RGZ 88/165 (167), 132/146 (148). Dies schränkt die (oben 1 genannte) gesetzgeberische Erwägung einer Risikoübernahme ein.

III. Rechtsbehelfe des Käufers

1. Der Käufer kann auf Eigentumsverschaffung gegen den Verkäufer *klagen* und, wenn sich der Dritte abfinden läßt, auch vollstrecken, § 887 I ZPO. Gegen den Kaufpreisanspruch hat er die *Einrede* des nichterfüllten Vertrages, §§ 433, 320.

2. Erfüllt der Verkäufer seine Pflicht zur lastenfreien Rechtverschaffung nicht, so hat der Käufer auch ohne ein Verschulden des Verkäufers die allgemeinen Rechte wegen *Nichterfüllung:* Schadensersatz, Rücktritt vom Vertrag oder Berufung auf das Dahinfallen der Vertragspflichten, §§ 440 I, 326, 323. Die Rechte stehen ihm wahlweise zu. Indessen ist der Schadensersatzanspruch an besondere Voraussetzungen geknüpft. Dies erklärt sich daraus, daß der Verkäufer wegen Nichterfüllung der Rechtsverschaffungspflicht auch haftet, wenn der Käufer zwar kein Eigentum erwarb, aber vom Dritten nicht in Anspruch genommen wurde und sich daher noch im ungestörten Besitz der Sache befindet. Könnte der Käufer in diesem Falle auch Schadensersatz verlangen, so würde er als Schadensersatz den Wert der Sache erlangen, aber gleichzeitig im Genuß der Sache bleiben. Dieses Ergebnis, das in den Rechten des Eviktionsprinzips nicht auftaucht, schließt § 440 II—IV aus. Der Schadensersatzanspruch steht danach nur in folgenden Fällen zu: Bei Rückgabe der Sache an den Berechtigten, bei Rückgewähr an den Verkäufer, bei Untergang der Sache, Beerbung des Käufers durch den Dritten oder umgekehrt und bei Abfindung des Dritten. Im einzelnen gilt:

a) Anstatt sich mit dem Dritten auseinanderzusetzen, kann der Käufer die Sache stets an den Verkäufer *zurückgeben*; hat er die Sache nicht, aber einen Anspruch auf Herausgabe gegen einen anderen, so genügt die Abtretung dieses Anspruches, § 440 IV.

b) Der Schadensersatzanspruch bei *Sachuntergang* ist ein Anspruch nur wegen Rechtsmangels. Er besteht, wenn der Käufer einem Dritten schon vor dem Untergang (etwa bei Weiterverkauf) gegen Rückgabe der Sache schadensersatzpflichtig war oder wenn er ihm wegen Sachuntergangs schadensersatzpflichtig wird, vgl. RGZ 117/337. Im übrigen trägt der Käufer aber nach den Regeln über Gefahrtragung die Gefahr des zufälligen Untergangs selbst (heute fast unbestritten), so daß es am Schaden fehlt. Er kann nur zurücktreten und (trotz Sachuntergangs) den gezahlten Kaufpreis zurückverlangen, §§ 440, 326, 351.

3. Die *Beweislast* für den Rechtsmangel trägt der Käufer § 442. Im Eviktionsprozeß mit dem Dritten kann er dem Verkäufer aber den Streit verkünden, § 74 ZPO, dann wird der Verkäufer später nicht mit der Behauptung gehört, der Käufer sei zu Unrecht zur Herausgabe an den Dritten verurteilt worden, §§ 74 III, 68 ZPO.

C. Sachmängel

I. Der Mängeltatbestand

Die Sachmängelhaftung der §§ 459ff. trifft den Verkäufer, wenn die Sache zur Zeit des Gefahrenübergangs (regelmäßig also bei Übergabe, §§ 446ff.) entweder

a) „mit *Fehlern* behaftet ist, die ihren Wert oder die Tauglichkeit zu dem gewöhnlichen oder nach dem Vertrag vorausgesetzten Gebrauch" erheblich „aufheben oder mindern", § 459 I, oder

b) nicht die „*zugesicherten Eigenschaften*" hat, § 459 II.

1. *Fehler.* Der vom Gesetz verwendete Begriff des Fehlers bezieht sich auf *Eigenschaften* der Sache, worunter in weitherziger Auslegung auch rechtliche Verhältnisse der Sache verstanden werden, die nach ihrer Dauer den Wert der Sache beeinflussen, z. B. die Zulässigkeit der Bebauung eines Grundstückes, RGZ 131/343 (348) (aber RGZ 161/193 [195]: nicht eine erwogene Fluchtlinienregelung), siehe auch unten 4. Fehler bedeutet nach der heute weitgehend anerkannten Auslegung in erster Linie die „Untauglichkeit zum Vertragszweck"[5]. Die Zweckbestimmung muß aber wenigstens stillschweigender Vertragsinhalt geworden und darf nicht bloße Verwendungsabsicht des Käufers geblieben sein[6]. Sonst wird der Fehler nur an dem „gewöhnlichen Gebrauch" gemessen, der sich nach der Verkehrsauffassung ergibt (im einzelnen hierzu eine reiche Kasuistik).

---

[5] RGZ 135/339 (341); 161/330 (335); *Flume* a. a. O. 110ff.; dazu *Raape:* ArchCivPr 150, 488ff. mit abweichender Begründung.

[6] RGZ 70/82 (85); 131/343 (352); ein gutes Beispiel RGZ 125/236 (238).

Beim *Gattungskauf* ergeben sich Zweifelsfragen, wenn Sachen ganz anderer Art (aliud) oder in anderer Menge geliefert werden.

a) Die Lieferung einer Sache von *anderer Gattung* gilt im Zivilrecht nicht als Lieferung mangelhafter Ware, sondern als Nichterfüllung und scheidet aus dem Gewährleistungstatbestand aus[7]. Ob die Sache eine „andere" ist, entscheidet sich nach der Auffassung der beteiligten Kreise (so: Winterweizen statt Sommerweizen). Für Käufe zwischen Kaufleuten im Rahmen ihres Handelsgewerbes (beiderseitige Handelskäufe) erstreckt § 378 HGB die Mängelrüge (§ 377 HGB) auch auf die Lieferung aus anderer Gattung, um Schwierigkeiten der Abgrenzung zu vermeiden, „soferne die gelieferte Ware nicht offensichtlich von der Bestellung so erheblich abweicht, daß der Verkäufer die Genehmigung des Käufers als ausgeschlossen betrachten mußte". Nach der Rechtsprechung und (umstrittenen) Lehre soll hierdurch die Gewährleistung aber allgemein auf die Lieferung von Waren anderer Art erstreckt sein[8].

b) Die Lieferung einer *anderen Menge* ist, wenn zu wenig geliefert ist, als Teilleistung, wenn zu viel geliefert und eine Trennung möglich ist, als Lieferung der geschuldeten Menge mit dem Recht des Käufers zur Zurückweisung des Überschusses anzusehen. Für den beiderseitigen Handelskauf leitet man die Unterstellung unter das Gewährleistungsrecht wie bei Lieferung des aluid (oben a) aus § 378 HGB her; sie ist ebenfalls umstritten.

2. *Zugesicherte Eigenschaften.* Alle auch unerheblichen Eigenschaften können zugesichert werden, doch muß die Zusicherung vertraglich, also bei formbedürftigen Verträgen formell (RGZ 161/337) geschehen. Die vertragliche Voraussetzung einer Eigenschaft (oben 1) genügt nicht, RGZ 114/239 (241), und die Rechtsprechung nimmt stillschweigende Zusicherungen mit Vorsicht an (z. B. im Saatguthandel, RGZ 103/77).

Beim Kauf nach Probe gelten aber von Gesetzes wegen die Eigenschaften der Probe als zugesichert, § 454.

3. Die Abstellung auf den *Gefahrenübergang* ergibt, daß auch für Mängel gehaftet wird, die zwischen Kauf und Übergabe entstehen. Doch ist der Fall auszunehmen, daß der Mangel durch Verschulden des Käufers oder nach Annahmeverzug entstand, § 324, RG Soerg Rspr 09 § 459 Ziff. 20; h. L. Über eine vom Verkäufer zu vertretende Verschlechterung in dieser Zeit siehe unten IV 1.

4. *Abgrenzung von Rechts- und Sachmängeln.* Die verschiedenartige Regelung von Rechts- und Sachmängeln zwingt zur Abgrenzung der auf rechtlichen Umständen beruhenden Sachmängel von den Rechtsmängeln.

---

[7] *Enneccerus-Lehmann*, Lehrb. BGB[13] (1950) § 108 II 1; anders *Flume* a. a. O. 114ff.

[8] RGZ 86/90 (92, LZ 1920, 859 Nr. 4 und *Heinichen* in RGR Komm. Anm. 10 zu § 378 HGB; anders *Heymann-Kötter* (1950) zu § 378 HGB; *Schlegelberger* (1939) 2f. zu § 378 HGB.

Als Sacheigenschaften gelten die rechtlichen Verhältnisse, die sich unmittelbar auf die Sache beziehen und zufolge ihrer Beschaffenheit und vorausgesetzten Dauer Einfluß auf deren Wert haben (oben 1). Dagegen hat die Rechtsprechung die Sachmängelhaftung ausgeschlossen und § 437 angewendet, wenn der Sache zugesicherte *Nebenrechte* fehlten, RGZ 93/71 (Bebauungsservitut), RG Recht 1915 Nr. 334 (selbständige Flößereigerechtigkeit des Sägewerks), RG Gruch 58/947 (Titelprivileg „Hofapotheke"); RG Warn. 1911 Nr. 72 (Warenzeichen für Erzeugnisse der verkauften Fabrik). Ferner hat es *Lasten* auf der Sache nach § 434 beurteilt, RG Seuff. A. 73/288 (Auszugsrecht), RG JW 1909/48 Nr. 10 (Unkündbarkeit einer Hypothek auf dem Kaufgrundstück), ebenso KG OLG 22/220 (Freiheit von Pachtverträgen, die nach § 571 gegen den Käufer wirksam). Im einzelnen kann die Abgrenzung schwierig sein, vgl. RG JW 1911/640 Nr. 2[9].

5. Praxis und Lehre wenden die *Sach*mängelhaftung entsprechend auch auf Mängel *anderer* verkaufter Gegenstände an.

a) Allerdings schließt die Rechtsprechung bei verkauften *Rechten* eine Gewährschaft wegen Mängeln der vom Recht betroffenen Sache strikt aus, RGZ 103/47 (49) bei Unbrauchbarkeit der Zentralheizung im Haus, auf dem die verkaufte Hypothek ruhte, RG HRR 1930 Nr. 608 bei Hausschwamm für die Grundschuld; RGZ 149/235 (239): wirtschaftliche oder rechtliche Verhältnisse des Grundstücks für die Grundschuld überhaupt. Dagegen *Flume* a. a. O. 177ff., der die Sachmängelhaftung auf den Rechtskauf arg. § 493 anwenden will. Bei *Wertpapieren* ist zwischen Mängeln der Urkunde und des verbrieften Rechts zu unterscheiden; die Sachmängelhaftung wird bei Mängeln des Papiers zugelassen, so in RGZ 108/279 (gewechselte gefälschte Dollarnoten), RGZ 108/316 (durch Stempelaufdruck verfälschte Kronennoten), ferner bei Fehlen von Zins- und Erneuerungsscheinen, RGRKomm zu § 381 HGB Anm. 10.

b) Bei Verkauf eines *Handelsgeschäfts* oder eines anderen gewerblichen Unternehmens erstreckt sich die Sachmängelhaftung auch auf Mängel des Unternehmens selbst (nicht nur der dabei verkauften Sachen), RGZ 63/57 (60) für den zugesicherten Reinertrag des Geschäfts, RGZ 67/86 für eine Pension, die sich als „Absteigequartier" erwies, vgl. allgemein RGZ 161/324. Dabei genügt es sogar, wenn zwar nicht das Unternehmen, aber *sämtliche* Anteile der betreibenden juristischen Person übertragen werden, RGZ 120/283 (287), RG JW 1930/3740 Nr. 7. DR 1944, 485.

II. Ausschluß der Gewährleistung

1. Die Gewährleistung entfällt bei Mängeln, die der Käufer bei Vertragsschluß *kennt*, § 464. Das gilt auch für zugesicherte Eigenschaften, wenn nicht der Verkäufer eine Verpflichtung zu deren Herstellung über-

[9] Kritisch, wenn auch im Ergebnis zustimmend *Flume* a. a. O. 259ff.

nimmt, ja sogar für arglistig verschwiegene Mängel, vgl. RGZ 55/210 (214). Ferner trifft den Käufer im Prinzip zwar keine Pflicht, die Ware bei Vertragsschluß zu untersuchen, doch schließt § 460 S. 2 die Haftung für Fehler (nicht für zugesicherte Eigenschaften!) aus, die der Käufer infolge *grober Fahrlässigkeit* nicht erkannte; das ist vor allem der Fall, wenn die Umstände des Falles zur Vorsicht mahnten oder der Käufer besondere Sachkunde hatte, RGZ 131/343 (353); dann haftet der Verkäufer nur für arglistig verschwiegene Mängel.

2. Die Gewährleistung ist ferner ausgeschlossen beim öffentlichen *Pfandverkauf*, § 461, und beim Verkauf in der Zwangsvollstreckung und Zwangsversteigerung §§ 806 ZPO, 56, S. 3 ZVG.

3. Der *vertragliche* Ausschluß ist zulässig, was zu einer Fülle von Freizeichnungsklauseln geführt hat („wie besehen", für die bei Besichtigung erkennbaren Mängel, „wie es geht und steht" für alle Mängel, auch der Ausschluß einzelner Rechtsbehelfe ist häufig). Der vertragliche Ausschluß gilt aber nicht für die Mängel, welche der Verkäufer arglistig verschweigt, § 476, RGZ 62/122 (125).

4. Endlich erlöschen alle Mängelansprüche nachträglich bei *Verzicht* des Käufers, sowie bei *Annahme* der Sache als Erfüllung in Kenntnis des Mangels, wenn sich der Käufer nicht seine Ansprüche vorbehält, § 464.

5. Besondere Regeln gelten für den *beiderseitigen Handelskauf:* Rügt der Käufer nicht unverzüglich nach Ablauf der Zeit, die eine unverzügliche ordnungsmäßige Untersuchung der Ware nach Ablieferung benötigt, die dabei erkennbaren Mängel, so gelten diese als genehmigt, soweit nicht arglistig verschwiegen, § 377 I, II, V HGB. Wie lange die Untersuchungszeit dauert, beurteilt sich nach der Verkehrsauffassung über den ordentlichen kaufmännischen Geschäftsgang RGZ 96/175; 138/331 (338). Verborgene Mängel hat der Käufer unverzüglich nach Entdeckung zu rügen § 377 III HGB. Die Rüge muß zu erkennen geben, welche Mängel beanstandet werden, RG JW 1905, 640 Nr. 16, RGZ 106/359 (361); zur Wahrung der Rechte genügt die rechtzeitige Absendung der Mängelanzeige, § 377 IV HGB. Über die Mängelrüge bei Lieferung anderer Qualität oder Menge siehe oben I 1a und b. Bei einseitigen Handelskäufen oder Zivilkäufen gelten diese Regeln nicht, wenn auch der Verkäufer nach Treu und Glauben gehalten sein soll, die Mängelanzeige „nicht ungebührlich zu verzögern", RGZ 104/96 obiter.

III. Die Rechtsbehelfe nach Gewährleistungsrecht

1. *Überblick.* Grundsätzlich hat der Käufer wahlweise Anspruch auf Rückgängigmachung des Kaufvertrags, *Wandelung* (unten 2) und auf Herabsetzung des Kaufpreises, *Minderung* (unten 3), § 462. Über deren Verhältnis siehe unten 4. In besonders genannten Fällen einer verschärften Haftung des Verkäufers hat der Käufer statt dessen auch An-

spruch auf *Schadensersatz wegen Nichterfüllung* (unten 5), § 463. Beim Gattungskauf tritt, wiederum alternativ, das Recht auf *Nachlieferung* hinzu (unten 6), § 480. Für alle diese Behelfe besteht eine kurze *Verjährungsfrist* (unten 7), § 477.

2. *Die Wandelung.* Das Gesetz behandelt die Rückgängigmachung des Kaufs nach den z. T. modifizierten Vorschriften des vertragsmäßigen Rücktritts, § 467 (unten a), dazu treten einige kaufrechtliche Besonderheiten (unten b und c).

a) Nach den *Rücktrittsregeln,* § 346ff. erlöschen die Verpflichtungen des Kaufvertrags rückwirkend und entstehen Pflichten auf Rückgewähr der empfangenen Leistungen, § 346. Der Käufer hat die Sache danach mit Nutzungen zurückzuübereignen (siehe aber unten c), der Verkäufer den Kaufpreis mit Zinsen zurückzuzahlen (und die Vertragskosten zu ersetzen, § 467 S. 2). Beide Leistungen sind Zug um Zug zu erfüllen, § 348; doch sind die übrigen Regeln des gegenseitigen Vertrags nicht anwendbar, RGZ 93/47 (49), vor allem erlischt die Pflicht zur Rückzahlung des Preises nicht dadurch, daß die Sache zufällig beim Käufer vor dem Rücktritt unterging, § 350[10], oder später untergeht.

Näher geregelt ist der Fall, daß der Käufer für Verschlechterung oder Unmöglichkeit der Herausgabe aufzukommen hat: Der Rücktritt (und damit die Wandelung) ist schlechthin *ausgeschlossen,* einmal wenn der Käufer oder sein Erfüllungsgehilfe „eine wesentliche Verschlechterung, den Untergang oder die anderweitige Unmöglichkeit der Herausgabe verschuldet hat", § 351, ferner, wenn er die Sache zu einer anderen verarbeitet hat, § 352 (wenn sich der Mangel nicht erst dabei herausstellte, § 467), endlich, wenn er sie veräußert hat und die §§ 351, 352 auf den Dritten zutreffen, § 353. Dies alles muß *vor* dem Rücktritt geschehen sein. Bei der Wandelung hält RGZ 59/97 (u. ö.) den Zeitpunkt für maßgebend, in dem der Käufer nicht mehr zur Minderung übergehen kann (Wandelungsvollzug, unten 4), anders OLG Hamburg, Seuff. Arch. 68/57 (60) und *Bertram,* Hans. RGZ 1936 A Sp. 128 (Wandelungserklärung). U. U. kann schon in der besonderen Art der Verwendung zwischen Wandelungserklärung und Wandelungsvollzug (z. B. Verbrauch oder Veräußerung) „der schlüssige Ausdruck des Willens gesehen werden, den Gegenstand wie einen eigenen zu behandeln, somit zu behalten", RG Warn. 1931 Nr. 19.

Soweit nach diesen Vorschriften die Wandelung aber nicht ausgeschlossen ist, also z. B. bei verschuldeter unwesentlicher Verschlechterung oder bei Verschulden *nach* dem maßgeblichen Zeitpunkt, haftet der Käufer für jede schuldhafte Verschlechterung oder Herausgabeunmöglichkeit auf *Schadensersatz,* §§ 347, 989. Die Haftung bezieht sich in diesem Rahmen auf jedes Verschulden des Käufers vom Empfang der Kaufsache an, § 347, was RGZ 145/79 (81) ausdrücklich gegen einen

[10] Dazu rechtspolitisch *Rabel,* Festschrift Dolenc 739 (zustimmend).

Teil der Lehre feststellt, doch ist die Sorgfaltspflicht des Käufers sachgemäß vor und nach der Wandelungserklärung eine verschiedene (RG a. a. O. 83): Vor der Wandelungserklärung darf der Käufer die Sache im Rahmen des Üblichen und Wirtschaftlichen gebrauchen, auch wenn sie dadurch ohne weiteres verschlechtert wird. Nachher hat er dagegen mit Rücksicht auf den Verkäufer jede schädigende Benutzung einzustellen. Ist der Verkäufer mit der Rücknahme in Annahmeverzug geraten, so beschränkt sich die Haftung des Käufers auf Vorsatz und grobe Fahrlässigkeit, § 300.

Kommt der Käufer endlich mit der Rückgabe in *Verzug*, so kann ihm der Verkäufer hierzu eine Frist setzen; nach deren Ablauf wird die Wandelung nachträglich unwirksam, § 354, und ein nochmalige Wandelung ist nicht möglich, RGZ 123/388 (393). § 354 soll aber nur bei vertraglich vollzogener Wandelung und nicht bei rechtskräftiger Verurteilung des Verkäufers dazu anzuwenden sein, RGR Komm Anm. 74a zu § 377 HGB. Die Frage ist umstritten und noch nicht entschieden. Abzulehnen ist der Versuch, den Rechtsbehelf des § 354 umgekehrt auch bei Zahlungsverzug des Verkäufers dem Käufer zu gewähren (so z. B. RGR Komm. 74c zu § 377 HGB, *Bertram* a. a. O.).

b) Besondere *kaufrechtliche* Regeln enthalten die §§ 468—471 BGB sowie 379 HGB: Wegen zugesicherter Grundstücksgröße kann der Käufer nur wandeln, wenn der Mangel so erheblich ist, daß das Interesse an der Erfüllung des Vertrags fortfällt, § 468. Sind mehrere Sachen verkauft, von denen eine mangelhaft ist, so entscheidet für Einzel- oder Gesamtwandelung, ob die Trennung ohne Nachteil möglich ist § 469; die Wandelung wegen der Hauptsache erstreckt sich auf die Nebensache, aber nicht umgekehrt, § 470; sind mehrere Sachen für einen Gesamtpreis verkauft, so ist dieser bei Wandelung wegen einer Sache verhältnismäßig herabzusetzen, § 471 (siehe auch unten V). § 379 HGB legt beim beiderseitigen Handelskauf dem Käufer die einstweilige Aufbewahrung der übersandten Ware auf und berechtigt ihn bei Gefahr des Verderbs zum Notverkauf auf Rechnung des Verkäufers. Zurückzusenden braucht er die Ware nicht, da Erfüllungsort für die Rückgabe der Sache der Ort ist, wo sie sich befindet, RGZ 55/105 (112).

c) Wandelung und dingliche Rechtslage. Im Normalfall wird der Käufer die gelieferte Ware zu Eigentum annehmen, woraus sich bei Wandelung eine Rückübereignung notwendig macht. Da im *Handelsverkehr* der Käufer die übersandte Ware aber häufig zunächst nur in Empfang nimmt, um sie zu untersuchen (§ 377 HGB!), und nicht, um sie als sein Eigentum zu behalten, kann es vorkommen, daß er das Eigentum überhaupt nicht erwirbt, nämlich dann, wenn er die Ware nach Untersuchung dem Verkäufer als mangelhaft zur Disposition stellt. Das kann dem Verkäufer im Konkurs des Käufers zum Aussonderungsanspruch verhelfen, RGZ 108/25 (28)[11]. Eine solche Verbindung von schuldrechtlicher und dinglicher Wirkung der Lieferung und Wandelung findet ihre Berechtigung nur im § 377 HGB und muß deshalb auf den beiderseitigen Handelskauf beschränkt bleiben[12].

3. *Die Minderung.* Die Herabsetzung des Kaufpreises geschieht nach ausdrücklicher Vorschrift in dem Verhältnis, in welchem bei Kaufabschluß der Wert der Sache im mangelfreien zum Wert im mangelhaften Zustande steht, § 472. Der Kaufvertrag selbst bleibt im übrigen aufrechterhalten und mit ihm der entsprechende Teilgewinn oder -verlust des Käufers. Die Durchführung der Minderung wegen eines Mangels schließt die spätere Wandelung oder Minderung wegen eines weiteren Mangels nicht aus, § 475.

4. *Der „Anspruch auf Wandelung und Minderung".* Die Wandelung oder Minderung „ist vollzogen, wenn sich der Verkäufer auf Verlangen des Käufers mit ihr einverstanden erklärt", § 465. Außerdem kann sich der Verkäufer zur Wandelung erbieten und den Käufer unter Fristsetzung zur Erklärung auffordern, ob er Wandelung verlange; dann ist dies nur bis zum Fristablauf möglich, § 466. Der Wortlaut des § 465 und die Formulierung in § 462, daß der Käufer Wandelung oder Minderung „verlangen" könne, haben zu sehr verschiedenen Auslegungen geführt. Die ältere sog. *Vertragstheorie* ging von der Vertragsnatur der Vereinbarung in § 465 aus. Sie verlangte vom Käufer, den widersprechenden Verkäufer vor oder wenigstens zugleich mit der Erhebung von Rückgewähransprüchen auf sein Einverständnis mit der Wandelung zu verklagen, damit dieses durch Urteil ersetzt werde (§ 894 ZPO). Dagegen nimmt die heute herrschende *Herstellungstheorie* an, der Käufer habe bei Vorliegen der Wandelungsvoraussetzungen unmittelbar die Ansprüche auf Beseitigung der Kaufvertragsfolgen, also auf Aufhebung der Preisschuld oder Rückzahlung des gezahlten Preises; § 465 regle nur das sog. ius variandi (unten a). In neuerer Zeit hat *Raape*[13], welcher der Herstellungstheorie nahesteht, das Wandelungsrecht des Käufers für ein *Gestaltungsrecht* erklärt, das der Verkäufer im Falle des § 465 „anerkenne" (Feststellungsvertrag). Andererseits faßt *Bötticher*[14], der Vertragstheorie zuneigend, den *rechtsgestaltenden* Vollzug der Wandelung oder Minderung als Voraussetzung für die Entstehung von Rückgewähransprüchen auf. Er geschehe durch Vertrag (§ 465) oder durch richterliche Gestaltung, die in jedem Urteil stillschweigend enthalten sei, das ein Gewährleistungsrecht des Käufers berücksichtige. Bei alledem geht es um folgende praktische Fragen:

---

[11] Eingehend hierzu *Keßler* a. a. O. 108.
[12] *Keßler* a. a. O. 112.
[13] *Raape:* Festschrift für Lehmann (1937).
[14] *Bötticher*, Die Wandelung als Gestaltungsakt (1938).

a) Das ius variandi. Bis zum Vollzug der Wandelung oder Minderung nach § 465 kann der Käufer vom einen Rechtsmittel noch zum anderen übergehen. Nach allen Theorien wird das Übergangsrecht (mehr oder weniger konsequent) auch durch ein rechtskräftiges, der Wandelungs- oder Minderungsklage stattgebendes Urteil ausgeschlossen, ebenso die Rechtsprechung, RG Recht 1915 Nr. 485 (Minderung), RGZ 94/327 (331) (Wandelung). Zweifelhaft ist aber, ob auch ein Urteil, das die Preisklage des Verkäufers auf Wandelungseinrede des Käufers abweist, diese Wirkung hat (dafür *Bötticher* 44, solange der Käufer noch wandeln konnte); das Reichsgericht hat die Frage niemals ausdrücklich entschieden, vgl. RGZ 147/390, hält aber normalerweise den Käufer wohl an sein Verhalten im Vorprozeß für gebunden, ebenso OLG Braunschweig OLG 16/404.

b) *Der Klagantrag.* Zulässig ist nach der Rechtsprechung sowohl die Klage auf Einwilligung in die Wandelung, RGZ 70/198, oder Minderung, RG JW 1913/736, als auch die Klage unmittelbar auf Rückgewähr wegen Wandelung, RGZ 58/423, oder Minderung, RGZ 101/64(71). Die letzte Form ist heute die allein übliche.

c) Der Anspruch des Käufers auf Rückzahlung des Preises wegen Wandelung und Minderung ist nach der Lehre schon mit Geltendmachung *fällig,* so daß der Käufer von da ab vom Verkäufer Verzugsschaden verlangen kann, RGRkomm. 74 c zu § 377 HGB (bestr.). Ferner kann der Käufer die mangelhafte Sache dem Verkäufer sofort anbieten, sodaß dieser bei Verweigerung der Rücknahme in Annahmeverzug kommt, RG Warn. 1912 Nr. 376, was die Haftung des Käufers für die Sache mindert, § 300. Der Verkäufer hat einen Anspruch auf Sachrückgabe dagegen erst vom Ausschluß des ius variandi ab, also nach der Einigung (§ 465) oder der Rechtskraft des Wandelungsurteils. Danach könnte der auf Rückzahlung verklagte Verkäufer nicht auf Zug um Zug — Verurteilung gegen Sachrückgabe dringen; vgl. RGZ 94/327 (331), gegen diese Konsequenz aber ziemlich einhellig die Lehre.

d) Für die Fragen der *örtlichen Zuständigkeit* des Gerichts betrachtet RGZ 70/198 den Rückgewähranspruch gegenüber dem auf Wandelungsbewilligung als Hauptanspruch (Grundstückstausch, § 29 ZPO).

e) Besondere Fragen ergeben sich für die *Verjährung,* s. unten 7.

5. Schadensersatz wegen Nichterfüllung. In drei Fällen kann der Käufer statt Wandelung oder Minderung Schadensersatz verlangen: Wenn eine zugesicherte Eigenschaft auch schon bei Kaufabschluß fehlte, wenn der Verkäufer einen Fehler arglistig verschwieg, § 463, und — wie man in entsprechender Gesetzesanwendung annimmt — wenn der Verkäufer eine Eigenschaft arglistig vorgespiegelt hat, RGZ 96/156; 103/154 (160); 132/76 (78). Der Käufer ist also in der Lage, den Verkäufer beim Wort zu halten und den Gewinn zu verlangen, der sich für aus der Wahrheit der Zusicherung oder Vorspiegelung ergab.

Das geht über den Anspruch auf Schadensersatz wegen Betrugs hinaus, da der Käufer dort nur so gestellt werden muß, wie er ohne den Vertrag gestanden hätte. Der Käufer kann nach seiner Wahl die Sache (unter Wertanrechnung) behalten oder dem Verkäufer zur Verfügung stellen, RGZ 53/352 (355); 103/160.

6. Gattungskauf. Da beim Gattungskauf die Lieferung von mittlerer Art und Güte geschuldet ist, § 243 I, ist die Lieferung mangelhafter Sachen keine Erfüllung, der Käufer kann deshalb unter Ablehnung der Ware auf vertragsmäßiger Lieferung bestehen (Nachlieferung), § 480 I 1. Er kann statt dessen aber auch die Lieferung als Erfüllung gelten lassen und wegen der gelieferten Ware nach Gewährleistungsrecht Wandelung, Minderung oder Schadensersatz verlangen, Schadensersatz schon dann, wenn eine zugesicherte Eigenschaft bei Gefahrübergang fehlt oder der Verkäufer einen Mangel bei Lieferung der Ware arglistig zu verschweigen versucht, § 480 II, RGZ 55/210 (214). In Geschäftsbedingungen wird ein Recht des Verkäufers auf Nachlieferung weitgehend vereinbart und das Wandelungsrecht des Käufers häufig ausgeschlossen[15].

7. Verjährung. Ohne Rücksicht auf die Entdeckung des Mangels verjähren die Gewährleistungsansprüche bei beweglichen Sachen in sechs Monaten seit Ablieferung, bei Grundstücken in einem Jahr seit Übergabe, wenn der Mangel nicht arglistig verschwiegen wurde, § 477 I 1. Die Ablieferung liegt erst dann vor, wenn der Käufer die tatsächliche Möglichkeit zur Untersuchung hatte, RG JW 05/79. Vertraglich kann die Verjährungsfrist verlängert (§ 477 I 2) wie verkürzt werden (§ 225 S. 2).

Die Verjährung wird nach den allgemeinen Regeln der §§ 208ff. *unterbrochen*, vor allem durch Anerkenntnis (§ 208) oder durch Klage (209), und die Unterbrechung dauert für alle Mängelansprüche (§ 477 III) während des Prozesses fort, § 215. Einen besonderen Unterbrechungsgrund gibt § 477 II im Antrag des Käufers beim Amtsgericht auf „gerichtliche Beweissicherung", d. i. auf Feststellung des Zustandes der Sache, ebenfalls für die Dauer des Verfahrens (Einzelheiten: §§ 485—494 ZPO). Nach Beendigung der Unterbrechung beginnt die Verjährungsfrist von neuem zu laufen, § 217.

Nach Ablauf der Verjährungsfrist kann der Käufer noch den Kaufpreis verweigern, soweit er dazu auf Grund der Wandelung oder Minderung berechtigt wäre, oder mit einer Schadensersatzforderung gegen die Preisforderung aufrechnen; vorausgesetzt ist aber, daß er vor Fristablauf den Mangel gerügt oder die Anzeige abgesendet oder Beweissicherung beantragt hatte §§ 478, 479. Verweigert er den ganzen Kaufpreis, so kann derVerkäufer umgekehrt von ihm Sachrückgabe verlangen, vgl. RG Soerg Rspr. 1911 § 478 Nr. 5. Auf Rückzahlung kann

---

[15] *Großmann-Doerth*, Die Rechtsfolgen vertragswidriger Andienung 101f.

der Käufer aber nicht dringen, auch nicht in Verbindung mit § 813, RGZ 128/211 (215) 144/93 (95).

Gerade in der Verjährungsfrage wirkt sich der Streit der Lehrmeinungen (oben 4) aus:

a) Umstritten ist, ob § 477 auch nach dem Vollzug der Wandelung durch *Einigung* der Parteien (§ 465) anwendbar bleibt. Die Formulierung der Rechtsprechung, wonach Ansprüche auf die Wandelung, aber nicht aus der Wandelung nach § 477 verjähren (RGZ 69/387), führt in der Lehre zu durchaus entgegengesetzten Auffassungen. Nach der Vertragstheorie[16], der sich *Boetticher* anschließt, stützen sich die Ansprüche nunmehr auf den Wandelungsvertrag (oder „erwachsen erst aus der Aufhebung des Kaufvertrags") und verjähren in 30 Jahren. Die dafür angezogenen Urteile stammen mit einer Ausnahme aus der Zeit vor 1910; sie lassen die Frage entweder ausdrücklich offen oder sprechen sich nur obiter aus[17]. Die herrschende Herstellungstheorie legt der Vereinbarung dagegen nur die Unterbrechungswirkung des § 208 bei und hält an der Identität des Rückgewähranspruchs vor und nach Vereinbarung fest[18]. Sicher gilt § 477 nicht für eine Einigung der Parteien im Vergleich, RGZ 90/169 (171); im übrigen bleibt die Frage umstritten.

b) Ein dem Käufer *rechtskräftig* zuerkannter Rückgewähranspruch verjährt nach § 218 in 30 Jahren. Hatte der Käufer innerhalb der kurzen Verjährungsfrist die Wandelungseinrede gegen die Preisrestklage erhoben und deren Abweisung erreicht, so soll er nach *Boetticher*[19] wegen der Gestaltungs- (nicht Rechtskraft-)wirkung des Urteils nach Fristablauf noch auf Rückzahlung klagen können. RGZ 69/385 (388) entschied 1908 umgekehrt. München HRR 1940 Nr. 546 versagte die Berufung auf § 477 einem Verkäufer der zunächst auf Feststellung geklagt hatte, der Käufer habe keine Minderungsansprüche, und dann während des Prozesses, aber nach Ablauf der Verjährungsfrist vom Käufer auf Teilrückzahlung verklagt wurde; doch geschah dies nur mit der exceptio doli, weil „nachdem offenbaren Willen der Parteien" die Frage der Minderung zunächst dem Grunde und erst später der Höhe nach zur Entscheidung gebracht werden sollte. Im übrigen fehlen Entscheidungen, was darauf schließen läßt, daß sich die Praxis seit 1908 auf die Anforderungen der Judikatur eingerichtet hat.

[16] Auch RGRKomm. Anm. 135 zu § 377 HGB; *Staudinger-Ostler*, 10. Aufl. Anm. 14 zu § 477.

[17] RG JW 04/406 Nr. 11; Frankfurt Recht 07 Sp. 1257 Nr. 3068; RGZ 69/387 = JW 08/743; Düsseldorf Recht 1933 Nr. 77.

[18] RGR Komm. Anm. 1a zu § 477; *Planck-Knoke*, Anm. 1a zu § 477; *Enneccerus-Lehmann* § 111 II 1; *Raape* Festschrift f. Lehmann S. 172 („Feststellungsvertrag").

[19] *Boetticher* a. a. O. 40ff., 56; anders RGR Komm. Anm. 135 zu § 377 HGB.

IV. Andere Rechtsbehelfe des Käufers

Die Frage, inwieweit die Gewährleistungsvorschriften die Rechtsfolgen von Sachmängeln *abschließend* regeln und also die allgemeinen Rechtsbehelfe wegen Nichtlieferung ausschließen, ist noch heute nicht völlig geklärt. Grundsätzlich ist zu verneinen, daß ein Sachmangel unmittelbar in die Kategorie der Teilunmöglichkeit etwa mit den Folgen des § 306 oder der §§ 280 II, 325 I S. 2 eingereiht werden könnte, RGR-Komm. 7 B b, c zu § 459.

1. Zulässig ist ein Schadensersatzanspruch wegen *schuldhafter Schlechtlieferung* zusätzlich zur Gewährleistung (sog. „positive Vertragsverletzung"[20]). Darunter wird eine Schlechtlieferung verstanden, mit welcher der Verkäufer gegen seine Vertragspflichten verstößt. Sie ist im Gesetz nicht ausdrücklich geregelt, wird aber von Lehre und Praxis nach Analogie der Nichterfüllungsregeln behandelt; der Verkäufer haftet also auch bei leichtem Verschulden (§ 276) und bei Verschulden seiner Erfüllungsgehilfen (§ 278). Die Konkurrenz dieses Anspruchs mit den Gewährleistungsansprüchen ist aber nur soweit zulässig, als der Schaden die bloße Unbrauchbarkeit übersteigt, vor welcher die Gewährleistungsansprüche schützen, RG HRR 1941 Nr. 225, RGZ 161/337, (negatives Interesse). Er bezieht sich deshalb nur auf den Schaden, der unmittelbar durch die Sache beim Käufer angerichtet wird, (das kranke Tier steckt die gesunden des Käufers an) oder durch Verwendung, auch durch Verkauf, entsteht: RGZ 56/167 (nicht bindefähiger Sackkalk wurde vom Käufer zu Verputzarbeiten verwendet), RGZ 52/18 (nicht mahlfähiger Roggen wurde weiterverkauft, Abnahme verweigert, höherer Deckungskauf vorgenommen). Aus Gründen der Verkehrssicherheit unterliegt der Schadensersatzanspruch ferner der kurzen Verjährungsfrist des § 477, RG 117/315; 129/280 (282).

Systematisch nahe steht der Fall, daß der Verkäufer beim Stückkauf einer Verschlechterung der Sache *zwischen Vertragsschluß und Lieferung* zu vertreten hat. Er verstößt damit gegen seine Aufbewahrungs- und Obhutspflicht. Nach der überwiegenden Lehre[21] kann der Verkäufer deswegen Schadensersatz (positives Interesse!) verlangen.

Ein *Schadensersatzanspruch aus unerlaubter Handlung* kann sich aus § 826 ergeben (vorsätzliche sittenwidrige Schadenszufügung). Auch er ist neben der Gewährleistung zulässig, RGZ 161/377, und nicht an die Frist des § 477 gebunden.

Für die *übrigen Rechtsbehelfe* wegen mangelhafter Lieferung unterscheidet die Rechtsprechung unter teilweiser Zustimmung der Lehre,

---

[20] *Staub*, Die positiven Vertragsverletzungen (1904).

[21] *Enneccerus-Lehmann* § 112 I 4, aber auch *Flume* a. a. O. 39 und auf anderem Wege *Süß* a. a. O. 228f. Dagegen RGR Komm. 7 B c zu § 459: nur Gewährleistung.

ob die Gefahr bereits auf den Käufer übergegangen war (2.) oder nicht (3.).

2. Eine gefestigte Rechtsprechung lehnt *nach* Gefahrübergang sowohl die *Einrede des nicht erfüllten Vertrags* gegenüber dem Kaufpreisanspruch (320) als auch einen *Erfüllungsanspruch* auf Nachbesserung (soweit nicht § 463 vorliegt und die Nachbesserung Naturalschadensersatz ist) kategorisch ab, RGZ 161/330 (337). Ein Nachbesserungsanspruch könnte sich höchstens aus stillschweigenden Vereinbarungen, wie z. B. in der Kleiderkonfektion, ergeben. Und unter ganz besonderen Umständen kann nach Treu und Glauben (§ 242) sogar einmal ein Nachbesserungsrecht des Verkäufers bestehen, RGZ 61/92, 76/150 (153). Vertraglich wird ein solches Recht, z. T. mit Ausschluß anderer Rechtsbehelfe, häufig vereinbart.

Auch ein *Verschulden* des Verkäufers *bei Vertragsschluß*, culpa in contrahendo, z. B. das fahrlässige Verschweigen eines Mangels, kann nach der Rechtsprechung keinen Schadensersatzanspruch neben der Gewährleistung begründen; Schadensersatz wird nur gewährt, wenn kein Sachmangel vorlag, RGZ 48/286 (289), RG HRR 1940 Nr. 543, RGZ 161/193 (196). Doch wird hiergegen im Schrifttum erheblicher Widerspruch erhoben, soweit es sich um den Ersatz des negativen Interesses handelt[22]; OLG München HRR 1940 Nr. 150 hat den Anspruch zugelassen. Dabei bereitet die Frage der Fahrlässigkeit Schwierigkeiten, da eine allgemeine Offenbarungspflicht dem Verkäufer keinesfalls obliegt.

Endlich versagt die ständige Rechtsprechung dem Käufer (nicht dem Verkäufer!) die *Anfechtung* des Vertrags wegen Irrtums über einen Sachmangel als Irrtum über eine im Verkehr wesentliche Eigenschaft (§ 119 II), RGZ 135/339, 138/354 (356).

Das gleiche gilt für die Berufung des Käufers auf das Dahinfallen der *Geschäftsgrundlage* aus diesem Grunde, RGZ 161/337. Die Anfechtung des Vertrags wegen arglistiger Täuschung, § 123, ist unbeschränkt zulässig, RG HRR 1941, 69 mit Belegen.

3. Äußerst umstritten ist das Verhältnis von Gewährleistungs- und Nichterfüllungsansprüchen *vor* der Lieferung. Das liegt z. T. daran, daß die Rechtsprechung spärlich ist (die Behauptungen des RGRKomm. zu § 459 dürfen ihr nicht zugerechnet werden). Grundsätzlich würden Gewährleistungsbehelfe dem Käufer hier nicht zur Verfügung stehen, RG JW 1911/539 Nr. 12; Warn. 1917/118; doch erstreckt die Rechtsprechung Gewährleistungsbehelfe wie das Wandelungsrecht auch auf die Zeit vor der Übergabe, wenn der Mangel nicht behebbar ist oder der Verkäufer sich weigert, ihn zu beheben, RG JW 1912/461 Nr. 7, neuestens auch Hamburg HEZ 1, 271. Dies erscheint berechtigt, da eine

[22] *Enneccerus-Lehmann,* § 112 I 3; *Rabel,* Festschrift Dolenc S. 720; *Raape:* ArchCivPr 150/501 ff.

endgültige Entscheidung für Wandelung oder Minderung vernünftigerweise nicht gegen den Willen des Käufers von Gesetzes wegen aufgeschoben werden sollte. Das gleiche gilt für zugesicherte, aber nicht herstellbare Eigenschaftzn, RG JW 1918/221.

Solange nun die Gewährleistungsrechte dem Käufer noch nicht zustehen, stellt sich die Frage, wie er die Mangelhaftigkeit geltend machen kann. Hier gehen die Meinungen auseinander. Das äußerste Extrem vertritt *Süß*[23], nach dem die Lieferung der Sache tel quel geschuldet wird. *Flume* hält die mangelfreie Lieferung zwar für vereinbart, aber nur die Lieferung der Sache im Zustande bei Vertragsschluß für geschuldet[24]. Beide Autoren nehmen Gewährleistungsansprüche sofort ab Vertragsschluß an. Auf der anderen Seite bejaht *Korintenberg* die Pflicht zur mangelfreien Lieferung und (abweichend von Rechtsprechung und Lehre) sogar zur Nachbesserung nach Lieferung[25]. Dabei sind zwei praktische Fragen zu beantworten: kann der Käufer bei Angebot der mangelhaften Sache die Annahme und Zahlung wegen eines behebbaren Mangels einstweilen verweigern ? (a). Kann er wegen Irrtums über einen Sachmangel anfechten ? (b).

a) Während *Korintenberg* die erste Frage durch Gewährung der „Einrede des nichterfüllten Vertrags" vorbehaltlos bejaht, verneint sie *Flume* ebenso entschieden, um dem Käufer statt dessen die „Einrede der Wandelung" zu gewähren[26]. Daß die Einrede des nichterfüllten Vertrags in besonderen Fällen einer Nachbesserungspflicht des Verkäufers (oben 2) gegeben ist, versteht sich von selbst. Im übrigen dürfte es darauf ankommen, ob der Mangel dem Käufer das Wandelungsrecht gibt. Entfällt die Wandelung bei zugesicherter Grundstücksgröße infolge § 468 S. 2, so wäre, wie RGZ 53/70 (74) im Ergebnis richtig entscheidet, der Käufer zur Abnahme unter Preisminderung verpflichtet. Umgekehrt verlangt die „Einrede der Wandelung" vom Käufer zu viel, indem er sich sofort entscheiden müßte, ob er wandeln oder bloß mindern will; nach Abnahme könnte er damit bis zum Zeitpunkt des § 466 warten[27]. Und wegen § 466 halte ich eine verzögerliche Einrede des Käufers vor Lieferung auch dann für angebracht, wenn der Mangel unbehebbar ist und nach der Rechtsprechung nur Gewährleistungsrecht platzgreift.

Die zutreffende Lösung dürfte sein, daß dem Käufer eine aufschiebende „Einrede des Sachmangels" solange zusteht, als er sein ius variandi nicht verloren hat, also bis ihn der Verkäufer nach § 466 zur Entscheidung zwingt. Andererseits wird sich der Käufer bereits mit Fälligkeit des

---

[23] *Süss* a. a. O. 49, 233.
[24] *Flume* a. a. O. 35ff., 38.
[25] *Korintenberg*, Abschied 45; dagegen *Raape*: ArchCivPr 150, 482ff.
[26] Ebenso *Süss* a. a. O. 239.
[27] *Rabel*, Festschrift Dolenc 437; jetzt auch *Raape*, ArchCivPr 150, 486.

Lieferanspruchs entscheiden dürfen, ob er die Lieferung endgültig ablehnen (wandeln) oder unter Preisminderung annehmen will[28]. Diese Lösung dürfte sich aus einer entsprechenden Anwendung von Gewährleistungs- und Nichterfüllungsvorschriften ergeben[28].

b) Die *Anfechtung* des Vertrags wegen Unkenntnis des Sachmangels durch den Käufer nach § 119 II läßt die Rechtsprechung bei behebbaren Mängeln vor Lieferung zu, RG Gruch. 53 935 (938) JW 1914, 295 Nr. 1. Dies erscheint im Ergebnis unbedenklich, soweit damit die Anfechtung an die Stelle der Wandelung tritt. Sachwidrig ist sicherlich die Zulassung der Anfechtung allgemein[29] ohne Rücksicht auf die besonderen Vorschriften des Gewährleistungsrechts: So müßte die Anfechtung jedenfalls ausgeschlossen sein, wenn dem Käufer ein Fehler infolge grober Fahrlässigkeit unbekannt geblieben ist, arg. § 460 S. 2. Der allgemeine Ersatz der Anfechtung durch die Wandelung wird heute energisch befürwortet[30].

V. Sukzessivlieferung

1. Ist ein Gattungskauf in zeitlich getrennten Raten (u. U. auf besonderen Abruf) zu erfüllen, so stellt sich die Gewährleistungsfrage einmal gesondert für jede *Teillieferung*. Der Käufer kann wegen jeder mangelhaften Rate Gewährleistungsansprüche erheben. Er muß beim beiderseitigen Handelskauf auch wegen jeder Rate rügen, § 377 HGB, sonst gilt sie als genehmigt, RGZ 65/49 (53). Anders, wenn eine einheitlich vorzunehmende Lieferung in kurz aufeinander folgenden Teilen eintrifft: Rüge nach Eintreffen des Rests, RG JW 1910/155 Nr. 24. Die Abgrenzung im einzelnen ist schwierig, z. B. RGZ 138/331.

2. Vom *ganzen* Vertrag kann sich der Käufer wegen Mängel eines gelieferten Teils lossagen,

a) wenn das Verhältnis von Haupt- zu Nebensache vorliegt, § 470 S. 1, oben III 2b, *Wandelung*;

b) wenn er annehmen muß, auch der Rest werde mangelhaft geliefert und so der Vertragszweck vereitelt werden; dies muß sich aus den Umständen ergeben (ein Verhalten des Verkäufers, das damit als „positive Vertragsverletzung" behandelt wird), RGZ 57/105 (115), RG Warn. 1917 S. 167: *Rücktritt*;

c) wenn sich verborgene Mängel bei einem Teil nachträglich herausstellen und der Käufer nach den Umständen annehmen muß, daß auch der schon gelieferte oder angebotene Rest dieselben Mängel hat (Konservenlieferung), RG LZ 1919 Sp. 592 Nr. 2, RGRkomm. 184 zu § 377 HGB, *Wandelung*.

---

[28] *Rabel*, a. a. O.

[29] So *Enneccerus-Lehmann*, § 112 III a. E.

[30] *Flume* a. a. O. 132ff. mit Belegen, aber Bedenken bei *Raape* ArchCivPr 150, 501ff.

VI. Viehkauf

Für die Gewährleistung beim Viehkauf sieht das deutsche Recht eine Reihe von Abweichungen vor, §§ 481—492: Die Sonderregelung bezieht sich auf bestimmte Viehsorten (Pferde, Esel, Maulesel und Maultiere, Rindvieh, Schafe, Schweine). Der Verkäufer haftet nur für bestimmte „Hauptmängel" die in der VO v. 27. 3. 1899 festgelegt sind, und nur dann, wenn sie sich binnen bestimmter Gewährfristen (meist 14 Tage) nach Ablauf des Übergabetages (§ 483) zeigen. Die Frist kann vertraglich verlängert oder verkürzt werden, § 486. Der Käufer verliert außer bei arglistig verschwiegenem Mangel alle Rechte, wenn er nicht spätestens zwei Tage nach Ablauf der Gewährfrist oder Eingehen des Tieres den Mangel dem Verkäufer anzeigt oder Anzeige absendet oder Klage erhebt, den Streit verkündet oder gerichtliche Beweissicherung beantragt, § 485. Ferner ist die Verjährungsfrist jauf sechs Wochen herabgesetzt. Von den Rechtsmitteln des Käufers ist die Minderung ausgeschlossen, § 487; zur Wandelung geben die §§ 487—489 Einzelregeln. Diese Vorschriften gelten im wesentlichen auch bei einer Garantie des Verkäufers für andere als Hauptmängel oder für zugesicherte Eigenschaften, vgl. § 492.

VERSCHOLLENHEITS- UND TODESERKLÄRUNG

Von Helmut Strebel

Referent am Max-Planck-Institut für ausländisches öffentliches Recht und Völkerrecht

Literatur: A. Zur Geschichte: *C. G. Bruns*, Die Verschollenheit: Jahrb. d. gemeinen deutschen Rechts 1 (1857) 90 — *Riesenfeld*, Verschollenheit und Todeserklärung nach gemeinem und preuß. Recht (1891) — *O. Gierke*, Deutsches Privatrecht I (1895) 363 (§ 42) — *Stobbe*, Deutsches Privatrecht IV (3. Aufl. 1900) 635 (§ 338) — *Tomassia*, L'assenza nella Storia del Diritto italiano: Arch. Giuridico 36 (1886) 474 — *A. Frey*, Die Rechtsstellung des Verschollenen, Histor. und rechtsvergl. Darstellung mit bes. Berücksichtigung der schweizerischen Lehre (1948).

B. Zur Rechtsvergleichung: *Lorenz*, Art. „Todeserklärung" im Rvgl-HdWb IV 581 — *Deuß*, Die Verschollenheit nach englischem Recht; rechtsvergl. dargestellt unter Berücksichtigung des schweiz. ZGB, des Code civ. fr., des dt. BGB, des österr. ABGB und des Cod. civ. it. (Diss. Zürich 1947) — *A. Frey* (s. o.) — *Balogh*, Verschollenheit und Todeserklärung nach deutschem und ungarischem Recht (1908) — sowie das Schrifttum zum Recht der einzelnen Staaten.

C. Zum Recht des deutschen Bürgerlichen Gesetzbuchs: *Herbert Meyer*, Vom Rechtsschein des Todes: Festgabe für Brie (1912) 71 — *Rudolf Schmidt*, Die Verschollenheit nach geltendem und künftigem Recht (1938) — *Josef Partsch*, Die Bundesratsbekanntmachung über die Todeserklärung Kriegsverschollener v. 18. 4. 1916 (1917) — *Martin Wolff*, Kriegsverschollenheit und Wiederverheiratung: Festgabe der Bonner Jurist. Fakultät f. Karl Bergbohm (1919) 116.

D. Zum deutschen Verschollenheitsgesetz v. 4. 7. 1939: *Kramer* und *Hesse* bei Schlegelberger-Vogels, Erläuterungswerk zum Bürgerlichen Gesetzbuch I (1939) — *Hermann Vogel*, Verschollenheitsrecht (1949) — *Hochgräfe*, Die Verschollenheit nach geltendem und früherem Recht, unter bes. Berücksichtigung der Kriegsverschollenheit (Diss. Jena 1941) — *Rademacher*, Die Kriegsverschollenheit: NJW 1 (1947/48) 258 — *Nehlert*, Zur Kriegsverschollenheit: JR 1948, 238.

I. Vorbemerkung

1. Die gesetzlich erstmals in Preußen 1763 eingeführte Todeserklärung, ebenso die ähnlich gestaltete Verschollenheitserklärung des Schweizer Rechts, kann rechtsvergleichender Betrachtung nur zugänglich gemacht werden durch Analyse des mit ihrer Hilfe zu lösenden *Problems*. Das Problem heißt Verschollenheit und ist seinem Wesen nach eine Tatbestandslücke: über Leben, Tod und Todeszeitpunkt, also einen der

wichtigsten Anknüpfungspunkte vielfältigster Rechtsfolgen, läßt sich keine Feststellung treffen wegen längerer, nicht durch Nachrichten überbrückter Abwesenheit des Menschen, dessen Fortleben ungewiß ist. Die Verschollenheit zeigt also drei *Begriffsmerkmale*

(1) *Abwesenheit*, qualifiziert durch auf längere Sicht fortbestehende Unmöglichkeit der Einholung von Nachrichten wegen Unbekanntheit des Aufenthalts des Abwesenden;

(2) *Ungewißheit des Fortlebens* des Abwesenden, die auf längere Sicht nicht behoben werden kann;

(3) Das Ausbleiben von Nachrichten legt unter Berücksichtigung des Zeitablaufs die *Annahme des Todes* des Abwesenden nahe, weil es nicht durch andere Gründe erklärbar ist.

Damit erweist sich die Verschollenheit als Sonderfall der als Unerreichbarkeit qualifizierten *Abwesenheit*, die auch andere Tatbestandslücken als die der Lebensungewißheit zeitigen kann: so das Ausbleiben vom Abwesenden vorzunehmender Rechtshandlungen, die Unmöglichkeit rechtsgeschäftlichen Verkehrs mit ihm, also faktische Lücken im dynamischen Ablauf der Dinge, bei der Verschollenheit dagegen eine erkenntnismäßige Lücke hinsichtlich eines statischen Sachverhalts, von dem Rechtsverhältnisse abhängen. Die äußere Sachlage ist weitgehend dieselbe: ein Mensch ist auf unabsehbare Zeit unerreichbar; je nach dem, welche praktischen Rechtsfragen an diese Sachlage herangetragen werden, heißt das Problem Abwesenheit oder Verschollenheit.

2. Entsprechend unterscheiden sich die zur Abhilfe in Betracht kommenden *rechtstechnischen Methoden:*

(1) *Unmittelbare Rechtsfolgenanknüpfung* an den nachgewiesenen Sachverhalt der qualifizierten Abwesenheit, z. B. Ausschluß von Rechten des Abwesenden, Entbehrlichkeit seiner Zustimmung;

(2) Zwischenschaltung einer an Stelle des Abwesenden auftretenden Person: Kurator, Pfleger (*cura-Methode*);

(3) (Auflösend bedingte) Ausschaltung des Verschollenen als Rechtssubjekt durch unmittelbar kraft Gesetzes an einen bestimmten Tatbestand geknüpfte *Todesvermutung*;

(4) (Auflösend bedingte) Ausschaltung des Verschollenen als Rechtssubjekt durch Staatsakt: *Todes- bzw. Verschollenheitserklärung.*

Die ersten beiden Methoden isolieren das auftretende Einzelproblem bzw. beschränken sich auf einen bestimmten Problemkreis und eignen sich vorzugsweise zur Lösung der spezifischen Abwesenheitsprobleme, während die beiden letzten Methoden grundsätzlich alle Rechtsbeziehungen des Abwesenden umfassen und nur zur Lösung des Verschollenheitsproblems in Betracht kommen. Der 2. und 4. Methode gemeinsam ist die Ausfüllung der Tatbestandslücke durch einen künstlich, behördlich geschaffenen Surrogat-Tatbestand. Die 1. und 3. Methode können in ihrer Wirkungsweise praktisch weitgehend übereinstimmen, und es ist oft nicht klar auszumachen, ob und inwieweit die Todeswahrscheinlichkeit Tatbestandsmerkmal oder nur gesetzgeberisches Motiv, also im Einzelfall zur Auslösung der Rechtsfolgen nicht erforderlich ist. So kann auch, wie die Rechtsgeschichte zeigt, die erste Methode zur Lösung des Verschollenheitsproblems Anwendung finden, indem einzelne oder sämtliche Rechtsfolgen des Todes unmittelbar an bestimmte Abwesenheitstatbestände, unabhängig von einer Todeswahrscheinlichkeit oder -vermutung geknüpft werden; die zweite Methode kann, auf vermögensrechtlichem Gebiet, zugleich das Abwesenheitsproblem lösen und die Lösung des Verschollenheitsproblems einleiten, indem als Kurator der hypothetische Rechtsnachfolger eingesetzt wird und allmählich die Rechtsnachfolge übernimmt.

Da mithin die Lösungen der an sich verschiedenen Probleme Abwesenheit und Verschollenheit sich vielfach überschneiden und in den Rechtsordnungen eine mehr oder weniger organische Einheit bilden, muß das Abwesenheitsproblem in unsere an sich nur der Verschollenheit geltende Betrachtung einbezogen werden. Ein Blick auf die Rechtsgeschichte zeigt vielfaches Ineinandergreifen, gegenseitigen Austausch und Kombinationen der vier Methoden, deren vierte, die Todes- bzw. Verschollenheitserklärung, sich erst spät und keineswegs überall durchgesetzt hat, so daß die Rechtsvergleichung in erster Linie die Art der Problembehandlung und das Wechselspiel der Methoden zu betrachten hat, während die Ausgestaltung der Todes- bzw. Verschollenheitserklärung im einzelnen nur geringes Interesse bietet.

II. Geschichtlicher Rückblick[1]

1. Das *römische* Recht hat kein eigentliches Verschollenheitsrecht ausgebildet und bediente sich der unmittelbaren Rechtsfolgenanknüpfung für praktische Einzelfragen, wobei zunächst die Kriegsgefangenschaft als Tatbestandselement hervortrat, die an sich schon die Rechtsfähigkeit grundsätzlich aufhob. Immerhin blieb das Erfordernis des Ehekonsenses des kriegsgefangenen Vaters drei Jahre[2], ein Ehehindernis für die Ehefrau fünf Jahre bestehen. Letzteres erlosch auch dann nur bei Hinzutritt der Lebensungewißheit, wodurch der Tatbestand Verschollenheitscharakter annimmt. Die Nov. 22 c. 7 Julians verlangte sogar 5-jährige Dauer der Lebensungewißheit. Unabhängig von Gefangenschaft gestattete Constantin der Ehefrau eines Soldaten, von dem sie 4 Jahre nichts mehr gehört hatte, die Wiederverheiratung nach vorheriger Anzeige an dessen Vorgesetzten[3] — eine Art Lossagungsrecht

[1] Vgl. zum Folgenden die Literaturangaben oben unter A.

[2] L. 10 de R. N. (23. 2.); L. 9 de R. N. (23. 2.); L. 11 de R. N. (23. 2.).

[3] L. 7 C. de repudiis (5. 17.); vgl. *Bruns* a. a. O. 101.

auf Grund der Verschollenheit. Justinian setzte an Stelle des Lebenszeichens ein Zeichen ehelicher Gesinnung, unter Verlängerung der Wartefrist auf 10 Jahre, verlegte also die Problemlösung in das Gebiet der Ehescheidung.

Vermögensrechtlich herrschte zunächst die cura-Methode: Ein vom Magistrat bestellter curator bonorum absentis sorgte, ohne Vertretungsmacht, für die Erhaltung des Vermögens des Abwesenden. Tatsächlich wurden als Kuratoren vorzugsweise die hypothetischen Erben bestellt. Die Entscheidung über die Erbfolge geschah dann durch Inzidentfeststellung des Todes in freier Beweiswürdigung, ohne Fristen oder Beweisregeln, auf Grund der nachgewiesenen Abwesenheitstatsachen, ohne die generelle Wirkung einer Todeserklärung.

2. Im *italienischen* Recht des Mittelalters herrschten feste Beweisregeln, zunächst die 100-jährige Lebensvermutung der Glosse, dann die 80-jährige aus Psalm 90, mit Gegenpräsumtionen. Die Todesfeststellung geschah nach wie vor nur incidenter. Daneben blieb, bei der Länge der Lebensvermutung, die cura bonorum absentis.

3. Die *französischen* „coutumes" des 16. Jahrhundert, die den nordwesteuropäischen Raum beherrschten, brachten eine Aufteilung des Abwesenheitszustandes in drei Stadien:

(1) Während des ersten, zwischen 3 und 10 Jahren schwankenden Stadiums konnte ein Unbeteiligter als Pfleger bestellt werden, seit 1791 sog. „représentation de l'absent par un notaire";

(2) Die anschließend ergehende „déclaration d'absence" ermöglichte, ohne Umweg über eine Todesvermutung, die Besitzeinweisung der Erben, verstanden als auflösend bedingte Beerbung, später gegen eine für 30 Jahre zu leistende Kaution;

(3) Nach Ablauf der 30 Jahre entfiel die Kaution auf Grund erneuter Gerichtsentscheidung und blieb es bei der schon vorher eingetretenen bedingten Beerbung („envoi en possession définitive"), die also nicht ex tunc zurückdatiert zu werden brauchte. Auch dann konnte der Zurückkehrende den noch vorhandenen Vermögensbestand vindizieren.

Im zweiten Stadium herrschte also unmittelbare Rechtsfolgenanknüpfung in Form eines gerichtlich durchzusetzenden Gestaltungsrechts zugunsten des hypothetischen Erben, kombiniert mit der cura-Methode. Die „déclaration d'absence", noch stärker der „envoi en possession définitive", kann als Vorstufe einer Todeserklärung gelten, aber ohne Todesvermutung und ohne generelle Wirkung, besonders auf die Ehe. Die Todeswahrscheinlichkeit tritt nur als gesetzgeberisches Motiv in klaren Abstufungen in Erscheinung, ohne die Unmittelbarkeit der Rechtsfolgenanknüpfung an das rein Faktische zu unterbrechen.

4. Im *älteren deutschen* Recht mit seinen vielen Kollektivrechtsverhältnissen lösten sich die meisten Fragen der qualifizierten Abwesenheit durch Anwachsung des Gemeinschaftsanteils des Abwesenden, ohne Notwendigkeit präziser, besonders zeitlicher Abgrenzungen. Im übrigen wurde der im Erbschaftsstreit nicht Anwesende übergangen, unabhängig vom Grund der Abwesenheit. Doch mußte für den Fall der Rückkehr des nicht aufgetretenen Erben Kaution geleistet werden. Also unmittelbare Rechtsfolgenanknüpfung auf verfahrensrechtlicher Grundlage, ohne Todesannahme, was *Bruns*[4] gegen *Kraut* dargetan hat. Für aktive Erbrechte des Abwesenden galt die sächsische Verjährung von 30 Jahren und Jahr und Tag, nicht dagegen für die Beerbung des Abwesenden. War die Tatsache und Dauer der nachrichtlosen Abwesenheit nach den starren Beweisregeln dargetan, so wurde die weitere Frage, ob hieraus der Tod zu folgern sei, mehr als Rechtsfrage behandelt[5], was vielleicht auch so verstanden werden kann, daß das Gericht an die erwiesenen Tatsachen nicht eine Todesannahme, sondern unmittelbar die konkret gefaßten Rechtsfolgen des Todes knüpfte. Die für den Fall der Rückkehr zu leistende Kaution schob die Sukzession nicht auf: der Erbe behielt einfach die Erbschaft, wenn der Verschollene nicht zurückkehrte. Die cura-Methode fehlt vor der Rezeption.

5. Für die Entwicklung des *deutschen* Rechts seit der Rezeption war

a) die sächsische Praxis bestimmend: Der Abwesende galt auf Grund der 100-jährigen Lebensvermutung der Glosse als lebend, erbte also und wurde nicht mehr wie im älteren deutschen Recht übergangen. Doch konnten seine Erben die Erbschaft gegen Kaution an sich ziehen, ebenso das eigene Vermögen des Abwesenden, ohne bestimmte Abwesenheitsfristen, aber in unmittelbarer Rechtsfolgenanknüpfung an die Abwesenheit. Später entwickelte sich ohne bestimmte Frist ein Stadium der „eigentlichen Verschollenheit", das die Erben außer zur Besitzeinweisung zur gesamten Vertretung des Abwesenden berechtigte — sog. *italienisch-sächsisches System*.

b) *Carpzov* faßte die gesamte Rechtsstellung des Erben im Stadium der „eigentlichen Verschollenheit" als „cura anomala et extraordinaria" zusammen[6], wodurch die vorläufige Beerbung eine Verfälschung durch den darauf nicht zutreffenden römisch-rechtlichen cura-Begriff erfuhr. Die endgültige Beerbung erfolgte erst nach Ablauf der 100-jährigen Lebenspräsumtion, wurde aber auf den Beginn der „eigentlichen Verschollenheit" bzw. auf die vorläufige Besitzeinweisung zurückdatiert (successio ex tunc). Dennoch erwarb der Verschollene auch in der Zwischenzeit alle ihm anfallenden Erbschaften. Der Datierungswiderspruch — sofern man die Erbeneinweisung mit Todesannahme gleichsetzt —

[4] a. a. O. 136ff.
[5] *Bruns* a. a. O. 138.
[6] *Bruns* a. a. O. 140.

erscheint weniger als widersprechende Tatsachenfeststellung, denn als Disharmonie der im einen und im andern Falle angewandten rechtstechnischen Methoden. Die langjährige Abwesenheit gab dem zurückgebliebenen Ehegatten ein Scheidungsrecht.

c) Die sächsische Praxis ist auch für große Teile des übrigen Deutschland nachweisbar. Die Partikularrechte dehnten zum Teil die cura des 1. Stadiums so lange aus, daß die „eigentliche Verschollenheit" mit der provisorischen Besitzeinweisung einer Todesannahme gleichkam. Ein Reskript des Kaisers Matthias an den Rat der Stadt Görlitz von 1616 ordnete die endgültige Beerbung ohne Kaution bereits nach „30 Jahren und Jahr und Tag" an. Die provisorische Besitzeinweisung erfolgte schon vorher, ohne präzisierte Fristen, lediglich auf Grund „ziemlich starker Vermutungen, daß er eher tot als lebendig sei", ohne ausdrückliche Bestimmung über voraufgehende Vormundschaft. Statt auf das Lebensalter wird also, in unmittelbarer Rechtsfolgenanknüpfung, nur auf die Dauer der Abwesenheit abgestellt, ähnlich dem französischen System. Dieses „*französisch-schlesische System*" galt in ganz Böhmen und in Schlesien bis zur preuß. VormundschaftsVO v. 23. 10. 1763.

6. Das *gemeine Recht des 17. und 18. Jahrhunderts:* Der von *Carpzov* auf die deutschrechtliche vorläufige Besitzeinweisung unzutreffend angewandte Begriff der cura setzte sich in der gemeinrechtlichen Doktrin entgegen den deutschrechtlichen Überlieferungen durch, vielmehr verband sich mit ihnen zu einem unentwirrbaren, widerspruchsvollen Gemengsel. Der gewaltsamen Umdeutung als cura fiel die Rückdatierung der Beerbung auf den Beginn der Verschollenheit und die Vererblichkeit der Stellung des vorläufig eingewiesenen Erben gegen Ende des 18. Jhs. zum Opfer, womit der Boden der unmittelbaren Rechtsfolgenanknüpfung endgültig verlassen war. Hieraus ergab sich die Notwendigkeit weiteren Ausbaus der cura-Methode und der endgültigen Ausschaltung des Verschollenen durch Todesvermutung bzw. -erklärung.

7. Die *preußische Todeserklärung:* Während die „successio ex tunc" nicht notwendig als Rückdatierung *des Todes* auf den Beginn der „eigentlichen Verschollenheit" und der provisorischen Besitzeinweisung aufgefaßt zu werden brauchte, ergab sich aus der Umdeutung dieser Besitzeinweisung als cura und aus der Anknüpfung der materiellen Rechtsnachfolge ex nunc an das Ende der Lebenspräsumtion eine engere Verknüpfung der Erbfolge mit der Todesannahme, also mit einer nur vermuteten Tatsache. Hieraus wieder ergab sich die Notwendigkeit, den mutmaßlichen Todeszeitpunkt zu präzisieren und vorzuverlegen. Die 100-jährige wurde auf eine 70-jährige Lebenspräsumtion reduziert, und durch Anwendung der sog. Ediktalzitationen, d. h. öffentlicher Aufgebote (ermöglicht durch die Entwicklung des Pressewesens) auf die Verschollenheit die Möglichkeit einer vom Ablauf der Lebensprä-

sumtion unabhängigen Todesvermutung geschaffen. Das Wesentliche ist die in Verbindung mit den Ediktalzitationen aufgekommene

(1) ausdrückliche, konstitutive, die Todesvermutung schaffende Todeserklärung mit

(2) grundsätzlich genereller, nicht auf einzelne Rechtsfolgen beschränkter Wirkung, die

(3) nicht nur incidenter, sondern, wenn auch anläßlich einer bestimmten, meist erbrechtlichen Frage, ad hoc erging.

Die Todeserklärung war zulässig auf Grund 10- bzw. (bei Entfernung nach dem 65. Lebensjahr) 5-jähriger Abwesenheit. Als Todestag galt der Tag der Todeserklärung. Ein Verschollener, der das 70. Lebensjahr vollendet hat, wurde hinsichtlich des Erbschaftserwerbs ohne weiteres als mit Vollendung des 70. Lebensjahres verstorben behandelt. Vor der Todeserklärung fand nach wie vor die cura-Methode Anwendung, abgewandelt durch deutsch-rechtliche Vorstellungen einer vorläufigen Erbfolge, was sich ausdrückte

(1) in der Berufung der Erben zur cura, auch soweit sie zur Führung von Vormundschaften unfähig sind,

(2) in der Vererblichkeit der cura.

Erst das Preuß. Allgemeine Landrecht hat den erbrechtlichen Charakter der cura beseitigt und sie allgemeinen Vormundschaftsgrundsätzen untergeordnet, ihr also damit öffentlichrechtlichen Charakter gegeben: Die Fürsorge für das Vermögen des Abwesenden gilt nunmehr als Staatsaufgabe und wird vom Staat einer geeigneten, nicht notwendig materiellrechtlich beteiligten Vertrauensperson übertragen[7].

Dieses preußische System der Todeserklärung verbreitete sich mit Abwandlungen in den Partikularrechten, in ganz Deutschland und darüber hinaus und fand in §§ 13—20 des Bürgerlichen Gesetzbuchs und in dem an deren Stelle getretenen „Gesetz über die Verschollenheit, die Todeserklärung und die Feststellung der Todeszeit" v. 4. 7. 1939[8] seine letzten Ausprägungen.

III. Das geltende deutsche Recht

a) Todeserklärung

1. Die Regelung des deutschen Verschollenheitsgesetzes v. 4. 7. 1939 (VerschG) ist kurz folgende: Verschollen ist, wessen Aufenthalt während längerer Zeit unbekannt ist, ohne daß Nachrichten darüber vorliegen, ob er in dieser Zeit gelebt hat oder gestorben ist, sofern nach den Umständen hierdurch ernstliche Zweifel an seinem Fortleben bestehen (§ 1). Der Verschollene kann im Aufgebotsverfahren für tot erklärt werden,

---

[7] ALR II, 18, § 195.

[8] RGBl I 1186.

wenn seit Ende des Jahres, in dem er laut Nachrichten noch gelebt hat, 10 Jahre, oder, wenn er bei Todeserklärung das 80. Lebensjahr vollendet hätte, 5 Jahre verstrichen sind (§§ 2, 3). Vor dem Ende des Jahres, in dem er das 25. Lebensjahr vollendet hätte, darf niemand für tot erklärt werden, außer bei Kriegs- oder sonstiger Gefahrverschollenheit. Grundsätzlich ist also die Dauer der Verschollenheit, nicht das Lebensalter maßgebend. Verkürzte Fristen gelten für Kriegs- und sonstige Gefahrverschollenheit. Als Todeszeitpunkt ist in der Todeserklärung grundsätzlich das Ende des 5. Jahres der Verschollenheit, bei Gefahr- und Kriegsverschollenheit grundsätzlich der Zeitpunkt des Vermißtwerdens festzustellen (§ 9). Bis zu diesem Zeitpunkt gilt vor der Todeserklärung eine sogenannte selbständige Lebensvermutung (§ 10).

2. Dabei ist aber zu beachten, daß bei *Kriegsvermißten* die Voraussetzungen der Verschollenheit nicht sofort bei Vermißtwerden erfüllt sind, wenn damit zu rechnen ist, daß der Vermißte in Kriegsgefangenschaft geraten ist, und solange von den Kriegsgefangenen des in Betracht kommenden Gewahrsamstaates allgemein keine Nachrichten einlaufen. Dadurch wird das Ende der Lebensvermutung zunächst aufgeschoben, und erst mit dem meist nicht genau fixierbaren Moment, wo das weitere Ausbleiben von Nachrichten ernstliche Zweifel am Fortleben des Vermißten begründet, wird die bis dahin bestehende allgemeine Fortlebensvermutung rückwirkend auf den Augenblick des Vermißtwerdens wieder hinfällig. Der Ablauf der Lebensvermutung begründet keine Todesvermutung. Eine selbständige, an bestimmte Tatbestände (Lebensalter, Abwesenheitsfristen) geknüpfte Todesvermutung kennt das VerschG nicht.

3. *Örtlich zuständig* für das auf Antrag des Staatsanwalts oder der nächsten Angehörigen einzuleitende Aufgebotsverfahren ist das Amtsgericht des letzten inländischen Wohnsitzes des Verschollenen (§§ 14 bis 16). Soweit dieser Gerichtsstand wegen Austreibung der Bevölkerung und der Behördenorganisation aus bestimmten Gebietsteilen nicht mehr in Betracht kommt, wird durch neuere Bestimmungen die Zuständigkeit vielfach an den Wohnsitz oder gewöhnlichen Aufenthalt des Antragstellers geknüpft[9]. Die *inländische Gerichtsbarkeit* ist gegeben, wenn der Verschollene im letzten nachgewiesenen Lebenszeitpunkt deutscher Staatsangehöriger war. War er Angehöriger eines fremden Staates, so kann er im Inlande nur mit Wirkung für die nach deutschem Recht zu beurteilenden Rechtsverhältnisse und für das im Inland befindliche Vermögen für tot erklärt werden; ohne diese Beschränkung dagegen auf Antrag seiner Ehefrau, wenn diese im Inlande ihren Wohn-

---

[9] So in der brit. Besatzungszone Deutschlands durch VO v. 16. 12. 1946, Art. V (VOBl BZ 1947, 10) in Baden durch VO v. 7. 3. 1947, § 2 (Amtsbl 43, abgedruckt bei *Vogel* a. a. O. 54 und 62).

sitz hat und deutsche Staatsangehörige ist oder bis zu ihrer Verheiratung mit dem Verschollenen war (§ 12). Neuerdings ist die deutsche Gerichtsbarkeit in Bezug auf Angehörige der Vereinten Nationen bestimmten Beschränkungen unterworfen.

Die interlokale und internationale Zuständigkeit ist konstitutives Tatbestandselement der Verschollenheit insofern, als die im Verschollenheitsbegriff enthaltenen negativen Momente wie Unbekanntheit des Aufenthalts, Fehlen von Nachrichten, Ungewißheit über Leben und Tod dadurch ihren subjektiven Beziehungspunkt erhalten, der wesentlicher Tatbestandsbestandteil ist, da jene negativen Begriffe nicht absolut verstanden werden können. Erst durch den Zusammenhang mit dem subjektiven Beziehungspunkt, sofern diesem die an sich erstrebenswerte Ausschließlichkeit zufällt, erhält die Feststellung der Verschollenheit bzw. die Todeserklärung bis zu einem gewissen Grade absoluten Charakter insofern, als sie im allgemeinen mit interlokaler und internationaler Anerkennung rechnen kann, sofern sie an das Personalstatut anknüpft und nicht gegenteiligen Feststellungen begegnet[10].

4. Im Zusammenhang mit der Zuständigkeit klärt sich auch die mehr terminologische Frage, ob *Abwesenheit* Begriffsbestandteil der Verschollenheit ist[11]: Der rechtstechnische Begriff der qualifizierten Abwesenheit im Sinne des § 1911 BGB betreffend die Abwesenheitspflegschaft umfaßt auch den Fall, daß der im Zuständigkeitsbereich der feststellenden Behörde lebendig oder tot Befindliche aus irgendwelchen Gründen unauffindbar oder unerreichbar ist[12]. Selbstverständlich gehört nicht zum Begriff der Verschollenheit die positive Feststellung einer räumlichen Entfernung vom Zuständigkeitsbereich der feststellenden Behörde oder von irgend einem anderen Ort.

5. Der Beschluß des Amtsgerichts, der die Todeserklärung ausspricht, wird mit seiner Rechtskraft wirksam (§ 29). Die Todeserklärung begründet die widerlegbare Vermutung, daß der Verschollene zu dem im Beschluß festgestellten Zeitpunkt gestorben ist (§ 9 I). Hat der Verschollene die Todeserklärung überlebt, so kann er oder der Staatsanwalt ihre Aufhebung beantragen (§ 30). Eine sonstige sachliche Unrichtigkeit, insbesondere des festgestellten Todeszeitpunktes, genügt nicht als Grundlage der Aufhebung der Todeserklärung.

An Stelle der unmittelbar an den so oder so gefaßten Tatbestand der qualifizierten Abwesenheit oder Verschollenheit geknüpften Rechtsfolgen tritt damit der Versuch, den nicht feststellbaren Sachverhalt

---

[10] Vgl. *Raape* in Staudingers Kommentar z. BGB, IV 2. Tl. (9. Aufl. 1931), Anm. D und E zu Art. 9 EG BGB. *Kramer* bei Schlegelberger-Vogels a. a. O., Anm. 19—25 zu § 12 VerschG.

[11] Vgl. *Balogh* a. a. O. 19.

[12] *Kramer* a. a. O. Anm. 11 zu § 2 VerschG.

des Todes durch ein *staatliches Verdikt* zu ersetzen und dadurch die Rechtsfolgen des Todes gewissermaßen künstlich auszulösen. *Kramer*[13] sagt einerseits:

> „Die durch die Todeserklärung begründete Vermutung ist eine Rechtsvermutung. Rechte und Pflichten werden durch sie unmittelbar weder begründet noch vernichtet."

andererseits[14]:

> „Grundsätzlich treten mit dem in der Todeserklärung festgestellten Zeitpunkt dieselben Rechtswirkungen ein, als wenn der Verschollene in diesem Zeitpunkt wirklich gestorben wäre; wird die Unrichtigkeit der Todeserklärung bewiesen, so ist die Rechtslage so, als wären die Rechtswirkungen überhaupt nicht oder jedenfalls nicht in diesem Zeitpunkt eingetreten . . ."

Dieser Widerspruch erklärt sich aus unzureichender analytischer Durchdringung der in der Todeserklärung liegenden Methode, die teilweise auch dem Gesetz selbst anhaftet. Es ist gemeinsames Schicksal aller Rechtsfolgen, nur dann in Erscheinung zu treten, wenn der Tatbestand nachgewiesen wird, an den ihr Eintritt von der Rechtsordnung geknüpft wird. Gelingt dieser Nachweis nicht, so kann die Rechtsfolge praktisch nicht zum Zuge kommen, mag auch der Tatbestand verwirklicht, die Rechtsfolge also latent vorhanden sein. Die entwickelte Rechtsordnung verhilft den latenten Rechtsfolgen zur Verwirklichung durch Beweisregeln, vielfach in Form von Vermutungen, die an andere Tatbestände als die eigentlich die Rechtsfolgen auslösenden geknüpft werden. Ein solcher Surrogat-Tatbestand ist die Todeserklärung. Die Schaffung dieses Surrogat-Tatbestandes durch Staatsakt — ein durchaus ungewöhnliches Verfahren — zeigt, daß ein öffentliches Interesse besteht, unter bestimmten Voraussetzungen den an den Tod geknüpften Rechtsfolgen zur Auslösung zu verhelfen.

6. Die gesetzliche Vermutung kann, wenn sie nicht widerlegt wird, Rechtsfolgen eines tatsächlich nicht verwirklichten Tatbestandes auslösen. Die *Widerlegung* ist um so schwieriger, als sie häufig eine negative Beweisführung erfordert und als die Vermutung im Falle der Todeserklärung gerade darauf beruht, daß über den wahren Sachverhalt trotz jahrelanger Bemühungen keine Feststellung getroffen werden konnte. Die durch die Todeserklärung geschaffene Vermutung ist also praktisch meist unwiderlegbar und hat, was den festgestellten Todeszeitpunkt betrifft, insofern den Charakter einer Fiktion, als, besonders bei der allgemeinen Verschollenheit, der festgestellte Todeszeitpunkt mit dem tatsächlichen in der Regel nicht übereinstimmt.

Normalerweise behält es dann, wenn eine Vermutung im Laufe eines anhängigen Verfahrens nicht widerlegt werden kann, bei den durch sie mittelbar ausgelösten Rechtsfolgen sein Bewenden, abgesehen von eng

[13] A. a. O. Anm. 19 zu § 9 VerschG.
[14] A. a. O. Anm. 25 zu § 9 VerschG.

begrenzten Ausnahmefällen, die eine Wiederaufnahme des Verfahrens ermöglichen. Die Rechtsfolgen des von der Vermutung abweichenden, aber nicht nachgewiesenen Sachverhalts werden präkludiert. Die Wirkung des Sachverhalts „Leben" ist aber so stark, daß sie sich samt ihren Rechtsfolgen gegenüber der durch die Todeserklärung geschaffenen Vermutung jederzeit, und zwar möglichst rückwirkend durchsetzen muß, denn das Gegenteil würde der Aberkennung der Rechtsfähigkeit eines Lebenden gleichkommen, was von allen modernen Kulturstaaten abgelehnt wird. Das Prinzip ist also, die auf der Hypothese der Todeserklärung aufgebauten Rechtsfolgen spielen zu lassen und auf ihrer Basis zu spielen mit dem geheimen Vorbehalt, daß alles rückwirkend hinfällig sein solle, wenn sich die Hypothese als unzutreffend erweist.

Dieses Prinzip ist aber undurchführbar, da das auf die Hypothese aufgebaute Spiel Realitäten schafft, die sich großenteils nicht mehr rückgängig machen lassen, vor allem, weil der Vorbehalt der Vorläufigkeit nicht in die Rechtswirkungen der Todeserklärung eingebaut ist. Die an den Sachverhalt „Leben" geknüpften Rechtsfolgen sind durch die Rechtswirkungen der Todeserklärung überdeckt und bis zu einem gewissen Grade endgültig ausgeschlossen, da sie sich gegenüber dem Schutz des guten Glaubens, gegenüber dem durch die Todeserklärung mittelbar geschaffenen Rechtsschein (der „Erbe" sei Eigentümer des Vermögens des für tot Erklärten) nicht durchsetzen. Die Todeserklärung mit den daran geknüpften und weiterhin aufgebauten Rechtsfolgen bildet, zusammen mit einem späteren Nachweis des wahren Sachverhalts, einen neuen, komplexen Tatbestand eigener Art, den die Rechtsordnung mit eigenen Rechtsfolgen ausstatten muß.

7. Dies geschieht in § 2031 BGB:

> „Überlebt eine für tot erklärte Person den Zeitpunkt, der als Zeitpunkt ihres Todes gilt, so kann sie die Herausgabe ihres Vermögens nach den für den Erbschaftsanspruch geltenden Vorschriften verlangen. Solange der für tot Erklärte noch lebt, wird die Verjährung seines Anspruchs nicht vor dem Ablauf eines Jahres nach dem Zeitpunkt vollendet, in welchem er von der Todeserklärung Kenntnis erlangt.
>
> Das Gleiche gilt, wenn der Tod einer Person ohne Todeserklärung mit Unrecht angenommen worden ist."

und in den Bestimmungen des Ehegesetzes[15] über die Wiederverheiratung im Falle der Todeserklärung. Die Todeserklärung bewirkt an sich nicht die Auflösung der mit dem etwa noch lebenden für tot Erklärten latent fortbestehenden Ehe, gibt aber — und dies ist eine unmittelbare Rechtsfolge der Todeserklärung — dem andern Ehegatten die Möglichkeit und, seine Gutgläubigkeit vorausgesetzt, das Recht, eine neue Ehe einzugehen. Dies ist zwar im Gesetz nicht ausdrücklich gesagt: nach

[15] Ges. Nr. 16 des Kontrollrats v. 20. 2. 1946, Amtsbl. des Kontrollrats in Deutschland 77.

§ 5 des Ehegesetzes darf niemand eine Ehe eingehen, bevor seine frühere Ehe für nichtig erklärt oder aufgelöst worden ist, wobei für die Auflösung bzw. Nichtigerklärung voller Beweis zu erbringen ist. Dennoch setzt das Ehegesetz in §§ 38ff. voraus, daß die Todeserklärung ohne weiteres die Eingehung einer neuen Ehe ermöglicht, und verfügt, daß mit der Schließung der neuen Ehe die frühere Ehe aufgelöst wird, rechnet also mit dem latenten Fortbestehen einer Ehe mit dem für tot Erklärten und befreit gewissermaßen vom Ehehindernis der eventuell noch bestehenden Ehe. Hier knüpfen sich an die Todeserklärung, in Verbindung mit der dadurch ermöglichten neuen Eheschließung, erhebliche unmittelbare Rechtsfolgen, die auch durch Widerlegung oder Aufhebung der Todeserklärung nicht mehr ausgeräumt werden. Nur dem wiederverheirateten Ehegatten ist die Befugnis eingeräumt, die Aufhebung der neuen Ehe durch Klage herbeizuführen (§ 39 Ehegesetz); er kann sich dann aber zu Lebzeiten des für tot erklärten früheren Ehegatten nur mit diesem verheiraten.

8. Im übrigen *fehlen* besondere Regelungen der an die spätere Widerlegung oder Aufhebung der Todeserklärung wegen sachlicher Unrichtigkeit zu knüpfenden Rechtsfolgen. Der der wahren Sachlage entsprechende Rechtszustand kann nur insoweit wiederhergestellt werden, als nicht Dritte gutgläubig Rechte erworben haben oder sonst Rechte Dritter entgegenstehen. Es ist also weitgehend Glückssache, wie weit es dem fälschlich für tot Erklärten gelingt, seine durch die Todeserklärung fremder Verfügung vorbehaltlos ausgelieferten Rechte zurückzuerlangen. Seine Interessen sind besser geschützt in Rechtsordnungen, die während eines Zwischenstadiums Verfügungen über seine Rechte ausschließen oder einschränken, soweit dies mit den praktischen Lebensnotwendigkeiten vereinbar ist. Die Unterscheidung verschiedener Stadien paßt sich der Sachlage besser an als die Konzentration der Problemlösung auf einen Zeitpunkt, der nicht für alle Rechtsverhältnisse gleichermaßen paßt.

9. Eine weitere Schwäche des Systems der Todeserklärung taucht dann auf, wenn die tatsächlichen Verhältnisse die Verwirklichung der Merkmale der Verschollenheit bei jahrelang Vermißten hintanhalten. Dies trifft zu auf die große Masse der im 2. Weltkrieg an der Ostfront vermißten deutschen Wehrmachtangehörigen. Solange nicht sicher ist, daß von sämtlichen noch in der Sowjetunion lebenden deutschen Kriegsgefangenen Nachricht vorliegt, läßt das Ausbleiben der Nachrichten von einem Wehrmachtangehörigen, der möglicherweise in sowjetische Kriegsgefangenschaft geraten ist, keinen Schluß auf sein Ableben zu, denn das Ausbleiben von Nachrichten findet in anderen Umständen hinreichende Erklärung. Die Festsetzung eines bestimmten Tages, von dem ab bei allgemeiner Kriegsverschollenheit die Todeserklärung zulässig ist und die Frist des § 4 I VerschG als abgelaufen

gilt[16], enthebt nicht der Prüfung, ob die Tatbestandsmerkmale der Verschollenheit im Einzelfall oder in einer bestimmten Kategorie von Fällen (Ostvermißte) tatsächlich erfüllt sind.

Ebenso ist ein Schluß auf die Todeswahrscheinlichkeit aus dem Ausbleiben von Nachrichten nicht möglich, wenn sich ein Abwesender in der Absicht entfernt hat oder fern hält, die Beziehungen zu seiner bisherigen Umwelt, sei es aus politischen oder anderen Gründen, abzubrechen und keine Nachricht über seinen Verbleib dorthin gelangen zu lassen. Obwohl hier das Ausbleiben von Nachricht keine Todesvermutung zu begründen vermag, begegnet man gelegentlich der Tendenz[17], gerade diese Fälle möglichst frühzeitig durch Todeserklärung zu erledigen, die dadurch entgegen ihrer Natur eines auf Todeswahrscheinlichkeit beruhenden Rechtsbehelfs zu einer Strafsanktion umgebogen wird.

Richtig ist so viel, daß auch unabhängig von der Todeswahrscheinlichkeit eine Lösung der aus der qualifizierten Abwesenheit sich ergebenden Probleme gefunden werden muß, wozu sich aber die Todeserklärung nicht eignet, sondern nur eine unmittelbare Rechtsfolgenanknüpfung an den feststellbaren Sachverhalt.

10. Der Verschollenheitstatbestand des § 1 VerschG begnügt sich hinsichtlich der Lebens- oder Todeswahrscheinlichkeit mit „ernstlichen Zweifeln an seinem (des Vermißten) Fortleben", was *Vogel*[18] im Anschluß an *Kramer*[19] dahin versteht, daß „Leben und Tod für einen vernünftig Denkenden *gleichmäßig* ungewiß sind." Todeswahrscheinlichkeit sei nicht erforderlich. Nach *Kramer* soll sich die Todeswahrscheinlichkeit erst als Folgerung aus einer länger andauernden Verschollenheit ergeben, also niemals deren Voraussetzung sein können. Es handelt sich aber darum, daß die Todeswahrscheinlichkeit unter allen Umständen bei Erlaß der Todeserklärung vorliegen muß. Ob sie sich aus dem während der Verschollenheitsfrist andauernden ernstlichen Zweifel am Fortleben ergibt, ist Tatfrage. *Kramer* ist offenbar der Meinung, daß die Todeswahrscheinlichkeit mit dem Ablauf der Verschollenheitsfrist, während deren nur ernstliche Zweifel am Fortleben bestanden zu haben brauchen, sozusagen kraft Gesetzes gegeben sei. Es wäre aber ein Unding, Todeserklärungen mit den oben gezeigten einschneidenden Wirkungen einer Todesvermutung mit der Autorität einer amtlichen Todesfeststellung zu erlassen, wenn nicht auf Grund der konkreten Sachlage ein Irrtum hinsichtlich des Todes (abgesehen vom Todeszeitpunkt) nach mensch-

[16] Für die Länder der westl. Besatzungszonen Deutschlands der 1. 7. 1949, für die russ. Besatzungszone der 1. 8. 1949. Die Bestimmungen sind abgedruckt bei *Vogel* a. a. O. 48ff.

[17] *Rudolf Schmidt* a. a. O. 19ff. *Hochgräfe* a. a. O. 16ff.

[18] *Vogel* a. a. O. 101, Anm. 10 zu § 1 VerschG.

[19] In *Schlegelberger-Vogels*, Anm. 7 zu § 1 VerschG.

lichem Ermessen so gut wie ausgeschlossen erscheint. Ernstliche Zweifel am Fortleben sind eben, als Grundlage rechtlicher Folgerungen, nur dann erlaubt, wenn tatsächlich so erhebliche Wahrscheinlichkeitsgründe für den Tod sprechen, daß eine Möglichkeit, an das Fortleben zu glauben, kaum noch offen bleibt. Eine Gleichsetzung mit gleichmäßiger Ungewißheit von Leben und Tod erscheint verfehlt, denn diese kann sich verhältnismäßig leicht ergeben.

b) Sonstige Methoden der Abhilfe

1. Neben dem System der Todeserklärung bedient sich das deutsche Recht, abgesehen von der an die qualifizierte Abwesenheit geknüpften *Abwesenheitspflegschaft* (§ 1911 BGB), in begrenztem Umfang auch der *unmittelbaren Rechtsfolgenanknüpfung* für Einzelfragen. Die Abwesenheitspflegschaft wird vielfach selbst der Methode der unmittelbaren Rechtsfolgenanknüpfung zugerechnet[20], da die Zulässigkeit ihrer Anordnung unmittelbar an den Tatbestand der qualifizierten Abwesenheit geknüpft ist, doch nimmt sie wegen der erst durch die Anordnung der Pflegschaft und die Einzelhandlungen des Pflegers zustandekommenden Rechtswirkungen, die eigentlich der Problemlösung dienen, eine systematische Sonderstellung ein, die zur unmittelbaren Rechtsfolgenanknüpfung in klarem Gegensatz steht. Die Unmittelbarkeit der Rechtsfolgenanknüpfung ist bei der Todeserklärung zweifach unterbrochen:

(1) durch die amtliche Feststellung, daß ihre Voraussetzungen vorliegen,

(2) durch den Umweg über die Todesvermutung.

Bei der Abwesenheitspflegschaft tritt an Stelle der zweiten Unterbrechung die durch die Einzelhandlungen des Abwesenheitspflegers. Sie hat grundsätzlich vormundschaftlichen Charakter: Die Angelegenheiten des nicht anderweit vertretenen Abwesenden werden zum Gegenstand staatlicher Fürsorge gemacht. Dies gilt auch, soweit die Pflegschaft nicht ausschließlich den Interessen des Abwesenden dient. Doch ist es eine Zweckentfremdung dieser Rechtseinrichtung, wenn der Staat, der die Abwesenheitspflegschaft anordnet, der eigenen Interessenwahrnehmung des Abwesenden oder seines Bevollmächtigten mißtraut und vorbeugen will, etwa weil der Abwesende unter irgendwelchen Gesichtspunkten einem Staat zugeordnet wird, mit dem sich der die Abwesenheitspflegschaft anordnende Staat in Kriegszustand befindet. Eine Regelung dieser Art enthält die deutsche VO über die Abwesenheitspflegschaft v. 10. 11. 1939[21], die sachlich in das Gebiet der Behandlung feindlichen Vermögens gehört, also funktionell anderen Charakter hat. Eine Rechtsordnung, die auf Wahrheit und Echtheit ihrer Qualifika-

---

[20] *Kramer* a. a. O. Anm. 11 zu § 2 VerschG.

[21] RGBl I 2026.

tionen Wert legt, sollte für solche Maßnahmen eigene Rechtsbegriffe verwenden.

Unmittelbare Rechtsfolgenanknüpfung verwendet das deutsche Recht nebenher, indem es z. B. die Zustimmung des qualifiziert Abwesenden, mithin auch des Verschollenen, zu Rechtshandlungen, die nicht unmittelbar seine eigenen Angelegenheiten betreffen, für entbehrlich oder durch vormundschaftsgerichtliche Zustimmung für ersetzbar erklärt und dabei teilweise an erweiterte Tatbestände wie „tatsächlich verhindert“ anknüpft, die den Tatbestand der Verschollenheit ohne weiteres mit umfassen, so auf den Gebieten des Eherechts (§§ 1368, 1379, 1401, 1447), der Legitimation unehelicher Kinder (§ 1803) und Pflegschaft (§ 1917 BGB). Ferner ist die Verschollenheit Tatbestandsmerkmal beim Aufgebot und Ausschluß des im Grundbuch eingetragenen Grundstückseigentümers (§ 927 BGB).

2. Vereinzelt wird auch eine unabhängig von einer Todeserklärung eintretende *Todesvermutung* aufgestellt, so durch Art. 51 des Rückerstattungsgesetzes der am. Besatzungszone[22] für politisch, rassisch oder religiös Verfolgte. Als Todeszeitpunkt wird, vorbehaltlich anderer Feststellung der Wiedergutmachungsorgane, der 8. 5. 1945 angenommen. Diese Todesvermutung gilt aber nur für den Bereich des Rückerstattungsgesetzes, kann also möglicherweise neben einer einen anderen Todeszeitpunkt feststellenden Todeserklärung einhergehen.

3. Neben der Todeserklärung zur Lösung des Verschollenheitsproblems hat das VerschG ein besonderes Verfahren zur *Feststellung der Todeszeit* entwickelt (§§ 39—45 VerschG) für Fälle, in denen der Tod selbst nach den Umständen nicht zweifelhaft ist, in denen also Verschollenheit nicht vorliegt (§ 1 II VerschG) und es sich allein um die Feststellung des Todeszeitpunktes handelt. In Betracht kommt dies auch für ursprünglich Verschollene, deren Tod nach dem Zeitpunkt ihrer Geburt und der allgemeinen Erfahrung über die Grenze der menschlichen Lebensdauer nicht zweifelhaft ist, ohne daß das Gesetz eine Norm hierüber aufstellt. Auch sonst kann das Todeserklärungsverfahren in ein Verfahren zur Feststellung der Todeszeit übergehen, wenn die Ermittlungen jeden Zweifel an dem Tod ausschließen. Im übrigen dient dieses Verfahren nicht der Lösung des Verschollenheitsproblems, liegt also außerhalb unserer Betrachtung.

IV. Ausländische Rechte

1. Frankreich und andere romanische Rechtsordnungen

a) Während im deutschen Recht Todeserklärungsverfahren und Abwesenheitspflegschaft sich zeitlich überschneiden und letztere erst mit

[22] Militärregierung Deutschland, amerikanisches Kontrollgebiet Ges. Nr. 59, Rückerstattung feststellbarer Vermögensgegenstände, v. 10. 11. 1947 (gesetzliche Vorschriften der amerikanischen Militärregierung in

der Rechtskraft des Todeserklärungsbeschlusses endet, sind diese beiden Methoden im *französischen Recht* hintereinandergeschaltet: Der Code civil (Art. 112—140) behält die von den coutumes des 16. Jhs. entwickelte Stadieneinteilung (vgl. oben II 3) bei. Der Grundbegriff „absence" entspricht in etwa der „Verschollenheit", enthält insbesondere, wenn auch nicht im Gesetzeswortlaut, das Moment der Lebensungewißheit, erhält aber seine eigentliche Ausprägung erst durch die näheren Bestimmungen „présumée" bzw. „déclarée".

(1) Das erste Stadium geht aus von einem Tatbestand der „absence présumée" (vermutet wird, daß die Abwesenheit eine qualifizierte und nicht nur eine einfache oder zufällige sei) und ist gekennzeichnet durch die vom Gericht auf Antrag verfügte „représentation de l'absent par un notaire" (Artt. 112—114).

(2) Das zweite Stadium wird eröffnet durch die 4 Jahre nach dem letzten Lebenszeichen zulässige „déclaration d'absence", die eigentliche Grundlage der rechtlichen Regelung (Art. 115). Eine Todesvermutung wird nicht ausgesprochen. Die Unmittelbarkeit der Rechtsfolgenanknüpfung ist nur unterbrochen durch die gerichtliche Feststellung des Sachverhalts der qualifizierten Abwesenheit. Sie ermöglicht die vorläufige Besitzeinweisung der „héritiers présomptifs", der hypothetischen Erben für den Fall, daß der Abwesende am Tage seines Verschwindens beerbt worden wäre, der Vermächtnisnehmer usw., gegen Kaution für die Sicherheit ihrer Verwaltung. Hat der Abwesende selbst einen Verwalter bestellt, so ist die „déclaration d'absence" mit ihren Folgen erst zehn Jahre nach dem Verschwinden möglich. Die vorläufig in den Besitz des Vermögens des Abwesenden Eingewiesenen dürfen über Grundstücke nicht verfügen und schulden Rechenschaft über ihre Verwaltung.

(3) Das dritte Stadium beginnt mit dem Ablauf des 30. Jahres seit dem „envoi provisoire des hérétiers présomptifs" oder des 100. Lebensjahres des Abwesenden und gibt den kraft der „déclaration d'absence" eingetretenen Rechtsfolgen endgültigen Charakter. Die Kaution entfällt und die Erbschaftsteilung kann verlangt werden. Es erfolgt auf Antrag der „envoi en possession définitif" der Erben (Art. 129). Die Todesannahme ist nur gesetzgeberisches Motiv, die Rechtsfolgen treten unabhängig davon ein und werden, wenn sie sich als unrichtig erweist, lediglich ex nunc wieder beseitigt nach Maßgabe der Artt. 130—133.

Da diese Regelung sich im wesentlichen auf Fragen des Erbrechts beschränkt, die übrigen Probleme aber ungelöst läßt, wurde dafür

---

Deutschland. Autorisierter Nachdruck des Amtsblattes der Militärregierung Deutschland, amerikanisches Kontrollgebiet, Ausgabe G, 10. 11. 1947.)

durch ausdehnende Anwendung des ursprünglich nur für den Fall der Unauffindbarkeit der Leiche eines unzweifelhaft Toten bestimmten „jugement déclaratif de décès", besonders im Anschluß an den 1. Weltkrieg, Abhilfe geschaffen in einer Form, die sich der deutschen Todeserklärung Kriegsverschollener weitgehend nähert.

b) Die übrigen romanischen Rechtsordnungen schließen sich, besonders was die Stadieneinteilung betrifft, im wesentlichen der Regelung des Code civil an. *Spanien* und *Italien* haben darüber hinaus ein nach preuß. Muster ausgestaltetes Verfahren zur Todeserklärung entwickelt.

Bei der besonders ausführlichen *brasilianischen* Regelung[23] ist interessant, daß bei der vorläufigen Beerbung des Abwesenden Liegenschaften in ihrer Gesamtheit den hierfür *geeignetsten* Erben anvertraut werden. Die der vorläufigen nach 30 Jahren folgende endgültige Beerbung ist mit einer Todesvermutung verbunden, das heißt in den Fällen der endgültigen Beerbung wird der Tod des Beerbten vermutet, während nach der deutschen Regelung die Beerbung an die Todesannahme geknüpft wird (Art. 10, 481, 482 C. C.). Diese Todesvermutung findet aber keine Anwendung bei Beantwortung der Frage, ob die Ehe des Abwesenden durch den Tod gelöst ist: Der zurückbleibende Ehegatte bleibt bis zum effektiven Nachweis des Todes des Abwesenden gebunden, entsprechend dem kanonischen Prinzip der Unauflöslichkeit der Ehe (Art. 315). Die Abwesenheitserklärung wird wie eine Entmündigung ins öffentliche Register eingetragen (Art. 12) und hat zur Folge, daß der Abwesende vollständig unfähig ist, persönlich die Rechtshandlungen des bürgerlichen Lebens auszuführen (Art. 5). Dies steht im Gegensatz zur deutschen Rechtsordnung, die auch bei Abwesenheitspflegschaft und nach Todeserklärung die Rechtsgeschäfte des Abwesenden bzw. für tot Erklärten als wirksam anerkennt.

2. *Die Schweiz*

Die Regelung des Schweizerischen Zivilgesetzbuches (Art. 35ff.) kann als Kombination der preuß. mit der franz. Methode angesprochen werden:

Der preuß. Methode der Todeserklärung entspricht die Abstellung auf das Tatbestandselement der Todeswahrscheinlichkeit, der franz. Methode die Anknüpfung von Rechtsfolgen lediglich an die Feststellung der Verschollenheit, die hier in ihrer Bedeutung etwa dem franz. Begriff „absence" entspricht; der preuß.-deutschen Methode folgt die Anknüpfung der Rechtsfolgen *des Todes* an die Verschollenerklärung, und zwar kraft Gesetzes, nicht nur auf Grund einer widerlegbaren Vermutung (Art. 38 I ZGB). Der Sache nach überwiegt also das preuß.-

[23] Codigo Civil. Zivilgesetzbuch der Vereinigten Staaten von Brasilien (Gesetz Nr. 3071 v. 1. 1. 1916, abgeändert 15. 1. 1919). Deutsche Übersetzung: Zivilgesetze der Gegenwart, hrsg. von *Karl Heinsheimer* III.

deutsche Prinzip, wenn auch hier klar in Erscheinung tritt, daß die „aus seinem Tod abgeleiteten Rechte" *kraft Gesetzesbefehls* auf Grund der amtlich festgestellten, eine hohe Todeswahrscheinlichkeit implizierenden Verschollenerklärung „geltend gemacht werden können, wie wenn der Tod bewiesen wäre."

Es treten aber — hierin entspricht das ZGB wieder dem Code Civil — nicht wahllos sämtliche Rechtsfolgen des Todes ein, obgleich eine solche Beschränkung aus der Fassung des Art. 38 I nicht ohne weiteres zu entnehmen ist. Insbesondere erlischt die Ehe des für verschollen Erklärten nicht automatisch mit der Verschollenerklärung, sondern erst kraft gerichtlicher Auflösung (Art. 102), die auf Grund oder zugleich mit der Verschollenerklärung verlangt werden kann und in dem für die Scheidung geltenden Verfahren erfolgt. Da die Ehe mit dem Verschollenen bereits vor Eingehung einer neuen Ehe durch gerichtliche Auflösung auf Grund der Willenserklärung des zurückgebliebenen Ehegatten aufgelöst sein muß, ist für eine Anfechtung der neuen Ehe wegen Überlebens des für verschollen Erklärten grundsätzlich kein Raum, es sei denn im Falle des Betrugs[24].

Im Falle der Rückkehr oder des nachgewiesenen Überlebens des für verschollen Erklärten erfolgt die Korrektur der auf Grund der Verschollenerklärung eingetretenen Rechtsfolgen durch Aufhebung der Verschollenerklärung auf gerichtliche Klage oder unmittelbar durch Geltendmachung von Herausgabeansprüchen, schließlich auch durch Feststellungsklage, daß der als verschollen Erklärte noch am Leben sei[25]. Die Rechtsfolgen der Aufhebung der Verschollenerklärung treten ex nunc ein und bestehen nicht einfach in einem rückwirkenden Hinfälligwerden der Rechtswirkungen der Verschollenerklärung. Diese wird auch nicht „widerlegt", denn es bleibt bestehen, daß der für verschollen Erklärte zur Zeit der Erklärung verschollen und sein Tod höchst wahrscheinlich war — und mehr hatte die Verschollenerklärung nicht gesagt.

3. Großbritannien und Vereinigte Staaten

Nach engl. und am. Recht wird nach 7-jähriger nachrichtenloser Abwesenheit der Tod des Abwesenden vermutet, wenn sich nicht das Ausbleiben von Nachrichten durch andere Gründe, z. B. Zerwürfnis, ausreichend erklärt. Über den Zeitpunkt des Todes besteht keinerlei Vermutung, jedenfalls wird nicht vermutet, daß der Tod am Ende der 7 Jahre eingetreten sei[26].

---

[24] Vgl. *Egger*, Das Familienrecht des schweizerischen Zivilgesetzbuches (1914) Anm. 2d zu Art. 102.

[25] Vgl. *Escher*, Das Erbrecht (1937) Anm. 1 zu Art. 547.

[26] *Edward Jenks*, A Digest of English Civil Law, 2nd ed. Vol. I (1921) p. 4 § 12; *Schirrmeister*, Das Bürgerliche Recht Englands I (1906) 37 (§ 12); für die USA: *Baldwin*'s Century Edition of Bouvier's Law Dictionary (1926) p. 28: „Absence", p. 273: „Death"; neuestens *Deuss* op. cit.

Die konkreten Umstände können das frühere Aufhören der Lebensvermutung bedingen, ohne daß der Richter hierin durch irgendwelche Beweisregeln gebunden wäre.

Im Gegensatz dazu kann im *schottischen* Recht der Verschollene nach 7 Jahren für tot erklärt werden, und hat nach weiteren 13 Jahren keine Rückforderung mehr auf sein Vermögen.

Neben der 7-jährigen Abwesenheitsfrist wird eine „presumption of death from lapse of lifetime" aus dem Lebensalter abgeleitet, ohne einheitlich festgelegte Frist.

Ein besonderes Todes- oder Verschollenerklärungsverfahren fehlt, ebenso ein solches für die Aufhebung der Todesvermutung. Es wird nur incidenter entschieden. Die Regeln sind von der Gerichtspraxis entwickelter Bestandteil des Common Law. Nur Schottland hat in den beiden Presumption of Life Limitation (Scotland) Acts von 1881 und 1891 gesetzliche Regelungen. In USA ist das Verschollenheitsrecht einzelstaatlich entwickelt, in weitgehender Anlehnung an englische Rechtsgrundsätze. Im Gegensatz zum englischen Recht verlangen einige amerikanische Partikularrechte den positiven Nachweis der Abwesenheit außerhalb der USA (so New York) bzw. des Domizilstaates (so u. a. Delaware) oder vom Wohnitz (z. B. Pennsylvania) zur Erfüllung des Verschollenheitstatbestandes.

V. Verschollenheit als Gegenstand zwischenstaatlicher Regelungen

Die Verschollenheit stellt sich in zweifacher Hinsicht als humanitäre Aufgabe für zwischenstaatliche Zusammenarbeit:

1. Der *Verhütung* der Verschollenheit dienen zahlreiche Bestimmungen der Genfer Kriegsgefangenen-[27] und Verwundetenabkommen[28], des Abkommens zur Verbesserung des Loses der Verwundeten, Kranken und Schiffbrüchigen der Seestreitkräfte[29] und des neuen Genfer Abkommens zum Schutze der Zivilpersonen im Kriege v. 12. 8. 1949[30], das besonders auch die Nachrichtenverbindung der in einem kriegführenden Staat lebenden Ausländer mit ihrer Heimat sicherzustellen sucht.

2. Der *Ermittlung* Verschollener, neben der Verhütung der Verschollenheit, dient die besonders für Kriegszeiten schon weitgehend eingespielte

[27] Convention de Genève du 12 août 1949 relative au traitement des prisonniers de guerre, art. 122 (Revue Internat. de la Croix-Rouge, No. 370, octobre 1949, 777—856).

[28] Convention de Genève pour l'amélioration du sort des blessés et des malades dans les forces armées en campagne du 12 août 1949, art. 16 (a. a. O., No. 369, septembre 1949, 679—706).

[29] Convention de Genève pour l'amélioration du sort des blessés, des malades et des naufragés des forces armées sur mer du 12 août 1949, art. 19 (a. a. O. No. 369, 707—728).

[30] Convention de Genève relative à la protection de personnes civiles en temps de guerre, art. 105ff., 136ff. (a. a. O. No. 368, août 1949, 559—626).

Zentralisierung der Nachrichtensammlung und -vermittlung beim Internationalen Komitee des Roten Kreuzes, die allgemein auf international gelagerte Fälle der Verschollenheit ausgedehnt und in die innerstaatlichen Regelungen in der Weise einbezogen werden könnte, daß nicht oder nicht nur eine etwa durch den letztbekannten Wohnsitz bestimmte Behörde, sondern eine für die Nachrichtensammlung zuständige internationale Instanz zum maßgebenden subjektiven Beziehungspunkt des Verschollenheitstatbestandes gemacht würde, deren Nachforschungsmöglichkeiten erschöpft sein müßten, ehe die Verschollenheit festgestellt bzw. eine Todeserklärung ausgesprochen werden kann, unabhängig vom Ablauf von Verschollenheitsfristen. Dadurch würden zugleich die Aussichten internationaler Anerkennung der in Verschollenheitssachen ergehenden Entscheidungen erhöht. Daß eine internationale Zusammenarbeit zur Verhütung und Behebung der Verschollenheit zu den wesentlichsten humanitären Aufgaben unseres im Zeichen der Massenverschollenheit stehenden Zeitalters steht, bedarf keiner Ausführung.

3. Während der Drucklegung dieser Seiten hat die erste von der Generalversammlung der Vereinten Nationen einberufene Staatenkonferenz ein *Abkommen betreffend die Todeserklärung verschwundener Personen*[31] angenommen, das hier nur kurz skizziert werden kann. Das Eigenartige des Beratungsgegenstandes war, daß unter humanitären Gesichtspunkten privatrechtliche Fragen mit dem Ziele der Rechtsvereinheitlichung behandelt wurden[32]. Man beschränkte sich auf das aktuelle Problem der von 1939—1945 infolge der Kriegsereignisse oder „rassischer, religiöser, politischer oder nationaler Verfolgungen" eingetretenen Verschollenheit von Personen, die ihren letzten Wohnsitz in Europa, Asien oder Afrika hatten und deren infolge jener Ereignisse eingetretener Tod vernünftigerweise angenommen werden kann, also auf Fälle einer zeitlich und räumlich umgrenzten Gefahrverschollenheit, wobei den Vertragsstaaten freigestellt wurde, den Anwendungsbereich auf nach 1945 unter ähnlichen Umständen verschwundene Personen durch Notifikation an den Generalsekretär der Vereinten Nationen auszudehnen im Verhältnis zu den Staaten, die eine gleiche Notifikation abgeben.

Das Abkommen geht aus von der für Gefahrverschollenheit sachgemäßen Methode der Todeserklärung, erstrebt deren einheitliche Anwendung in seinem Geltungsbereich und regelt im wesentlichen Fragen der räumlichen Zuständigkeit, der tatsächlichen Voraussetzungen

---

[31] Convention concernant la déclaration de décès des personnes disparues vom 10. 4. 1950, Text: Nations Unies, Assemblée Générale, Distr. Générale, A/Conf. 1/7, 3 avril 1950 (Rapport du Comité de rédaction, p. 6—14).

[32] Vgl. Discours inaugural du Secrétaire général adjoint chargé du Département juridique (Nations Unies, Ass. Gén., A/Conf. 1/SR. 1, 16 mars 1950, p. 3).

einer Todeserklärung, der Antragsberechtigung, des festzustellenden Todeszeitpunktes, der Rechtswirkung und des Geltungsbereichs vor und nach Inkrafttreten des Abkommens ausgesprochener Todeserklärungen. Ein wichtiger Fortschritt ist die Zentralisierung von Nachrichten über anhängig gewordene oder abgeschlossene Todeserklärungsverfahren bei dem neuen „Internationalen Büro für Todeserklärungen" bei den Vereinten Nationen, das seinerseits entsprechende Listen veröffentlicht.

Das Abkommen steht den Mitgliedstaaten der Vereinten Nationen oder des Statuts des Internationalen Gerichtshofs zum Beitritt offen; andere Staaten können auf ihr Ersuchen vom Wirtschafts- und Sozialrat der Vereinten Nationen zum Beitritt eingeladen werden. Der Begriff „Staat" im Sinne des Abkommens umfaßt auch die unter die internationale Verantwortlichkeit jedes Vertragsstaats gestellten Gebiete, soweit sie nicht durch beim Beitritt abgegebene widerrufliche Erklärung von der Anwendung des Abkommens ausgenommen werden.

Auffallend ist, daß, obwohl die Annahme der oben genannten Todesursachen (Kriegsereignisse, rassische usw. Verfolgungen) gerechtfertigt sein muß, der Ablauf einer mindestens 5-jährigen Frist seit dem letzten bekannten Lebenszeitpunkt zur Voraussetzung einer Todeserklärung gemacht wird, also einer bedeutend längeren Frist, als sie sich z. B. aus dem deutschen Verschollenheitsgesetz bei Kriegsverschollenheit ergeben würde. Hieraus kann geschlossen werden, daß die Begriffe „Tod infolge der Kriegsereignisse" usw. eher ausdehnend auszulegen sind, also auch den Fall umfassen, daß der Verschwundene als Soldat verschollen, wahrscheinlich in Kriegsgefangenschaft geraten und wahrscheinlich in der Kriegsgefangenschaft verstorben ist, daß also „Kriegsereignisse" wesentlich weiter ist als „Kampfhandlungen". Ob die Anwendung des Abkommens auf von der Sowjetunion gefangen genommene Soldaten oder verschleppte Zivilpersonen bei der Lage Ende Mai 1950 zu sachgemäßen Ergebnissen führen würde, ist nach dem oben S. 372f. Ausgeführten fraglich. Sachgemäß ist dagegen die Anwendung auf in deutschem Gewahrsam von 1939—1945 verschwundene Personen, da ihr Überleben inzwischen den zuständigen Stellen bekannt geworden sein müßte, sofern nicht mit der Möglichkeit einer Verschleppung in einen Staat zu rechnen ist, von dem vollständige Nachrichten über die in seinem Gewahrsam lebenden oder verstorbenen Ausländer nicht zu erwarten sind. Vielleicht wird sich die Abgabe oder Nichtabgabe von Lebens- bzw. Todesnachrichten über gefangene Ausländer zum wesentlichen Kriterium für das Zivilisationsniveau eines Staates (nicht einer Nation: die Entscheidung trifft die jeweilige Staatsgewalt) entwickeln, denn Menschenunterschlagung ist der entscheidende Schritt in der Verletzung der Menschenrechte, deren Schutz zu einem zentralen Anliegen der Menschheit geworden ist.

DIE ABTRETUNG VON VERTRÄGEN

Von Dr. Heinrich Lehmann
ord. Professor an der Universität Köln

I. Gesetzliche Vertragsübernahme

Unter *Abtretung* von Verträgen (Cession de contrats) ist die Übertragung der ganzen Rechts- und Pflichtenstellung eines Vertragspartners auf einen Dritten zu verstehen im Gegensatz zu der Übertragung einer einzelnen aus einem schuldrechtlichen Vertragsverhältnis hervorgegangenen Forderung oder Übernahme einer einzelnen aus ihm erwachsenen Verbindlichkeit.

Von der Seite des Dritten aus, der in diese Rechtstellung eintreten soll, wird man den Vorgang als *Vertragsübernahme* bezeichnen können. Diese Bezeichnung ist vorzuziehen, weil sie zum Ausdruck bringt, daß nicht bloß die Rechte des Abtretenden auf den Dritten übergehen sollen, sondern daß dieser auch die Pflichten des Übertragenden aus dem Vertragsverhältnis übernehmen soll.

Das BGB kennt einen derartigen Eintritt eines Dritten in die ganze Rechtstellung der ursprünglichen Vertragspartei — abgesehen von den Fällen der Gesamtnachfolge — nur in einigen *Sonderfällen.*

So vornehmlich bei der Veräußerung eines dem Mieter schon überlassenen Mietgrundstücks. Hier schreibt § 571 BGB den Eintritt des Erwerbers an Stelle des Vermieters in die Rechte und Pflichten vor, die sich während der Dauer seines Eigentums aus dem Mietverhältnis ergeben. Dabei ist allerdings streitig, ob dieser Eintritt als Nachfolge in das Schuldverhältnis zu denken ist oder kraft selbständigen Rechts erfolgt, vgl. RGZ 68/12; 102/178 u. *Enneccerus-Lehmann* § 132 Anm. 1. Ein entsprechendes Eintrittsrecht normiert § 585 II BGB für die Grundstückspacht, § 1056 bei Vermietung durch einen Nießbraucher, § 1423 bei Vermietung eines eingebrachten Grundstücks der Frau durch den Ehemann, § 1663 bei Vermietung eines der Nutznießung des Vaters unterliegenden Grundstücks des Kindes und endlich § 2135 bei Vermietung eines zur Erbschaft gehörenden Grundstücks durch den Vorerben. Nach § 1251 BGB tritt ferner bei Abtretung einer durch Fahrnispfand gesicherten Forderung der Zessionar (der neue Pfandgläubiger) mit der Erlangung des Besitzes auch in das Schuldverhältnis ein, das aus dem Verpfändungsvertrag entspringt, während der Zedent (der bisherige Pfandgläubiger) von dieser Verpflichtung frei wird und nur mehr eine bürgenähnliche Haftung trägt. Entsprechend bestimmt § 57 Zwangsversteigerungsgesetz (ZVG) den Eintritt des Erstehers des Grundstücks in das über dieses abgeschlossene Miet- oder Pachtverhältnis.

In mehreren Fällen sieht ferner das Versicherungsvertragsgesetz (VVG) den Eintritt in das Versicherungsverhältnis vor, so § 69 I den Eintritt des Erwerbers einer gegen Schaden versicherten Sache in die Rechte und Pflichten aus dem Versicherungsvertrag, weiter § 151 II den Eintritt des Erwerbers eines Unternehmens, für das eine Haftpflichtversicherung abgeschlossen ist, in das Vertragsverhältnis. Endlich normiert § 177 VVG bei der Lebensversicherung ein Eintrittsrecht des namentlich bezeichneten Bezugsberechtigten (und bei seinem Fehlen des Ehegatten und der Kinder des Versicherungsnehmers) mit Zustimmung des Versicherungsnehmers an seiner Stelle in den Versicherungsvertrag, wenn der Versicherungsnehmer in Konkurs oder Vermögensverfall gerät. Auch hier ist streitig, ob man sich den Eintritt als Nachfolge in die Rechte und Pflichten des ursprünglichen Versicherungsnehmers zu denken hat (vgl. etwa *Reichel*, Schuldmitübernahme 125) oder als selbständigen Erwerb in der Person des Eintretenden (so *Kisch*. Handb. d. Privatversicherungsr. III 335).

Ferner hat die Wohnungsnot den deutschen Gesetzgeber dazu veranlaßt, den Eintritt eines Dritten in ein Mietverhältnis an Stelle des ursprünglichen Mieters vorzusehen. So kann im Falle der Scheidung nach § 5 der 6. DVO zum EheG v. 21. 10. 1944 der Richter bestimmen, daß ein von beiden Gatten eingegangenes Mietverhältnis von einem Ehegatten allein fortgesetzt wird, oder daß ein Ehegatte an Stelle des anderen in ein von diesem eingegangenes Mietverhältnis eintritt. § 19 MieterschutzG ordnet ganz allgemein an, daß die dem Hausstand des verstorbenen Mieters angehörigen Familienangehörigen in Rechte und Pflichten des Mieters eintreten. Und § 30 MieterschutzG (MSchG) läßt beim Wohnungstausch Ersatz der Zustimmung des Vermieters zum Eintritt eines Dritten in den Mietvertrag zu.

II. Zulässigkeit gewillkürter Vertragsübernahme

In allen vorangeführten Fällen handelt es sich um einen Parteiwechsel im gesamten Schuldverhältnis kraft *gesetzlicher Sonderbestimmung*. Schon die Vermehrung dieser Fälle seit 1900 beweist deutlich, wie stark das Bedürfnis nach der Anerkennung einer derartigen Vertragsübernahme sich geltend gemacht hat. Abgesehen vom Wohnungsrecht hat es sich insbesondere auch bei der *Veräußerung* eines *gewerblichen Unternehmens* gezeigt, bei der die Übernahme der zum Fortbetrieb des Betriebes notwendigen Verträge durch den Erwerber oft praktisch unerläßlich ist. Namentlich besteht ein Bedürfnis nach Anerkennung der

Übertragbarkeit des ganzen Dienstverhältnisses bei einem Wechsel in der Person des Arbeitgebers.

Diese Erkenntnis nötigt zu der Frage, ob sich die *Vertragsübernahme* nicht auch *rechtsgeschäftlich* vereinbaren läßt.

1. Die modernen Gesetzbücher haben dieser Frage gegenüber eine merkwürdige Zurückhaltung geübt und ihre Beantwortung der Wissenschaft und Rechtsprechung überlassen. Als erstes Gesetzbuch hat, soweit ich sehe, der neue italienische codice civile von 1942 die Cessione del contratto in Art. 1406 —1410 als zulässig anerkannt und näher geregelt.

2. Das deutsche BGB hat sich einer Anerkennung und Regelung enthalten, wie es überhaupt das Schuldverhältnis im *weiteren Sinne* eines Rechte und Pflichten erzeugenden Tatbestandes, eines *Organismus* (vgl. *Siber*, Grundr. d. Schuldr. § 49,2) ziemlich vernachlässigt hat. Es hat sich darauf beschränkt, die Abtretung der einzelnen aus einem Schuldverhältnis entspringenden Forderungen und die Übernahme der einzelnen daraus erwachsenden Verbindlichkeiten zu regeln.

Soweit es sich um *einseitige* Schuldverhältnisse handelt, aus denen sich für den einen Vertragsteil nur Berechtigungen, für den anderen nur Verpflichtungen ergeben, läßt sich grundsätzlich die von einem der Beteiligten erstrebte Nachfolge in die ganze Rechts- oder Pflichtenstellung der ursprünglichen Vertragspartei schon auf Grund dieser Vorschriften verwirklichen. Man denke etwa an die Verpflichtungen aus einem Schenkungsversprechen oder aus der Hingabe eines Darlehens. Man braucht hier nur anzuerkennen, daß sich die berechtigende Seite eines Schuldverhältnisses im ganzen i. S. eines Inbegriffs der aus ihm erwachsenen und künftig noch erwachsenden Einzelforderungen abtreten läßt, und ebenso, daß die verpflichtende Seite im Sinne eines Inbegriffs der aus dem Schuldverhältnis entsprungenen und künftig noch entspringenden Einzelverbindlichkeiten übernommen werden kann. Gleiches gilt für ein durch Erfüllung einseitig gewordenes zweiseitiges Schuldverhältnis.

Schon die gemeinrechtliche Lehre hatte dementsprechend überwiegend die Zulässigkeit betont, durch Zession die ganze Aktivseite eines Vertragsverhältnisses zu übertragen (vgl. *Windscheid-Kipp* § 335 Anm. 13).

Die Problematik der Vertragsabtretung bzw. der Vertragsübernahme eröffnet sich erst, wenn man die Frage aufwirft, ob sich auch die Rechts- und Pflichtenstellung aus einem *zweiseitigen* Vertragsverhältnis, namentlich aus einem *gegenseitigen* Vertrag, im ganzen übertragen bzw. übernehmen läßt. Es liegt nahe, dieses Ziel durch *Verbindung* von *Abtretung* und *Schuldübernahme* zu erstreben. Selbstverständlich wäre hier stets die Zustimmung des anderen Vertragsteils zu dem mit einem Dritten abgeschlossenen Übernahmevertrag nötig, da zwar die Abtretung der gegen ihn erwachsenen und erwachsenden Einzelforderungen über seinen Kopf hinweg an einen Dritten erfolgen kann, die befreiende Übernahme der Schulden des Abtretenden aber des Einverständnisses des anderen Vertragsteiles bedarf.

Auch diesen Weg hatte die gemeinrechtliche Theorie schon vorgezeichnet. Bereits 1863 hatte *Otto Bähr* (IheringsJ 6, 182) gelehrt:

„Die Schuldübernahme in Verbindung mit der Cession gewährt ein praktisches Mittel, um ganze Rechtsverhältnisse, aus Rechten und Verbindlichkeiten gemischt, gewissermaßen zu übertragen", vgl. ferner *Regelsberger*, Bl. f. Ranwend. 36 (1871) § 5.

3. Für das *französische* Recht verbietet sich dieser Versuch von vornherein, weil der c. c. zwar die Zession der Forderungsrechte als solcher anerkannt (Art. 1689), für die Schuldübernahme aber nur den Weg der *Novation* eröffnet, durch die ein neues Schuldverhältnis an Stelle des alten tritt; vgl. nur *Crome*, Die Grundlehren des franz. Obligationenrechts (1894) § 21 N. 1 u. S. 253, sowie *Planiol-Ripert*, Traité Pratique VII Nr. 1115f. 1141f.. Doch erkennt c. c. 1717 eine Ausnahme ausdrücklich an in der cession de bail.

4. Auch die englischen Juristen sehen die befreiende Schuldübernahme als einen Fall der *Novation* an; vgl. *Lorenz*, Rvgl. HWB VI, 252; *Chitty*, Contract 725; *Pollack*, Contract 204.

Für das Recht des BGB wurde die Zulässigkeit einer Verbindung von Forderungsabtretung und Schuldübernahme zwar nicht bestritten, aber doch von vielen betont, daß sich mangels der gesetzlichen Anerkennung einer gewillkürten Vertragsübernahme auf diesem Wege eine völlige Ablösung einer Vertragspartei durch einen Dritten nicht herbeiführen lasse. Soweit dem Schuldverhältnis unübertragbare Einzelrechte, wie die unselbständigen Gestaltungsrechte (Rücktritts-, Kündigungs-, Anfechtungsrecht) entspringen, müßten diese bei der ursprünglichen Vertragspartei zurückbleiben[1].

Doch fehlte es auch nicht an Schriftstellern, die sich über derartige Bedenken hinwegsetzen zu können glaubten und die Möglichkeit anerkannten, auf diesem Wege den völligen Eintritt eines Dritten in das ganze Schuldverhältnis herbeizuführen[2].

Auf die Dauer ist die Zahl der Befürworter der Zulässigkeit der Vertragsübernahme immer mehr gewachsen[3]. *Siber* selbst hat in seinem 1931

[1] So noch der führende Kommentar von *Planck-Siber* (4) 1914, Vorbem. 2a vor § 398; ablehnend auch *Oertmann*, Komm (5) zu § 399 Anm. 2. u. *Schollmeyer* § 398 Erl. 2.

[2] So namentlich: *Hölder*, Recht 1908, 469f.; *Stammler*, R. d. Schuldverh. (1897) 185; *v. Tuhr*, Allgem. Teil I (1910) 220 u. *O. v. Gierke* DPrR. III (1917) 185.

[3] Für sie haben sich u. a. ausgesprochen: *Demelius*, IheringsJ 72, 241f., *Enneccerus-Lehmann* (12. Bearbeitung, 1932) 317ff.; *Larenz*, Vertrag und Unrecht I 126; *Stoll-Felgentraeger*, Vertrag und Unrecht II. Halbb. 144 u. a. m.

erschienenen Grundriß des Schuldrechts (§ 49,2) unter Aufgabe seiner früheren abweichenden Meinung die Vertragsübernahme als zulässig anerkannt. *Nipperdey* bejaht bei *Staudinger* (§ 613 Erl. 18ff.) insbesondere die Zulässigkeit der Übertragbarkeit des ganzen Arbeitsverhältnisses bei einem Wechsel in der Person des Unternehmers.

Wenn man die Bedenken kritisch würdigt, die im deutschen Schrifttum gegen die Zulässigkeit der Übertragung der ganzen Rechtsstellung eines Vertragspartners auf einen Dritten mit Zustimmung der anderen Vertragspartei erhoben werden, so ergeben sie sich daraus, daß das Gesetz den Vorgang nicht als einheitlichen anerkannt habe. Deshalb könnten Zession und Schuldübernahme immer nur die mit diesen Einzelakten verbundenen Wirkungen auslösen; nicht aber zum Übergang der nicht selbständig übertragbaren Gestaltungsrechte führen. Auch seien die Regeln der Zession nicht ohne Einschränkung anwendbar. Man könne diese Schwierigkeiten auch nicht durch Hinweis auf die Vertragsfreiheit überwinden, weil in der Vertragsübernahme eine Verfügung über das Schuldverhältnis liege und nach § 305 BGB die Vertragsfreiheit lediglich für die Inhaltsänderung des Schuldverhältnisses anerkannt sei (so *Siber*, IheringsJ 70, 278).

Man wird diese Bedenken heute, wo wir dem Gesetz gegenüber zu einer freieren, überall den Zweckgedanken herausstellenden Handhabung vorgeschritten sind, nicht mehr als durchschlagend bezeichnen dürfen und sie durch *analoge Anwendung der Vorschriften über Abtretung und Schuldübernahme* überwinden können. Der Ausgangspunkt, daß das Gesetz den Vorgang nicht als einen einheitlichen rechtsgeschäftlichen Tatbestand anerkannt habe, wurde schon durch den für immer zahlreiche Bedarfsfälle angeordneten gesetzlichen Eintritt in die Rechtsstellung eines Vertragspartners erschüttert. Er ist m. E. völlig unhaltbar geworden, seit das MSchG in § 30 bei einem vom Mieter beabsichtigten Wohnungstausch dem Mieteinigungsamt die Befugnis gegeben hat, die fehlende Zustimmung der Vermieter zu ersetzen, wenn sie ohne wichtigen Grund verweigert wird, mit der Folge, daß der neue Mieter in den Mietvertrag eintritt. Daraus ergibt sich die Auffassung des Gesetzgebers, daß bei Einverständnis des Vermieters ein solcher Wohnungstausch mit Eintritt eines Dritten in das bisherige Mietverhältnis wirksam vereinbart werden kann.

Der Hinweis auf die Unübertragbarkeit der Gestaltungsrechte übersieht, daß diesen nur die *selbständige* Übertragbarkeit, losgelöst von dem Verhältnis, aus dem sie entsprungen sind und entspringen, fehlt. Wenn sämtliche Rechte und Pflichten aus dem Schuldverhältnis, auf die die Ausübung der Gestaltungsrechte einzuwirken bestimmt ist, übergehen sollen, müssen auch die Gestaltungsrechte dieses Schicksal teilen und *von Rechts wegen* mit übergehen. Ihr Verbleiben beim Zedenten läßt sich jedenfalls mit ihrer Unselbständigkeit am wenigsten vereinbaren.

Ganz dementsprechend lehrt *Kisch* (a. a. O. 297), daß nach dem gesetzlich angeordneten Eintritt in das Versicherungsverhältnis die Anfechtung des ursprünglichen Versicherungsvertrages durch und gegen den Erwerber zu erfolgen habe und daß Kündigungs- und Rücktrittsrecht durch diesen und gegen ihn auszuüben seien. Und zu § 571 BGB wird ebenfalls angenommen, daß dem Erwerber auch die Kündigungsrechte zustehen, die sich aus dem Mietverhältnis ergeben (vgl. *Planck-Knoke* § 571, 3b). § 69 VVG und § 571 BGB gehen offenbar davon aus, daß mit dem Eintritt des Erwerbers in das Versicherungs- oder Mietverhältnis der Eintritt in die gesamte Rechtslage des Veräußerers einschließlich der Gestaltungsrechte verbunden ist. Was beim gesetzlich angeordneten Eintritt in das Schuldverhältnis i. weit. S. selbstverständlich ist, muß auch beim vertraglich vereinbarten Eintritt möglich sein.

Der Verfügungscharakter, der dem Vorgang innewohnt, kann angesichts des Einverständnisses der Vertragspartner seiner Wirksamkeit nicht entgegengehalten werden, wie §§ 414 u. 415 BGB beweisen. Auch der befreiende Vertrag des § 414 ist eine kraft Gesetzes ausnahmsweise zugelassene Verfügung über das Forderungsrecht zu Gunsten des Urschuldners. Entsprechendes gilt für die Verfügung des Übernehmers im Falle des § 415. Es ist deshalb nicht einzusehen, was einer solchen Verfügung bei Verbindung von Zession und Übernahme entgegenstehen soll.

Daß § 305 BGB die *Vertragsfreiheit* ausdrücklich nur für eine *inhaltliche* Veränderung des Schuldverhältnisses anerkennt, liefert keinen durchschlagenden Gegengrund, weil die Wirksamkeit der vereinbarten Subjektänderung durch die Bestimmungen über die Abtretung und Schuldübernahme entsprechend den Grundsätzen der Vertragsfreiheit später besonders geregelt ist.

Es ist deshalb nicht einzusehen, warum die Subjektänderung durch Verbindung von Abtretung und Schuldübernahme nicht auch als einheitlich eintretender Erfolg soll wirksam herbeigeführt werden können.

Das Ergebnis dieser Betrachtungen läßt sich dahin zusammenfassen:

> *Der Eintritt eines Dritten in die ganze Rechts- und Pflichtenstellung einer Vertragspartei kann auch nach deutschem Recht durch einen auf diesen einheitlichen Erfolg gerichteten Vertrag herbeigeführt werden.*

M. E. ist es nicht einmal notwendig, daß die Rechtswirkungen der Vertragsnachfolge auf einen *einheitlichen Rechtsvorgang* zurückgeführt werden können. Auf den Erfolgswillen kommt es an. Es muß genügen, wenn die Verbindung von Cession und Schuldübernahme zu dem einheitlichen Zweck erfolgt, den Eintritt eines neuen Vertragspartners in die ganze Rechtsstellung der ursprünglichen Vertragspartei herbeizuführen, mag u. U. zunächst auch nur die Rechtsübertragung geschehen sein und erst später damit die Schuldübernahme zu Zwecken der Vertragsübernahme verbunden werden oder umgekehrt.

III. Ausgestaltung der gewillkürten Vertragsübernahme

Von größerer Bedeutung als die Frage nach der Zulässigkeit der gewillkürten Vertragsübernahme ist heute die Frage nach ihrer den praktischen Bedürfnissen entsprechenden *Ausgestaltung*. Da die Vertragsübernahme vom Gesetz nicht als einheitlicher Vorgang geregelt ist, muß sie nach dem Vorbild der Cessions- und Übernahmeregeln ausgestaltet werden. Weil das Gesetz aber Abtretung und Schuldübernahme nur als *isolierte* Vorgänge geregelt hat, kann die Anwendung der für diese gegebenen Vorschriften nur eine *entsprechende* sein.

1. Was die *Voraussetzungen* des von einer Vertragspartei mit dem sie ablösenden Dritten geschlossenen Abtretungs- und Übernahmevertrages angeht, so ist stets das *Einverständnis* der *anderen ursprünglichen Vertragspartei* erforderlich, weil und insofern in der Vereinbarung eine befreiende Schuldübernahme steckt. Die andere ursprüngliche Vertragspartei muß sich wohl einen neuen Gläubiger gefallen lassen, braucht sich aber wider ihren Willen keinen anderen Schuldner aufdrängen zu lassen.

Streitig ist aber, welchen Charakter dieses *Einverständnis* hat.

a) Nach der im deutschen Recht herrschenden *Verfügungstheorie*, die aus dem gemeinen Recht übernommen wurde (vgl. *Delbrück*, Die Übernahme fremder Schulden nach gemeinem und preußischem Recht, 1853), kann dieses Einverständnis einmal durch unmittelbaren Vertragsschluß des Übernehmers mit dem Gläubiger herbeigeführt werden (§ 414 BGB), sodann aber auch durch Genehmigung eines zwischen dem Urschuldner und Übernehmer geschlossenen, auf die Übernahme gerichteten Vertrags, der, weil er eine Verfügung über das Forderungsrecht enthält, nach § 185 II BGB der Genehmigung des betroffenen Gläubigers bedarf (§ 415 BGB).

b) Nach der von einer Minderheit vertretenen *Angebots-* oder *Vertragstheorie* kommt auch in den Fällen des § 415 die Rechtsänderung durch einen Vertrag zwischen Übernehmer und Gläubiger zustande, gerade wie nach § 414 BGB. Die Abmachung zwischen Urschuldner und Übernehmer hat nur interne Bedeutung, die vorgeschriebene Mitteilung an den Gläubiger ist als Angebot zu der vom Gläubiger abhängigen Freigabe des Urschuldners anzusehen und dieses Angebot wird durch die „Genehmigung" angenommen. Dementsprechend fordert Art. 1406 c. c. Ital. den *Consens* des anderen Vertragsteils („purché l'altra parte vi consenta"). Auch in der Schweiz hat man sich bei der Revision des Schw. OR. nach mehrfachem Schwanken grundsätzlich für die Vertragstheorie entschieden (vgl. Art. 176 Schw. OR.). Sie beherrscht auch das ungarische Recht. Beide Wege lassen, wie das deutsche Recht, zu: das österreichische

ABGB (§§ 1405 u. 1406), ferner das chinesische BGB (§§ 300, 301) und das polnische OR. (Art. 183, 184).

Nach *englischem* Recht wird üblicherweise zwischen dem alten und neuen Schuldner ein interner Vertrag abgeschlossen, der dann dem Gläubiger zur *Annahme* vorgelegt wird. Ein solches *vertragliches* Einverständnis des Gläubigers ist grundsätzlich nach allen Rechten unerläßlich, nach denen die Schuldübernahme nur durch *Novation* erfolgen kann, vgl. *Lorenz*, Rvgl HWB VI 250.

Im folgenden muß aber, da hier die Auffassung der deutschen Rechtslehre und Praxis zugrunde zu legen ist, von der *Verfügungstheorie* ausgegangen werden. Dann entsteht bei analoger Anwendung der Vorschriften über die Schuldübernahme die Frage, ob die Zustimmung des anderen Vertragsteils nur durch *Genehmigung* nach vorhergegangener Mitteilung von dem Übernahmevertrag erteilt werden kann (§ 415 I S. 2 BGB) oder ob der andere Vertragsteil auch schon vor dem Abschluß des Übernahmevertrags seine *Einwilligung* in die Schuldübernahme, in die Substitution eines Dritten, wirksam erklären kann.

Die grundsätzliche Wirksamkeit einer derartigen im voraus erteilten Einwilligung in die in der Schuldübernahme gelegene Verfügung darf angesichts der allgemeinen Bestimmung des § 182 BGB nicht bezweifelt werden, weil hier die Wirkungen der vorgängigen und nachträglichen Zustimmungserklärung einander gleichgestellt werden. Es liegt kein zwingender Grund zu der Annahme vor, daß die Bestimmung des § 415, die sich nur mit dem Regelfall der nachträglichen Zustimmung befaßt, davon eine Ausnahme machen will. Die Genehmigung wird eben überflüssig, wenn der Gläubiger schon vor dem Abschluß des Übernahmevertrags seine Einwilligung erklärt hat; so die ständige Rspr, vgl. RGZ 60/415 u. HRR 1933, 1415 sowie OLG 12/49.

Demgemäß wird man im Abschluß eines Vertrags, der den *Betriebszwecken* eines *gewerblichen Unternehmers* dienen soll, i. Zw. das stillschweigende Einverständnis mit der Übertragung der Vertragsrechte und -pflichten auf den Erwerber des Unternehmens erblicken dürfen. Selbst beim *Dienstvertrag*, für den § 613 BGB i. Zw. die Unübertragbarkeit des Dienstleistungsanspruchs bestimmt, schließt man heute aus dem Abschluß des Anstellungsvertrags für den Betrieb auf ein stillschweigend erklärtes Einverständnis des Dienstpflichtigen mit der Übertragung des Anspruchs und dem Übergang der Pflichten auf den Erwerber des Unternehmens, so *Nipperdey: Staudinger* § 613 Erl. 18f.

2. Zweifelhaft bleibt nur, welche Bedeutung dem *Erfordernis* einer *besonderen Mitteilung der Schuldübernahme*, das § 415 I S. 2 BGB zur Voraussetzung der *Genehmigung* macht, im Falle einer vorher erklärten Einwilligung in diese zukommt.

Die nach § 415 I S. 2 erforderliche Mitteilung bezweckt nicht, dem Gläubiger ein Überlegungsrecht zu geben, wie *Schollmeyer* (§ 415 Erl. 2) meint; dessen bedarf er gar nicht, da der ohne ihn abgeschlossene Übernahmevertrag überhaupt erst durch seine Genehmigung ihm gegenüber Wirksamkeit erlangen kann. Die Mitteilung soll vielmehr die Abmachungen zwischen dem Urschuldner und Übernehmer, die nicht immer eindeutig erkennen lassen, ob sie wirklich im Sinne einer befreienden Schuldübernahme oder einer bloßen Erfüllungsübernahme gemeint sind, aus dem Stadium eines *bloßen Internums* der Vertragsparteien in das *einer dem Gläubiger gegenüber bindenden Verpflichtung* überführen, so richtig *Planck-Silber* (§ 415 Erl. 1a). Deshalb können die Vertragsparteien den Vertrag bis zur Genehmigung auch noch ändern oder aufheben, § 415 I S. 3. Erst durch die Genehmigung wird der Schwebezustand beendigt.

Bei einer im voraus erteilten Zustimmung ergeben sich die Voraussetzungen, unter denen der Gläubiger einem Eingriff in seine Rechtsstellung durch Substitution eines anderen Schuldners zustimmt, schon aus seiner Ermächtigung. Die Außenwirkung des Übernahmevertrags dem Ermächtigenden gegenüber ist im voraus hinreichend durch ihn als betroffenen Gläubiger bestimmt, es fehlt nur noch *die von seiner Einwilligung gedeckte Abmachung* der Parteien des Übernahmevertrags. Es ist deshalb nicht anzunehmen, daß das Unterbleiben der Mitteilung *vor* dem Abschluß des Übernahmevertrages dessen Wirksamkeit verhindern soll. Auch eine *spätere* Mitteilung kann klarstellen, daß der Übernahmevertrag im Sinne einer durch die Einwilligung gedeckten, *dem Gläubiger gegenüber* verpflichtenden Schuldübernahme gemeint ist. Es muß deshalb auch genügen, wenn die Mitteilung *nach* dem Vertragsabschluß erfolgt. Sie kann zudem auch aus schlüssigen Handlungen des Schuldners oder des Übernehmers zu entnehmen sein, vgl. RG in HRR 1929, 1723.

So wird man regelmäßig die Mitteilung von der Übertragung des Unternehmens an den für den Betrieb Angestellten als eine Mitteilung von der Übernahme der Rechte und Pflichten aus dem Dienstvertrag durch den neuen Unternehmer deuten.

Ja man kann sogar zweifeln, ob die Mitteilung bei einer vorherigen Zustimmung überhaupt noch erforderlich ist. RGZ 60/416 hat angenommen, daß die Schuldübernahme ohne weiteres mit dem Abschluß eines von der Einwilligung gedeckten Übernahmevertrags für den Gläubiger und gegen den Übernehmer wirksam werde. Deshalb wollen manche auf die Mitteilung schlechthin verzichten, so z. B. *Kress* (I 523) u. *Palandt-Dankelmann* (§ 415 Anm. 3). Sie übersehen dabei aber, daß auch hier, gerade wie bei der Genehmigung, das Bedürfnis besteht, klarzustellen, daß der Übernehmer sich nicht bloß intern zur Erfüllung gegenüber seinem Vertragspartner verpflichtet hat, sondern wirklich an dessen Stelle die Schuld gegenüber dem Gläubiger übernehmen will. Das *Bedürfnis des Gläubigers verlangt auch hier die Herstellung einer klaren Rechtslage.* In Anerkennung dessen läßt auch Art. 1407 c. c. Ital.

das im voraus erklärte Einverständnis des Vertragspartners mit einer Substitution ihm gegenüber erst in dem Augenblick wirksam werden, wo die Substitution ihm mitgeteilt oder von ihm angenommen worden ist. An der Notwendigkeit einer solchen Mitteilung i. S. eines Wirksamkeitserfordernisses wird man deshalb auch nach deutschem Recht grundsätzlich festhalten müssen.

Je nachdem, ob man eine Mitteilung für nötig hält oder nicht, wird fraglich, ob die Parteien des Übernahmevertrages sofort an ihn gebunden sind oder ihn noch bis zur Mitteilung aufheben oder ändern können.

3. Einer *Form* bedarf der Übernahmevertrag nur, soweit die in ihm enthaltene Schuldübernahme als Verpflichtungsgeschäft *wegen des Leistungsgegenstandes* die Wahrung einer Form nötig macht, wie z. B. bei Übernahme der Verpflichtung zur Grundstücksübereignung (RGZ 103/156), nicht aber, soweit eine Form *wegen des Rechtsgrundes* der übernommenen Verpflichtungen vorgeschrieben ist, wie z. B. bei der Übernahme einer formgerecht begründeten Schuld aus einem Schenkungsversprechen, auch nicht sofern für die Urschuld mit Rücksicht auf die Abstraktion von ihrem Rechtsgrund eine Form zu wahren ist, wie im Falle des abstrakten Schuldversprechens nach § 780 BGB. Für eine solche Behandlung hat sich die herrschende Meinung ausgesprochen; vgl. *Planck-Silber* Vorbem. vor § 714, 1 d u. *Staudinger-Werner* § 414 1, 1 b.

Was den Rechtsgrund des zwischen der einen Vertragspartei und dem Dritten abgeschlossenen *Übernahmevertrages* selbst anlangt, so kommt die Wahrung einer *Formvorschrift* nur in Frage, wenn die Übernahme schenkweise erfolgt, insofern ist sie aber als *reale Leistung*, nicht aber als Versprechen einer solchen, zu behandeln und deshalb formfrei.

Faßt man das notwendige Einverständnis des ursprünglichen Vertragsteils mit der Verfügung über sein Forderungsrecht als eine einseitige Zustimmung zu dem Übernahmevertrag auf, so stellt sich heraus, daß die Übernahme eines gegenseitigen Vertrages durch einen einheitlichen Rechtsvorgang sich immer nach § 415 BGB vollziehen muß. Der Weg des § 414 kommt nur in Frage, wenn sich die Übernahme lediglich auf die verpflichtende Seite bezieht und erst später damit ein mit der anderen ursprünglichen Vertragspartei abgeschlossener Abtretungsvertrag verbunden wird.

Auch vom Standpunkt der Vertragstheorie ist aber ebenfalls ein im voraus erteiltes Einverständnis zur Substitution eines anderen Vertragspartners als wirksam anzuerkennen, dem man dann den Charakter eines Vertragsangebots beimessen müßte, vgl. Art. 1407 c. c. Ital.

IV. Rechtsfolgen des Übernahmevertrages

Die *Rechtsfolgen* des Übernahmevertrags sind unter dem Gesichtspunkt der *Nachfolge* des Dritten in die ganze frühere Rechtsstellung des ausgeschiedenen Vertragspartners auszugestalten.

1. Die gegen die Annahme einer Nachfolge in die *Schuld* erhobenen Bedenken *Strohals* (IheringsJ 57, 231ff. u. Schuldpflicht und Haftung, Leipz. Festgabe für Binding) hat die herrschende Ansicht nicht als durchschlagend anerkannt. Die Vorstellung der „*Identität*" der abgetretenen Forderung oder übernommenen Schuld darf überhaupt nicht wörtlich verstanden werden, sondern bringt nur in logisch anfechtbarer, aber bequemer Redeweise zum Ausdruck, daß die Forderung oder Verbindlichkeit des Nachfolgers — abgesehen von dem Subjektwechsel — als dieselbe, d. h. als inhaltlich und funktionell gleiche, behandelt werden soll. Es ist richtig, daß die Schuldübernahme als Verpflichtungsgeschäft eine neue Schuld begründet, und daß das mit der Forderung verbundene Zugriffsrecht des Gläubigers infolge der Schuldübernahme ein anderes Vermögen erfaßt. Aber da das Zugriffsrecht kein begrifflicher Bestandteil des Forderungsrechtes ist, sondern nur seine regelmäßige Folge, schließt das nicht aus, der neubegründeten Schuld innerhalb des als Organismus verstandenen Schuldverhältnisses alle rechtlichen Funktionen beizulegen, die bisher der Urschuld zukamen, und insoweit auch ein Fortwirken des Rechtsgrundes der Urschuld oder ihrer Abstraktion vom Rechtsgrund in der Neuschuld anzunehmen (vgl. *Knoke*, IheringsJ 60, 407ff. u. *Siber* bei *Planck* Vorbem. 1b *β* vor § 414).

2. Daß bei der Schuldübernahme die mit der Forderung verbundenen Konkursvorrechte nach § 418 II BGB nicht im Konkurs des Übernehmers geltend gemacht werden können, ergibt sich daraus, daß diese Vorzugsrechte nicht bloß auf dem Rechtsgrund des ursprünglichen Schuldverhältnisses beruhen, sondern sich auch aus den persönlichen und wirtschaftlichen Verhältnissen des Urschuldners als der *eigentlichen Vertragspartei* ergeben. Der Gemeinschuldner soll in den Kreis der bevorrechtigten Forderungen keine Ansprüche aufnehmen können, deren Entstehung mit seinen persönlichen und wirtschaftlichen Verhältnissen in keiner Weise zusammenhängt. Die Erhaltung der mit der *Forderungs*abtretung verbundenen Vorzugsrechte (§ 401 II BGB) erklärt sich daraus, daß diese Vorzugsrechte in den Verhältnissen des Gemeinschuldners wurzeln und dieser — anders als bei der Schuldübernahme — derselbe bleibt (vgl. *Staudinger-Werner* § 418 II).

3. Aus der Annahme einer Nachfolge des Übernehmers in die Rechtsstellung des Vormannes ergibt sich, daß diese *so übernommen* wird, *wie sie zur Zeit des Übernahmevertrages bestand.* Dem entspricht auch die Regelung der §§ 417 und 418 BGB. Daß nach § 418 I BGB die Bürgschaften und Pfandrechte erlöschen, ist eine Ausnahme von diesem Grundsatz, die verhindern will, daß die Stellung des Bürgen oder Pfandschuldners durch den Eintritt eines anderen Schuldners und seine mögliche geringere Solvenz beeinträchtigt wird. Aus der Nachfolge in die Schuld ergibt sich insbesondere, daß der Vertragsübernehmer die vom Gläubiger bereits getroffenen Verfügungen über künftige aus dem Schuld-

verhältnis erwachsende Ansprüche, so z. B. über Zinsansprüche anerkennen muß.

Gerade um diese Folgerung zu vermeiden, lehnt die herrschende Ansicht für die Fälle des gesetzlich normierten Eintrittsrechts in ein bestimmtes Schuldverhältnis den Gesichtspunkt der Nachfolge ab, so daß z. B. die weiteren Mietzinsforderungen grundsätzlich in der Person des Erwerbers entstehen; § 573 BGB macht davon dann wieder eine Ausnahme, indem er die Vorausverfügungen des Vermieters über die Mietzinsansprüche in einem engen Rahmen anerkennt.

Für die *gewillkürte* Vertragsübernahme wird man aber von einer Übertragung dieser Auffassung absehen müssen. Anders freilich *v. Tuhr* (I 221, 365), der aus der Übertragung des Vertrags als einer Einheit folgern will, daß die künftigen aus dem übernommenen Schuldverhältnis erwachsenden Ansprüche in der Person des Übernehmers — unbeeinflußt durch Vorausverfügungen des ursprünglichen Gläubigers — neu ententstehen, so daß eine frühere Zession künftiger Ansprüche durch eine spätere Vertragsübernahme wirkungslos würde. Diese Meinung wird aber mit Recht überwiegend abgelehnt, genau wie bei zwei sich widersprechenden Zessionen muß auch hier der zeitliche Vorrang entscheiden[4].

Aus dem auf einen *einheitlichen Erfolg* (nämlich *Ablösung einer Vertragspartei* und *Eintritt des Übernehmers in ihre ganze Rechts- und Pflichtenstellung*) gerichteten Willen der Parteien ergibt sich aber, daß die *Zessionsregeln* nicht uneingeschränkt zur Anwendung kommen können. Anwendbar sind zwar alle Bestimmungen, die den Übergang der abgetretenen aktiven Rechtsstellung im Sinne einer Rechtsnachfolge regeln, nicht aber schlechthin die Bestimmungen, die dem *Schuldnerschutz* dienen. Hier sind die Vorschriften, die den Schuldner vor einer Verschlechterung seiner Rechtslage infolge seiner *Unkenntnis* von der erfolgten Abtretung schützen wollen, von denen zu scheiden, die ihn gegen eine Beeinträchtigung seiner Rechtslage durch die *ohne sein Einverständnis* zulässige Abtretung sichern. Die Schutzbestimmungen gegen eine Unkenntnis der Abtretung (§§ 407—410 BGB) kommen für die Fälle, wo die Vertragsübernahme erst durch die *Genehmigung* des anderen Vertragsteils wirksam wird, überhaupt nicht in Betracht, behalten aber die Bedeutung für die Fälle einer im *voraus erteilten Zustimmung*, einer *Substitutionsermächtigung*. Die Schutzbestimmungen, die den Schuldner gegen eine Verschlechterung seiner Rechtslage durch eine *ohne seinen Willen* erfolgte Abtretung schützen wollen, verlieren ihren Rechtfertigungsgrund in beiden Fällen, weil der Vertrag stets der Zustimmung

[4] Vgl. etwa *Demelius* a. a. O. 261 u. *Leonhard* I 656, sowie RGRK § 398 Anm. 2. Auch Art. 1406 u. 1407 c. o. Ital. sehen die Wirkung der Zession darin, daß der Zessionar eingesetzt wird nell'identica posizione del cedente (vgl. Relazione del ministro Quardasigilli Preceduta dalla relazione al disegno di legge [1943] 417).

des anderen Vertragsteils bedarf. Aber auch bei einer mit seinem Einverständnis erfolgten Abtretung muß man davon ausgehen, daß ein Schuldner, der bereit ist, einen neuen Gläubiger anzunehmen, seine Rechtslage dadurch nicht verschlechtern will, soweit sich nicht aus dem Zweck der einverständlichen Abtretung und Schuldübernahme ein anderes ergibt. Mit dem Zweck der Übertragung der ganzen Rechtsstellung aus einem gegenseitigen Vertragsverhältnis auf einen Dritten würde es aber nicht in Einklang stehen, wenn sich der zustimmende Vertragspartner vorbehalten wollte, alle möglichen Einreden aus der Person des früheren Vertragspartners erheben zu können, auch wenn sie mit dem abgetretenen Vertragsverhältnis gar nichts zu tun haben. § 417 I S. 2 BGB versagt auch dem Schuldübernehmer die Aufrechnung der dem bisherigen Schuldner zustehenden Gegenforderungen.

Wenn man dem der Vertragsübernahme zustimmenden Vertragsteil gemäß § 406 BGB die Aufrechnungsbefugnisse erhalten wollte, würde er mithin einseitig begünstigt werden. Das widerspräche dem Zweck der Vertragsübernahme, die das ganze Vertragsverhältnis von der Person des Übertragenden ablösen soll. Deshalb darf man die Zustimmung des anderen Vertragsteiles als Verzicht auf die Geltendmachung von Einwendungen und Forderungen deuten, die mit dem abgetretenen Vertragsverhältnis nichts zu tun haben, und zwar gleichgültig, ob die Zustimmung durch Genehmigung oder Einwilligung erfolgt, vgl. OLG Hamburg i. Rspr. d. OLG 28, 99. Dementsprechend gestattet auch Art. 1409 c. c. Ital. dem abgetretenen Schuldner zwar, dem Zessionar gegenüber alle Einreden zu erheben, die sich aus dem abgetretenen Vertragsverhältnis ergeben, schließt aber die Einwendungen aus, die sich aus anderen Beziehungen zum Zedenten ergeben (ma non quelle fondate su altri rapporti col cedente).

4. Zum Schluß sei darauf hingewiesen, daß nach der Verfügungstheorie die Rechtsstellung des ausscheidenden Gläubigers gegen *Einwendungen* aus dem der Vertragsübernahme zugrunde liegenden Rechtsverhältnis (vgl. § 417 II BGB) nur unvollkommen gesichert ist. Wenn man den Übernahmevertrag nach § 415 BGB isoliert der einseitigen Genehmigung des ausscheidenden Gläubigers gegenüberstellt, muß die Übernahmeabrede vielfach hinfällig werden, sei es wegen der regelmäßigen Geschäftseinheit mit dem Grundvertrag, sei es, weil seine Mängel auch ihr anhaften, namentlich aus Gründen des § 138 BGB. Darauf hat *Heck* (§ 73, 7b) richtig hingewiesen. Diese Unbilligkeit ließe sich nach *Heck* leichter vermeiden, wenn man als einzigen Weg zur befreienden Schuldübernahme einen Vertrag mit dem Gläubiger anerkennen würde, für den die Mitteilung des Grundvertrags regelmäßig nur die Bedeutung der Angabe eines Motivs hätte.

5. Zusammenfassend kann man feststellen, daß die Ausgestaltung der Vertragsübernahme im deutschen Recht nach den Grundsätzen der Ver-

fügungstheorie den Vorgang in eine gewisse Gegensätzlichkeit zu den meisten fremden Rechten bringt, einmal zu denen, die eine *Vereinbarung* zwischen dem Übernehmer und dem anderen ursprünglichen Vertragsteil (in seiner Eigenschaft als Gläubiger) verlangen, und dann zu denen, die für die gewillkürte Vertragsübernahme nur den Weg der *Novation* kennen.

V. Verbindung von Abtretung und Schuldmitübernahme

Oft wird die von einer Vertragspartei mit einem Dritten vereinbarte Vertragsübernahme daran scheitern, daß die andere Vertragspartei ihre Zustimmung verweigert. Hier kann ein der Nachfolge in das gesamte Vertragsverhältnis *wirtschaftlich nahekommender* Erfolg erreicht werden durch Verbindung der Abtretung der Rechte aus dem Vertrag mit einer *Schuldmitübernahme*, einem Schuldbeitritt, denn dieser bedarf nicht der Zustimmung des Gläubigers.

Da bei Übergang des Schuldinteresses ein solcher Schuldbeitritt der Interessenlage entspricht, wird man ihn im Zweifel als eine dem Parteiwillen entsprechende mindere Rechtsfolge anerkennen dürfen. Wenn die vollkommene Schuldüberwälzung scheitert, ist wenigstens die unvollkommene durch Mitübernahme als gewollt anzunehmen[5].

Bei Verkauf eines *Unternehmens* darf und muß man den Eintritt des Erwerbers in die zum Fortbetrieb des Unternehmens notwendigen, gegenseitigen Verträge wenigstens im Sinne eines solchen Vertragsbeitritts deuten. Man denke an Konkurrenzenthaltungsverträge (RGZ 102/127), Arbeitsverträge, Lieferungs- und Mietverträge, bei denen allerdings das Verbot der Untermiete (§ 549 BGB) Schwierigkeiten macht, vgl. RGZ 119/118.

Auch in diesem Falle wird man sich im Zweifel für den Übergang der Gestaltungsrechte auf Änderung und Aufhebung des Schuldverhältnisses (wie Rücktritts-, Kündigungs- und Anfechtungsrecht) auf den Beitretenden entscheiden dürfen. Dieser erhält dadurch die Macht, auch die Rechtslage des Zedenten, der Urschuldner bleibt, zu beeinflussen. Der Vertragsbeitritt gibt vor allem dem neuen Gläubiger das Recht, gemäß § 326 BGB vorzugehen (RGZ 55/403).

Der Übergang rechtfertigt sich auch hier aus der Absicht der Parteien, dem Erwerber eine Rechtsstellung zu verschaffen, die die Rechts- und Pflichtenseite in gleichem Umfang wie bei der Vertragsübernahme vereint, während die Interessen des Vertragsgegners nicht nachteilig beeinflußt werden. Entsprechend dem auf die Vertragsübernahme gerichteten Willen des ursprünglichen Vertragspartners muß dieser die fraglichen Gestaltungsrechte verlieren.

---

[5] So richtig *Reichel*, Schuldmitübernahme 274; *Enneccerus-Lehmann* § 87 II.

INTERNATIONALES PRIVATRECHT

DER ORDRE PUBLIC IM INTERNATIONALEN PRIVATRECHT

Von Dr. Hans Dölle
ord. Professor an der Universität Tübingen,
Direktor des Kaiser Wilhelm-Instituts für ausländisches und internationales Privatrecht

Neuere *Literatur: Solodovnikoff,* La notion de l'ordre public (1936) — *Marti,* Der Vorbehalt des eigenen Rechts im internationalen Privatrecht der Schweiz (1940) — *Madsen-Mygdal,* Ordre Public og Territorialitet (1946) — *Beach,* Uniform Interestate Enforcement of Vested Rights: Yale Law Journal 27 (1918) 656 — *Knight,* Public Policy in English Law: Law Quarterly Review 38 (1922) 207 — *Lorenzen,* Territoriality, Public Policy and the Conflict of Laws: Yale Law Journal 33 (1924) 736 — *Healy,* Théorie de l'ordre public: Recueil des Cours 9 (1925 IV) 411 — *Goodrich,* Public Policy in the Law of Conflicts: West Virginia Law Quarterly 36 (1930) 156 — *Louis-Lucas,* Remarques sur l'ordre public: Revue de Droit Internat. privé 28 (1933) 393 — *Valèry,* Examen critique des remarques sur l'ordre public de M. Pierre Louis-Lucas: Revue de Droit Internat. et de Législation Comparée 61 (1934) 194 — *Husserl,* Public Policy and Ordre Public: Virginia Law Review 25 (1938) 37 — *Foster,* La Théorie anglaise de droit internat. privé: Recueil des Cours 65 (1938 III) 399, 501ff. — *Nußbaum,* Public Policy and the Political Crisis in the Conflict of Laws: Yale Law Journal 49 (1940) 1027.

I. Begriff, Wesen und Grenzen des Ordre public

Unter Ordre public im Internationalen Privatrecht wird allenthalben der Inbegriff jener innerstaatlichen Normen verstanden, welche die Anwendung des nach der Kollisionsnorm an sich zuständigen ausländischen Rechts ausschließen, weil eine solche Anwendung aus bestimmten Gründen mit der eigenen staatlichen Ordnung unvereinbar erscheint. Manche Kodifikationen haben das Prinzip in gesetzlichen Regeln generellen oder speziellen Charakters formuliert[1], aber auch dort, wo das

[1] Vgl. z. B. *Deutsches* EGBGB. Art. 30; *Ital.* Cod. civ. (Disposizioni sulla Legge in generale) Art. 31; *Poln.* Ges. v. 2. 8. 1926 betr. das für internat. Privatverhältnisse geltende Recht Art. 38; *Tschechosl.* Ges. v. 11. 3. 1948 über das internat. und interlokale Privatrecht und über die Rechtsstellung der Ausländer im Bereiche des Privatrechts § 53.

nicht geschehen ist, z. B. in Frankreich[2], Belgien, Ungarn, England, den Vereinigten Staaten usw. ist es anerkannt. Die Terminologie ist nicht ganz einheitlich; in Deutschland spricht man seit *Zitelmann*[3] vielfach von der „Vorbehaltsklausel", womit man den Satz meint, der gegenüber dem kollisionsrechtlich an sich zuständigen ausländischen Recht aus Gründen der öffentlichen Ordnung einen Vorbehalt erklärt[4], die Franzosen reden vom „ordre public", die Italiener entsprechend vom „ordine pubblico", die spanisch sprechenden Völker ebenfalls vom „orden pubblico", während die Engländer und Nordamerikaner „public policy" sagen, wenn sie jenen hier in Frage stehenden Bereich bezeichnen wollen, der freilich, wie betont werden muß, in den verschiedenen Rechtsordnungen keineswegs übereinstimmend abgegrenzt wird.

Das Institut des Ordre public wird durch seinen *Ausnahmecharakter* gekennzeichnet. Es durchbricht das System der Kollisionsregeln, insofern es exzeptionellerweise das durch die Kollisionsnorm für anwendbar erklärte ausländische Recht für unanwendbar erklärt. Die Vorbehaltsklausel ist daher zwar selbst eine Kollisionsnorm, da auch sie die Frage nach dem maßgebenden Recht beantwortet, aber die Antwort ist nur negativ: das nach der Regel berufene Recht wird ausgeschaltet[5]. So fügt sich der Ordre public dem Kollisionsnormensystem nicht ein, sondern steht außerhalb seiner als ein die gewöhnliche Ordnung störender Fremdkörper[6]. Freilich wird man zugestehen müssen,

---

[2] Art. 6 Code civ. betrifft diejenigen franz. Rechtssätze, die zwingender Natur sind und daher durch den Parteiwillen nicht berührt werden können. Es ist an Fälle gedacht, die franz. Sachrecht unterstehen. Aber zu den zwingenden Regeln gehören auch solche, die sich gegenüber ausländischem Recht durchsetzen, das an sich nach der Kollisionsnorm zur Anwendung berufen wäre.

[3] *Zitelmann*, Internationales Privatrecht, I (1897) 317.

[4] Vgl. z. B. den deutsch-österreich. Rechtsschutzvertrag v. 21. 6. 1923 Art. 25, sowie § 1041 I Ziff. 2 ZPO.

[5] Über die Frage, ob der Ordre public auch einmal zur Anwendung ausländischen Rechts dort führen könne, wo dieses Recht normalerweise ausgeschlossen ist, vgl. *M. Wolff*, Private Internat. Law (1945) 183, 537; *Schmitthoff*, A Textbook of the English Conflict of Laws (1948) 59, 60; *Cheshire*, Private Internat. Law, 3. ed. (1947) 184. Vgl. auch den engl. Rechtsfall *Lorentzen v. Lydden & Co.* (1942) 2 K. B. 202, 214; 58 T. L. R. 178, 180. Von einer „positiven Funktion" des Ordre public pflegt man dort zu sprechen, wo der eigene Rechtssatz der lex fori sich unter allen Umständen durchsetzen will; darüber im Text unter II.

[6] Der Ausnahmecharakter des Ordre public ist heute weithin anerkannt, auch dort, wo, wie z. B. in Frankreich, die Rechtsprechung dazu neigt, nach dem Vorbild *Mancinis* den Ordre public als einen der das Internat. Privatrecht tragenden Grundsätze anzusehen. Vgl. z. B. *Niboyet*, Cours de Droit Internat. Privé Français, 2. éd. (1949) Nrn. 499ff.; *Batiffol*, Traité Elémentaire de Droit Internat. Privé (1949) Nrn. 356ff.; *Lerebours-Pigeonniere*, Précis de Droit Internat. Privé, 4 éd. (1946) Nr. 268, 269; *Savatier*, Cours de Droit Internat. Privé (1947) Nr. 314; *Arminjon*, Précis de Droit Internat. privé I, 3.

daß dieser systemstörende Faktor ein notwendiges Übel ist, zumal in einer Zeit, in der die Welt sich anscheinend weltanschaulich und politisch auseinanderentwickelt statt zu einer Einheit zu streben, also das für das Funktionieren der Konfliktsregeln unentbehrliche Minimum einer „communauté juridique" nicht vorhanden zu sein scheint. Die Staaten als Träger von Rechtsordnungen sollten gewiß davon ausgehen, daß die Normen aller zivilisierten Länder von gleichem Rang seien und daß insofern alle diese Länder ihren Verschiedenheiten zum Trotz eine große Rechtsfamilie bilden[7], daß man daher Tatbestände mit Auslandsberührung vertrauensvoll demjenigen ausländischen Recht subsumieren dürfe, zu welchem der Tatbestand nach seinen Anknüpfungsmomenten die engste Beziehung aufweist. Allein jeder zur Entscheidung Berufene trägt auch die Verantwortung für seine Entscheidung, und dieser Umstand zwingt jeden Staat zur Kontrolle des Ergebnisses, das bei der Anwendung des an sich zuständigen ausländischen Rechts erzielt wird. Es gibt Fälle, in denen dieses Ergebnis derart ist, daß der die Kollisionsnorm erlassende Staat die Lösung nicht verantworten zu können glaubt und deswegen seine eigene Kollisionsnorm unter Berufung auf seinen Ordre public desavouiert. Aber damit wird nicht etwa der kollisionsrechtliche Grundsatz verleugnet, der die prinzipielle Zuständigkeit des ausländischen Rechtes begründet, vielmehr liegt darin nur das Zugeständnis, daß in diesem Einzelfall das allgemein vorausgesetzte Vertrauen in die Vereinbarkeit des fremden Rechtes mit dem eigenen Recht getäuscht worden ist, ohne daß damit ein Unwerturteil über das fremde Recht ausgesprochen sein müßte.

Aus dieser Sachlage, aus der Erkenntnis namentlich, daß die Vorbehaltsklausel ein Übel, ein Störungsfaktor ist, ergibt sich die Folgerung, daß man seinen Anwendungsbereich so eng wie möglich *begrenzen* sollte[8]. In den gegenwärtigen Bemerkungen kann dies nur angedeutet werden.

Der Vorbehalt ist — jedenfalls dort, wo sozialethische Fragen im Spiele sind — auf diejenigen Fälle zu beschränken, in denen die Anwendung des fremden Rechts ein Ergebnis herbeiführen würde, das von der eigenen Rechtsordnung *schlechthin als unmöglich* empfunden wird, in dem Sinne, daß es auch als ein in Zukunft mögliches überhaupt

---

éd. (1947) Nr. 104. Vgl. auch *Nußbaum*, Principles of Private Internat. Law (1943) 111. Für die Vereinigten Staaten von Amerika vgl. Restatement § 612, wonach nur ein „strong" public policy in Betracht kommt, und auch in England beobachtet man das Bestreben, das an sich anwendbare fremde Recht nur ausnahmsweise mit Rücksicht auf die „public policy doctrine" auszuschalten; vgl. Lord Atkin in *Ferder* v. *St. John-Mildmay* (1938) A. C. 1, 12.

[7] Vgl. *Rabel*, The Conflict of Laws I (1945) 90.

[8] Geradezu zu einem Prinzip (und nicht zu einer Ausnahme vom Prinzip) machen den Ordre public einige italienische Autoren; vgl. namentlich *Pacchioni*, Elementi di diritto internaz. privato (1930) 207—208; *Ago*, Teoria del diritto internaz. privato, parte generale (1934) 319—320.

nicht gedacht werden kann. Es bedarf kaum der Betonung, daß eine solche Prognose nicht faktisch-empirisch, sondern normativ zu stellen ist. Nur dort, wo die künftige Entwicklung als eine gebilligte vorgestellt werden kann, ist die Prognose geeignet, den Ordre public auszuschalten. Damit soll gesagt sein: ist das Ergebnis derart, daß es zwar den gegenwärtigen Grundanschauungen der eigenen Rechtsordnung widerstreitet, aber die Möglichkeit nicht ausgeschlossen erscheint, daß auch es vom Heimatrecht einmal aufgenommen werden könnte, so muß es akzeptiert werden. Mit noch anderen Worten: der Ordre public darf sich gegenüber dem ausländischen Recht nur dort durchsetzen, wo dieses *nicht nur aktuell, sondern auch potentiell* mit der eigenen Ordnung absolut unverträglich erscheint. Die Vorbehaltsklausel muß demgemäß mit *Großzügigkeit* gehandhabt werden; Rechthaberei und Eigendünkel, von juristischem Chauvinismus zu schweigen, haben hier nichts zu suchen. Ein Hinweis zu weiteren Einschränkungen des Ordre public mag in der schon oft gemachten Beobachtung gefunden werden, daß man sich mit einem „fait accompli" an dem ohnehin nichts zu ändern ist, eher abfindet, als daß man bei einem mißbilligten Sachverhalt mitwirken möchte[9].

Zu der befürworteten Eingrenzung des Ordre public trägt auch der Gedanke *Kahns*[10] bei, daß die sogen. Prohibitivgesetze nicht absolut oder exklusiv, vielmehr wie alle anderen Gesetze nur unter der Voraussetzung bestimmter Anknüpfungen angewendet werden[11], ebenso wie seine weitere Idee, die „Gesetze der öffentlichen Ordnung" und die „Vorbehaltsklausel" seien in Wahrheit der noch unerkannte und unfertige Teil des Internationalen Privatrechts. Diese Idee verlangt freilich eine eigene Untersuchung, die im Rahmen dieses Referates nicht geleistet werden kann. Aber es darf von vornherein als wahrscheinlich gelten, daß eine umfassende Induktion der bisher mit dem Ordre public behandelten Sachverhalte und deren gründliche Analyse eine Reihe von echten Kollisionsnormen zutage fördern würde, welche die Vorbehaltsklausel für ihren Anwendungsbereich überflüssig machen. Über-

[9] Die psychologische Wurzel der namentlich in der französischen Wissenschaft vertretenen Lehre von der unterschiedlichen Handhabung des Ordre public gegenüber subjektiven Rechten, die nach fremdem objektivem Recht bereits erworben sind, und gegenüber kollisionsrechtlich nach fremdem Recht erst noch zu begründenden subjektiven Rechten liegt wohl in der resignationsfördernden Kraft des „fait accompli". Vgl. z. B. *Niboyet* a. a. O. Nrn. 514ff.; *Batiffol*, a. a. O. Nrn. 368ff. Daß man ein unter fremder Rechtsherrschaft begründetes Recht desto eher anzuerkennen geneigt ist, je länger es bestanden hat und je mehr Konsequenzen aus seinem Bestand sich bereits ergeben haben, betont mit Recht *Savatier* a. a. O. Nr. 322.

[10] Abhandlungen zum Internationalen Privatrecht I (1938) 161ff., insbes. 189 und 251.

[11] Siehe auch *Nußbaum*, Principles, über die „Relativität" der public policy. Darüber vgl. auch unten II zu Anm. 42.

flüssig wird der Rückgriff auf den Ordre public auch insoweit, als die Ausschaltung fremden Rechts durch andersartige rechtliche Erwägungen erreicht wird. Hier bieten sich — jedenfalls von der Auffassung des *deutschen* Rechts aus — systematische Gesichtspunkte an. So bedarf es nicht der Vorbehaltsklausel, um die Anwendung ausländischen öffentlichen Rechts, vor allem ausländischen Steuer- oder Strafrechts oder fremden Verfahrensrechts auszuschließen[12]. Denn diese Normen fallen unmittelbar gar nicht in den Bereich des Internationalen Privatrechts, sie sind überdies ihrer Natur nach fast immer territorial begrenzt wie die entsprechenden Normen des Heimatrechts in der Regel im eigenen Territorium die ausschließliche Zuständigkeit beanspruchen und infolgedessen a priori das Eindringen der ausländischen Regeln unmöglich machen. Der Ordre public braucht dafür nicht bemüht zu werden; seine Voraussetzungen liegen nicht vor, denn die eigen Kollisionsnorm verweist in diesen Fällen gar nicht auf fremdes Recht[13]. Endlich ist auch die Nichtanwendung ausländischen Rechts dort nicht als Folge des Ordre public anzusehen, wo die Rechtstechnik des eigenen Staates das Funktionieren fremder Regeln unmöglich macht, z. B. dann, wenn die von dem fremden Recht für bestimmte Folgen geforderten Voraussetzungen mangels eines dazu geeigneten Behördenapparates oder eines Rechtsinstitutes nicht erfüllt werden können. Auch hier wäre die Heranziehung des Ordre public vom Übel[14]. Die Ausschaltung des fremden Rechts erklärt sich hinlänglich aus dem Unvermögen des eigenen Rechts, jenem die notwendigen technischen Grundlagen zu bieten.

II. Die Hauptproblematik des Ordre public

Sie liegt, wie überall erkannt wird, in der Schwierigkeit, eine klare Antwort auf die Frage zu finden: wann ist die Diskrepanz zwischen dem an sich zur Anwendung berufenen fremden Recht und dem, was die eigene Rechtsordnung fordert, so groß, daß jenes ausgeschaltet werden muß?

Sieht man zunächst von gesetzlichen Regeln ab, welche die Antwort in bestimmte Richtungen drängen, so darf man folgendes sagen. Alle Versuche, des Problems durch eine Formel Herr zu werden, die konkret genug ist, um die hierher gehörigen Fälle jeweils einwandfrei zu bestimmen, sind vergeblich gewesen, und so ist die Skepsis gegen-

[12] Vgl. auch *Rabel*, Conflict of Laws II, 560.

[13] Ähnlich *Niboyet* a. a. O. Nr. 505; über den etwas anderen Ausgangspunkt des *englischen* Rechts vgl. *Wolff* a. a. O., 171ff. und *Cheshire* a. a. O. 175ff., wobei die Abgrenzung dessen, was „penal law" bedeutet, eine wichtige Rolle spielt. Für das Recht der *Vereinigten Staaten* siehe *Nußbaum*, Principles 125ff.

[14] Vgl. *Lerebours-Pigeonnière* a. a. O. Nr. 269.

über einer solchen Methode jetzt weit verbreitet[15]. Aber auch die andere sich anbietende Möglichkeit, die Tatbestände einzeln aufzuzählen, welche Anlaß zum Eingreifen der Vorbehaltsklausel geben können, führt nicht zum Ziel. Sie scheitert, wie alle gesetzliche Kasuistik, an der jeder vorschauenden Phantasie weit überlegenen Vielgestaltigkeit des Lebens. Sie würde vor allem den in Zeit und Raum sich ständig vollziehenden Wechsel der Auffassungen vernachlässigen, welche für die Funktion des Ordre public maßgebend sind. So bleibt für den Gesetzgeber offenbar nur die mit Blankettbegriffen operierende Generalklausel, für die Wissenschaft nur das Bemühen, in einer die notwendige Elastizität des Grundsatzes wahrenden Weise Thesen zu entwickeln, welche der Rechtsanwendung die Richtung zu weisen vermögen, indem sie den Sinn der Vorbehaltsklausel klären und wenigstens deutlich machen, wann der Ordre public jedenfalls und wann er keinesfalls ins Spiel komme. Dazwischen wird freilich ein breites Feld für diejenigen Sachverhalte verbleiben, die erst in der Konkretion der rechtlichen Fallentscheidung ihre spezifischen Beziehungen zum Problem des Ordre public offenbaren, und insofern wird das Schwergewicht stets auf der gerichtlichen Praxis liegen. Diese Erkenntnis hat *Niboyet* bei der Erörterung der hier zu befolgenden Methode zugunsten des aposteriorischen und unter Ablehnung des apriorischen Verfahrens in dem sehr resigniert klingenden Satz formuliert: „Sera donc d'ordre public ce que le juge estimera être tel dans chaque procès"[16].

Es fällt auf, daß bei dem Bemühen um die Lösung unseres Problems häufig eine *Zweiteilung der Gesichtspunkte* vorgenommen wird, unter denen der Vorbehalt der öffentlichen Ordnung beachtet werden soll. In der *Wissenschaft* z. B. hat man vorgeschlagen, die fremden Normen, gegen deren Anwendung der Ordre public sich zur Wehr setze, danach zu kategorisieren, ob sie gegen die Moral und das natürliche Recht oder gegen die vitalen Interessen der eigenen Sozialordnung verstießen[17]; oder ob rechtstechnische Gründe oder Erwägungen der Sozialethik die Anwendung des ausländischen Rechts ausschlössen u. ä.[18].

Bei den *gesetzlichen Formeln* begegnen ganz ähnliche Dichotomieen. So schließt z. B. der *italienische* Codice Civile (Disposizioni sulla Legge in generale, Art. 31) die Anwendung fremder Gesetze usw. aus, wenn

---

[15] Vgl. z. B. *Lerebours-Pigeonnière* a. a. O. 320; *Niboyet* a. a. O. 506ff.; *Lewald*, Das Deutsche Internat. Privatrecht auf Grundlage der Rechtsprechung (1931) 24. Vgl. auch *Rabel*, Conflict of Laws II, 581.

[16] A. a. O. Nr. 512.

[17] Vgl. z. B. *Lerebours-Pigeonnière* a. a. O. Nr. 270; *Batiffol* a. a. O. Nr. 359; siehe ferner die Übersicht über die Formulierungsversuche bei *Zitelmann* a. a. O. 318, 319.

[18] *Niboyet* a. a. O. Nr. 501; Traité de Droit International Français III (1944) Nr. 1022.

sie mit der öffentlichen Ordnung und der „buon costume" in Widerspruch stehen, und das *polnische* Gesetz über das Internationale Privatrecht vom 2. 8. 1926 normiert in seinem Art. 38: „Die Vorschriften des fremden Rechts sind in Polen nicht rechtsverbindlich, wenn sie zu den in Polen geltenden fundamentalen Grundsätzen der öffentlichen Ordnung oder zu den guten Sitten in Widerspruch stehen"[19].

Nach *deutschem Recht*, über das hier berichtet werden soll, ist die Anwendung eines ausländischen Gesetzes ausgeschlossen, wenn sie gegen die guten Sitten oder gegen den Zweck eines deutschen Gesetzes verstieße (Art. 30 EGBGB)[20].

Zwar ist den beiden im Art. 30 vorgesehenen Fällen gemeinsam die Ausschaltung des ausländischen Rechts, aber im Fall der Sittenwidrigkeit überwiegt die Abwehrfunktion, während im Fall der Zweckwidrigkeit der Durchsetzungsdrang des eigenen Rechts präponderiert[21].

Dort wird das eindringende fremde Recht ferngehalten, weil man es nicht dulden kann, *hier* ist der Zielwille des eigenen Rechts so intensiv, daß es unbekümmert um das fremde Recht seine Zwecke verfolgt. Gemeinsam ist ferner den beiden Seiten des Ordre public, daß *nur* die *Anwendung* des ausländischen Rechts ausgeschlossen wird. Die Prüfung hat sich also nicht darauf zu richten, ob der ausländische Rechtssatz als solcher sittenwidrig oder zweckwidrig ist, sondern ob die aus seiner Anwendung resultierende Rechtsfolge (oder der daran geknüpfte Zustand) erträglich erscheint oder nicht. Es kann, wie oft dargelegt worden ist, durchaus sein, daß die Anwendung eines anstößigen Rechtssatzes keine Bedenken erregt, während die Anwendung eines an sich unanstößigen Rechtssatzes gegen den Ordre public verstoßen würde[22].

Bei der Interpretation des Art. 30 EGBGB bereitet die Frage, wann die Anwendung eines fremden Rechtssatzes gegen die guten Sitten sei, weniger Schwierigkeiten als die, wann man es mit einem Verstoß gegen den Zweck eines deutschen Gesetzes zu tun habe. Was *gute Sitten* be-

---

[19] Vgl. *Makarov*, Die Quellen des internationalen Privatrechts (1929) 155.

[20] Nach § 328 I Ziff. 4 ZPO. ist die *Anerkennung des Urteils eines ausländischen Gerichts* ausgeschlossen, wenn sie gegen die guten Sitten oder gegen den Zweck eines deutschen Gesetzes verstieße. Nach § 1044 Ziff. 2 ZPO. ist der Antrag auf *Vollstreckbarerklärung eines ausländischen Schiedsspruchs* abzulehnen, wenn seine Anerkennung gegen die guten Sitten oder die öffentliche Ordnung verstieße, insbesondere wenn der Spruch eine Partei zu Handlungen verurteilt, deren Vornahme nach den deutschen Gesetzen verboten ist. — Die folgenden Ausführungen des Textes lassen wegen Raummangels die sogen. „spezialisierten Vorbehaltsklauseln" des deutschen Rechts: Art. 12, 13 III, 17 IV, 21 Halbs. 2, 25 S. 2 EGBGB. außer Betracht und beschränken sich auf die allgemeine Vorbehaltsklausel des Art. 30 EGBGB.

[21] Vgl. *Martin Wolff*, Das Internationale Privatrecht Deutschlands (2. Aufl. 1949) 56.

[22] Vgl. *Wolff* a. a. O.; *Raape*, Deutsches Internationales Privatrecht (2. Aufl. 1945) 64, 65. Vgl. auch *Batiffol* a. a. O. 380 (Nr. 360).

deutet, bestimmt die lex fori. Es wurde bereits betont, daß engherzige Beurteilung hier zu vermeiden ist. Schon dann, wenn der fremde Rechtssatz als mögliche Norm des eigenen Rechts vorgestellt werden kann, ohne daß das durchschnittliche Sittlichkeitsgefühl darauf mit starker Ablehnung reagiert, muß er angewendet werden. Bei der Erwägung, ob die Anwendung fremden Rechts in Deutschland einen Verstoß gegen die guten Sitten darstellt, ist zwar von unserer eigenen sittlichen Anschauung auszugehen[23], aber für diese Anschauung ist es nicht gleichgültig, in welchem sozialethischen Milieu der Sachverhalt sich verwirklicht hat, dessen Rechtsfolgen anerkannt oder abgelehnt werden sollen. Man wird geneigt sein dürfen, fremden Auffassungen insoweit Entgegenkommen zu beweisen, als darin nicht eine Identifikation mit ihnen gesehen werden kann, sondern lediglich eine vom eigenen Standpunkt aus noch vertretbare Konzession an eine andere Art, Lebensvorgänge zu werten. Insbesondere kann es geradezu ein Gebot der eigenen Sittlichkeit, vornehmlich der Gerechtigkeit sein, Konsequenzen aus einem Sachverhalt anzuerkennen, dessen Verwirklichung als solche niemals unsere Zustimmung gefunden hätte.

Man denke an die bekannten Fälle der Polygamie. Wir lehnen die Mitwirkung bei einer solchen Eheschließung ab, aber wir lehnen, wenn die Mehrehe nach der lex causae zustandegekommen ist, die Anwendung erbrechtlicher oder unterhaltsrechtlicher Normen keineswegs ab, welche einer Ehefrau oder Kindern aus einer der mehreren Ehen die notwendige und ihnen kraft ihrer Stellung gebührende Versorgung verschaffen sollen. Vermögensrechtliche Konsequenzen dieser Art halten wir nicht nur für tragbar, sondern für erwünscht. Personenrechtliche Folgerungen dagegen weigern wir uns anzuerkennen, wenn darin die Billigung der Mehrehe als einer legalisierten menschlichen existenten Beziehung zwischen einem Mann und mehreren Frauen läge. So müßte eine Klage auf Herstellung des ehelichen Lebens abgewiesen werden. Ein anderes Beispiel: In dem vom Tribunal de la Seine am 8. 4. 1930 entschiedenen Fall[24], in welchem eine französische Bühnenkünstlerin einen reichen Industriellen aus Chikago geheiratet hatte, der seiner Frau das Auftreten in Frankreich untersagen wollte, obwohl das Recht von Illinois eine solche Befugnis nicht kennt, wäre m. E. nach deutscher Auffassung der Ordre public dem maßgebenden Heimatrecht der Parteien nicht entgegenzuhalten und daher anders zu entscheiden, als es das franz. Gericht getan hat. Denn selbst wenn bei Anwendung deutschen Familienrechts dem Ehemann ein Untersagungsrecht zuzugestehen wäre (was hier dahingestellt bleiben kann), so würde die Lösung des ameri-

---

[23] *Wolff* a. a. O. 56.

[24] Revue de Droit Internat. Privé 25 (1930) 461. Vgl. *Niboyet*, Cours a. a. O. Nr. 523.

kanischen Heimatrechts doch keinesfalls bei uns als sittlich anstößig empfunden oder gegen den Zweck eines deutschen Gesetzes verstoßend angesehen werden. Die reichsgerichtliche Rechtsprechung der letzten Jahre vor dem Kriegsende bietet wenig kennzeichnende Beispiele für die Problematik der Vorbehaltsklausel[25]. Hingewiesen mag sein auf die Entscheidung RGZ 157/257 ff., in welcher m. E. mit Recht auch der nichtregistrierten Sowjet-Ehe die Anerkennung als Ehe zugestanden worden ist, obwohl die Unterschiede zu unserer eigenen Ehe-Auffassung gewaltig sind.

Die sittlichen Anschauungen unterliegen dem Wandel in der Zeit. Wie ist zu verfahren, wenn im Augenblick der Verwirklichung des jetzt zu entscheidenden Tatbestandes die sittliche Anschauung im Bereich der lex fori eine andere gewesen ist als die gegenwärtige?[26] Man möchte geneigt sein, ohne weiterse die gegenwärtige Anschauung als die allein maßgebende zu bezeichnen[27]. Aber gerade die bewiesene Wandelbarkeit der Anschauungen mahnt zur Vorsicht vor einem zu harten Rigorismus. Man wird auf die Umstände des Einzelfalles abzuheben[28] und sich namentlich zu fragen haben, ob nicht die Verwurzelung des Tatbestandes in einer anders gesinnten Vergangenheit das Urteil der Gegenwart abzumildern vermag.

Der Passus des Art. 30 EGBGB, wonach ausländisches Recht nicht angewendet werden darf, wenn die Anwendung *gegen den Zweck eines deutschen Gesetzes* verstieße, ist sicher nicht wörtlich zu nehmen. Denn andernfalls wäre ausländisches Recht schon ausgeschlossen, wenn seine Anwendung ein Ergebnis herbeiführte, das irgendeinen Zweck irgendiener deutschen Rechtsnorm irgendwie vereitelte, und das würde wahrscheinlich bedeuten, daß ausländisches Recht überhaupt oder so gut wie überhaupt ausgeschaltet bleiben müßte. Das aber ist offenbar nicht der Sinn der Bestimmung[29].

Was also ist unter dem „Zweck eines deutschen Gesetzes" zu verstehen? Klar ist, daß nur solche deutschen Normen als ausländisches Recht zurückdrändende angesehen werden dürfen, die einen derart

---

[25] Für die frühere Zeit vgl. vor allem *Lewald* a. a. O. 28ff. Namentlich im Bereich des Familienrechts spielt die Frage des Verstoßes gegen die guten Sitten eine wichtige Rolle. Vgl. auch den Überblick über die deutsche Gerichtspraxis bis 1932 bei *Melchior*, Die Grundlagen des deutschen internationalen Privatrechts (1932) 324ff.

[26] Vgl. zu diesem Problem *Szászy*, Les conflits de lois dans le temps (théorie des droits acquis): Recueil des Cours 47 (1934 I) 149ff.

[27] Vgl. *Jonas*, JW. 1936, 283; sowie das franz. Urteil Cass. civ. 22. 3. 1944 (S. 1945. 1. 77 = Rev. crit. de d. i. p. 1946, 107): „la définition de l'ordre public national dépendant dans une large mesure de l'opinion qui prévaut à chaque moment en France".

[28] Vgl. *Raape* a. a. O. 68 X.

[29] Vgl. *Lewald* a. a. O. 24; siehe auch *Arminjon* a. a. O. 230 (Nr. 110).

wichtigen Zweck verfolgen, daß seine Vereitelung nicht geduldet werden kann. Daraus folgt jedenfalls, daß sie zwingender Natur sein müssen. Denn wenn die Beteiligten die Möglichkeit haben, ihren Willen gegenüber dem Gesetz zur Geltung zu bringen, so ist nicht einzusehen, warum nicht auch abweichendes ausländisches Recht an die Stelle des heimischen sollte treten können. Aber das heißt nicht, daß alle zwingenden Rechtsnormen zu den „Zweckgesetzen" in unserem Sinne gehören[30].

Vielmehr ist innerhalb der zwingenden Normen nach aussondernden Kriterien zu suchen. Freilich wird es auch hier nur gelingen können, richtungweisende Bemerkungen zu machen, ohne daß man zur Bestimmtheit einer eindeutigen Formel zu kommen vermöchte. Die Unbestimmtheit gehört zum Wesen der Generalklausel. Das, was mit ihr intendiert wird, kann und soll nie adäquat zu ergreifender „Gegenstand der Erkenntnis" werden. Jede Verfestigung würde die Funktion des Blankettgesetzes unmöglich machen. Erst in der Anwendung auf den einzelnen von anderen Fällen immer wieder verschiedenen Sachverhalt entfaltet sich der wahre Sinn der Generalklausel. Immerhin ist folgendes Allgemeine zu sagen. Als Zweckgesetze kommen vornehmlich *Schutzgesetze* im weitesten Sinne in Betracht. Dort, wo eine heimische Norm vitale Interessen schützen will, läßt sie sich nicht außer Kurs setzen, insbesondere da nicht, wo die Ordnung des eigenen Soziallebens die Beachtung der heimischen Norm verlangt[31]. Hauptbeispiele bieten unsere Vorschriften über den Schutz der Einzelnen gegen die Ausbeutung wirtschaftlicher Übermacht, gegen arglistiges Verhalten, gegen die Verleugnung gewisser Urrechte oder des Persönlichkeitswertes, gewisse Regeln über die Innehaltung bestimmter Formen, über die Unklagbarkeit aus Sachverhalten, die nicht den Schutz unserer Gerichte verdienen (wobei aber nicht kleinlich verfahren werden darf)[32], Normen, welche die Sicherheit des einheimischen Rechtsverkehrs gewährleisten wollen, z. B. über die Ablehnung von Mobiliarhypotheken und über die Notwendigkeit des Besitzpfandes, Vorschriften über Währungsfragen, über Einfuhr- und Ausfuhrverbote, über Gegenstände, die mit

---

[30] Vgl. *Raape* a. a. O. 66, 67.

[31] Die Gesichtspunkte der Abwehr einer Sittenwidrigkeit und der Verfolgung eines Schutzzweckes werden häufig mindestens zum Teil koinzidieren. — Vgl. auch *Rabel*, Conflict of Laws II, 579.

[32] Ich stimme mit *Carl Schmitt* darin überein, daß unter Umständen aus einer im Ausland nach dortigem Recht wirksam begründeten Spielschuld in Deutschland mit Erfolg geklagt werden kann; ZAKDR = 1936, 204. Der § 762 BGB will zwar deutsche Gerichte vor der Behelligung mit unproduktiven Sachverhalten schützen, aber es wäre pharisäisch, wenn man unsere Auffassung Ausländern oktroyieren wollte, die deutsche Gerichte deswegen angehen, weil ihnen aus irgendwelchen Gründen das Heimatforum verschlossen und eine deutsche Zuständigkeit gegeben ist. Siehe auch *Rabel*, Conflict of Laws II, 571 mit Nachweisen.

Verfahrensregeln so eng verknüpft sind, daß die Anwendung ausländischen Rechts sich mit unserem eigenen Verfahren nicht vertrügen u. ä. In allen solchen Fällen ist aber sorgfältig zu prüfen, ob der von dem deutschen Gesetz verfolgte Schutzzweck nach dessen Intention auch dann erreicht werden soll, wenn die Beziehung des Sachverhaltes zu unserer heimischen Ordnung nur lose ist, während das Schwergewicht auswärts liegt. Oft wird man unter diesen Umständen von der Vorbehaltsklausel absehen können. Die eigene Norm will nicht selten nur dort angewendet werden, wo die Anknüpfung an die eigene Ordnung intensiv genug ist. Bei solcher Selbstbegrenzung auf Sachverhalte mit ausreichend enger Anknüpfung an das Inland darf die eigene Norm eine „versteckte Kollisionsnorm" genannt werden. Die soeben entworfene Skizze zeigt, daß die vom deutschen Reichsgericht regelmäßig verwendete Formel die Sache nicht trifft, jedenfalls soweit es sich um Zweckgesetze handelt. Die Formel lautet[33]:

> „Art. 30 ist dann anzuwenden, wenn der Unterschied zwischen den staatspolitischen oder sozialen Anschauungen, auf welchen dieses (fremde) Recht und auf welchen das konkurrierende deutsche Recht beruht, so erheblich ist, daß die Anwendung des ausländischen Rechts direkt die Grundlagen des deutschen staatlichen oder wirtschaftlichen Lebens angreifen würde."

Die Formel ist zu eng. Wenn der in ihr erwähnte Unterschied besteht, wird gewiß die Vorbehaltsklausel eingreifen. Aber sie greift nicht nur dann ein, sondern häufig auch, wenn jener Unterschied nicht gegeben ist. Am deutlichsten wird das in den Fällen, in denen die eigene Schutznorm, z. B, eine Devisenvorschrift oder ein Verbot des Handels mit dem Feind, eine vollkommene Entsprechung im Ausland hat, nur daß jede Norm egoistische Zwecke verfolgt. Hier wird die ausländische Norm von uns nicht angewendet, obwohl sie von genau derselben Auffassung getragen ist wie unsere eigene Rechtsregel. Die Nichtanwendung beruht allein auf der Intensität des Schutzwillens der eigenen Norm[34]. Die deutsche Gerichtspraxis bedarf nicht der Mahnung, den Anwendungsbereich der Vorbehaltsklausel eng zu halten. Im allgemeinen hat sie dies ohnehin getan[35]. Wer das Ideal eines möglichst totalen Entscheidungseinklangs anerkennt, wird sich bemühen, das nach der Kollisionsnorm zuständige Recht nur dort auszuschließen, wo dies im Interesse der eigenen Ordnung ganz unentbehrlich ist.

Art. 30 EGBGB beschränkt sich darauf, das an sich zuständige ausländische Recht auszuschließen, er sagt nicht, welches Recht statt dessen zur Anwendung kommen soll. Die Frage, wie die dadurch entstehende *Lücke* zu schließen sei, ist streitig. Voreilig scheint es, stets

[33] Vgl. RGZ 60/296; 63/19; 93/183; 106/83; 110/173; 119/259.
[34] Vgl. Beispiele bei *Wolff* a. a. O. 57, 58.
[35] Vgl. *Wolff* a. a. O. 58.

die lex fori einspringen zu lassen. Das wäre nur dann gerechtfertigt, wenn man die Anwendung ausländischen Rechts prinzipiell als eine Ausnahme von der Regel betrachtete, so daß man zur Regel zurückzukehren hätte, wenn die Ausnahme nicht Platz greifen kann. Aber so ist das Verhältnis der Anwendung ausländischen und inländischen Rechts nicht zu denken. Die Kollisionsnormen, welche die Anwendung ausländischen Rechts befehlen, haben nichts Regelwidriges an sich. Sie dienen, wie die anderen Rechtsnormen, der zweckmäßigen und gerechten Gestaltung des Lebens, indem sie die zu regelnden Tatbestände derjenigen Rechtsordnung zuweisen, welche für diese Gestaltung die geeignetste zu sein scheint[36]. Zeigt sich freilich, daß aus Gründen des Ordre public der an sich kollisionsrechtlich zuständige fremde Rechtssatz bei uns nicht angewendet werden darf, so wird er ausgeschaltet. Aber, wie schon früher betont, diese Ausschaltung ist die Ausnahme, damit ist also nicht ohne weiterse der Rückgriff auf die lex fori gegeben. Man darf nicht übersehen, daß immer nur gerade derjenige fremde Rechtssatz ausgeschlossen wird, dessen Anwendung gegen die guten Sitten oder gegen den Zweck eines deutschen Gesetzes verstoßen würde, nicht etwa die fremde Rechtsordnung schlechthin. Es liegt daher nahe, zuerst zu prüfen, ob nicht anstelle des ausgeschalteten Rechtssatzes eine andere Norm derselben Rechtsordnung einzugreifen hat, weil man mit dieser Ersatznorm die Intention unserer Kollisionsnorm besser trifft als mit der Anwendung des heimischen Sachrechtssatzes, welcher für Tatbestände der betreffenden Art in Betracht kommen würde. Dieses Verfahren wird von vielen Gelehrten des Inlandes und des Auslandes gebilligt[37], und man pflegt aus der gerichtlichen Praxis die berühmte Entscheidung des deutschen Reichsgerichts anzuführen, in welcher die schweizerische Regel von der Unverjährbarkeit gewisser Forderungen als unanwendbar angesehen, aber daraus nicht etwa die Geltung der deutschen Verjährungsfrist hergeleitet, sondern die allgemeinen Verjährungssätze des schweizerischen Rechts für anwendbar erklärt wurden[38].

Es mag dahingestellt bleiben, ob in diesem Falle überhaupt die Vorbehaltsklausel einzugreifen hatte. Aber wenn man dies bejaht, so muß die daraus gezogene Konsequenz m. E. gebilligt werden. Ist nach deutschem Kollisionsrecht schweizerisches Recht die lex causae, so ist es

---

[36] Siehe auch *Rabel*, Conflict of Laws II, 558, 560 mit Nachweisen.

[37] Vgl. z. B. *Wolff* a. a. O. 62 IV; *Raape* a. a. O. 68 IX; *Lewald* a. a. O. 36; *Nußbaum*, Deutsches Internat. Privatrecht (1932) 69e; siehe auch *Dölle*: Raape-Festschrift (1948) 153. Vgl. ferner *Marti* a. a. O. Für Frankreich siehe die Nachweise bei *Batiffol* a. a. O. Nr. 365, der selbst freilich das erwähnte Verfahren ablehnt. Darüber unten im Text. Für England vgl. *Martin Wolff*, Private Internat. Law 184 V 2.

[38] RGZ 106/82ff.

normgemäßer, die schweizerische allgemeine Verjährungsregel anzuwenden als die entsprechende deutsche Norm. Man tut damit nichts anderes, als daß man eine fremde lex specialis zugunsten der fremden lex generalis unbeachtet läßt, weil man jene für untragbar erachtet. Freilich wird man jeden einzelnen Fall genau daraufhin prüfen müssen, ob die hier vorgeschlagene Methode nicht die Gefahr mit sich bringt, vor der insbesondere *Batiffol* a. a. O. eindringlich gewarnt hat, daß man nämlich fremdes Recht gegen dessen eigenen Sinn und Geist anwende und damit ein „Bastard-Ergebnis" erziele, das weder im fremden, noch im eigenen Recht eine Grundlage finde. Es ist nicht zu leugnen, daß in Fällen wie dem in Frage stehenden das fremde Recht u. U. eine (von seinem Standpunkt aus) etwas gewaltsam anmutende Verbiegung erfährt, aber diese „Anpassung" des fremden Rechts an unsere eigene Ordnung ist dann gerechtfertigt, wenn sie den zu regelnden Sachverhalt „*näher an der lex causae hält*" als das bei Anwendung der lex fori der Fall sein würde. Dann ist das Ergebnis nicht nur unserer Kollisionsnorm in etwa gerecht geworden, sondern es ist in der Regel auch den Parteiinteressen gemäßer als die lex fori, deren Anwendung von der Zufälligkeit des Gerichtsstandes abhängt und die von den Parteien bislang gar nicht in Betracht gezogen sein mag[39]. Zieht man die Summe, so ergibt sich: nur wenn das an sich zuständige ausländische Recht keine passende und mit dem heimischen Ordre public verträgliche Norm hergibt, ist der Fall nach der lex fori zu entscheiden. Die Ausschaltung des ausländischen Rechts darf auch hier niemals weiter gehen als unbedingt erforderlich[40].

Man hat von der *Relativität* des Ordre public gesprochen[41]. Damit will man die Verschiedenheit nach Zeit und Ort betonen, sowie die Abhängigkeit von einer ausreichenden Beziehung des fraglichen Sachverhalts zum Inland. Insofern kann man in der Tat von einer Relativität des Ordre public reden. Aber man darf über dieser Ausdrucksweise nicht vergessen, daß dort, wo im konkreten Falle die Voraussetzungen für die Anwendung der Vorbehaltsklausel gegeben sind, der eigene Ordre public sich absolut durchsetzt und seine Wirkungen vom Standpunkt der lex fori aus allen gegenüber entfaltet.

Nach deutscher Auffassung ist die Vorbehaltsklausel des Art. 30 EGBGB zweifellos eine Norm des *materiellen Rechts*. Sie gibt Auskunft

[39] Über „Anpassung" und Ordre public vgl. *Wengler*: JR = 1949, 69, 72. Ein illustratives Beispiel für die Anwendung der lex causae trotz Ordre public bildet *Wolff*, Private Internat. Law 185 zu Anm. 2.

[40] Über die permissive und prohibitive Funktion des Ordre public im Zusammenhang mit den Wirkungen der Vorbehaltsklausel vgl. *Lewald* a. a. O. 36.

[41] Namentlich *Lewald* a. a. O. 34. Siehe auch *Nußbaum*, Deutsches Internationales Privatrecht 63; *Nußbaum*, Principles of Private Internat. Law 116, 117.

über Anwendung oder Nichtanwendung fremden sachlichen Rechts[42]. Das bedarf der Betonung, weil in ausländischen Rechten die Zugehörigkeit des Ordre public zum Prozeß gelegentlich behauptet wird und weil sich aus der Beantwortung dieser systematischen Frage praktische Konsequenzen ergeben können[43]. Vor allem bedeutet eine Entscheidung, die auf der Anwendung der Vorbehaltsklausel beruht, eine sachliche Entscheidung und betrifft nicht etwa die prozessuale Zulässigkeit oder Unzulässigkeit des durch den Ordre public berührten Angriffs- oder Verteidigungsmittels. Wird die Klage abgewiesen, weil der Anspruch aus Gründen des Ordre public nicht gebilligt werden kann, so ist damit rechtskräftig festgestellt, daß der Kläger im Zeitpunkt der letzten mündlichen Tatsachenverhandlung den erhobenen Anspruch nicht gehabt hat. Nicht etwa handelt es sich um eine bloße Prozeßabweisung, die besagt, daß die Klage unzulässig sei. Wird der geltend gemachte Anspruch dem Kläger zuerkannt, weil der Beklagte mit einer Einwendung wegen unseres Ordre public nicht gehört werden kann, so steht rechtskräftig fest, daß der Kläger den Anspruch im Zeitpunkt der letzten mündlichen Tatsachenverhandlung gehabt hat. Eine ganz andere Frage ist es, ob solche Entscheidungen im Auslande anerkannt werden, ob insbesondere der bei uns Unterlegene mit Erfolg im Auslande noch einmal gerichtlich vorgehen kann. Das hängt von den Regeln ab, welche daselbst über die Anerkennung fremder Urteile gelten, wobei aber zu beachten ist, daß der fremde Ordre public sich nicht selten der Anerkennung unseres Urteils entgegenstellen wird, eben weil und insoweit dieses auf deutschem Ordre public beruht[44].

[42] Die auf dem Gedanken des Ordre public beruhenden Vorschriften der ZPO freilich, z. B. diejenigen, welche eine Anerkennung ausländischer Urteile ausschließen (vgl. § 328 I Ziff. 5 ZPO), sind selbst verfahrensrechtlicher Natur. Sie beziehen sich unmittelbar auf das Verfahren und sprechen ein für Gericht und Parteien in gleicher Weise bindendes Gebot aus, dessen Inhalt für das Verfahren bestimmte Rechtsfolgen hat.

[43] Nach der nordamerikanischen public-policy-Doktrin scheint der Ordre public eher der „jurisdiction" als dem materiellen Recht zugeordnet zu werden. Richter *Cardozo* hat daher in *Loucks* v. *Standard Oil Company* [1918], N. Y. 224, 99; N. E. 120, 198 erklärt, wenn die public policy im Spiel sei, sollten die Gerichte „decline jurisdiction" und „close the door to the plaintiff". Weitere Nachweise bei *Nußbaum*, Principles 120, 121. Siehe ferner Mr. Justice *Brandeis* in *Bradford Electric Light Co* v. *Clapper* [1932] N. S. 286, 145 = (160).

[44] Vgl. den interessanten Fall RGZ 29/90, wo das Reichsgericht ausdrücklich erklärt, das Urteil erhebe keinen Anspruch darauf, über das Recht des Klägers schlechthin entscheiden zu wollen. Der Kläger werde also dadurch nicht behindert, den Anspruch bei dem Richter eines anderen Staates zu verfolgen, dessen Gesetzgebung den Anspruch nicht ausschließe, sollten auch die Gerichte jenes Staates den von den deutschen Gerichten erteilten rechtskräftigen Entscheidungen sonst Folge geben. Damit hat das Reichsgericht, wie mir scheint, nicht etwa dem Ordre public eine nur prozessuale

Die Frage nach der Anwendung der Vorbehaltsklausel ist eine *Rechtsfrage*. Es geht darum, ob kraft einer Rechtsnorm der lex fori das kollisionsrechtlich zur Anwendung berufene Recht auszuschalten ist. Wird die Frage unrichtig entschieden, so ist ein Reichsgesetz verletzt, infolgedessen kann darauf die Revision gestützt werden gemäß §§ 549, 550 ZPO[45].

III. Interlokaler Ordre public

Die damit bezeichnete Erscheinung, die streng genommen von unserem Thema nicht erfaßt wird, kann nicht übergangen werden, weil sie im heutigen Deutschland eine eigenartige Aktualität erlangt hat und daher zu einer wirklichkeitsnahen Darstellung der gegenwärtigen deutschen Regeln über den Ordre public gehört.

Das Problem ist seit langem bekannt und vielfach erörtert[46]. Gegenüber wenigen ablehnenden Stimmen hat sich die Überzeugung durchgesetzt, daß der Ordre public auch im Verhältnis von Rechtsgebieten, die demselben Staat angehören, zuweilen unentbehrlich und rechtlich zulässig sei. Freilich kann dort, wo die anzuwendende Norm auf dem souveränen Willen des Gesamtstaates beruht und Geltungsgrenzen örtlicher oder anderer Art nicht erkennen läßt, in einem Teilrechtspflegegebiet eine solche Norm nicht mit der Begründung ausgeschaltet werden, daß sie dem Ordre public dieses Teilrechtspflegegebietes widerspreche[47].

Im übrigen aber, insbesondere in föderativ organisierten Staaten mit autonomen Teilrechtsordnungen, mag zuweilen in einem Gebiet dem Rechtssatz eines anderen Gebiets die Anwendung aus Gründen des Ordre public versagt werden. Es bedarf kaum der Betonung, daß dies weniger häufig der Fall sein wird als im Verhältnis fremder Staaten zu-

---

Funktion zuweisen, sondern nur seine „internationale Relativität" betonen wollen.

[45] Vgl. *Nußbaum*, Principles 119.

[46] Vgl. aus jüngerer Zeit etwa *Scrimali*, I Conflitti Interregionali di Leggi nel Diritto Internazionale (1935) 295ff.; *Eliesco*, Conflits de lois dans L'espace sans conflits de souveraineté (thèse 1925); *Niboyet*, Conflits entre les Lois françaises et les Lois locales d'Alsace et Lorraine en Droit privé (1922); *Huch*, Japanisches Internat. und Interlokales Privatrecht, Allgemeine Lehren (1941) 132, 133; *Kollewijn*, Intergentiel recht in Nederlands-Indie: Tydskrift vir Hedendaagse Romeins-Hollandse Reg 1939, 171, 172; *Hubernagel*, Das interlokale und interpersonelle Privatrecht im großdeutschen Raum (1942), insbes. 22ff., 27, 56, 61, 81; *Niboyet*, Traité III Nr. 1027; Cours 185 oben; *Batiffol* a. a. O. 381, 382 (Nr. 362).

[47] Aber es ist möglich, daß ein zentraler Gesetzgeber partikuläres Recht setzt, das gegen den Ordre public der sonstigen nationalen Rechtsordnung verstößt, z. B. wenn er für die Eingeborenen eines Kolonialgebietes die Polygamie nicht nur duldet, sondern neu regelt, um den bisherigen Rechtszustand in etwa zu verbessern. In solchen Fällen wird der Geltungsbereich der erlassenen Normen so klar abgegrenzt sein, daß die Berufung auf den Ordre public unnötig ist.

einander[48]. In Deutschland hat die Frage des interlokalen Ordre public nach dem Inkrafttreten des Bürgerlichen Gesetzbuchs und der damit geschaffenen Einheitsordnung des Privatrechts keine erhebliche Bedeutung gehabt[49]. Neuerdings hat sich die Lage infolge der Trennung Deutschlands in ein West- und Ostgebiet wesentlich verändert. Unter dem Einfluß der Besatzungsmächte streben die Anschauungen dort und hier vielfach weit auseinander, und so kann es nicht ausbleiben, daß die in einem Gebiet zur Rechtsanwendung Berufenen vor die Frage gestellt werden, ob sie Normen oder Rechtsakte des anderen Gebietes in ihrem eigenen Territorium zu respektieren oder abzulehnen haben. Die sich aus dieser Situation ergebenden Probleme sind ausdrücklich oder implicite in der deutschen Literatur vielfach berührt worden, und auch die Rechtsprechung ist genötigt gewesen, dazu Stellung zu nehmen. Hier müssen Andeutungen genügen. Vor allem sind es die sog. Ostenteignungen, die in der Ostzone erlassenen Zahlungsverbote und dergl., für die eine rechtliche Wirkung im Westen in Anspruch genommen wird, so daß die Gerichte oder die sonst zur Rechtsanwendung Be-

---

[48] Vgl. die oben S. 411 Anm. 47 zitierten Schriftsteller mit den dort gegebenen Belegen. Häufige und sehr kennzeichnende Beispiele für interlokalen Ordre public bietet die Rechtsprechung der Vereinigten Staaten. Vgl. Restatement of the Law of Conflict of Laws (1934) §§ 132, 446, 612; *Goodrich*, Handbook of the Conflict of Laws (2. ed. 1938) 231 Anm. 45, 232; *Beale*, A Treatise on the Conflict of Laws II (1935) 691, 702; III 1649; *Nußbaum*, Principles 123ff. Eine bedeutende Rolle spielt die Frage der Rassenmischehen. Bei ihrer Beurteilung wird sogar in weitem Umfang dem Ordre public anderer Staaten der Union als dem der lex fori Rechnung getragen, insbesondere dem der lex domicilii eines der beiden Verlobten. Im übrigen ist die Erwägung gewichtig, daß die weitgehende Rechtssetzungsautonomie der einzelnen Staaten diesen zwar die Möglichkeit gesetzgeberischer Experimente eröffnet, daß aber die anderen Staaten sich vor den nachteiligen Folgen solcher Experimente sollen schützen können, vgl. *Nußbaum*, Principles 124.

[49] Für die frühere Zeit vgl. den interessanten Fall *OLG Köln* 23 11. 1897: Archiv für das Zivil- u. Krim.-Recht der preuß. Rheinprovinz, Bd. 93, 50—56. Hier hat das OLG Köln eine Entscheidung unter Berufung auf den Ordre public des rheinischen Rechts (code civil) gefällt, mit dem die Bindung des überlebenden Ehegatten an die im gemeinschaftlichen Testament getroffenen Verfügungen unverträglich sei. Siehe *Lewald*, Mitt. Dt. Ges. f. Völkerrecht a. a. O. 22, 23. Nach der Ausdehnung der Reichsgewalt auf Nachbargebiete in den Jahren des nat.-soz. Regimes hat das Reichsgericht sich gegenüber dem interlokalen Ordre public zurückhaltend gezeigt. Vgl. insbesondere den Beschluß des Großen Senats für Zivilsachen vom 17. 7. 1943 ZAKDR 1944, 67: „Mögen die Ansichten über Vorzüge und Nachteile der in den einzelnen Rechtsgebieten des Reiches geltenden voneinander abweichenden Gesetze verschieden sein, so geht es jedenfalls — wie keiner näheren Darlegung bedarf — doch keineswegs an, in dem einen Teile des Reiches einer in einem anderen Teile geltenden gesetzlichen Vorschrift die Anwendung als den eigenen sittlichen Anschauungen widersprechend zu versagen ...". Siehe aber *Hubernagel* a. a. O.

rufenen genötigt sind, darüber zu befinden. In diesem Zusammenhang taucht dann der Begriff des „westlichen Ordre public" auf[50].

Es ist zu befürchten, daß die Abwehrfunktion des zonalen Ordre public hüben und drüben in Zukunft noch intensiver werden wird, je mehr die beiden Rechtsgebiete Deutschlands sich in der Gestaltung ihrer Rechtsordnungen voneinander entfernen. An der rechtlichen Zulässigkeit und Notwendigkeit einer solchen Abwehr ist m. E. nicht zu zweifeln, so schmerzlich diese Feststellung berühren mag. Die Normen und Rechtsakte, um die es sich hier handelt, werden jeweils von einer Autorität gesetzt, die nicht für das ganze Deutschland zuständig ist, sondern sich territorial auf den ihr anvertrauten Bereich beschränkt. Daher sind nach den Prinzipien, welche für den sog. interlokalen Ordre public entwickelt worden sind, keine Bedenken gegen seine Anwendung zu erheben[51].

Allein auch hier darf die Mahnung nicht unterbleiben, es möchten die Grenzen, innerhalb derer von der Vorbehaltsklausel Gebrauch gemacht wird, so eng wie möglich gezogen werden. Das ist im Interesse des überall anzustrebenden Entscheidungseinklangs geboten, es ist aber hier vor allem wegen der aufs höchste gefährdeten Rechtseinheit Deutschlands besonders dringlich. Man vermeide namentlich, sofern es irgend angängig erscheint, eine fremdzonale Norm oder Anordnung als sittenwidrig zu qualifizieren. In den meisten Fällen wird man mit der sog. positiven Funktion des Ordre public zum Ziel gelangen, also wegen eines Verstoßes gegen den Zweck einer eigenen Norm der fremden die Anwendung versagen können, ja, es wird nicht selten möglich sein, den Ordre public überhaupt aus dem Spiel zu lassen und hinter der scheinbaren Vorbehaltsklausel eine bisher verdeckte besondere Kollisionsnorm ans Licht zu ziehen, die beim Vorliegen bestimmter Anknüpfungsmomente die Anwendung des eigenen Rechts zwingend vorschreibt[52].

IV. Berücksichtigung von fremdem Ordre public

Es besteht Einigkeit darüber, daß ausländischer Ordre public den heimischen Richter grundsätzlich nichts angeht. Heiraten z. B. Verlobte, deren Heimatrecht ihnen die kirchliche Eheschließung gestattet oder vorschreibt, in Belgien oder Frankreich, wo (wie bei uns) die Eheschließung ausschließlich vor dem Standesbeamten erlaubt und wirk-

---

[50] Vgl. z. B. *Prölß*, DRZ 1948, 63ff. in einer Besprechung von Entscheidungen des OLG Köln und des AG Charlottenburg a. a. O.

[51] Über die Probleme des interlokalen Privatrechts in Deutschland vgl. *Ernst Wolff*: Raape-Festschrift (1948) 181ff. Siehe ferner ebendort *Beitzke* 93ff.; *Dölle* 149ff.; *Vogel* 203ff.

[52] Siehe schon oben; vgl. dazu namentlich *Zweigert*: RabelsZ 14 (1942), 283ff. und *Wengler*: ZverglRwiss 54 (1941), 168ff.

sam ist, in kirchlicher Form, so haben deutsche Gerichte die Ehe für wirksam zu halten gemäß Art. 11 I S. 1 EGBGB und unbeachtet zu lassen, daß ein Verstoß gegen den belgischen oder französischen Ordre public vorliegt[53]. Als Ausnahme pflegt man den Fall anzuerkennen, in welchem der heimische Richter kraft seiner Kollisionsnorm ausländisches Recht anzuwenden hat, dieses ausländische Recht in seinen Kollisionsnormen auf anderes ausländisches Recht an sich weiter verweist („Renvoi"), dessen Anwendung aber im Einzelfall wegen des heimischen Ordre public ablehnt[54]. Hier soll vom deutschen Richter die Ablehnung mitgemacht werden. Das ist zu billigen, selbst dann, wenn der deutsche Ordre public die Ablehnung nicht verlangt. Denn die von unserer Kollisionsnorm befohlene Anwendung eines ausländischen Rechts ist im Zweifel dahin zu verstehen, daß es so angewendet werden soll, wie es selbst angewendet werden will. Diese These ist nur durch die Einschränkung zu modifizieren, daß unsere Kollisionsnorm im Einzelfall nachweislich etwas anderes meint oder daß unser eigener Ordre public sich der Berücksichtigung des fremden Ordre public in den Weg stellt[55].

V. Ordre public in internationalen Verträgen und vor internationalen Gerichten

Es sei nur mit einem Wort darauf hingewiesen, daß die Notwendigkeit, den Ordre public in möglichst engen Grenzen zu halten, für den praktischen Wert internationaler Verträge geradezu entscheidend ist.

[53] Vgl. für *Deutschland* z. B. *Wolff*, Das Internat. Privatrecht Deutschlands 62, 63; *Raape* a. a. O. 67, 68. Für *Frankreich* vgl. z. B. *Batiffol* a. a. O. Nr. 370. Für England vgl. *Wolff*, Private Internat. Law 185. Daß im Bereich des interlokalen Ordre public der *Vereinigten Staaten* auch fremdes Ordre public berücksichtigt wird, ist oben bereits hervorgehoben worden; vgl. S. 412 Anm. 49.

[54] Vgl. *Wolff* a. a. O.; RGZ 132/416.

[55] Stellt der Verstoß gegen den ausländischen Ordre public zugleich einen Verstoß gegen die guten Sitten deutscher Auffassung dar, so findet unsere Vorbehaltsklausel unmittelbar Anwendung; vgl. *Wolff*, Das Internat. Privatrecht Deutschlands 63. In dem von *Batiffol* a. a. O. gegebenen Beispiel würde ich übrigens das Problem der Berücksichtigung des fremden Ordre public nicht als das entscheidende ansehen. Eine geschiedene Französin heiratet einen Spanier. Nach span. Recht darf ein Spanier eine geschiedene Frau nicht ehelichen, die verbotswidrig geschlossene Ehe ist nichtig. Da die Gültigkeit der Ehe gemäß franz. Recht für jeden Verlobten nach dessen Heimatrecht zu beurteilen ist, muß auch nach franz. Auffassung die Ehe als nichtig angesehen werden, es sei denn, daß der *französische* Ordre public dem span. Ehehindernis die Anerkennung versagt. Das aber ist unabhängig davon, ob die spanische Verbotsnorm Ordre public ist oder nicht. — In den *Vereinigten Staaten* und in *Frankreich* ist die Neigung zu beobachten, einen Vertrag dann nicht als wirksam anzuerkennen, wenn er von den Parteien mit der Absicht geschlossen wurde, das Recht eines fremden Staates zu verletzen, z. B. Hingabe eines Darlehens, um eine revolutionäre Bewegung zu fördern; siehe die Nachweise bei *Rabel*, Conflict of Laws II, 589, 590.

Gelingt es nicht, die Berufung auf den nationalen Ordre public auszuschalten, so hat jeder Vertragsstaat die Möglichkeit, den Anwendungsbereich des Vertrages fast beliebig einzuschränken und ihn damit seines Wertes beinahe völlig zu entkleiden[56].

Internationale Gerichte oder Schiedsgerichtshöfe müssen zunächst das Recht feststellen, das auf den ihnen unterbreiteten Fall anzuwenden ist. Eine nationale Kollisionsnorm steht ihnen nicht zur Verfügung, so daß sie auch keinen Anhalt an einer lex fori für die Bestimmung eines Ordre public finden. Ein allgemeiner internationaler Ordre public dürfte sich kaum feststellen lassen[57].

Es bleibt daher nichts übrig, als daß die zur Entscheidung berufenen Instanzen prüfen, ob dasjenige Recht, das als lex causae in Betracht kommt, nicht im Einzelfall einer Modifikation deswegen bedarf, weil das bei seiner Anwendung zu gewinnende Ergebnis mit einem Ordre public in Widerspruch steht, dessen Beachtung den Parteien zugemutet werden muß[58].

---

[56] Vgl. *Lewald*, Mitt. Dt. Ges. f. Völkerrecht a. a. O.; *Wolff*, Das Internationale Privatrecht Deutschlands 61, 62. Freilich bringt der Ausschluß einer Berufung auf den Ordre public die Gefahr mit sich, daß der Anschauungswandel in einem Vertragsstaat die anderen Vertragspartner künftig vor schwierige Situationen stellen kann.

[57] Vgl. freilich *Niboyet*, Rèpert. X 92.

[58] Vgl. zu dieser Frage die abweichenden Ausführungen von *Wolff*, Private Internat. Law 185, 186.

WIRKUNGEN DER ENTEIGNUNG DURCH EINEN FREMDEN STAAT

Von Dr. Walter Lewald
Rechtsanwalt und Notar in Frankfurt a. M.

I. Das Enteignungsrecht als Gegenstand des Völkerrechts und des internationalen Rechts

Die verwickelten Rechtsprobleme, die mit der Frage der extraterritorialen Wirkung staatlicher Enteignungsakte verbunden sind, haben die Gerichte einer großen Anzahl europäischer Länder vielfach beschäftigt. Die deutsche Rechtsprechung wurde mit ihnen vor allem aus Anlaß der sowjetrussischen Nationalisierungsdekrete des Jahres 1917 und der folgenden Jahre befaßt, weiter aber auch aus Anlaß der Enteignungsakte der durch die Weimarer Verfassung geschaffenen deutschen Länder (vgl. z. B. RGZ 102/251ff.). Für das deutsche Rechts- und Wirtschaftsleben sind die einschlägigen Fragen dreimal von schicksalsschwerer Bedeutung geworden: einmal nach dem ersten Weltkrieg durch die Bestimmungen des Versailler Vertrages (VV) über die Liquidation im feindlichen Ausland befindlichen deutschen Vermögens, sodann nach dem zweiten Weltkrieg durch die Beschlüsse der Potsdamer Konferenz über die Beschlagnahme des gesamten deutschen Auslandsvermögens und durch die im Verfolg dieser Beschlüsse getroffenen und eventuell noch zu treffenden Maßnahmen, schließlich durch die in den Ländern der deutschen Ostzone durchgeführten Maßnahmen der Sowjetischen Militär-Administration Deutschlands (SMAD) und der Länderregierungen, durch die privates deutsches Vermögen in deutsches Staats- bzw. Volkseigentum überführt worden ist, Maßnahmen, die einen weiteren Komplex schwierigster Rechtsfragen haben entstehen lassen, die man unter dem Begriff des „Interzonalen Rechts" zusammenfaßt.

Das Enteignungsrecht beschäftigt nach dem 2. Weltkrieg in zunehmendem Maße die Staatenpraxis, wie die Verhandlungen der Brüsseler Reparationsagentur und die zwischen den westlichen Alliierten und neutralen Ländern abgeschlossenen Abkommen zeigen.

In der Tatsache, daß Rechtsprechung und Staatenpraxis mit den einschlägigen Problemen befaßt sind, kommt zum Ausdruck, daß das Enteignungsrecht das Internationale Recht im weitesten Sinne angeht, in welchem es sowohl das eigentliche Völkerrecht als auch das

Internationale Recht im engeren Sinne umfaßt. Für die Zwecke unserer Darstellung verwenden wir im folgenden einen Begriff des „Internationalen Rechts“, der das Internationale Verwaltungsrecht und das Internationale Privatrecht als Bestandteile enthält.

Das Völkerrecht behandelt gleich dem Internationalen Privatrecht (IPR) das Eigentumsrecht als „*droit acquis*“ und beurteilt von diesem Ausgangspunkt aus die Rechtsfolgen der Enteignung für den internationalen Rechtsverkehr. Der französische Völkerrechtslehrer *Georges Scelle* z. B. sieht in dem Grundsatz des respect du droit acquis einen Satz des droit international commun, will sagen des Völkerrechts, demzufolge im Eigentum des Staatsangehörigen oder Fremden stehende Gegenstände, d. h. im Sinne der deutschen Rechtsterminologie Sachen und Rechte, im Normalfall (abgesehen in erster Linie vom Fall strafweiser Vermögenskonfiskation) durch staatlichen Hoheitsakt nur gegen angemessene Entschädigung enteignet werden dürfen. Von seiner völkerrechtlichen Grundkonzeption ausgehend, wonach sich der respect du droit acquis gegenüber „tous les sujets du Droit des Gens“ aufzwingt, geht *Scelle*[1] so weit, den erwähnten Satz für den Staat auch gegenüber seinen eigenen Angehörigen für verbindlich zu erklären, so daß sich die Frage aufwirft, wie sich der Staat A zu verhalten habe, wenn vor seinen Gerichten privatrechtlicher Schutz begehrt wird von den Angehörigen des Staates B, der Eigentumsrechte an Sachen geltend macht, die vom Staate B ohne Entschädigung enteignet worden und in der Folge irgendwie in das Gebiet des Staates A gelangt sind. Eine realistische Beurteilung dieses Falles, d. h. eine Beurteilung, die von der tatsächlich geübten Staatenpraxis ausgeht, muß zu dem Ergebnis führen, daß die lex fori des Staates A den Enteignungsakt des Staates B kraft dessen Teritorialhoheit als Rechtstatsache anerkennen muß, d. h. als einen Rechtsakt, der selbst bei Geltung der eben bezeichneten völkerrechtlichen Prämisse höchstens völkerrechtliche Schadenersatzansprüche auslösen könnte, aber zivilrechtlichen Eigentumsverlust herbeigeführt hat. Anders, d. h. zugunsten des Rechtsschutz begehrenden Angehörigen des Staates B könnten nach den Rechtsgrundsätzen des Staates A nur dann entschieden werden, wenn der kraft Territorialhoheit des Staates B rechtsgültige, als solcher von den Gerichten des Staates A zu respektierende (und höchstens völkerrechtliche Ersatzansprüche auslösende) Enteignungsakt des Staates B als Verstoß gegen den ordre public des Staates A unbeachtet gelassen würde. In der Tat haben nationale Gerichte bisweilen so entschieden[2]; die überwiegende und wohl als herrschend zu bezeichnende

[1] *Georges Scelle*, Précis de Droit des Gens (1934) II, 116.

[2] Vgl. die von *E. Bartin*, Prinzipes de Droit International Privé (1930) 461 zitierte Entscheidung des Tribunal de la Seine vom 22. 12. 1923, Clunet 1924, 133, die den Herausgabeanspruch des ursprünglichen russischen Eigentümers gegen den jetzigen Besitzer der Ware, der sie vom enteignenden

internationale Gerichtspraxis hat sich aber im vorausgesetzten Fall auf den gegenteiligen für den Prätendenten ungünstigen Standpunkt gestellt.

Wie aber wäre von den Gerichten des Staates A zu entscheiden, wenn sein eigener Angehöriger das Opfer eines Enteignungsaktes des Staates B geworden wäre, wodurch nachträglich in das Territorium des Staates A gelangte Sachen des Angehörigen dieses Staates ohne Entschädigung enteignet wurden? Hier liegt es durchaus nahe und ist deshalb weit eher möglich, daß dem Prätendenten auf Grund des ordre public des Staates A Rechtsschutz gewährt wird. Wendet sich in den beiden angenommenen Fällen der von der Enteignung im Staate B betroffene Prätendent an die Gerichte des Staates A, wo sich die enteignete Sache im Zeitpunkt der Klageerhebung befindet (§ 23 ZPO), so wird nach der Rechtsordnung des enteignenden Staates (lex rei sitae) sachlich entschieden, scheinbar auf Grund des Kollisionsrechts der lex fori, in Wahrheit auf Grund Internationalen Rechts, nämlich nach den Grundsätzen des überstaatlichen IPR oder gemeinen Gewohnheitsrechts[3], nach dem Kollisionsrecht der lex fori aber in dem Fall, daß sich deren ordre public gegen die lex rei sitae durchsetzt.

Dagegen wird man von einem wahren „ordre public international" nicht sprechen können, wie die internationale Gerichtspraxis zeigt, die sich in diesen Fällen so verschieden verhält. Hinsichtlich des geltenden Völkerrechts ist zu sagen, daß sich der Tatbestand der Völkerrechtsverletzung durch entschädigungslose Enteignung von Ausländern gegenüber der sich internationalrechtlich durchsetzenden Territorialhoheit des enteignenden Staates als zu schwach erweist, da es an einem geltenden Völkerrechtssatz fehlt, auf Grund dessen die internationale Gerichtspraxis die Nichtigkeit derartiger Enteignungsakte annehmen müßte. Nur in einem Falle würde man m. E. sagen können, daß Völkerrecht den Ausschlag gibt, in dem Falle nämlich, wenn der Enteignungsakt des Staates B, mag er auch die enteignete Sache kraft seiner Territorialhoheit erfaßt haben, vom Staat A deshalb nicht anerkannt würde, weil er von einer völkerrechtlich nicht anerkannten Regierung ausgeht, und weil den Rechtssatzungen einer solchen Regierung die Qualität einer „Rechtsordnung" nicht zuerkannt wird. Dann würde, auf das Beispiel Rußland abgestellt, kollisionsrechtlich die Wahl zwischen altem zaristischem Recht und der lex fori zu treffen sein. Das Argument hat in

russischen Staat käuflich erworben hat, bejaht. Die Entscheidung ist auf die Erwägung gestützt, daß der Enteignungsakt, da von einer revolutionären völkerrechtlich nicht anerkannten Regierung herrührend und deshalb des Charakters fremden „Rechts" überhaupt entbehrend, vor französischen Gerichten nicht beachtet werden könne. *Bartin* meint dem entgegen, daß der tragende Rechtsgrund der im Ergebnis richtigen Entscheidung die ordre public-Erwägung sei.

[3] *Martin Wolff*, Das internationale Privatrecht Deutschlands (1949) 6.

der Gerichtspraxis gelegentlich eine Rolle gespielt[4]. Im Fall Rußland war es m. E. verfehlt, da es höchstens gegenüber einer nicht einmal de facto anerkannten Regierung stichhaltig sein könnte. Nur in diesem einen Falle würde, wie gesagt, Völkerrecht für die kollisionsrechtliche Entscheidung den Ausschlag geben, wenn immer das Argument die Form der ordre public — Erwägung annehmen würde. Dagegen wäre die Nichtigkeit entschädigungsloser Enteignung von Ausländern oder sogar Inländern — nach geltendem Recht eine Hypothese[5] — materiell *kraft Völkerrechts* festzustellen.

II. Der Grundsatz der Territorialität

1. Man darf sagen, es sei ein durch kontinuierliche Erprobung in Rechtsprechung und Schrifttum gefestigter *Grundsatz des Internationalen Rechts*, daß der Rechtsverlust und -erwerb durch Staatsakte (Nationalisierung, Sozialisierung, Konfiskation und Expropriation) von der *lex rei sitae* beherrscht wird. Nur solche Gegenstände sind der Enteignung unterworfen, die sich im Herrschaftsbereich, d. h. im Gebiete des enteignenden Staates befinden. Die Geltung des Grundsatzes der Territorialität ergibt sich aus der „Natur der Sache": es liegt im Wesen des Enteignungsaktes als eines staatlichen Zwangseingriffes in wohlerworbene Rechte begründet, daß der Staat nur solche Gegenstände zwangsweise erfassen kann, die sich in seinem Hoheitsbereich, also in aller Regel innerhalb seines Territoriums befinden. Die Herrschaft des Staates für die Bestimmung des örtlichen Anwendungsbereiches von Enteignungsgesetzen mittels des Grundsatzes der Personalhoheit auf seine im Ausland lebenden Staatsangehörigen zu erstrecken, um auf diese Weise deren ausländisches Vermögen zu erfassen, widerstreitet festeingewurzelten Grundsätzen des internationalen Rechts. Trotzdem ist in Gerichtsurteilen gelegentlich die Frage aufgeworfen worden, ob Enteignungsgesetze *nach ihrem Inhalt* im Ausland belegenes Vermögen erfassen können. In dem Urteil des englischen Appeal Court in Sachen *Lecouturier v. Rey*[6], die den berühmten Fall der ausländischen Handelsmarken des Ordens der Grande Chartreuse betrifft, verneint *Lord Macnaghten* mit überzeugenden Gründen die extraterritoriale Wirkung des französischen Vereinsgesetzes, glaubt aber doch hinzufügen zu müssen, daß dieses Gesetz nach der Aussage von Sachverständigen,

---

[4] Vgl. Zitate bei *Dicey*, Conflict of Laws (1927) 576 unter h), vgl. auch S. 417 Anm. 2.

[5] Auf die neuerlichen Bestrebungen, das Eigentumsrecht in das Statut für internationale Grundrechte aufzunehmen und ihm dadurch als einem „Droit international commun" völkerrechtlichen Schutz zu verleihen, sei in diesem Zusammenhang nur kurz hingewiesen. Diese Bestrebungen haben bei den Beratungen des Europarats eine Rolle gespielt.

[6] *A. D. Mc. Nair*, Legal Effects of War (1948) 364.

nämlich experts in French law, „is not considered to have any extra-territorial effect“. Auch *Mc Nair* glaubt in seinem Buch „Legal Effects of War“[7] zwischen „a law or decree of a fereign country purporting to have extra-Territorial effect“ (A) und solchen „not purporting to have extra-Territorial effect (B) unterscheiden zu müssen. *Mc Nair* weist darauf hin, daß es an englischen Gerichtsurteilen über die Frage fehle, welche Wirkung auf im Inland befindliche bewegliche Sachen ausländischen Enteignungsakten zukomme, welche nicht Strafcharakter haben oder sonst anstößig sind und stellt anschließend anhand der eben erwähnten Unterscheidung folgende Prognose für die künftige englische Rechtsprechung: im Fall A wird kein auf ausländischen Enteignungsakt gestützter Rechtstitel anerkannt werden, keinesfalls wenn der Akt Strafcharakter hat oder sonst anstößig ist, aber auch in anderen Fällen wahrscheinlich nicht, im Fall B a fortiori nicht. Soll nun im Fall A der ausländische Akt, der „penal or otherwise obnoxious“ ist, auf Grund des ordre public nicht angewendet werden? Darüber wird nichts gesagt. Aber *Mc Nair* meint, daß der ausländische Akt wahrscheinlich in keinem Falle inländischen Rechtsschutz genießen würde. Dies letztere weist auf den Bestand einer internationalen Regel der Territorialität von Enteignungsakten doch wiederum hin: denn ungeachtet der erwähnten Unterscheidung werden die verschiedenen Fälle im Sinne der Versagung extraterritorialer Wirkung gleich entschieden. Mir scheint deshalb, daß die Frage nach dem Inhalt des Enteignungsaktes, richtiger nach dem Willen des enteignenden Staates im Sinne der von *Mc Nair* gemachten Unterscheidung nicht nur überflüssig, sondern sogar gefährlich ist, denn sie stellt den Grundsatz der Territorialität in Frage, den man als eine feststehende internationale Rechtsregel sollte ansprechen dürfen.

Gleichwohl scheint der Grundsatz in den von den beiden Entscheidungen *Anderson v. Transandine Ha.* und *Lorenzen v. Lydden* behandelten Fällen, die *Martin Wolff* und *Mc Nair*[8] erwähnen, durchbrochen zu sein. In diesen Fällen handelte es sich um zwei Verordnungen der holländischen und norwegischen Exilregierung, kraft deren Vermögen holländischer und norwegischer Staatsangehöriger in USA und England enteignet wurde. Die Entscheidungen des Supreme Court und des Court of Appeal des Staates New York und des englischen High Court billigten den Enteignungsakten extraterritoriale Wirkung zu. Den ausschlaggebenden Grund für die übereinstimmenden Entscheidungen der nordamerikanischen Gerichte und des englischen Gerichtes bildete offenbar die Tatsache, daß die beiden Enteignungsakte Maßnahmen zur Bekämpfung einer emergency waren: bezüglich des holländischen Aktes

[7] *Mc Nair* a. a. O. 367.

[8] *Mc Nair* a. a. O. 468ff., *M. Wolff*, Private International Law (1945) 536ff.

wurde festgestellt, „the decree is a measure of protection not of expropriation. Its purpose is to conserve not to confiscate, to protect the rights of the individual not to destroy them.", ferner festgestellt, daß nach der holländischen Verordnung die spätere Rückgabe der enteigneten Vermögenswerte nach Wegfall der emergency vorgesehen war. Nach der Meinung des Gerichts rechtfertigt es diese Sachlage, *in Einklang mit der comity of nations und der public policy die extraterritoriale Wirkung einer Maßnahme anzuerkennen*, die nur bezwecke, den Zugriff des gemeinsamen Feindes auf das in USA und England belegene Vermögen holländischer Staatsbürger zu verhindern. Bezüglich der norwegischen Verordnung wurde dem Gericht durch einen norwegischen Sachverständigen dargetan „that the Order . . . was legally binding in Norway and on Norwegian subject whereever they were". Aus der Entscheidung des High Court, die darauf gestützt wird, die VO sei „not confiscatory and in the interests of public policy", glaubt *M. Wolff* als die Meinung des Gerichts entnehmen zu können, daß dem ausländischen Rechtsakt, der nicht Konfiskation, sondern Expropriation verordne, generell extraterritorale Wirkung zukomme, vorausgesetzt, daß der Rechtsakt sich selbst solche Wirkung beilegt und daß seine Anwendung der public policy nicht widerspricht. Daraus gewinnt *M. Wolff*, wie er wörtlich sagt, eine neue international-privatrechtliche Regel, die er dahin präzisiert:

> „that the question whether ownership of property situate in England passes to a foreign state by an act of expropriation of that state is to be answered by the law of that state unless such transfer of ownership is inconsistent with English public policy."

Obwohl *M. Wolff* diese seiner Meinung nach neue „Regel" als vernünftig und befriedigend bezeichnet, bin ich der Meinung, daß die durch die Kriegsverhältnisse bedingte Entscheidung zweier Spezialfälle durch die anglo-amerikanische Rechtsprechung nicht geeignet ist, eine neue IPR-Regel zu kreiern, eine Regel, die, wenn sie wie doch wohl vorausgesetzt alle Expropriationsfälle decken würde, die Regel der Territorialität aus den Angeln heben müßte. Die Regel, wonach jeder Enteignung lediglich territoriale Wirkung zukommt, *ungeachtet dessen, welche Wirkung sie sich selbst beilegen möge*, verdient u. E. schon deshalb den Vorzug, weil sie weit eher die Gesetzesharmonie verbürgt, als eine Regel, welche die Entscheidung der Frage, ob dem Akt im gegebenen Fall territoriale oder extraterritoriale Wirkung zukommt, der Rechtsordnung des enteignenden Staates überlassen will.

2. Sagt demnach die Regel, daß der staatliche Enteignungsakt grundsätzlich nur die im Zeitpunkt seines Erlasses innerhalb seines Gebietes befindlichen Vermögenswerte erfassen kann, so fragt sich, wie im Einzelfalle zu bestimmen ist, *welche Gegenstände* sich innerhalb des Territoriums befinden. Die Frage kann keine Schwierigkeiten bereiten, soweit es sich

um bewegliche oder unbewegliche körperliche Gegenstände handelt, deren Lage im Raum ohne weiteres rein faktisch zu bestimmen ist. Anders, wenn die Lokalisierung, die der Grundsatz der Territorialität erfordert, eine Rechtsfrage ist, wie z. B. bei Forderungen, Gesellschaftsanteilen und sonstigen Mitgliedschaftsrechten oder Immaterial — Güterrechten. Nach welcher Rechtsordnung soll diese Lokalisierung erfolgen? Die Frage ist eine solche des Kollisionsrechtes. Für die Klärung der Frage der Lokalisierung des Forderungsrechtes sind die Urteile des deutschen Reichsgerichtes RGZ 107/44ff., 108/265ff., 110/380ff. von ausschlaggebender Bedeutung. In RGZ 107/44ff. sagt das RG, es gelte an sich nach deutschem und *allgemeinem internationalem Privatrecht* der Grundsatz, daß eine Forderung sich dort befindet, wo der Schuldner seinen Wohnsitz hat (arg. § 23 ZPO). Wird dem Grundsatz damit der Charakter einer internationalen Regel zuerkannt, so ist er andererseits in der Doktrin selbst als Regel des deutschen IPR nicht unbestritten[9]. Dem Hinweis auf die eben erwähnte allgemeine Regel folgt in RGZ 107 unmittelbar die Feststellung, der allgemeine Grundsatz erleide nach *deutschem Recht* eine Ausnahme bei Forderungen, die in Wertpapieren verkörpert sind: die Forderung aus einem Wechsel befindet sich nach deutschem Recht da, wo die Wechselurkunde sich befindet (in dem Fall RGZ 107 klagte die Klägerin als Wechselinhaberin aus einem von der Londoner Zweigniederlassung der Beklagten im Juni 1914 gegebenen Akzept). Ausschlaggebend für die Entscheidung sind jedoch die Bestimmungen des VV. Da durch Art. 297 VV die gegen deutsches Vermögen in England während des ersten Weltkrieges vollzogenen außerordentlichen Kriegsmaßnahmen im Verhältnis zwischen Deutschland und den gegnerischen Mächten ausdrücklich bestätigt sind, so fragt sich, ob die englischen Behörden nach englischem Kriegsrecht Maßnahmen gegen die Londoner Zweigniederlassung der Beklagten ergriffen haben, die den deutschen Gläubiger hindern, die Forderung in Deutschland einzuklagen. Die Entscheidung des Falles hängt also von der (dem Revisionsgericht nicht obliegenden) Klärung der Frage ab, ob die englische Regierung durch die winding up Order gegen die Londoner Zweigniederlassung auch Wechselforderungen, bei denen sich die Wechselurkunde in Deutschland befindet, beschlagnahmt hat. Zwei für unsere Untersuchung bedeutungsvolle Gesichtspunkte sind in der Entscheidung RGZ 107/44ff. zu beachten. Einmal sagt der Gerichtshof, aus der Bestimmung des Art. 297b VV, wonach die Liquidation des feindlichen Vermögens nach den Gesetzen des beteiligten alliierten und

[9] Vgl. z. B. *Raape*, Deutsches IPR II, 284ff., vgl. auch *Duden*, Enteignung deutschen Auslandsvermögens in Festschrift für Leo Raape (1948) 113, wo gesagt ist, daß nach *Raapes* Meinung dem Gläubiger- und Schuldnerstaat eine konkurrierende Zuständigkeit zu Verfügungen über Forderungen zugesprochen werden müsse.

assoziierten Staates erfolge, sei nicht zu entnehmen, daß dieser Staat auch bezüglich des Umfangs der Liquidation über dasjenige Vermögen hinausgehen dürfe, das nach allgemeinen Grundsätzen als innerhalb seines Gebietes befindlich anzusehen wäre. Aber auch die über den nach allgemeinen Regeln erlaubten Umfang hinausgehenden Kriegsmaßnahmen habe Deutschland durch Art. 297 d VV anerkannt und der VV sei durch die Ratifikation durch Deutschland für dieses verbindliches Landesrecht geworden. Das bedeutet: hat England mit seinen Kriegsmaßnahmen die durch die allgemeinen Regeln des Liquidationsrechts gezogenen Grenzen überschritten, in dem es auf deutsche Wechselforderungen zugegriffen hat, bei denen sich die Wechselurkunde außerhalb seines Gebietes befand, *so hat Deutschland durch Abschluß und Ratifikation des VV die extraterritoriale Wirkung jener Maßnahme anerkannt.*

Der gleiche Sachverhalt begegnet uns nahezu 20 Jahre später in den Verträgen der Siegerstaaten des zweiten Weltkrieges mit den sog. „Satellitenstaaten": dort haben Italien, Rumänien, Bulgarien, Ungarn und Finnland das Verfügungsrecht der Alliierten über deutsches Vermögen in ihren Ländern anerkannt. Damit ist damals wie jetzt eine staatsvertragliche Regelung getroffen, die den allgemeinen Regeln derogiert — wobei, indem die beiden Vorgänge in Parallele gestellt werden, in keiner Weise verkannt wird, daß der zweite Fall einen weit schwereren Eingriff enthält als der erste.

In den beiden Entscheidungen RGZ 108 und 110 handelt es sich nicht um Wechselforderungen, wohl aber ebenfalls um die Geltendmachung von Verbindlichkeiten, die von einer ausländischen Zweigniederlassung der Beklagten bzw. von der Beklagten für ihre ausländische Zweigniederlassung kontrahiert worden sind. Auch in diesen Entscheidungen handelt es sich darum, daß feindliche Kriegsmaßnahmen auf die Zweigniederlassung der Beklagten derart eingewirkt haben, daß die Kläger zur Geltendmachung der Forderung nicht mehr legitimiert sind. Hier kommt der zweite Gesichtspunkt zur Geltung, der für unsere Untersuchung beachtlich ist. Ist, wie wir sahen, nach einer allgemeinen Regel die Forderung da zu lokalisieren, wo der Schuldner wohnt, so ist dieser Ort bei natürlichen Personen meist rein faktisch zu bestimmen. Handelt es sich aber z. B. um das Verhältnis von Hauptniederlassung und Zweigniederlassung, so ergibt sich eine weitere Rechtsfrage der Lokalisierung, die Frage nämlich, wie der Wohnsitz (Sitz) des Schuldners zu bestimmen ist, wenn sich Hauptniederlassung und Zweigniederlassung in verschiedenen Ländern befinden. Überschreitet die enteignende Macht, wenn sie sich an die innerhalb ihres Territoriums belegene Niederlassung als den Schuldner hält, obwohl Träger der Schuldverpflichtung die Hauptniederlassung ist, die Grenzen, die ihrer Verfügungsmacht gezogen sind? Wir stehen damit vor der Frage, ob sich die internationale Regel auf den Grundsatz der Territorialität in dem bisher abgesteckten engen Rahmen beschränkt, sich also darauf beschränkt, zu sagen, daß nur das im Gebiet des enteignenden Staates belegene Vermögen enteignet werden darf, ohne daß es dem Staat freistünde, dem Enteignungsakt einseitig extraterritoriale Wirkung beizulegen. Kann der Staat im übrigen souverän, d. h. ohne Bindung an internationale Regeln darüber befinden, wie der Umfang des im Inland belegenen Vermögens in concreto zu bestimmen ist, insbesondere also frei entscheiden, ob ein bestimmter Vermögensgegenstand im Inland erfaßbar ist? Aus den zitierten Entscheidungen RGZ 107, 108 und 110 ist nicht zu entnehmen, daß das Reichsgericht die Entscheidung über die Lokalisierung grundsätzlich dem enteignenden Staat anheimstellen will: beruhen doch diese Entscheidungen, auch soweit der Zugriff auf die im Inland befindliche Zweigniederlassung als Schuldner in Frage steht, auf Art. 297 d VV, kraft dessen die Maßnahmen des enteignenden Staates, die solchen Zugriff involvieren, für Deutschland als Signatarmacht des VV, also kraft staatsvertraglicher Bindung verbindlich sind.

Die grundsätzliche Frage bleibt also offen, wer zu bestimmen hat, was im Einzelfall dem Zugriff unterliegendes inländisches Vermögen ist. Gelten für diese Bestimmung irgendwelche internationale, also auch für den enteignenden Staat verbindliche Regeln oder sind nationale Kollisionsregeln maßgebend und gegebenenfalls welche? Die Schwierigkeiten der Lokalisierung, die sich in vielen Einzelfragen, z. B. bei Kapitalgesellschaften mit internationalen Verflechtungen in verschiedenen Ländern (Tochtergesellschaften, Schachtelgesellschaften) ergeben, lassen diese Fragestellung nur als allzu berechtigt erscheinen[10]. Wenn beispielsweise der Bericht des Schweizerischen Bundesrats an die Bundesversammlung v. 13. 4. 1949 über die Durchführung des Washingtoner Abkommens unter dem Titel „Sequesterkonflikte" die Frage aufwirft, ob ein durch eine Aktie verkörperter Vermögenswert dort liege, wo der Aktionär wohnt, oder am Sitz der Gesellschaft oder am Ort, wo sich die Aktien befinden, so wird alsbald deutlich, welch brennend akute Frage sich hinter dieser scheinbar akademischen Fragestellung verbirgt, wenn der Bericht fortfährt: „Zahlreiche nach schweizerischem Recht gegründete und im schweizerischen Handelsregister eingetragene Gesellschaften besitzen Vermögenswerte der verschiedensten Art in anderen Ländern. Formell handelt es sich dabei zunächst jedenfalls um schweize-

---

[10] Vgl. den Hinweis *F. A. Manns* in seinem Aufsatz „Deutsches Vermögen im Ausland" NJW 1948, 604 auf den zwischen den Vereinigten Staaten, Holland und Kanada am 5. 12. 1947 abgeschlossenen „Vertrag über konkurrierende Ansprüche auf deutsches feindliches Vermögen", dem nach einem im Europa-Archiv vom 20. 5. 1949, 2159 veröffentlichten Bericht der Interalliierten Reparationsagentur inzwischen noch Belgien, Luxemburg und Dänemark beigetreten sind.

rische Vermögenswerte. Wäre das Prinzip des legalen Eigentums (legal ownership) allgemein anerkannt, so bestünden keine besonderen Schwierigkeiten. Die meisten Staaten stellen aber auf das Prinzip des „Nutzungseigentums" (beneficial ownership) ab. So sind in vielen Staaten Vermögenswerte schweizerischer Gesellschaften als Feindeigentum gesperrt und z. T. auch bereits beschlagnahmt worden mit der Begründung, es handele sich beim Eigentümer nur scheinbar um eine schweizerische Gesellschaft, in Wirklichkeit sei diese ganz oder teilweise unter feindlichem, namentlich deutschem Einfluß". Und der Bericht beleuchtet die praktische Bedeutung der Frage gerade im Hinblick auf die Durchführung des Washingtoner Abkommens mit folgenden Worten: „Es widerspricht deshalb dem Wortlaut und dem Sinn des Abkommens, wenn die Alliierten schweizerische Vermögenswerte als Feindbesitz für sich einziehen, gestützt auf die einseitige Behauptung, die „beneficial ownership" liege ganz oder teilweise in deutschen Händen. Unserer Auffassung nach liegen in allen diesen Fällen die deutschen Vermögenswerte in der Schweiz und nicht in dem Land, wo sich die Vermögenswerte einer evtl. mehr oder weniger deutschbeherrschten Gesellschaft befinden mögen[11]". Und wenn nun letzten Endes das im Washingtoner Abkommen vorgesehene Schiedsgericht entscheiden müßte: nach welchen Rechtsregeln soll es entscheiden?

Die Frage der Lokalisierung spielt eine besondere Rolle bei den Immaterialgüterrechten, bei denen sie sich zu der Frage abwandelt, wieweit der Kreis der Enteignungsmaßnahmen bei Handelsunternehmen zu ziehen ist, d. h. welche Betriebsbestandteile (Firma, Warenzeichen, Firmenmarke, Ausstattung usw.) im einzelnen der Enteignung unterliegen. Die einschlägigen Fragen werden in den Aufsätzen von *Konrad Duden* „Enteignung deutschen Auslandsvermögens" und *Bußmann* „Zwangsmaßnahmen gegenüber Unternehmungskennzeichen" (v. in Festschr. für *Leo Raape* (1948) 113ff. und 131ff.) eingehend behandelt. *Duden* erörtert u. a. die Frage der Trennbarkeit von Gegenständen, die von besonderer Bedeutung ist, wenn sich die durch eine Wirtschaftseinheit verbundenen Gegenstände in verschiedenen Gebieten befinden. Dabei fällt ins Gewicht, daß die Frage der Trennbarkeit, wie *Duden* sagt, in verschiedenen Zusammenhängen verschieden beantwortet werden kann: so wenn die Ablösung eines Gegenstandes von einem anderen zwar dem Berechtigten gestattet, ohne seine Einwilligung aber nicht zugelassen ist. So sind z. B. Betriebsgeheimnisse nach deutschem

---

[11] Das, was die Schweiz beanstandet, tut man gerade in Schweden: nach dem Bericht von *Josef Fischler* über die „Behandlung deutschen Vermögens in Schweden" in NJW 1948, 615 wird von dem Washingtoner Abkommen auch in Schweden befindliches Vermögen betroffen, das Aktiengesellschaften oder anderen juristischen Personen in anderen außerdeutschen Ländern gehört, wenn sie unter maßgebendem deutschen Einfluß stehen.

Recht nicht ohne den Geschäftsbetrieb pfändbar oder im Konkurs verwertbar, wohl aber seitens des Geschäftsinhabers frei veräußerlich. Wie ist es also nach *Dudens* Beispiel mit einem Betriebsgeheimnis, das in einem Land greifbar geworden ist, weil sich dort eine Aufzeichnung darüber oder auch ein mit dem Geheimnis vertrauter Angestellter befindet, während es zu einem Geschäftsbetrieb außerhalb des betreffenden Landes gehört? Wie ist es mit dem Zugriff auf ein Warenzeichen, das nach deutschem Recht (§ 8 WZG) nur mit dem Geschäftsbetrieb veräußert werden kann, wenn Warenzeichen und Geschäftsbetrieb sich in verschiedenen Ländern befinden? Nach *Duden* soll die Entscheidung nach Kollisionsrechtlichen Grundsätzen erfolgen und zwar durch das für den einzelnen Gegenstand zuständige Recht, womit offenbar das Recht des Staates gemeint ist, der auf den einzelnen Gegenstand, hier das Warenzeichen, zugreifen will. Wie aber, wenn — z. B. bei Durchführung der in Verfolg des Kontrollratsgesetzes Nr. 5 getroffenen Staatsabkommen — der Staat A, in dem das Warenzeichen registriert ist, dieses als vom Geschäftsbetrieb trennbar betrachtet, der Staat B, in dem sich der Geschäftsbetrieb befindet, dagegen nicht? — *Bußmann* untersucht a. a. O. eingehend, unter welchen Voraussetzungen die einzelnen Immaterialgüterrechte enteignet werden können. Aus der begrifflichen Natur der einzelnen Rechte leitet er ab, daß zwar das formale Zeichenrecht, also das registrierte „Warenzeichen" mit der Enteignung des Betriebes erfaßt werden könne, daß andererseits aber die Firma, die Firmenmarke (von *Bußmann* auch „Unternehmenskennzeichen" genannt) und die Ausstattung als Persönlichkeitsrechte oder zumindesten Rechte mit starkem persönlichkeitsrechtlichen Einschlag der Wirkung des Enteignungsbeschlusses entzogen seien, also wohl auch nicht zusammen mit dem Betrieb enteignet werden können. *Bußmann* will somit offenbar allgemeine Rechtsregeln aufstellen, bei denen es sich teils um übereinstimmendes materielles Landesrecht, teils bei der Lösung von Gesetzeskonflikten um überstaatliches IPR im Sinne *Martin Wolffs* handeln würde. Auch *Duden* spricht von einer für viele Rechtsbeziehungen geltenden Übereinstimmung der „beteiligten" Rechtsordnungen und will bei Nichtübereinstimmung, z. B. die obenerwähnte Frage der Trennbarkeit, wie gesagt, nach dem für den einzelnen Gegenstand zuständigen Recht entschieden wissen, was offenbar im Sinne der Herrschaft der lex rei sitae als international anerkannten Grundsatzes zu verstehen ist. Wenn nun auch in vielen Einzelfragen, die hinsichtlich der durch die Enteignung betroffenen konkreten Rechtsverhältnisse zu lösen sind, Übereinstimmung der internen Rechtsordnungen der beteiligten Staaten bestehen mag und wenn man auch die Herrschaft der lex rei sitae als internationale Regel ansprechen darf, so zeigen doch die erwähnten Beispiele der unter fremden Kapitaleinfluß stehenden Kapitalgesellschaften und der

Warenzeichen — Beispiele, die sich leicht vermehren ließen —, daß der Grundsatz der Herrschaft der lex rei sitae zur Lösung immerfort auftretender internationaler Kompetenzkonflikte nicht ausreicht. Hinzu kommt die Gefahr, daß sich das Enteignungsrecht, richtiger: die Enteignungspraxis, über die Regeln des gemeinen Zivilrechts faktisch hinwegsetzt, so berechtigt das Postulat sein mag, das Enteignungsrecht habe, um mit *Duden* zu sprechen, „der Ordnung des Zivilrechts zu folgen".

Auch völkerrechtliche Bindungen bestehen für den enteignenden Staat. *Bußmann* weist mit Recht darauf hin (a. a. O. 147), daß der Handelsname und die Firmenmarke kraft Art. 8 der Pariser Union zum Schutz des gewerblichen Eigentums — unterstellt, daß diese im Verhältnis zu Deutschland noch in Geltung ist — völkerrechtlichen Schutz genieße und er folgert aus der Natur dieser Rechte m. E. richtig, daß sie der Enteignung entzogen sind, so daß der enteignende Staat durch Erfassung dieser Rechte eine Völkerrechtsverletzung begehen würde. Dies schließt aber nicht aus, daß sich die Enteignungspraxis in den Unionsländern darüber hinwegsetzt, wenn auch nur in der Form, daß der im Unionsvertrag vorgesehene Rechtsschutz verweigert wird. Nichtigkeit völkerrechtswidriger Enteignungsmaßnahmen hinsichtlich der Handelsnamen und Firmenmarken käme aber nach geltendem Völkerrecht m. E. nicht in Frage[12].

3. Man darf sich der Erkenntnis nicht verschließen, daß man es im Enteignungsrecht mit einer mehr oder weniger *willkürlichen Staatenpraxis* zu tun hat, die der Rechtssicherheit um so mehr entbehrt, je mehr sich die tatsächlichen Machtverhältnisse geltend machen und die politischen Kräfte ihr oft hemmungsloses Spiel treiben. Der Übelstand wird dadurch vergrößert, daß die Garantien wirksamen Rechtsschutzes oder des Rechtsschutzes überhaupt nur sehr schwach und mangelhaft

---

[12] Der problematische Schutz des Art. 8 der Pariser Union gilt nach *Bußmann* a. a. O. nur für Handelsnamen und Firmennamen (sowie auch für die Ausstattung, vgl. *Baumbach,* Wettbewerbs- und Warenzeichenrecht (1943) 608), nicht aber für das formale Warenzeichen. Die Herrschaft der lex rei sitae über das in einem Verbandsland registrierte Zeichen findet Ausdruck in Art. 6 D der Pariser Union, der sagt, daß die in einem Verbandsland eingetragene Marke vom Tage der Eintragung an als unabhängig von der Marke im Ursprungsland gilt.

Nach Art. 6 der Pariser Union genügt es zur „Rechtsgültigkeit der Übertragung" der Marke, daß der in dem betreffenden Verbandsland befindliche Teil des Unternehmens oder Geschäftsbetriebs auf den Erwerber mit übergeht, wenn nach der Gesetzgebung des betreffenden Verbandslandes die Marke nur mit dem Geschäftsbetrieb übertragen werden kann. Wie sind im Lichte dieser Bestimmung die dem Kongreß der Internationalen Handelskammer in Montreux vom 3./4. 6. 1947 unterbreiteten Vorschläge zu beurteilen? (vgl. BB 1948, 142). Danach käme Nichtigkeit einer im Wege der Enteignung erfolgenden selbständigen Verfügung über die eingetragene Marke in Frage.

ausgebildet sind. Wenn es auch, wie wir sahen, gewisse allgemeine internationale Rechtsgrundsätze gibt, die der Enteignungspraxis Zügel anlegen — wie lassen sich auch nur diese allgemeinen Grundsätze mangels ausreichender Rechtsschutzinstitutionen im Einzelfall durchsetzen, geschweige daß es gerade für die verwickelteren Einzelfragen des Enteignungsrechts allgemein anerkannte internationale Regeln überhaupt nicht gibt? Von der Rechtsprechung der nationalen Gerichte ist nicht allzuviel zu erhoffen, denn sie kommen kaum in die Lage, sich mit konkreten Streitfällen zu befassen, da der durch eine Enteignungsmaßnahme betroffene private Interessent als Kläger vor nationalen Gerichten sicherlich nicht zugelassen wird oder richtiger gesagt: der ordentliche Rechtsweg für solche Streitfälle überhaupt nicht zulässig ist. Die aus den sowjetrussischen Nationalisierungsdekreten entstandenen Streitfragen haben zwar, wie wir anfangs bemerkten, die Gerichte vieler europäischer Länder beschäftigt, bei diesen Streitfällen handelte es sich aber meist um die Rückwirkungen vollzogener Enteignungsakte auf ausländisches Vermögen, nicht um die Klärung strittiger Fragen des eigentlichen Enteignungsrechts. Man sollte meinen, daß eine solche Aufgabe ein geradezu exemplarisches Betätigungsfeld der internationalen Schiedsgerichtsbarkeit darstellen müßte, aber über rudimentäre Anfänge ist man hier, soviel ich sehe, bis jetzt nicht hinausgekommen. Es wird darauf noch später zurückzukommen sein.

III. Enteignung ausländischen Vermögens

1. Innerhalb seines Gebietes schaltet der enteignende Staat *souverän*, vorbehaltlich völkerrechtlicher Verpflichtungen zu angemessener Entschädigung ohne Rücksicht darauf, ob sich der Enteignungsakt auf der Basis der Gleichbehandlung oder differenzieller Behandlung im Verhältnis zu den Inländern vollzieht. *Einerseits* also internationalrechtliche *Gültigkeit* des innerhalb der Grenzen des enteignenden Staates vollzogenen Enteignungsaktes, *andererseits* unbeschadet dieser Gültigkeit völkerrechtliche *Haftung* bei Verletzung besagter völkerrechtlicher Verpflichtung.

Diese Grundsätze wurden in zwei drastischen Fällen — bei Verletzung des deutsch-polnischen Abkommens über Oberschlesien vom 15. 5. 1922 durch Polen und bei Verletzung der Vorschriften des Art. 250 des Vertrages von Trianon durch Rumänien — durch die Arrêts Nr. 7 und Nr. 13 der Cour Permanente im Fall Chorzow und durch die Regelung des ungarisch-rumänischen Optantenstreites bestätigt[13].

2. Wie nun aber, wenn der enteignende Staat nicht etwa, bei Achtung des Grundsatzes der Territorialität, die Grenzen seines Herrschaftsbereiches willkürlich bestimmt, sondern diese *Grenzen bewußt über-*

[13] *Scelle* a. a. O. 115, *Andru-Loewenfeld*, Die rechtlichen Grundlagen des ungarisch-rumänischen Optantenstreites (1930).

schreitet, indem er kraft einseitigen Willensentschlusses ausländisches Vermögen beschlagnahmt oder liquidiert? Würde das „Recht" seine Macht behaupten, so könnte sich der Fall nicht ereignen, die Frage also nicht entstehen, leider ist es aber umgekehrt häufig so, daß die „Macht" ihr Recht behauptet.

Letzteres hat sich durch das Gesetz des Kontrollrats betreffend „Übernahme und Erfassung deutschen Vermögens im Ausland" tatsächlich ereignet[14]. Das Gesetz fußt nach seiner Präambel auf dem Beschluß des Kontrollrats (KR), die *Kontrolle* allen deutschen Vermögens im Ausland zu übernehmen und solches Vermögen den Eigentümern zu „entziehen". Nach Art. II des Gesetzes werden „alle Rechte und Ansprüche jeder Art auf irgendwelches außerhalb Deutschlands befindliches Vermögen" auf die zu diesem Zweck nach Art. I gebildete Kommission für das deutsche Auslandsvermögen „übertragen" („are hereby vested"). Den Kreis der von der Übertragung betroffenen Eigentümer umschreiben Art. II und III des Gesetzes. Die Regelung der Entschädigungsfrage bleibt nach Art. V dem KR für einen späteren Zeitpunkt vorbehalten[15].

a) Wenn *Duden* a. a. O. 113 die Frage der „*Geltung*" des Gesetzes stellt, indem er bemerkt, daß solche Enteignungen in neuerer Zeit durch die internationale Praxis vielfach für „unwirksam" erklärt wurden, so bedarf diese „Unwirksamkeit" genauerer Präzisierung[16]. Gehen wir davon aus, daß das Gesetz nicht nur die Anerkennung der Entschädigungspflicht wenigstens dem Grunde nach unterläßt, sondern die Frage des „Ob" der Entschädigung künftiger Entscheidung vorbehält, so ist die Völkerrechtsregel *angemessener Entschädigung* von Ausländern verletzt. Verletzt ist, wenn man annimmt, daß der „Kriegszustand" noch fortbesteht, ferner die Vorschrift des *Art. 23h HLKO.* Verletzt ist schließlich das völkerrechtliche Axiom der gegenseitigen Achtung der *Souveränität unabhängiger Staaten*, denn es kann nicht zweifelhaft sein, daß die generelle Erfassung im Ausland befindlichen Vermögens einer bestimmten Kategorie von Ausländern einen schwerwiegenden Eingriff in die Souveränität fremder Staaten enthält[17]. Es liegt somit eine dreifache Völkerrechtsverletzung vor.

---

[14] Das Gesetz Nr. 5 des Kontrollrates ist „Deutsches Gesetz".

[15] Da die deutsche Übersetzung des Art. V ungenau ist, sei der Wortlaut des englischen Textes zitiert:

„The question of whether or not any compensation shall be paid to any person whose rigth, title or interest in any property has been vested in accordance with this Law will be decided at such time and in such manner as the Control Council may in the future determine".

[16] Das Völkerrecht kennt die Sanktion der Nichtigkeit für völkerrechtswidrige Handlungen im allgemeinen nicht.

[17] *F. A. Mann* stellt a. a. O. 608 die Frage, ob das Vorgehen der Alliierten mit den „Regeln der Neutralität" vereinbar sei.

b) Uns interessiert jedoch nicht die Frage, ob unter diesem erschwerenden Aspekt die *völkerrechtliche* „Unwirksamkeit", also doch wohl „Nichtigkeit" der durch KRO Nr. 5 ausgesprochenen Übertragung anzunehmen wäre, so wie wir bisher die völkerrechtlichen Folgen der Verletzung des internationalrechtlichen Grundsatzes der Territorialität aus dem Spiel gelassen haben. Nimmt man an, daß der KR als Inhaber der höchsten gesetzgebenden Gewalt in Deutschland durch „deutsches Gesetz" im Namen Deutschlands gehandelt habe, daß also Deutschland selbst sozusagen einen extraterritorialen Enteignungsakt vollzogen habe — dergestalt, daß sich das KRG Nr. 5 zwar nicht der Prozedur nach, aber doch im rechtlichen Ergebnis in Verbindung mit den Beschlüssen der Potsdamer Konferenz über die Erfassung der deutschen Auslandsguthaben als staatsvertragliche Regelung darstellen könnte, die dem allgemeinen Völkerrecht und dem gemeinen internationalen Recht derogiert — nimmt man solch rechtliche Konstellation an, so bleibt die sehr zweifelhafte Frage, wie die *Erfassung* des ausländischen deutschen Vermögens angesichts der Beschränkung der Kompetenz des KR auf die gemeinsamen inneren Angelegenheiten Deutschlands im Verhältnis zu den neutralen Staaten zu beurteilen wäre. Es bleiben ferner die höchst delikaten Fragen, die *F. A. Mann* in seinem Aufsatz „Deutsches Vermögen im Ausland"[18] behandelt, die Fragen nämlich, die unter dem unausweichlichem Aspekt offensichtlicher Interessenkollision das KRG als einen höchst problematischen Rechtsakt erscheinen lassen. Es ist nötig, sich die im vorstehenden erörterten Fragen zu vergegenwärtigen, um die Bedeutung der internationalrechtlichen Situation voll zu verstehen, die sich im Anschluß an KRG Nr. 5 entwickelt hat. Eine ins einzelne gehende Darstellung der Vorgänge dürfte sich erübrigen, da sie als bekannt vorausgesetzt werden können[19].

c) Wenn *Duden* meint, daß das KRG zum Unterschied zum MRG Nr. 52 nicht nur als „konservatorische Maßnahme" zu verstehen sei, so scheint mir dies nach dem heutigen Stand der Entwicklung nicht mehr vollkommen zuzutreffen. Die Bestimmung des Art. II KRG über die „Übertragung" ist nämlich durch die Entwicklung insofern überholt, als sich die Rechtsbasis der Enteignung durch die dem KRG Nr. 5 nachfolgenden Vorgänge, nämlich durch die Beschlüsse der Pariser Reparationskonferenz vom 14. 1. 1946, durch die Washingtoner Abkommen mit der Schweiz und Schweden und durch die Friedensverträge mit Italien, Rumänien, Bulgarien, Ungarn und Finnland vollkommen

[18] a. a. O. 608.

[19] *Otto Boehmer:* „Die Entwicklung der Rechtslage für die deutschen Vermögenswerte in der Schweiz" und *Josef Fischler:* „Die Behandlung deutschen Vermögens in Schweden." NJW 1948, 609ff. und 614ff. Die beiden Aufsätze geben eine genaue Darstellung des Inhalts der Abkommen der westlichen Alliierten mit der Schweiz und Schweden.

verschoben hat. Dem KRG Nr. 5 kommt nach dem heutigen Stand der Dinge im rechtlichen Ergebnis nur noch die Bedeutung zu, entsprechend seiner Präambel die Kontrolle des deutschen Auslandsvermögens zu bekräftigen, die die Siegermächte kraft der Potsdamer Beschlüsse übernommen haben und bei Durchführung der Washingtoner Abkommen und der Friedensverträge mit den östlichen Ländern tatsächlich ausüben, während die „Übertragung" auf die Kommission für das deutsche Auslandsvermögen praktisch hinfällig geworden ist. Ein Zustand der Rechtsunsicherheit infolge der Koexistenz des KRG Nr. 5 und der genannten anderen Vertragswerke besteht deshalb m. E. nicht[20].

α) In *zweifacher* Hinsicht hat sich der Rechtszustand grundlegend geändert: einmal sind es nun die neutralen Länder, Schweiz und Schweden *selbst*, die die Liquidation der deutschen Vermögenswerte in diesen Ländern durchführen, in der Schweiz durch die Schweizerische Verrechnungsstelle in Zusammenarbeit mit der sogenannten „Gemischten Kommission", in Schweden durch das schwedische Kontrollamt, sodann wird die Liquidation, die sich in der Schweiz nach dem Bericht des Bundesrats vom 13. 4. 1949 noch im Vorbereitungsstadium befindet, gegen *Entschädigung* der betroffenen Eigentümer durchgeführt, die nach dem Abkommen mit der Schweiz offenbar aus dem der Schweiz verbleibenden hälftigen Liquidationserlös bezahlt wird, während sich in dem Abkommen mit Schweden die Alliierten zur Entschädigung der deutschen Eigentümer in deutscher Währung verpflichtet haben. Nach den Washingtoner Abkommen ist ein dem Allgemeinen Völkerrecht entsprechender Rechtszustand insofern wieder hergestellt, als nunmehr die beteiligten Staaten Schweiz und Schweden die Liquidation des innerhalb ihrer Territorien befindlichen Vermögens von Ausländern gegen Entschädigung durchführen, wobei es hier nur auf das Prinzip ankommt, während die praktische Durchführung des Entschädigungsverfahrens bezüglich der Schweiz noch in weiter Ferne zu stehen scheint und man im Fall Schweden möglicherweise nicht nur mit einem dies incertus quando, sondern dies incertus an zu rechnen hat. Daß bezüglich der Verfügung über den Liquidationserlös besondere Abmachungen zwischen dem die Liquidation durchführenden Staat und Dritten (den westlichen Alliierten) getroffen worden sind, gibt dem Vorgang zwar seine besondere internationalrechtliche Note, läßt ihn aber um deswillen wohl nicht aus dem Rahmen des allgemeinen Völkerrechts heraustreten.

β) Ganz anders ist die Rechtslage offenbar im Fall der *östlichen Staaten* und *Italien*[21]. Zwar stimmen diese nach den Friedensverträgen

[20] *Duden* a. a. O. 116.

[21] Hinsichtlich des deutschen Vermögens in Österreich, das durch die Potsdamer Beschlüsse der Sowjetunion zugewiesen war, vgl. die den österreichischen Vertrag betreffenden Beschlüsse der Pariser Außenminister-

der Liquidation der in ihren Territorien belegenen deutschen Vermögenswerte zu, und insofern ist das Prinzip der Territorialhoheit gewahrt. Tatsächlich sind es aber die Alliierten, die über die deutschen Vermögenswerte in Italien verfügen und nach deren Weisungen die Übertragung auf die einzelnen westlichen Siegermächte zu erfolgen hat, während die östlichen Länder das Anrecht der Sowjetunion auf das deutsche Vermögen anerkennen. Von Entschädigung der deutschen Eigentümer ist andererseits keine Rede. Hinsichtlich Italiens und der östlichen Länder hat sich damit allerdings der Rechtszustand im Hinblick auf das KRG Nr. 5 nur insofern geändert, als die Übertragung auf die Kommission für das deutsche Auslandsvermögen durch die Übertragung auf die Sowjetunion und die westlichen Alliierten, auf erstere nach Maßgabe der Potsdamer Beschlüsse, auf letztere nach Maßgabe des Reparationsplanes ersetzt ist.

d) Interessant ist der Hinweis *F. A. Manns*[22] auf eine Veröffentlichung des Chefs der Delegation der USA, *Seymour J. Rubin* in Department of State Bulletin Nr. 421, 17 (1947) 162, die sich auf die Verhandlungen zwischen Schweden einerseits, USA, Frankreich und Großbritannien undererseits bezieht. Danach haben sich die Verhandlungspartner Schwedens zur Rechtfertigung des KRG Nr. 5 darauf berufen, daß diesem Gesetz „*nach den Grundsätzen der comitas*“ extraterritoriale Wirkung zuerkannt werden müsse. Wir haben oben zwei Fälle der anglo-amerikanischen Rechtsprechung über die extraterritoriale Wirkung staatlicher Enteignungsakte behandelt, bei denen das Argument der „comitas“ als Begründung der extraterritorialen Wirkung verwenden ist. Es entbehrt nicht der Ironie, diesem Argument bei einer völlig andersartigen Konstellation hier wieder zu begegnen. Dort wurde die comitas ins Feld geführt, um einer Enteignung zu internationalrechtlicher Anerkennung zu verhelfen, die eine *alliierte Regierung* in der Lage staatlichen Notstandes zum Schutz ihrer eigenen Staatsangehörigen gegen Zugriffe einer feindlichen Macht, die der zumindesten virtuell gemeinsame Feind war, durchgeführt hatte. Hier soll die comitas die auswärtige Macht dazu bewegen, die Enteignung durch die *nichtalliierte ausländische Regierung* zu sanktionieren, die diese gegen *feindliche Ausländer* auf dem Staatsgebiet jener auswärtigen Macht durchführt. Die Gegenüberstellung dieser beiden Fälle sollte es jedem einleuchtend machen, daß das Argument der comitas ein höchst fragwürdiges, ja gefährliches Argument ist, da es, wie die Beispiele zeigen, für höchst verschiedenartige Fälle angerufen werden und sehr leicht dazu dienen kann, eine klare Rechtslage durch „Billigkeitserwägungen“ zu ver-

---

konferenz lt. Schlußcommuniqué dieser Konferenz, das im Europa-Archiv vom 20. 7. 1949, 2328 abgedruckt ist. Diese Beschlüsse sehen teilweise Verzichte auf deutsches Vermögen zugunsten Österreichs vor.

[22] a. a. O. 605ff.

schleiern. Die Billigkeitserwägungen, die nach der Darstellung von *F. A. Mann* die schwedische Regierung schließlich bewogen haben, den Wünschen der Alliierten entgegen zu kommen, kann man, wenn man sich auf den reinen Rechtsstandpunkt stellt, und alle politischen Motive eliminiert, nur mit Skepsis zur Kenntnis nehmen.

e) Wichtig ist aber folgendes: *Martin Wolff* hat bei der Behandlung der oben zitierten Fälle ausgeführt,

> „in the case of expropriation extra-territorial effect is to be granted to a foreign decree provided first that the decree itself is *intended* to have such effect and secondly that its application is not contrary to public policy".

Im Fall des KRG liegt geradezu der Schulfall eines Enteignungsaktes vor, der sich selbst extraterritoriale Wirkung beilegt. Da dieser Fall, soweit ich sehe, ohne weiteres unter die von *Martin Wolff* aufgestellte oben zitierte Regel, die er als „sound and satisfactory" bezeichnet, subsumiert werden kann, so ergibt sich m. E. aus dieser Nutzanwendung der Regel der unwiderlegliche Beweis für die Richtigkeit der oben vertretenen Meinung. Man müßte denn gerade die Einschränkung hier gelten lassen, die *M. Wolff* selbst seiner Regel gibt: „unless such transfer of ownership is inconsistent with public policy". Freilich sollte es der public policy widerstreiten, die extraterritoriale Wirkung von Enteignungsakten gegen ausländisches Vermögen von feindlichen Ausländern anzuerkennen. Aber die bereits erwähnten Billigkeitserwägungen, denen die schwedische Regierung bei ihren Entschlüssen Raum gegeben hat, zeigen zur Genüge, wie schwach die Wirkung der Vorbehaltsklausel sein kann, wenn unter der Einwirkung politischer Kräfte Entscheidungen von weittragender rechtsgestaltender Bedeutung auf dem Gebiet des internationalen Rechts zu treffen sind. „Sound and satisfactory" ist einzig und allein die Regel der Territorialität und zwar in dem strikten Sinn, daß der Wille des Gesetzgebers, dem Enteignungsakt *einseitig* extraterritoriale Wirkung beizulegen, unbeachtet bleibt. Dann gibt es nur eine Möglichkeit, von dieser Regel aus bestimmten, insbesondere politischen Gründen, die im Einzelfall starkes Gewicht haben mögen, abzuweichen: die *staatsvertragliche Regelung*. Diesen Weg haben denkenswerter Weise die Alliierten und die neutralen Länder beschritten, indem sie die Abkommen von Washington schlossen. Schweden verlangt bei den Verhandlungen über das Abkommen mit den Alliierten deren Garantie, daß die nach dem Abkommen vorgesehenen Maßnahmen beim künftigen Friedensschluß deutscherseits genehmigt werden. Im allgemeinen dürfte es ein Gebot der Gerechtigkeit sein, daß bei Abkommen von so schwerwiegender und weittragender Bedeutung, wie solchen, durch die über das ausländische Vermögen eines besiegten Landes in toto verfügt wird, derjenige als Vertragspartner beteiligt wird, dessen „res agitur", nämlich das Land, dessen Staatsangehörige betroffen werden. Da dies unter den damaligen politischen Verhältnissen vielleicht nicht möglich war, blieb Schweden, das diesem Gebot gegenüber offenbar nicht taub war, nichts anderes übrig, als die nachträgliche Sanktion durch Deutschland zu fordern, die freilich gegenüber einem längst vollzogenen fait accompli nur eine leere Form sein kann.

Dagegen wäre es heute noch möglich, Deutschland eine *Einflußnahme* auf die *Durchführung* des noch im Gang befindlichen Liquidationsverfahrens zu gewähren, und zwar in der Form, daß es Deutschland gestattet würde, zum Schutz der deutschen Interessen zu intervenieren, indem entweder die betroffenen Eigentümer selbst oder vielleicht auch eine deutsche Interessenvertretung die in dem Abkommen vorgesehenen schiedsgerichtlichen Instanzen anrufen könnten. Der Ausbau der Schiedsgerichtsbarkeit wäre gerade im Interesse der befriedigenden Abwicklung des Liquidationsverfahrens dringend zu wünschen, da hier viele höchst verwickelte Rechtsfragen auftreten, die nur in einem mit den nötigen Rechtsgarantien versehenen Justizmäßigen Verfahren richtig zu lösen sind. Das Abkommen mit der Schweiz sieht zwar eine Rekursinstanz vor, die „allen interessierten Personen", also wohl auch den deutschen Betroffenen offensteht, aber die höhere Instanz ist den Deutschen verschlossen. Auch das Abkommen mit Schweden sieht ein schiedsgerichtliches Verfahren vor, in dem, soweit ersichtlich die deutsche Stimme sich kein Gehör verschaffen kann. Die schiedsgerichtliche Apparatur ist der Vervollkommnung offenbar bedürftig und sicherlich auch fähig, und es ist kein unbilliges Verlangen, daß auch der deutschen Seite Rechtsschutz zu Teil wird. Mit hochqualifizierten, auf dem Gebiet des internationalen Rechts bewanderten Fachkräften besetzte Schiedsgerichte, zu denen auch deutsche Instanzen Zugang haben müßten, sind ein dringendes Erfordernis. Der Ausbau einer solchen Schiedsgerichtsbarkeit wäre auch im Interesse der Fortbildung des internationalen Rechts auf dem Gebiete des Liquidationsrechts aufs wärmste zu begrüßen.

IV. Rückwirkung der Enteignung auf ausländisches Vermögen (Reflexwirkung) und interzonale Rechtswirkung

1. Wenn gesagt wird, die Enteignung treffe das „Vermögen" und auch dieses nur als eine Mehrheit von Rechten und Sachen, nicht als einen einheitlichen Rechtskomplex, so ist das nur bedingt richtig. Soweit die sowjetrussischen Nationalisierungsdekrete die juristischen Personen des Handelsrechts, Industriegesellschaften und Banken, erfaßten, zerstörten sie jedenfalls im Ergebnis ihre *Rechtspersönlichkeit.* Die Enteignung vollzog sich nämlich im allumfassenden Rahmen der Umbildung der russischen Wirtschaftsverfassung vom zaristischen System des Privatkapitalismus zum sowjetischen System des Staats-

kapitalismus[23], bewirkte somit zwangsläufig den Untergang der Kapitalgesellschaften als juristischer Personen des Handelsrechts. Als internationalrechtliche Folge ergab sich aus diesem Sachverhalt die eine unausweichliche Rechtskonsequenz darstellende Notwendigkeit, jenen Untergang als eine Rechtstatsache im Ausland anzuerkennen, sofern sich dort entweder Zweigniederlassungen oder überhaupt Vermögen der untergegangenen Gesellschaften befanden: diese Anerkennung ist die Kehrseite der internationalen Anerkennung ausländischer Handelsgesellschaften, die nach den Normativbestimmungen ihres Heimatrechts ordnungsmäßig errichtet sind[24]. Im Gegensatz zur „extraterritorialen Wirkung" des Enteignungsaktes handelt es sich bei der internationalen Anerkennung des Untergangs um das Phänomen der „Rückwirkung" des Enteignungsaktes auf ausländisches Vermögen, die wir als „Reflexwirkung" bezeichnen wollen. Die Art und Weise dieser Reflexwirkung bleibt zu bestimmen, wobei es sich darum handeln muß, die Frage zu entscheiden, was mit dem ausländischen Vermögen geschieht, also zunächst zu entscheiden, ob ein Prätendent vorhanden ist (die Aktionäre, eine aus den Aktionären bestehende Liquidationsgesellschaft oder der russische Staat), der Anspruch auf das ausländische Vermögen erheben kann. Den Grundsatz der Anerkennung des Unterganges der ausländischen juristischen Person finden wir u. a. in der Entscheidung des Kammergerichts (KG) vom 55. 10. 1927 (JW 1928, 1232ff.) bestätigt, die Frage der sogenannten Reflexwirkung behandelt die wichtige Entscheidung des Reichsgerichts vom 20. 5. 1930 (RGZ 129/98ff., JW 1931, 141ff. mit meiner Besprechung dieser Entscheidung).

2. In der deutschen *Ostzone* sind nun durch die SMAD bzw. auf deren Befehl durch die Landesregierungen Maßnahmen durchgeführt worden, die den von der Sowjetunion ab 1917 erlassenen Nationalisierungsdekreten zumindest ähnlich sind. Durch den Befehl Nr. 125/45 der SMAD ist u. a. das Vermögen bestimmter deutscher Handelsgesellschaften beschlagnahmt worden. In der Folgezeit wurde das Vermögen solcher Gesellschaften bzw. der ihnen gehörigen in dem betreffenden Lande belegenen Betriebe durch Landesgesetze teilweise in Landeseigentum, teils und zwar überwiegend „in die Hand des Volkes" überführt. Im Jahre 1948 wurde alsdann durch den Befehl der SMAD Nr. 76 vom 23. 4. 1948 eine neue Gliederung der landeseigenen oder nunmehr durchweg „volkseigenen" in zonalverwaltete, landesverwaltete und

---

[23] *Elichevitor, Tager, Nolde:* „Traité de Droit Civil et Commercial des Soviets." (1930) I 200ff., III 39.

[24] Der ordre public kann die Anerkennung des durch den ausländischen Enteignungsakt bewirkten Untergangs der Gesellschaft nicht hindern; vgl. Urteil des KG vom 25. 10. 1927, JW 1928, 1232ff. und Anm. zum Urteil des RG. vom 20. 5. 1930 in JW 1931, 145 mit Zitat von *Hans Lewald*, Das deutsche IPR 1931, 35.

kommunalverwaltete Betriebe durchgeführt, wobei die zonal- oder landesverwalteten Betriebe „auf der Grundlage betriebsfachlicher Gliederung" zu „Vereinigungen" zusammengefaßt wurden, die als Anstalten des öffentlichen Rechts konstituiert sind, wogegen die zu der Vereinigung gehörenden Einzelbetriebe keine eigene Rechtspersönlichkeit besitzen. Diese in der Form der Begründung sogenannten „Volkseigentums" durchgeführte Sozialisierung ist in einem Aufsatz „Die Rechtsverhältnisse des Volkseigentums in der Ostzone" von *Rudolf Gähler* im einzelnen geschildert[25]. Neben den volkseigenen Betrieben bzw. Vereinigungen volkseigener Betriebe (VEB) gibt es in der Ostzone noch die sogenannten Sowjet-Aktien-Gesellschaften (SAG), die im unmittelbaren Eigentum der Sowjetunion stehen (Wirtschaftsdienst a. a. O. 39) und deren rechtlicher Status dahingestellt bleiben kann (Gesellschaften russischen Rechts?). Auf Grund spezieller SMAD-Befehle sind gerade bedeutende industrielle Werke der Ostzone, wie z. B. die bekannten Leuna-Werke der IG, die Buna-Werke bei Zschkopau u. a. an Sowjet-Aktiengesellschaften „übergeben" worden (ob auf Reparationskonto oder als Kriegsbeute sei dahingestellt). Soweit nun deutsche Handelsgesellschaften durch diese Maßnahme betroffen wurden, deren Hauptniederlassung sich in einem der Länder der Ostzone befindet, fragt sich, ob sie nach dem Beispiel der durch die russischen Nationalisierungsdekrete betroffenen russischen Gesellschaften „untergegangen" sind — einerlei, welche registerrechtlichen Folgen jene Maßnahmen ausgelöst haben[26].

Im Falle des Untergangs wäre zwangsläufig eine Situation gegeben, die bezüglich des in den Westzonen befindlichen Vermögens solcher Gesellschaften die Frage der Rückwirkung in dem obenbezeichneten Sinne entstehen lassen müßte. Kam eine Sitzverlegung der in Sowjetrußland domizilierenden und dort nationalisierten Gesellschaften russischen Rechts nach Deutschland aus Rechtsgründen offenbar nicht in Frage, so würde dagegen die Frage der Rückwirkung in dem hier gegebenen Falle vor allem auch die Frage einschließen, ob die in einem

---

[25] JR 1949, 370ff.; vgl. auch Wirtschaftsdienst, herausgegeben v. Hamburger Volkswirtschaftlichen Archiv Heft 4, Sept. 1949, 39ff.

[26] Die Löschung der enteigneten Gesellschaft hätte bei Erfüllung der Voraussetzungen des § 2 des Gesetzes über die Auflösung und Löschung von Gesellschaften und Genossenschaften vom 19. 10. 1934 (RGBl I 914) auf Grund dieses Gesetzes erfolgen können. Tatsächlich wurde jedoch anders vorgegangen. Maßgeblich für die registerrechtlicheBehandlung der „demokratischen Umbildungen" in der Ostzone waren die „Instruktionen für das Verfahren der gerichtlichen Eintragung der Betriebe, die in das Eigentum des Volkes übergegangen sind" (Anlage C zum SMAD Befehl Nr. 76), die in Ziff. 9 anordnen, daß die alten Eintragungen in den Handelsregistern unter Hinweis auf das Gesetz über die Enteignung des „betreffenden Betriebs" zu löschen sind.

Lande der Ostzone domizilierenden von jenen Maßnahmen betroffenen Gesellschaften ihren Sitz rechtsgültig in ein Land der Westzonen verlegen können. Während die Judikatur der deutschen Gerichte die rechtliche Fortexistenz der betroffenen Gesellschaften im allgemeinen bejaht und insbesondere die Sitzverlegung in die Westzonen unter bestimmten, die Auslegung des § 13c HGB betreffenden Voraussetzungen zugelassen hat, hat z. B. das LG Mannheim in seiner Entscheidung vom 11. 2. 1948 die „Übergabe" der AG durch die SMAD an das Land Thüringen unter analoger Anwendung des in den Entscheidungen des KG vom 25. 10. 1927 und RG vom 20. 5. 1930 befolgten Grundsatzes der internationalen Anerkennung des Untergangs der Gesellschaft rechtlich als Entziehung der Rechtspersönlichkeit gewürdigt[27] (woraus sich, wäre die Entscheidung richtig, als Rechtskonsequenz die im Spezialfall nicht zur Diskussion stehende Frage der Unzulässigkeit der Sitzverlegung ergeben müßte).

Wir sind der Ansicht, daß die obenbeschriebenen ostzonalen Maßnahmen der Nationalisierung oder Sozialisierung in keinem Falle die Frage der „Reflexwirkung" auslösen, sondern vielmehr die Frage der „extraterritorialen Wirkung" staatlicher Enteignungsakte, die für das Verhältnis zwischen souveränen Staaten in den vorstehenden Untersuchungen bereits negativ beantwortet wurde.

3. Lassen wir dahingestellt, ob die Begründung des „Volkseigentums" in den Ländern der Ostzone der Begründung des Staatskapitalismus in der Sowjetunion durch die Maßnahmen der russischen Nationalisierungsdekrete wirtschaftspolitisch gleichzustellen ist, so ergibt sich die Verneinung des Untergangs vielmehr aus staats- und völkerrechtlichen Erwägungen. In der vorerwähnten Entscheidung des LG Mannheim vom 11. 2. 1948 ist gesagt, daß „das Gesetz des Verleihungsstaates für die Entziehung der Rechtsfähigkeit einer juristischen Person maßgebend ist", wobei mit dem Gesetz des Verleihungsstaates im gegebenen Falle offenbar das Gesetz des Landes Thüringen gemeint ist.

a) *Gerade dieser Ausgangspunkt aber ist falsch.* Die Verleihung der Rechtsfähigkeit an die deutsche Gesellschaft (im konkreten Fall eine GmbH) beruht auf deutschem Reichsgesetz, weshalb ein *Landesgesetzgeber*, der die Rechtspersönlichkeit einer nach gemeindeutschem Recht errichteten Kapitalgesellschaft entziehen wollte, staatsrechtlich ultra vires handeln würde. Kein deutscher Landesgesetzgeber hat, so wird man sagen dürfen[28], die Kompetenz zur Abänderung von Reichsrecht

---

[27] BB vom 15. 3. 1948, 92.

[28] Obwohl die seit dem 8. 5. 1945 in Deutschland geübte Praxis der Legislative den staatsrechtlichen Grundsatz, kraft dessen der Landesgesetzgeber Reichsrecht nicht antasten darf, nicht immer respektiert haben mag. Z. B. hat der Befehl der SMAD vom 22. 10. 1945 die damaligen Provinzialverwaltungen und Verwaltungen der föderalen Länder zur Gesetzgebung

erlangt — zumindest indirekt wird dies m. E. dadurch bestätigt, daß man es im Bereich der Westzonen für notwendig erachtet hat, „Recht, durch das nach dem 8. 5. 1945 früheres Reichsrecht abgeändert worden ist", also etwa auch in Landesgesetzen enthaltenes derartiges Recht, durch positiven Gesetzesakt zu sanktionieren, indem man ihm durch Art. 125 des Bonner Grundgesetzes die Qualität von „Bundesrecht" verliehen hat, wohlgemerkt von Bundesrecht, das nicht mit „Reichs-

---

ermächtigt und zwar auch in Angelegenheiten der Reichsgesetzgebung, wie sich indirekt daraus ergibt, daß allen Gesetzen und Verordnungen Gesetzeskraft zuerkannt wird, die nicht den Gesetzen und Befehlen des Kontrollrats und den Befehlen der sowjetischen Militärverwaltung widersprechen. Ein Vorbehalt zugunsten früheren Reichsrechts ist also nicht gemacht. Andererseits hat beispielsweise die Hessische Verfassung den besagten Grundsatz in Art. 151 bekräftigt, allerdings mit der Einschränkung, daß die Antastung des Reichsrechts nicht „ohne zwingenden Grund" erfolgen dürfe, daß aber andererseits der Landesgesetzgeber über die Frage, ob ein zwingender Grund vorliege, entscheidet. Von dieser Einschränkung hat Hessen Gebrauch gemacht, als es beispielsweise durch § 28 des Leistungspflichtgesetzes v. 30. 7. 1947 das Reichsleistungsgesetz aufgehoben hat. Mit dem gleichen Recht könnte der Landesgesetzgeber der Ostzone vielleicht sagen, daß die unter dem Einfluß der Sowjetunion durchgeführte Sozialisierung einen zwingenden Grund darstelle, die auf altem Reichsrecht beruhende Rechtspersönlichkeit von Vereinen und Gesellschaften zu vernichten, also die auf den Verlust der Rechtspersönlichkeit bezüglichen Bestimmungen des früheren Reichsrechts abzuändern. Alle diese durch das staatsrechtliche Schicksal Gesamtdeutschlands heraufbeschworenen Fragen sind sehr problematisch.

Aus zwei Gründen möchte ich mich jedoch dafür entscheiden, daß durch die landesgesetzliche Enteignung der Betriebe die Rechtspersönlichkeit der in der Ostzone domizilierenden Handelsgesellschaften gemeindeutschen Rechts nicht vernichtet worden ist:

1. sind die „Betriebe" enteignet und in Volkseigentum überführt worden;
2. wurde eine zwar große, aber von vornherein begrenzte Zahl von Betrieben erfaßt, nämlich die Betriebe der „Kriegs- und Naziverbrecher". Daß man den Kreis der zu dieser Kategorie gehörenden Betriebe vielleicht sehr weit gezogen hat, um unter dem Deckmantel der Verfolgung von „Nazi- und Kriegsverbrechern" eine möglichst weitgehende Sozialisierung durchführen zu können, ändert nichts daran, daß es sich bei den Enteignungsmaßnahmen um eine Spezialgesetzgebung (Enteignung von „Betrieben") und um eine Ausnahmegesetzgebung (Enteignung von Betrieben, die sich in den Händen bestimmter Personen befinden) handelt.

(Zwar hat sich nach der Darstellung von *Gähler* JR 1949, 370ff. die Sozialisierung offenbar nicht auf das Vermögen der Nazi- und Kriegsverbrecher beschränkt, andererseits aber scheinen die Maßnahmen, die gegen ehemalige Handelsgesellschaften durchgeführt wurden, im wesentlichen die Betriebe von Kriegs- und Naziverbrechern erfaßt zu haben. Wirtschaftsdienst 1949 a. a. O. 39). Bei diesem Sachverhalt könnte die Rechtsfolge des Verlustes der Rechtspersönlichkeit m. E. nur aus altem Reichsrecht abgeleitet werden, also nur unter den Voraussetzungen des schon erwähnten Gesetzes vom 9. 10. 1934 in Fällen, wenn die in der Ostzone domizilierende Gesellschaft, recht" gleichgesetzt werden darf[29]. Deutsches Reichsrecht kennt nur einen einzigen Fall der Kompetenz der Landesgesetze für die Entziehung der Rechtsfähigkeit, nämlich hinsichtlich der Zuständigkeit und des Verfahrens für die Entziehung der Rechtsfähigkeit von Vereinen im Verwaltungsweg unter den Voraussetzungen der positiven Gesetzesvorschrift des § 43 BGB.

b) Sofern aber die Maßnahmen der Nationalisierung bzw. Sozialisierung, die in der Ostzone getroffen wurden, materiell als Gesetzesakte der *russischen Militärverwaltung* angesehen werden müßten (da sie auf Befehl der SMAD zurückgehen), wären sie ebenfalls nicht imstande, deutsches Reichsrecht außer Kraft zu setzen, da nach den völkerrechtlichen Vereinbarungen der Potsdamer Beschlüsse in den „Deutschland als Ganzes" betreffenden Angelegenheiten, d. h. aber insbesondere hinsichtlich der Materien der Reichsgesetzgebung nur der Kontrollrat zuständig ist.

Sonach ergibt sich nach objektivrechtlichen Kriterien der Fortbestand der Rechtspersönlichkeit der durch die Maßnahmen der Ostzone betroffenen dort domizilierenden Kapitalgesellschaften[30], ganz gleichgültig, ob diese Maßnahmen *bezweckten*, nicht nur das „Vermögen", sondern auch die Mitgliedschaftsrechte der Aktionäre und Anteilseigner zu erfassen und damit die Rechtspersönlichkeit als solche zu vernichten[31].

---

deren Betrieb dort enteignet wird, kein Vermögen außerhalb der Ostzone besitzt — man müßte denn eine indirekte stillschweigende Außerkraftsetzung bzw. Abänderung des den Verlust der Rechtspersönlichkeit erschöpfend regelnden früheren Reichsrechts durch die Landesgesetzgebung annehmen, was m. E. ausgeschlossen ist. — Sehr wahrscheinlich hat die Frage des Verlustes der Rechtspersönlichkeit und die sehr heikle Frage der Gesetzgebungsbefugnis der Landesgesetzgeber die ostzonale Enteignungsgesetzgebung gar nicht bekümmert, der es nur auf die Erfassung der Betriebe ankam. Unter diesen Umständen dürfte es nicht notwendig sein, alles Für und Wider der, wie gesagt sehr problematischen Frage zu erörtern, ob der Landesgesetzgeber im Zeitpunkt der Kapitulation geltendes Reichsrecht abändern konnte, Reichsrecht wohlgemerkt, dessen Geltung damals durch das Kondominium der vier Siegermächte, in gesamtdeutschen Angelegenheiten repräsentiert durch den Kontrollrat, verbürgt war.

[29] So könnte m. E. auch ein gleichgearteter Akt des ostzonalen Verfassungsgesetzgebers nicht „Reichsrecht"erzeugen.

[30] Natürlich nur bei Vorhandensein von Vermögen in den Westzonen. Befindet sich sämtliches Vermögen einer Kapitalgesellschaft in der Ostzone, wo es von der Enteignung betroffen wird, so ist der Fall des § 2 des Gesetzes über die Auflösung und Löschung von Gesellschaften und Genossenschaften vom 9. 10. 1934 gegeben. Wird nach dieser Bestimmung die Gesellschaft, da sie „kein Vermögen besitzt" auf Antrag oder von amtswegen gelöscht, so „gilt die Gesellschaft als aufgelöst." In diesem Falle ist die Rechtspersönlichkeit der Gesellschaft kraft gemeindeutschen Rechts vernichtet.

[31] Auf die Frage, was die ostzonale Enteignungsgesetzgebung erfassen *will*, kann es m. E. schon deshalb nicht ankommen, weil in dieser Frage

4. Somit stehen wir zwar wiederum vor der Frage der extraterritorialen Wirkung staatlicher Enteignungsakte, diesmal aber in der spezifischen Form der Wirkung einzelstaatlicher Enteignung auf Vermögen, das sich außerhalb des *Einzelstaates im Gebiet des Gesamtstaates*[32] befindet. Diese Frage hat das Reichsgericht im Urteil vom 7. 6. 1921 (RGZ 102/251 ff.)

angesichts der verschiedenartigen Formulierung der einzelnen Enteignungsgesetze große Unklarheit herrscht. Nach dem in NJW 1948, 556 zitierten Wortlaut der Verordnung der Deutschen Wirtschaftskommission vom 23. 4. 1948 (ZVOBl Nr. 15 vom 21. 5. 1948, 141) erstrecken sich die ostzonalen Enteignungen „auf das den betrieblichen Zwecken dienende Vermögen, einschließlich aller Rechte und Beteiligungen." Die vom OLG Hamburg im „Knäckebrot-Urteil" erwähnte sächsische Verordnung sagt dagegen, daß die in „Sachsen belegenen Werte" ergriffen werden. Das Ges. über das Bankwesen im Lande Brandenburg (GVBl Brandenburg v. 22. 4. 1948 Nr. 4) bestimmt, daß Immobilien und Inventar der betreffenden Bankinstitute mit Wirkung v. 9. 5. 1945 in das Eigentum des Landes Brandenburg übergehen, soweit diese Vermögensgegenstände sich im Lande Brandenburg befinden. In dem vom OLG Celle durch Beschluß v. 28. 5. 1948 entschiedenen Fall (HEZ 2, 120) war nach den Feststellungen des Gerichts durch die Sowjetische AG nur ein Teil der Aktiven und Passiven der betroffenen GmbH übernommen worden, während für das „nicht von der Übernahme auf Reparationskonto erfaßte" Vermögen eine Liquidationskommission ernannt worden war. Das Gericht folgert daraus, es sei im konkreten Falle nicht dargetan, daß die Auflösung der Gesellschaft auch nur angeordnet werden sollte. Diese Beispiele beweisen m. E. die Notwendigkeit, die grundsätzliche Frage des Untergangs oder Fortbestands der juristischen Person nach objektiven Kriterien einheitlich, nicht je nach den Umständen des Einzelfalles unterschiedlich zu behandeln. Zu der Frage, ob die Enteignung der in der Ostzone belegenen Aktien zur Folge haben kann, daß die Mitgliedschaftsrechte erlöschen und dadurch die Rechtspersönlichkeit der Gesellschaft vernichtet wird, ist zu sagen, daß in tatsächlicher Hinsicht die überwiegende Wahrscheinlichkeit dafür spricht, daß, soweit sich irgendwelche Zwangsmaßnahmen gegen die Aktien als solche gerichtet haben, nur Beschlagnahmen, keine Enteignungen stattgefunden haben. Eine bewußte Einziehung der Aktien zwecks Entziehung der Mitgliedschaftsrechte und damit Vernichtung der Rechtspersönlichkeit würde aus den oben dargelegten Rechtsgründen ihr Ziel verfehlen müssen. Unerwähnt bleiben darf in diesem Zusammenhang allerdings nicht die in „Neue Justiz" 1949, 170 veröffentlichte Entscheidung des OLG Dresden v. 1. 7. 1948, in der ausgesprochen ist, daß die Rechtmäßigkeit der Enteignung von Betrieben auf Grund des Sächs. Ges. v. 30. 6. 1946, sowie der von den zuständigen Verwaltungsbehörden zur Durchführung der Enteignung getroffenen Maßnahmen nicht der Nachprüfung durch die ordentlichen Gerichte unterliegt und daß demzufolge für die Gerichte auch die Feststellungen der Verwaltungsbehörden bindend sind, daß zu dem enteigneten Betriebsvermögen die Beteiligung an Werken außerhalb Sachsens sowie die Firma des Betriebes gehören. Daß diese Entscheidung von dem hier vertretenen Rechtsstandpunkt aus nicht gebilligt werden kann, bedarf keiner weiteren Ausführungen.

[32] Auf die Kontroverse des Untergangs oder Fortbestands des „Deutschen Reiches" oder eines gesamtdeutschen Staates braucht hier nicht eingegangen zu werden, da, auch wenn das Reich untergegangen ist, ein Träger der deutschen Rechtsordnung jedenfalls besteht.

in einem Fall entschieden, in dem das Land Gotha den früheren Herzog von Sachsen-Koburg auf Grund eines Enteignungsgesetzes fideikommissarischen Besitz entzogen hatte, der außerhalb des Landes, nämlich in dem preußischen Kreis Herrschaft Schmalkalden belegen war. Das Reichsgericht hat in diesem Fall gerade für das Verhältnis der einzelnen Länder des deutschen Gesamtstaates grundsätzlich entschieden, daß der Staat, d. h. der Einzelstaat, außerhalb seines Gebietes Staatshoheitsakte nicht vornehmen und über Grundstücke außerhalb seines Hoheitsgebietes nicht verfügen könne, wobei es wörtlich ausgeführt hat: „das Reich kann in den verfassungsmäßig bestimmten Grenzen in die Gebietshoheit der einzelnen Länder eingreifen, daraus ist aber für das Verhältnis der einzelnen Länder nichts herzuleiten". Die Fragen der extraterritorialen Wirkung der Enteignungsakte der ostzonalen Länder auf westzonales Vermögen der durch jene Akte betroffenen natürlichen und juristischen Personen — Fragen, die man sich gewöhnt hat, unter dem Sammelbegriff des „interzonalen Rechts" zusammenzufassen[33] — haben die deutschen Gerichte seit 8. 5. 1945 in vielen Varianten beschäftigt, wie andererseits eine ganze Literatur über diese Fragen entstanden ist[34]. Es wäre eine besondere Abhandlung erforderlich, um alle hier entstandenen und möglicherweise noch entstehenden Einzelfragen zu erörtern. Für die Zwecke unserer Untersuchung ist dies nicht erforderlich, wie es auch aus Raummangel gar nicht möglich ist. Nur soviel sei gesagt, daß diese Rechtsprechung, die, von vereinzelten Ausnahmen abgesehen[35], den Grundsatz der Territorialität bejaht und

---

[33] Vom Standpunkt der Westzonen aus betrachtet, kann man sehr wohl hinsichtlich der ostzonalen Enteignungsmaßnahmen von einem zoneneinheitlichen Recht sprechen, trotz der Divergenzen in Einzelheiten zwischen den landesgesetzlichen Regelungen.

[34] Aus der Fülle der Gerichtsentscheidungen seien zitiert: die in NJW 1948, 483ff. und 556ff. veröffentlichten und besprochenen Entscheidungen des AG Hamburg, LG Krefeld und OLG Braunschweig, ferner JR 1948, 25f. und 1949, 140f. und viele andere; aus der Literatur seien zitiert: *Benkard* in DRZ 1947, 358ff.; 1948, 127ff.; 1949, 320ff.; *W. Friedrich:* SJZ 1948, 24ff., sowie die Aufsätze von *Ernst Wolff, Hermann Vogel, Günther Beitzke, Konrad Duden* und *Kurt Bußmann* in Festschrift für Leo Raape (1948).

[35] Die Entscheidung des OLG Gera vom 4. 2. 1948 (DRZ 1948, 493) enthält insofern eine Abweichung von der Generallinie der sonstigen Rechtsprechung, als sie nicht nur eine Enteignung des „Vermögens" annimmt, sondern von der „Vernichtung" der Gesellschaft, im gegebenen Falle einer oHG, spricht. In diesem Falle hatte die Klägerin die Gesellschafter einer zum landeseigenen Betrieb erklärten oHG auf Grund ihrer persönlichen Haftung nach § 126 HGB in Anspruch genommen. Das Gericht hat dahin entschieden, daß durch „Fortfall der Gesellschaftssphäre" die Schuld der Gesellschaft untergegangen sei und daß damit auch die persönliche Haftung der Gesellschafter entfalle. Der Grundsatz der Territorialität wird im gegebenen Falle nur insoweit anerkannt, als nach dem Urteil die Möglichkeit besteht, daß sich die Kläger an außerhalb der russischen Zone befindliches

folgerichtig durchführt, volle Zustimmung verdient. Dies gilt insbesondere von der positiven Einstellung der deutschen Gerichte zur Frage der Sitzverlegung nach den Westzonen und zur einschränkenden Auslegung der Formvorschriften der §§ 13c HGB und 32 AG, ferner von der Bejahung der Zulässigkeit des Aufgebotsverfahrens hinsichtlich in der Ostzone beschlagnahmter Aktienurkunden zugunsten westzonaler Aktionäre[36].

Eine Frage sei noch kurz behandelt, die von großer praktischer Tragweite ist, nämlich die Frage der extraterritorialen, d. h. interzonalen Wirkung der Beschlagnahme und der Enteignung von *Immaterialgüterrechten*, insbesondere Warenzeichen und Patenten im Zuge der Enteignung ostzonaler Betriebe. Da das Warenzeichen im Falle der Enteignung ostzonaler Hauptniederlassungen richtiger Auffassung nach in der „Ostzone" belegen ist und infolgedessen nach dem Grundsatz der Territorialität von dem Zugriff betroffen wird, wenn es als zum Betrieb gehörender Vermögensgegenstand zusammen mit dem Betrieb enteignet wird, so ist die Frage, ob derjenige, auf den das Warenzeichen nach ostzonalem Recht übergegangen ist, z. B. der volkseigene Betrieb, das Schutzrecht auch außerhalb der Ostzone, also auf dem gesamten Territorium des ehemaligen deutschen Reiches geltend machen kann. Das OLG Hamburg hat die Frage in seinem Urteil vom 19. 7. 1948

Vermögen halten können, daß außerhalb der russischen Zone „die hier untergegangene oHG insoweit noch bestehe". Ich halte die Entscheidung für völlig verfehlt, da eine relative Untergangswirkung, wie sie das OLG Gera annimmt, ein Unding ist. Es gibt noch andere Entscheidungen ostzonaler Gerichte, die der These des Erlöschens der Rechtspersönlichkeit enteigneter Kapitalgesellschaften zumindest zuneigen, so u. a. die Entscheidung des OLG Gera (NJW 1947, 159) und Beschluß des AG Magdeburg vom 14. 9. 1949 (MDR 1949, 759ff. m. Anmerkung von Prof. *Beitzke*). Wenn der Hauptleitsatz der Entscheidung des OLG Gera ausführt, daß die als landeseigen erklärte GmbH als Rechtspersönlichkeit erloschen ist, weil sie infolge des Staatsaktes der Entziehung vermögenslos geworden sei und damit die wirtschaftliche Daseinsberechtigung verloren habe, so ist dieses Argument allerdings nur eine schwache Stütze für die These der Vernichtung der Rechtspersönlichkeit zumindest dann, wenn die in der Ostzone enteignete Gesellschaft Vermögenswerte in den Westzonen besitzt. Die Rechtsauffassung, die Prof. *Beitzke* in seiner Anmerkung zum Beschluß des AG Magdeburg v. 14. 9. 1949 vertritt, halte ich für bedenklich. Danach soll die in der Ostzone enteignete Gesellschaft nach ostzonalem Recht vernichtet sein, aber bei Vorhandensein von westzonalem Vermögen in den Westzonen nur als „Liquidationsgesellschaft" fortbestehen, wobei dann noch die Möglichkeit bestehen soll, daß sich die Liquidationsgesellschaft durch einen Fortsetzungsbeschluß in eine werbende Gesellschaft verwandelt. Ist die Rechtspersönlichkeit wirklich vernichtet, dann muß diese Vernichtung logischerweise als Rechtstatsache überall, also auch in den Westzonen, anerkannt werden. Es würde dann m. E. ausgeschlossen sein, daß die in den Westzonen übriggebliebene Liquidationsgesellschaft sich durch Fortsetzungsbeschluß in eine werbende Gesellschaft verwandelt.

[36] Vgl. Entscheidung des AG Krefeld v. 28. 5. 1949, NJW 1949, 599.

(„Knäckebrot-Urteil") im Sinne der „Spaltung" der Schutzrechte entschieden, in dem Sinne nämlich, daß das Warenzeichen territorial — verschiedenen Berechtigten zustehe, indem es mit Wirkung für die Ostzone auf den neuen Inhaber des enteigneten Betriebs übergegangen ist, während der frühere Inhaber des Betriebs, der heute in einer Westzone ansässig ist, das Schutzrecht unter Ausschluß des ostzonalen Berechtigten für den Bereich der Westzonen genießt. Das Urteil hat wohl überwiegend Zustimmung und nur vereinzelt Widerspruch gefunden[37]. Es beruht im wesentlichen auf der Erwägung, daß das Warenzeichen in den Grenzen des verleihenden Staates, hier also des deutschen Gesamtstaates „allgegenwärtig", nicht also am Orte des Betriebes lokalisiert sei.

Die richtige kritische Würdigung des Urteils erfordert die Feststellung, daß die Entscheidung des OLG Hamburg sich gleichmäßig auf Warenzeichen, Firmenrecht und Ausstattungsschutz bezieht. Das Warenzeichen ist nach bisher herrschender Meinung, die zu korrigieren m. E. kein Anlaß besteht, am Sitz des Unternehmens lokalisiert[38]. Anders das Firmenrecht und der Ausstattungsschutz, die als Rechte mit zumindesten personenrechtlichem Einschlag der Enteignung überhaupt entzogen sind (vgl. S. 426 oben), so daß eine „Spaltung" bei diesen Rechten eigentlich überhaupt nicht eintreten kann. Die „Allgegenwart" ist kein Rechtsargument, sondern eine Parabel, zu der das OLG Hamburg in dem dunklen Drange, den zum intuitiv erfaßten richtigen Ergebnis führenden rechten Weg zu finden, Zuflucht genommen hat. *Walter Beil* unterscheidet in seiner Besprechung des „Knäckebrot-Urteils" des OLG Hamburg[39] m. E. richtig zwischen der Lokalisierung des Warenzeichenrechts und den in den ganzen Geltungsbereich der das Schutzrecht verleihenden Rechtsordnung ausstrahlenden Wirkungen des Rechtsschutzes. In seiner Besprechung des Urteils des OLG Hamburg gibt *Harmsen*[40] die richtige Begründung für die im Ergebnis richtige Entscheidung: Während das Warenzeichen nach § 1 WZG auf die Herkunft aus einem bestimmten Betrieb hinweisen soll, ist diese Voraussetzung hier nicht erfüllt, da das Warenzeichen auf die „Industriewerke Sachsen-Anhalt", also auf einen viele Einzelbetriebe umfassenden Gesamtbetrieb übergegangen ist, der seinerseits vielleicht sogar noch zu einer übergeordneten Organisation, nämlich der „Vereinigung volkseigener Betriebe" auf zonaler Ebene gehört. Damit ist die Gefahr der Irreführung des Publikums über die Herkunft der Ware gegeben. Die öffentliche Ordnung der Westzonen verbietet es deshalb, dem neuen ostzonalen Inhaber die Geltendmachung des Schutzrechts in den Westzonen zu gestatten. Mit anderen Worten: aus einer Erwägung des ordre public,

[37] *W. Beil* in BB 1948, 592.
[38] *Nußbaum*, Deutsches internationales Privatrecht (1932) 85, Anm. 4.
[39] BB 1948, 592.
[40] NJW 1948, 693.

die den Bestimmungen des Warenzeichengesetzes entnommen ist, wird die Anwendung des an sich für die Entscheidung maßgebenden ostzonalen Rechts ausgeschaltet. Hinsichtlich der nach ostzonalem Recht enteigneten Patentrechte kommt *W. Remmert* in seinem Aufsatz „Zur Frage der Aufspaltung der Patente"[41] ebenfalls aus Erwägungen des ordre public, die in diesem Falle auf das Dekartellisierungsgesetz Nr. 56 der amerikanischen Militärregierung gestützt werden, zur Versagung des Patentschutzes für den neuen ostzonalen Inhaber im Bereich der Westzonen. Dieses Ergebnis steht im vollen Einklang mit den Ausführungen der Abhandlung von *B. A. Wortley* über „Problémes souléves en Droit International Privé per la législation sur l'expropriation" (Recueil des Cours 67, 413). Er zitiert dort die Äußerung eines amerikanischen Richters:

> „L'usage légitime de la fiction legale consiste ê eviter l'in justice . . ."

und knüpft daran die Bemerkung:

> „la diction de Comstock a'applique sussi bien aux fictions relatives aux personnes morales qu' à celles qui se rapportent au lieu de situation de droits incorporels. One ne devrait permettre à aucune fiction de faire échec aux importantes théories de l'ordre public."

5. Zum Abschluß muß in diesem Zusammenhang wenigstens in großen Zügen noch die Frage der sog. *Dezentralisation des deutschen Bankwesens* erörtert werden. Während infolge des Zugriffs der SMAD und der ostzonalen Landesregierungen auf die ostzonalen Handelsgesellschaften eine unsichere und zweifelhafte Rechtslage hinsichtlich des westzonalen Vermögens dieser Gesellschaften eingetreten ist, um deren Klärung sich bisher im wesentlichen die Rechtsprechung bemüht hat, sind auf dem Gebiete des Bankwesens durch positive Gesetzesakte der westzonalen Militärregierungen zwar vielleicht nicht in rechtlicher, aber in tatsächlicher Hinsicht ex officio neue Verhältnisse geschaffen worden. Es handelt sich dabei um Maßnahmen, die im Rahmen der allgemeinen Besatzungspolitik der alliierten Westmächte gegen deutsche Großbanken und zwar gegen die Deutsche Bank, die Dresdner Bank und die Kommerz- und Privatbank durchgeführt wurden. Im anfänglichen Stadium der Besetzung Gesamtberlins durch die Russen wurden die Berliner Zentralinstitute der drei Großbanken geschlossen; indem man ihnen jede weitere Geschäftstätigkeit untersagte, wurden sie von ihren über das ganze Reichsgebiet verstreuten Filialen faktisch abgeschnitten. Bei Einrichtung der Viermächteverwaltung in Berlin fanden die Westmächte vollendete Tatsachen vor, die bisher nicht rückgängig gemacht wurden. In den Westzonen sind dann durch

> das Gesetz der amerikanischen Militärregierung Nr. 57 vom 6. 5. 1947,
> die Anordnung der französischen Militärregierung Nr. 25 vom 29. 9. 1947 und
> die Verordnung der britischen Militärregierung Nr. 133 vom 1. 4. 1948

[41] NJW 1949, 81ff.

im wesentlichen übereinstimmende Dezentralisationsmaßnahmen gegen die genannten Banken durchgeführt worden. Durch das Gesetz Nr. 57 der amerikanischen Militärregierung wurden für die in den einzelnen Ländern der amerikanischen Zone betriebenen Zweigniederlassungen der drei Großbanken Verwalter eingesetzt, denen die Verwaltung des „Eigentums jeder dieser Banken innerhalb des betreffenden Landes" obliegt. Die Verwalter mußten den ihnen unterstehenden Niederlassungen neue Firmennamen geben („Hessische Bank" für Deutsche Bank, „Rhein-Main-Bank" für Dresdner Bank und „Mitteldeutsche Creditbank" für Commerz- und Privatbank). Die so wenigstens faktisch neugeschaffenen Institute dürfen nur innerhalb der einzelnen Länder Filialen unterhalten. Die zweite Durchführungs-Verordnung zum Umstellungsgesetz (die sogenannte Bankenverordnung) bezeichnet in § 5 die neuen Institute als „Nachfolgeinstitute".

Rechtsprechung und Schrifttum haben die durch diese Maßnahmen geschaffene Rechtslage eingehend erörtert: die Rechtsprechung durch die Urteile des OLG Hamburg vom 11. 6. 1948[42] und das Urteil des OGH Köln vom 28. 1. 1949[43], das Schrifttum insbesondere durch die Aufsätze von *Reinhard von Godin*[44], von *Ulrich Meyer*[45] und von *Philipp Möhring*[46]. Die genannten Urteile haben übereinstimmend den Standpunkt vertreten, daß die Großbanken als solche durch die Einsetzung eines Custodian und die Annahme eines neuen Firmennamens für die betreffenden Niederlassungen nicht zu einem neuen Rechtssubjekt geworden seien. *Godin* tritt mit großer Entschiedenheit für die Fortexistenz der Großbanken als Rechtssubjekte ein. *Möhring* spricht von dem eine besondere Firma führenden „Niederlassungsvermögen", welches als „Sondervermögen" anzusehen sei, meint aber, daß ungeachtet des Hinweises des § 5 der Bankenverordnung auf die „Nachfolgeinstitute" eine rechtliche Loslösung der einzelnen in den Ländern belegenen Vermögensmassen nur durch einen besonderen gesetzgeberischen Akt möglich sei, als welcher die Verordnung Nr. 133 nicht angesehen werden könne. An anderer Stelle sagt *Möhring*, in einem gewissen Widerspruch damit, daß nur im Wege privatrechtlicher Verfügungen durch die beteiligten Großbanken ein Rechtszustand herbeigeführt werden könne, der durch eine rechtliche vollständige Verselbständigung dem Dezentralisationsziel Rechnung trägt. Wieder an anderer Stelle des Aufsatzes von *Möhring* heißt es, der Hinweis in § 5 der Bankenverordnung lasse erkennen, daß die verselbständigten Niederlassungen den Charakter selbständiger Institute tragen sollen. Der Aufsatz von

[42] MDR 1948, 290ff.
[43] JR 1949, 192ff.
[44] JR 1947, 129ff. und JR 1949, 172ff.
[45] DRZ 1949, 25ff.
[46] Zeitschr. f. d. ges. Kreditwesen 1949, 110ff.

Ulrich Meyer zeichnet sich durch eine realistische Betrachtungsweise aus; *Meyer* sieht die Bedeutung des Gesetzes Nr. 57 darin, daß die mit der Entwicklung in der Ostzone eingeleitete Aufspaltung der Rechtspersönlichkeit der Großbanken sich in den westlichen Gebieten weiter fortsetzen wird. Man sollte sich auch von dem an sich berechtigten rechtsdogmatischen Standpunkt aus der Einsicht nicht verschließen, daß die bisherige Organisationsform der Großbanken wenn noch nicht rechtlich, so doch wirtschaftlich zerstört ist.

Wenn die vorgenannten Urteile des OLG Hamburg und des OGH Köln zeigen, daß die Großbank als selbständig fortbestehende Rechtssubjekt eine für den Rechtsverkehr noch unentbehrliche Rechtsfigur ist, so hat doch die durch die Maßnahmen von *Ost und West* erfolgte Einwirkung auf die Großbanken zu einer Entwicklung den Anstoß gegeben, angesichts deren wir sagen müssen, daß eine neue rechtliche Organisation des deutschen Bankwesens zumindesten in statu nascendi ist. Die beiden Gesetzesakte Nr. 57 und 133 sollen nach ihren Präambeln nur vorläufige Geltung haben bis zur Entscheidung über die zukünftige finanzielle Struktur Deutschlands. Ist dieser Zeitpunkt mit dem Inkrafttreten des Bonner Grundgesetzes gekommen, zumal Art. 7 des Besatzungsstatuts die Revision des Besatzungsrechts vorsieht, zu denen auch die beiden Gesetzesakte gehören? Wie dem auch sei — die östliche und westliche Besatzungspolitik streben, von verschiedenen ideologischen Ausgangspunkten aus (Feindschaft gegen das privatkapitalistische System der Großbanken, Verbot der übermäßigen Konzentration deutscher Wirtschaftsmacht) dem gleichen Ziele zu: Dezentralisation[47] des Bankwesens durch Einführung eines regionalen Filialsystems, im Widerspruch zu dem in Potsdam proklamierten Besatzungsziel der Wiederherstellung der deutschen Wirtschaftseinheit, der, wie *Möhring* a. a. O. 112 wohl mit Recht bemerkt, die Zerstörung des bisherigen Großbanksystems nur abträglich ist. Freilich scheint auf diesem Gebiet alles noch in Fluß zu sein und das letzte Wort ist noch nicht gesprochen.

Aus dem Gesagten ist zu erkennen, daß es sich auf dem Gebiet des Bankwesens um besonders gelagerte rechtliche und tatsächliche Verhältnisse handelt, aus denen keine Rückschlüsse auf die interzonalen Rechtsverhältnisse im übrigen gezogen werden können, wenn auch die besonderen Vorgänge auf diesem Gebiete im Interesse der Abrundung des Bildes bei diesem Überblick über die durch die ostzonale Enteignungsgesetzgebung ausgelösten interzonalen Fragen nicht unerwähnt bleiben durften. Jedenfalls gibt die Lage auf dem Gebiete des Bankwesens ein getreues Spiegelbild des völlig abnormen Zustandes, in den die deutsche Rechtsordnung durch die Besetzungspolitik der vier alliierten Mächte versetzt worden ist.

[47] Freilich ist bei den industriellen „Vereinigungen" und Kombinaten eine neue Form der Zentralisation oder Konzentration sichtbar.

ERWERB UND VERLUST DER DEUTSCHEN STAATS-ANGEHÖRIGKEIT DURCH EHESCHLIESSUNG

Von Dr. Leo Raape
Professor an der Universität Hamburg

I. Die grundsätzliche Regelung

Heiratet ein Deutscher eine Ausländerin, so erwirbt diese dadurch die deutsche Staatsangehörigkeit. So bestimmt es das deutsche Staatsangehörigkeitsgesetz von 1913[1]. Es befolgt also den sog. klassischen Grundsatz, auch *Grundsatz der einheitlichen Staatsangehörigkeit der Ehegatten* genannt. Die Folge davon ist, daß die ausländische Frau, die einen Deutschen heiratet, oft Doppelstaaterin wird, so z. B., wenn sie eine Engländerin ist. Sie erwirbt die deutsche Staatsangehörigkeit — so bestimmt es das deutsche Recht —, sie hört andererseits nicht auf, britische Staatsangehörige zu sein — so bestimmt es das neue englische Staatsangehörigkeitsgesetz von 1948.

Heiratet umgekehrt eine deutsche Frau einen Ausländer, so verliert sie dadurch nach § 17 Ziff. 6 des deutschen Staatsangehörigkeitsgesetzes ihre Staatsangehörigkeit schlechthin. So entspricht es gleichfalls dem klassischen Grundsatz. Die Folge davon ist, daß sie bisweilen staatenlos wird, so z. B., wenn sie einen Staatenlosen heiratet, so aber auch, wenn sie einen Engländer heiratet. Sie erwirbt nicht die britische Staatsangehörigkeit — so bestimmt es das (neue) englische Recht —, sie verliert andererseits die deutsche Staatsangehörigkeit — so bestimmt es das deutsche Recht.

Da hat nun aber Art. 16 Satz 2 des Bonner Grundgesetzes von 1949 (GG)[2] Wandel geschaffen. Da das Gesetz jedoch nur für einen Teil Deutschlands gilt, nämlich für die Bundesrepublik Deutschland, so wirkt auch die neue Vorschrift nur hinsichtlich der mit diesem Gebiet zur Zeit der Eheschließung verbundenen deutschen Frauen. Art. 16 Satz 2 lautet: „Der Verlust der Staatsangehörigkeit darf .... gegen den Willen des Betroffenen nur dann eintreten, wenn der Betroffene dadurch nicht staatenlos wird". Das Grundgesetz hat also den klassischen Grundsatz nach dem Vorbild vieler Staaten, z. B. der Schweiz, Italiens, Griechenlands usw. durch die sog. *negative Klausel* eingeschränkt.

---

[1] Reichs- und Staatsangehörigkeitsgesetz v. 22. 7. 1913, § 6.

[2] Grundgesetz für die Bundesrepublik Deutschland v. 23. 5. 1949.

Die deutsche Frau verliert infolge derselben durch ihre Heirat mit einem Fremden ihre Staatsangehörigkeit unbedingt nur dann, wenn sie durch die Heirat die Staatsangehörigkeit ihres Mannes erwirbt, so z. B. wenn sie einen Schweizer oder einen Italiener heiratet, sie soll eben nicht Doppelstaaterin werden; andernfalls hängt es von ihrem Willen ab, ob sie die deutsche Staatsangehörigkeit behält oder ob sie diese verliert, sie soll nicht gegen ihren Willen staatenlos werden. Dieser letztere Fall ist z. B. gegeben, wenn sie einen Engländer oder einen Nordamerikaner heiratet, ferner fast immer, wenn sie die Ehe mit einem Südamerikaner schließt[3].

Die Standesbeamten der Bundesrepublik sind durch Erlasse der zuständigen Länderministerien angewiesen worden, bei der Aufgebotsverhandlung in einer besonderen Verhandlung die deutsche Frau, die einen Ausländer heiraten will, zu fragen, ob sie die deutsche Staatsangehörigkeit behalten will, falls sie durch die Heirat nicht die Staatsangehörigkeit ihres Mannes erwirbt. Zweifel über den Willen der Frau werden sich daher in der Regel nicht ergeben. Wie aber, wenn der Standesbeamte es unterläßt, sie zu fragen, was namentlich dann vorkommen wird, wenn die Ehe im Ausland geschlossen wird. Hier steht man vor Fragen, die noch zu klären sind. Es sind folgende: 1. Folgt daraus, daß die Frau sich nicht rechtzeitig erklärt, ihre Staatenlosigkeit oder ihr Verbleib im deutschen Staatsverband? 2. Binnen welcher Frist hat die Frau sich zu entschließen? Kann sie auch noch nach der Eheschließung sich erklären, daher z. B. dem Standesbeamten auf seine Frage antworten, daß sie sich die Entscheidung vorbehalte? 3. In welcher Weise und wem gegenüber hat sie sich zu erklären?

Im Interesse sowohl der Frau als auch der Rechtssicherheit läge es, wenn man die Fragen so beantwortete, daß die Frau sich vor der Eheschließung gegenüber dem Standesbeamten (oder einer sonstigen Behörde) zu erklären habe und daß mangels einer Erklärung sie die deutsche Staatsangehörigkeit behalte.

II. Die ungültige Ehe

Nur eine *gültige* Ehe bewirkt den Erwerb bzw. denVerlust der deutschen Staatsangehörigkeit. Ob die Ehe gültig ist, bestimmt sich nach deutschem Recht, genauer gesprochen: nach den von der deutschen Kollisionsnorm bezeichneten Sachnormen, die auch ausländische sein können. So besteht also hier ein enger Zusammenhang zwischen dem Staatsangehörigkeitsrecht und dem Internationalen Privatrecht, wie übrigens auch, wenn Voraussetzung für den Erwerb oder den Verlust

[3] Vgl. Raape, Staatsangehörigkeit kraft Eheschließung und kraft Abstammung, eine rechtsvergleichende Abhandlung zum Staatsangehörigkeitsrecht und zum Internationalen Privatrecht (1948) 19ff., im folgenden Raape zitiert.

der Staatsangehörigkeit die eheliche oder die außereheliche Abstammung oder die Legitimation durch nachfolgende Ehe ist[3a].

Bei diesem Punkt ist nun näher zu verweilen.

1. *Ungültigkeit wegen Formverletzung*

Die Gültigkeit der Ehe hängt namentlich davon ab, daß die für ihre Eingehung vorgeschriebene Form beobachtet ist.

a) Inlandsehe.

Wird die Ehe im Inland, also in Deutschland geschlossen, so sind stets die inländischen Formvorschriften einzuhalten. So bestimmt es Art. 13 III des Einführungsgesetzes zum Bürgerlichen Gesetzbuch (EG BGB), der von dem Grundsatz des Art. 11 I EG BGB abweicht, insofern er den Satz locus regit actum hier für zwingend erklärt, wogegen er in der Regel nur fakultativ gilt. Inlandsehe — Inlandsform kann man sagen. Die inländischen Formvorschriften über die Eheschließung werden zum ordre public gerechnet. Das ist der Sinn des Art. 13 III.

Ziehen wir daraus die Folgerungen: Werden die inländischen Formvorschriften innegehalten, so ist die Ehe formgültig, und die Ausländerin erwirbt daher durch die Ehe mit dem deutschen Mann die deutsche Staatsangehörigkeit, auch wenn ihr Heimatstaat die Ehe als formungültig ansehen sollte. Beispiel: Ein Deutscher heiratet hier eine Griechin vor dem Standesbeamten. Deutschland sagt: Die Ehe ist formgültig, also ist die Frau Deutsche geworden. Griechenland sagt: Die Ehe ist formungültig, ist eine Nichtehe, da nicht (auch) vor dem griechischen Geistlichen geschlossen, wie es die Sakramentsnatur der Ehe in jedem Falle, auch bei der Schließung im Ausland, verlangt. Die Frau hat daher die griechische Staatsangehörigkeit behalten. Das Ergebnis ist: Die Frau ist Doppelstaaterin.

Betrachten wir nunmehr den Fall, in dem die Ehe hier nicht vor dem Standesbeamten geschlossen wurde, wie es das deutsche Ehegesetz[4] in § 11 vorschreibt.

Da kommt zunächst die sog. *Konsulatsehe* in Betracht. Die hier im Inland geschlossene Konsulatsehe ist vom deutschen Standpunkt aus gesehen „nicht zustandegekommen", also eine Nichtehe. Art. 13 III EGBGB macht auch bei ihr keine Ausnahme, denn ein Bedürfnis für sie wird verneint. Staatsverträge sahen Ausnahmen vor, doch ihre Zahl war stets sehr gering. Beispiel: Ein Deutscher heiratet hier eine Engländerin vor dem englischen Konsul oder vor der zuständigen Stelle der englischen Militärverwaltung. Die Frau erwirbt nicht die deutsche

---

[3a] Vgl. *Raape*; ferner *Makarov*, Allgemeine Lehren des Staatsangehörigkeitsrechts (1947) 230ff.

[4] Kontrollratsgesetz Nr. 16 v. 20. 2. 1945 (EheG).

Staatsangehörigkeit, da wir eben die Ehe verneinen. England bejaht sie zwar; wenn gleichwohl die Frau durch diese gültige Ehe mit einem Ausländer nicht die englische Staatsangehörigkeit verliert, so deshalb, weil England den klassischen Grundsatz preisgegeben hat. Ebenso verliert die deutsche Frau, die hier vor dem englischen Konsul oder der zuständigen Stelle der englischen Militärverwaltung einen Engländer heiratet, dadurch nicht die deutsche Staatsangehörigkeit; daß sie andererseits die englische Staatsangehörigkeit nicht erwirbt, wiewohl die Ehe vom englischen Standpunkt aus gültig ist, liegt wieder daran, daß England den klassischen Grundsatz nicht mehr hat. Welche Folgen sich daraus für die Staatsangehörigkeit der Kinder aus dieser Ehe ergeben, gehört nicht hierher[5].

Bemerkt sei, daß das Kontrollratsgesetz Nr. 52 v. 21. 4. 1947 an diesem Rechtszustand nichts geändert hat. Es betrifft nur den Fall, daß keiner der Verlobten die deutsche Staatsangehörigkeit besitzt. In diesem Falle, und nur in ihm, kann die Ehe abweichend von Art. 13 III EGBGB auch „vor einer von der Regierung des Landes, dessen Staatsangehörigkeit einer der Verlobten besitzt, ordnungsmäßig ermächtigten Person in der von den Gesetzen dieses Landes vorgeschriebenen Form geschlossen werden", z. B. von zwei Engländern oder einem Engländer und einer Französin vor der zuständigen Stelle der Militärverwaltung eines der beteiligten Staaten[6].

Soviel zu den Konsulatsehen. In Betracht kommen weiter *kirchliche Ehen.* Der Geistliche darf zwar, von Notfällen abgesehen, eine Ehe nur schließen, wenn sie zuerst weltlich geschlossen ist; andernfalls macht er sich strafbar (§ 67 des Personenstandsgesetzes v. 3. 11. 1937). Aber es kommt doch wohl einmal vor, daß ein Geistlicher die Vorschrift verletzt. Die Folge ist dann wieder eine Nichtehe, so daß die Ausländerin, z. B. eine Griechin, die einen Deutschen hier vor dem Geistlichen ihrer Konfession heiratet, die deutsche Staatsangehörigkeit nicht erwirbt.

Im Besonderen sind hier, wo von der Form die Rede ist, noch die sogenannten *Handschuhehen* zu erörtern, die gerade jetzt in Deutschland, aber nicht nur hier, von besonderem Interesse sind. Unter Handschuhehe — einem holländischen Ausdruck — versteht man die per procuratorem geschlossene Ehe. Das deutsche Recht kennt sie nicht. Ein Bedürfnis hierfür wurde vom Gesetzgeber in Anbetracht der deutschen Verhältnisse nicht anerkannt. Hingegen kennen sie viele ausländische Rechte, sogar überraschend viele, 27 zählt *Deuchler* auf[7], und daß auch das kanonische Recht, auf das sie wohl alle zurückgehen, sie zuläßt, ist bekannt. In nicht wenigen Fällen versuchen nun heute

[5] Vgl. dazu *Raape,* MDR 1949, 98ff.

[6] Vgl. *Raape,* Festschrift für Kiesselbach (1947) 141ff.

[7] *Deuchler,* Die Handschuhehe im internationalen Privatrecht: Festschrift für Raape (1948) 83ff.

hier befindliche deutsche Frauen mittels der Handschuhehe die ausländische Staatsangehörigkeit zu erwerben; aber auch der Fall, daß eine im Ausland befindliche ausländische Frau die deutsche Staatsangehörigkeit auf diese Weise zu erwerben sucht, kommt vor. In jenem Falle ist es der Frau vornehmlich um die Ausreiseerlaubnis, in diesem um die Einreiseerlaubnis zu tun. Dazu ist nun folgendes zu sagen: Der deutsche Standesbeamte darf in keinem Fall, wie immer er liegen mag, eine Handschuhehe, also eine Ehe per procuratorem, schließen. Die hier befindliche Frau ist z. B. Deutsche, ihr Verlobter Holländer, in Holland befindlich. Er bevollmächtigt einen hiesigen Freund mit seiner Vertretung bei der Eheschließung. Der Standesbeamte hat das Aufgebot abzulehnen. Sollte er die Ehe dennoch schließen, was kaum vorzustellen ist, so ist sie nichtig. Entsprechendes gilt, wenn umgekehrt der Mann Deutscher und die Frau Holländerin ist. Mag auch die Frau ein holländisches Ehefähigkeitszeugnis vorlegen, mag ferner der holländische Standesbeamte erklären, daß Holland die in Deutschland vorgenommene Handschuhehe gelten lasse — der deutsche Standesbeamte hat sich ablehnend zu verhalten.

Wie die Rechtslage ist, wenn die Handschuhehe im Ausland geschlossen wird — der häufigere Fall —, davon sogleich.

b) Auslandsehe.

Wir wenden uns nunmehr dem Fall zu, daß die Ehe im Ausland geschlossen wird. Die Ehe ist gültig, wenn die ausländischen Formvorschriften beobachtet sind, denn locus regit actum. So Art. 11 I S. 2 EGBGB. Daß es überhaupt nicht möglich ist, sie nach den deutschen Formvorschriften zu schließen, sei nebenbei bemerkt. Auch wenn sie vor dem ausländischen Standesbeamten geschlossen wird, ist sie nur gültig, weil die ausländischen Formvorschriften beobachtet worden sind, nicht auch weil — wie es zunächst scheinen mag — die inländischen innegehalten worden sind. Sie sind es in Wahrheit nicht, weil diese einen inländischen Standesbeamten voraussetzen. Die praktischen Folgen zeigen sich namentlich bei Verletzung der Formvorschriften [8].

Nach dem Gesagten ist daher die im Ausland *kirchlich* zwischen einem deutschen Mann und der ausländischen Frau oder umgekehrt geschlossene Ehe formgültig, wenn der ausländische Staat eine kirchliche Eheschließung vorschreibt oder, wie z. B. England, Schweden usw., wenigstens zuläßt. Die ausländische Frau erwirbt in diesem Fall die deutsche Staatsangehörigkeit, die deutsche Frau verliert sie bzw. kann sie verlieren.

Manche Staaten gestatten die Eheschließung nudo consensu, so nicht wenige der Vereinigten Staaten von Amerika, jedoch nicht mehr Rußland. Auch die in einem dieser Staaten geschlossenen *Konsensehen*

[8] Vgl. *Raape*, Internationales Privatrecht (3. Aufl. 1950) 166.

lassen wir gelten, freilich vorbehaltlich des Art. 30 EGBGB. Die Anwendung der ausländischen Vorschrift, die zu der Eheschließung den bloßen Konsens genügen läßt, kann einmal gegen unseren ordre public verstoßen. Es hängt das ganz von den Umständen ab. Nur wenn beide Teile sich zur Zeit der Eheschließung in dem die Konsensehe gestattenden ausländischen Staat befanden, ist eine solche möglich. Die hier befindliche deutsche Frau kann also nicht in der Weise heiraten, daß sie schriftlich die Ehe mit ihrem in New York befindlichen Verlobten schließt, mag auch darüber eine notarielle Urkunde aufgenommen sein. Sie verliert also auf diese Weise nicht die deutsche Staatsangehörigkeit. Der Satz locus regit actum gilt hier nicht, denn der Ort, an dem die Ehe geschlossen wird, liegt nicht (nur) im Ausland, da eben die Frau sich hier befindet. Das hervorzuheben, ist unter den heutigen Umständen nicht überflüssig.

Hier ist nun noch einmal auf die *Handschuhehe* zurückzukommen. Nehmen wir den Fall, daß ein Deutscher in Rio mit einer Brasilianerin in Sao Pãolo eine Handschuhehe schließt, sei es, daß er, sei es, daß sie dabei vertreten wird. Die Ehe ist formgültig, locus regit actum (Art. 11 I S. 2 EGBGB). Die Frau ist also Deutsche geworden; daß sie freilich zugleich Brasilianerin blieb, also Doppelstaaterin wird, liegt am brasilianischen Recht. Die Anwendung des brasilianischen, die Handschuhehe gestattenden Rechtssatzes ist unbedenklich, sie verstößt nicht gegen unseren ordre public, Art. 30 EGBGB greift nicht ein, es wird dies zwar gelegentlich bezweifelt, aber ohne Grund.

Auch ist in dem Beispiel klar, daß der Ort der Eheschließung in Brasilien und nur dort liegt. Anders verhält es sich dagegen, wenn die deutsche Frau sich in Deutschland befindet und nun in Brasilien per procuratorem eine Ehe mit einem Brasilianer eingeht. Diese Ehe ist formungültig. Vergeblich führt man dagegen den Satz locus regit actum an. Was unter dem Ort zu verstehen ist, „an dem das Rechtsgeschäft vorgenommen wird" (Art. 11 I S. 2 EGBGB), und ob eine Ehe im „Inland" geschlossen wird (Art. 13 III EGBGB) bestimmt sich nach deutschem Recht. Die Qualifikation dieses Begriffs — sofern man hier den Ausdruck überhaupt gebrauchen will — ist Sache des deutschen Rechts. Kein Zweifel nun, daß eine Ehe nicht von hier aus „über die Grenze" *(Deuchler)* geschlossen werden kann, übrigens ohne Unterschied, ob die Verlobten Deutsche oder Ausländer sind. Wer sich im Inland aufhält, hat die deutschen Formvorschriften zu beobachten. Die deutsche Frau gibt die zur Eheschließung ihrerseits notwendige einen anderen ermächtigende Erklärung in Deutschland ab, also liegt der Ort der Eheschließung zum Teil in Deutschland. Diese Auffassung entspricht allein dem Sinn und Zweck des Art. 13 III, der ja den Charakter einer Vorbehaltsklausel hat. Wie es sich verhält, wenn nicht eine Eheschließung, sondern ein anderes Rechtsgeschäft, z. B ein Kaufvertrag, vorgenommen wird, ob dann nicht etwa zu unterscheiden ist, je nachdem der Ermächtigte Bote oder Stellvertreter ist, braucht hier nicht erörtert zu werden [9]. Jedenfalls kann es hier bei der Eheschließung auf eine solche Unterscheidung nicht ankommen, eben wegen des besonderen Charakter des Art. 13 III[10].

Sicherlich kommt es nicht auf den Ort an, an dem der *Standesbeamte* tätig wird, denn nicht er nimmt das Rechtsgeschäft der Eheschließung vor, sondern die Parteien. Anders das angelsächsische Recht, wie Entscheidungen der allerjüngsten Zeit beweisen — ein Zeichen übrigens dafür, daß nicht nur in Deutschland heute die Handschuhehe zu den Fragen des Tages gehört. Die vor dem argentinischen Standesbeamten geschlossene Handschuhehe zwischen einer Engländerin in England (das die Handschuhehe nicht kennt) und einem Argentinier in Argentinien hat ein englisches Gericht 1947 für gültig erklärt[11].

Fassen wir das über die Handschuhehe Gesagte zusammen. Befindet sich eine deutsche Frau im Inland, so kann sie eine Handschuhehe weder hier schließen, indem der ausländische Verlobte sich hier gemäß seinem Heimatrecht vertreten läßt, noch im Ausland, indem sie sich dort gemäß den Vorschriften dieses Landes vertreten läßt. Die Handschuhehe ist in dem einen wie dem anderen Fall kein Mittel für die Frau, aus dem deutschen Staatsverband auszuscheiden.

Ebenso kann die ausländische Frau, die sich im Ausland befindet, die deutsche Staatsangehörigkeit nicht in der Weise erwerben, daß der in Deutschland befindliche deutsche Mann im Ausland per procuratorem gemäß den dortigen Vorschriften mit ihr die Ehe schließt.

2. Sonstige Fälle nichtiger Ehen

Nicht nur wegen Verletzung der Formvorschriften, sondern auch wegen Verletzung der *materiellen* Vorschriften kann die Ehe, von der die Staatsangehörigkeit einer Frau abhängt, ungültig sein. Diesen Fällen wollen wir uns jetzt zuwenden. Und zwar ist hier zuerst von der nichtigen Ehe zu sprechen. Der Hauptfall derselben ist bekanntlich die Bigamie. Die nichtige Ehe (mariage nul) unterscheidet sich von der Nichtehe (mariage non existant) dadurch, daß die Nichtigkeit grundsätzlich solange nicht geltend gemacht werden kann, als nicht die Ehe durch ein Urteil *für nichtig erklärt* worden ist. Dabei ist nun sogleich zu unterscheiden, je nachdem das Urteil von einem inländischen oder von einem ausländischen Gericht gefällt wird.

---

[9] Vgl. *Raape* in *Staudingers* Kommentar zum BGB, 9. Aufl. VI 2. Teil, 175, im folgenden „*Staudinger-Raape*" zitiert.

[10] Vgl. *Deuchler* a. a. O. sowie das Urteil LG Kiel 20. 5. 1949, Schleswig-Holsteinische Anzeigen 1949, 322.

[11] Näheres bei *Deuchler* a. a. O. 91.

a) Inländisches Urteil.

Wir wenden uns zunächst dem ersten Fall, dem einfacheren, zu. Es wird z. B. die Ehe eines deutschen *Mannes* mit einer Ungarin durch ein deutsches Gericht für nichtig erklärt, was übrigens auch möglich ist, wenn die Eheleute ihren Wohnsitz im Ausland haben, ja immer gehabt haben (§ 606 ZPO). Alsdann ist die Folge, daß die Frau die deutsche Staatsangehörigkeit mit rückwirkender Kraft, ex tunc verliert, daß sie also niemals Deutsche gewesen ist. Diese Ehe ist eben, da nichtig, niemals ein Grund für den Erwerb der deutschen Staatsangehörigkeit seitens der Frau gewesen. Es schien nur so, daß die Frau deutsche Staatsangehörige gewesen sei. Allein dieser Schein ist durch das Nichtigkeitsurteil zerstört worden[12].

Eine Frage für sich ist, ob die Frau die ausländische, in dem Beispiel die ungarische Staatsangehörigkeit zurückerwirbt. Es hängt das in erster Linie davon ab, ob der ausländische Staat das deutsche Urteil anerkennt, des weiteren davon, ob nach dem Recht des ausländischen Staates nur eine gültige Ehe der ihm angehörenden Frau mit einem ausländischen Mann ein Grund für den Verlust ihrer Staatsangehörigkeit ist, was bezüglich Ungarns zu bejahen ist. Das Ergebnis ist in dem Beispiel, daß (die Anerkennung des Urteils vorausgesetzt) infolge der Nichtigerklärung der Ehe die Frau einerseits die deutsche Staatsangehörigkeit verliert, und zwar ex tunc, andererseits die ungarische Staatsangehörigkeit wieder erwirbt, und zwar gleichfalls ex tunc.

Entsprechendes gilt, wenn eine deutsche *Frau* einen Ausländer ehelicht und die Ehe in Deutschland gemäß §§ 16ff. EheG für nichtig erklärt wird. Die Frau erwirbt die deutsche Staatsangehörigkeit ex tunc zurück. Ob sie die ausländische verliert, hängt wieder davon ab, ob der ausländische Staat das deutsche Urteil anerkennt, und weiter davon, ob nach seinem Recht nur eine gültige Ehe ein Grund für den Erwerb seiner Staatsangehörigkeit durch die Frau ist. Ausdrücklich wird diese letztere Frage, soweit ich sehe, nur von einer einzigen Rechtsordnung entschieden, nämlich der französischen, und zwar im Art. 42 des neuen Code de la nationalité française v. 19. 10. 1945. Art. 42 bestimmt, daß die ausländische Frau die französische Staatsangehörigkeit durch eine nichtige Ehe nicht erwerbe.

b) Ausländisches Urteil.

Nunmehr wenden wir uns zu dem Fall, daß die von einer deutschen Frau mit einem ausländischen Mann oder umgekehrt geschlossene Ehe durch ein ausländisches Urteil für nichtig erklärt wird. Erwirbt die deutsche Frau die durch die Ehe verlorene deutsche Staatsangehörigkeit zurück? Verliert die ausländische Frau die durch die Ehe erworbene deutsche Staatsangehörigkeit? Das sind die Fragen.

[12] Aus diesem Grunde ist auch Art. 16 GG hier nicht anwendbar.

Die Antwort hängt in erster Linie davon ab, ob das ausländische Urteil von uns anerkannt, ob es also einem inländischen gleichgestellt wird. Darüber sei kurz folgendes gesagt: Wir beanspruchen kein Privileg für die Nichtigerklärung dieser Ehen, so wenig wie für die Scheidung deutscher Eheleute, andererseits erkennen wir das ausländische Urteil natürlich nicht in jedem Fall an, sondern nur unter gewissen Voraussetzungen. § 328 ZPO zählt solche Voraussetzungen auf.

Der Anerkennung des ausländischen Urteils, das die zwischen einem *ausländischen Mann* und einer deutschen Frau geschlossene Ehe für nichtig erklärt, steht nicht entgegen, daß die Eheleute ihren Wohnsitz, d. h. ihren gewöhnlichen Aufenthalt, zur Zeit der Klageerhebung im Inland hatten, daher auch vor einem inländischen Gericht auf Nichtigerklärung hätte geklagt werden können. Also auch in diesem Fall beanspruchen wir kein Privileg für die Nichtigerklärung. So ausdrücklich Abs. II des neugefaßten § 606 ZPO.

Hingegen ist die Anerkennung des ausländischen Urteils, das die zwischen einem *deutschen Mann* und einer ausländischen Frau geschlossene Ehe für nichtig erklärt, bei inländischem Wohnsitz des Mannes zur Zeit der Klageerhebung ausgeschlossen, wie sich gleichfalls aus § 606 II ergibt. In diesem Falle ist das ausländische Gericht „nach den deutschen Gesetzen nicht zuständig" (§ 328 I Ziff. 1 ZPO), vielmehr ist das in § 606 I ZPO näher bestimmte deutsche Gericht ausschließlich zuständig. Dieses Gericht ist also in diesem Falle nicht nur im Vergleich mit anderen inländischen Gerichten, sondern auch mit dem ausländischen ausschließlich zuständig. Die Ausschließlichkeit ist hier nicht bloß eine solche nach innen, sondern auch nach außen, nicht bloß eine intravertierte, sondern auch eine extravertierte. Wenn z. B. eine Französin, die einen Deutschen heiratete, in Frankreich gegen ihren hier wohnhaften Mann ein ihre Ehe für nichtig erklärendes Urteil erzielt, so hat das keine Wirkung im Inland. Für uns bleibt sie die Ehefrau eines Deutschen und folglich deutsche Staatsangehörige.

Das ausländische Urteil wirkte bisher, falls die Voraussetzungen für die Anerkennung gegeben waren, im Inland ipso iure. Das ist inzwischen geändert worden, und zwar durch § 24 der in Kraft gebliebenen 4. Durchführungsverordnung zum Ehegesetz (EheV). Abs. I des § 24 schreibt vor, daß die Entscheidung, durch die im Ausland eine Ehe für nichtig erklärt (oder geschieden usw.) wird, im Inland nur wirksam ist, wenn eine zentrale Stelle (bisher der Reichsminister der Justiz, jetzt der Landesjustizminister[13]) *festgestellt hat*, daß die gesetzlichen Voraussetzungen für die Anerkennung der Entscheidung gegeben sind. Also keine Wirkung des ausländischen Urteils ohne und vor dieser Feststellung! Das gilt natürlich auch, soweit die deutsche Staatsangehörigkeit der Frau

[13] Vgl. Bundesgesetzblatt Nr. 70 v. 20. 12. 1949, 34.

von dem Urteil abhängt. Andererseits: wenn die Feststellung erfolgt ist, so ist sie für jedermann bindend, namentlich für alle Gerichte und Verwaltungsbehörden, was wiederum von Bedeutung ist, wenn die Staatsangehörigkeit der Frau in Frage steht. Abs. IV des § 24 macht eine Ausnahme für den Fall, daß das Gericht des den beiden Eheleuten gemeinsamen Heimatstaates die Ehe für nichtig erklärt (oder geschieden usw.) hat. In diesem Falle bedarf es der Feststellung gemäß Abs. I nicht. Der Grund ist, daß in ihm die Prüfung, ob die gesetzlichen Voraussetzungen für die Anerkennung des Urteils gegeben sind, in der Regel nicht schwierig ist. Unrichtig ist jedoch die Meinung, daß in diesem Falle das ausländische Urteil ohne weitere Nachprüfung von uns anzuerkennen sei[14]. Wenn also einer der beiden Ehegatten unter Berufung auf das ausländische Urteil hier eine neue Ehe schließen will, so hat der Standesbeamte bzw. dessen Aufsichtsbehörde das Urteil zu prüfen.

Zu § 24 IV EheV sei noch folgendes bemerkt, was uns hier besonders angeht. Wenn die Nichtigerklärung der Ehe einer deutschen Frau mit einem Ausländer zur Folge hat, daß sie die ausländische Staatsangehörigkeit mit rückwirkender Kraft, ex tunc verliert, so ist § 24 IV nicht anwendbar, also z. B. nicht, wenn die Frau einen Franzosen heiratete. Die Frau schien zwar Französin, aber das französische Urteil hat den Schleier zerrissen. Die Frau ist nie Französin gewesen, auch nicht zur Zeit der Entscheidung. Und zwar ist es so, ob wir das Urteil anerkennen oder nicht. Von der Anerkennung hängt lediglich ab, ob die Frau die deutsche Staatsangehörigkeit zurückerwarb. Für die Anwendbarkeit des Abs. IV kommt es aber nicht auf den Schein, sondern auf die Wirklichkeit an. Es bedarf daher der Feststellung gemäß Abs. I. Solange sie nicht getroffen ist, kann die Frau nicht geltend machen, daß sie wieder Deutsche geworden sei.

Was nun die Voraussetzungen der Anerkennung ausländischer Urteile betrifft, so hängt sie nach § 328 I Ziff. 5 ZPO grundsätzlich davon ab, daß die *Gegenseitigkeit* verbürgt ist. Eine Ausnahme macht jedoch Abs. II daselbst für den Fall, daß das Urteil einen nicht vermögensrechtlichen Anspruch betrifft — das trifft hier zu — und nach den deutschen Gesetzen ein Gerichtsstand im Inland nicht begründet war. Ob letzteres zutrifft, bestimmt sich nach Abs. I des § 606 ZPO in Verbindung mit dem schon erwähnten, auch in diesem Zusammenhang bedeutungsvollen Abs. II daselbst[15]. Beispiel: Ein Franzose heiratete eine Deutsche, die Eheleute wohnen hier, die Ehe wird in Frankreich für nichtig erklärt. Obgleich auch hier auf Nichtigerklärung gemäß Abs. I hätte geklagt werden können, wird doch für die Anerkennung des französischen Urteils die Verbürgung der Gegenseitigkeit nicht ge-

[14] So *Baumbach*, ZPO, 18. Aufl. § 328 Anm. 7B, und *Schönke*, Zivilprozeßrecht, 3. u. 4. Aufl., 275; dagegen *Raape*, MDR 1949, 586.

[15] Vgl. dazu *Raape* a. a. O., MDR 1949, 586.

fordert — dank Abs. II. Der nach Abs. I gegebene inländische Gerichtsstand fällt nicht ins Gewicht, da der Ehemann Ausländer ist. Umgekehrt: Ein Deutscher heiratete eine Französin, die Eheleute wohnen in Frankreich, dort wird ihre Ehe für nichtig erklärt. Obgleich es an der Zuständigkeit eines deutschen Gerichts für die Ehenichtigkeitsklage zufolge dem Abs. I nicht gefehlt hätte, bleibt doch dieser Umstand außer Anschlag, diesmal, weil zwar der Ehemann Deutscher ist, aber keinen deutschen Wohnsitz hat. Also auch in diesem Fall wird die Verbürgung der Gegenseitigkeit für die Anerkennung des ausländischen Urteils nicht gefordert.

Sollten trotzdem noch Fälle bleiben, in denen es auf die Verbürgung ankommt (was bezweifelt werden kann)[16], so bleibt noch die Hilfe des S. 3 des § 24 I EheV. Danach kann der Justizminister von diesem Erfordernis nach freiem Ermessen absehen.

Von § 328 I Ziff. 5 wenden wir uns nun zu § 328 I Ziff. 3 ZPO. Danach ist die Anerkennung des ausländischen Urteils ausgeschlossen, wenn darin zum Nachteil einer deutschen Partei von den Vorschriften des Art. 13 I, III (die weiteren Artikel interessieren uns hier nicht) abgewichen ist. Gedacht ist an den Fall, der uns gerade hier beschäftigt, nämlich den, daß die deutsche Frau einen Fremden heiratete, z. B. einen Franzosen (vgl. dazu § 606 III Ziff. 2 ZPO, betreffend die Zuständigkeit des inländischen Gerichts, falls die Frau hier auf Nichtigerklärung ihrer Ehe klagen will). *Abgewichen* ist, wenn das ausländische Gericht die Frage der Gültigkeit der Ehe nicht auch nach den deutschen Sachnormen beurteilte — ein leicht denkbarer Fall —, und ferner, wenn es, falls die Ehe in Deutschland geschlossen wurde, die deutschen Formvorschriften nicht anwandte — ein Fall, der nur selten vorkommen wird. Doch genügt die bloße Abweichung nicht, um die Anerkennung des Urteils zu hindern. Es muß hinzukommen, daß die Frau dadurch einen *Nachteil* erlitt. Die Frage, wann das zutrifft, ist nicht immer leicht zu unterscheiden und daher sehr umstritten[17].

Endlich: Der Nachteil muß eine *deutsche* Partei treffen. Man streitet, auf welchen Zeitpunkt es dabei ankommen soll, ob auf den der Eheschließung oder den der Klageerhebung oder den des Urteils[18]. Es sei darauf nicht weiter eingegangen und nur auf folgendes hingewiesen: Wird die Ehe ex tunc für nichtig erklärt (das ist die Regel) und erwirbt die Frau infolgedessen die deutsche Staatsangehörigkeit, die sie bei der Eingehung besaß, zurück (so wird es meist sein, aber nicht z. B., wenn die Eheleute *nach* der Eheschließung und vor der Klageerhebung die

---

[16] Vgl. *Raape* a. a. O. 587.

[17] Vgl. dazu *Fr. Kallmann*, Anerkennung und Vollstreckung ausländischer Zivilurteile und gerichtlicher Vergleiche (1946) 262ff, *Riezler*, Internationales Zivilprozeßrecht, 1949, S. 537.

[18] Vgl. *Staudinger-Raape* 269.

Staatsangehörigkeit gewechselt hatten), so ist klar, daß die Frau die deutsche Staatsangehörigkeit in jedem der genannten Zeitpunkte gehabt hat — vorausgesetzt, daß das Urteil von uns anerkannt wird. Das Absonderliche ist dabei nun, daß die Frage, ob eine Voraussetzung für die Anerkennung des Urteils gegeben ist, von eben dieser Anerkennung in gewissem Maße abhängt. Indes ist das unbedenklich in Anbetracht des Zwecks der Vorschrift, eben der Ziff. 3 des § 328 I ZPO, die ehemals deutsche Frau zu schützen, die eine nach deutschem Recht ungültige Ehe schloß.

c) Unseren Betrachtungen über die nichtige Ehe ist nun noch etwas hinzuzufügen. Nach manchen Rechtsordungen kann die Nichtigkeit der Ehe auch *ohne Nichtigerklärung* geltend gemacht werden, wenn die Ehe aufgelöst worden ist, sei es durch Tod — das ist der wichtigere Fall —, sei es durch Scheidung. So war es nach bisherigem deutschen Recht (§ 1329 BGB), so ist es ferner noch nach ungarischem Recht, so ist es dagegen nicht mehr nach dem jetzt geltenden deutschen Recht (§ 23 Ehegesetz). Diese Verschiedenheit ist natürlich von Bedeutung für die Frage der Staatsangehörigkeit der deutschen Frau, die einen Ausländer heiratete, z. B. einen Ungarn, bzw. der ausländischen Frau, z. B. einer Ungarin, die einen Deutschen heiratete. Darauf näher einzugehen, muß ich mir hier versagen[19].

III. Die anfechtbare Ehe

Von der nichtigen Ehe unterscheidet man die anfechtbare. Die Hauptfälle der letzteren sind die infolge Irrtums, Täuschung oder Drohung eingegangenen. Nach den meisten Rechtsordnungen ist es so, daß die Anfechtung durch Klage zu erfolgen hat und die Ehe daraufhin für nichtig erklärt wird, meistens ex tunc. So war es auch nach bisherigem deutschen Recht (§ 1343 BGB). Nach neuem deutschen Recht ist es anders. Der Ehegatte, der durch Irrtum usw. zur Eingehung der Ehe bestimmt wird, kann die Ehe nicht mehr anfechten, sondern er kann nur noch auf Aufhebung der Ehe durch den Richter klagen, und die Aufhebung wirkt so wie die Scheidung (§ 37 EheG), also ex nunc. Von der Anfechtung der Ehe redet das Ehegesetz überhaupt nicht mehr, weil mit diesem Wort von alters her die Vorstellung der Vernichtung des Rechtsgeschäfts ex tunc verbunden wird. Wie die Scheidung, so ist folglich auch die Aufhebung der Ehe ohne Einfluß auf die Staatsangehörigkeit der Ehefrau, und es hat daher der Wechsel der zivilrechtlichen Vorschriften auch für die Frage der Staatsangehörigkeit eine vom Gesetzgeber vermutlich kaum bedachte Bedeutung erlangt.

Heiratete eine deutsche Frau einen ausländischen Mann oder umgekehrt eine ausländische Frau einen deutschen Mann und ist die Ehe

---

[19] Ich verweise auf *Raape* 47ff.

infolge Irrtums usw. geschlossen, so ist es nach dem Gesagten von Wichtigkeit, welcher der Ehegatten sich irrte usw., ob der deutsche oder der ausländische Teil. Ersterenfalls sind die deutschen Vorschriften anzuwenden und ist die Ehe aufzuheben, letzterenfalls sind die ausländischen Vorschriften anzuwenden und ist, je nachdem wie sie lauten, die Ehe für nichtig zu erklären, sei es ex tunc, sei es ex nunc.

Es folgt dies aus Art. 13 I EGBGB, wonach die Eingehung der Ehe in Ansehung eines jeden der Verlobten nach dem Gesetz seines Heimatstaates zu beurteilen ist, also auch die Frage nach dem Einfluß seines Irrtums, seiner Täuschung usw. Das Gesagte sei kurz an einem Beispiel klar gemacht: Ein Deutscher heiratete eine Ungarin. Er tut dar, daß er sich über Eigenschaften derselben geirrt habe (§ 32 EheG). Der deutsche Richter hat die Ehe aufzuheben. Die Frau behält daher die deutsche Staatsangehörigkeit, so wie sie diese im Fall der Scheidung behalten würde. Andererseits bleibt es dabei, daß sie durch die Ehe die ungarische Staatsangehörigkeit verlor. Zwar wird die Ehe aufgehoben, aber sie wird nicht für nichtig erklärt, und die Aufhebung ist so wenig wie die Scheidung nach ungarischem Recht ein Grund, der Frau die ungarische Staatsangehörigkeit zurückzugewähren, sei es auch nur ex nunc.

Und nun der umgekehrte Fall. Nicht der Mann, sondern die Frau macht geltend, daß sie sich über Eigenschaften des anderen Teils bei Eingehung der Ehe geirrt habe. Diesmal hat der deutsche Richter die Frage nach dem Einfluß des Irrtums auf den Bestand der Ehe nach ungarischem Recht zu beurteilen und hat die Ehe gemäß diesem ex tunc für nichtig zu erklären. Die Folge ist, daß die Frau die deutsche Staatsangehörigkeit ex tunc verliert. Es ist also in dieser Beziehung kein Unterschied zwischen der Nichtigerklärung der Ehe auf Grund einer Nichtigkeitsklage, z. B. wegen Bigamie, und der Nichtigerklärung auf Grund einer Anfechtungsklage, z. B. wegen Irrtums. Ob die Frau die ungarische Staatsangehörigkeit zurückerwirbt, hängt davon ab, ob Ungarn das deutsche Urteil anerkennt. Bejahendenfalls erwirbt sie die ungarische Staatsangehörigkeit ex tunc zurück. Andernfalls erwirbt sie sie nicht zurück und wird daher staatenlos. Sie ist nicht mehr Deutsche, wird andererseits nicht wieder Ungarin.

ZIVILPROZESSRECHT

SCHRIFTLICHES UND MÜNDLICHES ELEMENT IM ZIVILPROZESS

Von Dr. Karl Blomeyer
ord. Professor an der Universität München

und Dr. Wilhelm Meiss
Honorar-Professor an der Universität Mainz

Aus der *Literatur*[1]: A. Hauptwerke: *Wach*, Die ZPO und die Praxis (1886) — *derselbe*, Vorträge über die ZPO (2. Aufl. 1896) — *derselbe*, Grundfragen und Reform des Zivilprozesses (1914) — *Klein*, Mündlichkeitstypen: Allg. österr. Gerichts-Ztg. 1894, 293ff. — *Klein-Engel*, Der Zivilprozeß Österreichs (1927) 220ff. — *Hegler*, Mündlichkeit und Unmittelbarkeit im Prozeß, in: Der Rechtsgang I (1913) 192ff., 385ff., II (1916) 297ff.

B. Neuere Einzelschriften: *de Boor*, Die Entscheidung nach Lage der Akten (1924) — *Walsmann*, Schriftlichkeit und Mündlichkeit: Ztschr. Dt. ZivPr. 61 (1938) 381ff.

C. Materialien: *Hahn*, Die gesamten Materialien zu den Reichsjustizgesetzen, II: ZPO, 118ff. — Entwurf einer ZPO (1931) — Verhandlungen des 31. Dt. Juristentages (1912) I 29ff., 259ff., III 825ff., 979ff.

D. Kommentare und Lehrbücher: *Stein-Jonas*, Komm. ZPO (17. Aufl. 1949 von *Schönke*) §§ 128, 129ff., 251a, 331a — *Seuffert-Walsmann*, Komm. ZPO (12. Aufl. 1932) § 128pp. — *Baumbach*, Kurzkomm. ZPO (18. Aufl. 1947) § 128ff., 251a, 331a, 347, 510c — *Lent*, Kurzlehrbuch d. Zivilprozeßrechts (1947) 28ff., 35, 161, 162, 183 — *Rosenberg*, Lehrbuch d. Dt. Zivilprozeßrechts (4. Aufl. 1949) 268ff., 468ff. u. a. — *Schönke*, Zivilprozeßrecht (3./4. Aufl. 1947) 31ff., 181ff., 280ff.

Referat A

(Von Dr. Karl Blomeyer)

I. Mündlichkeit und Schriftlichkeit als Prozeßmaximen im Rahmen der allgemeinen Verfahrensgestaltung

1. Die deutsche Prozeßrechtswissenschaft bedient sich seit mehr als hundert Jahren gern der Denkform der *Prozeßmaxime*. Doch wird darunter, ohne daß es bemerkt wird, verschiedenes verstanden, und das

[1] Das Literaturverzeichnis ist von Dr. Meiss im Zusammenhang mit seinem Referat (B) zusammengestellt worden.

führt zu Unklarheiten und Mißverständnissen. Oft wird als gleichbedeutend auch von Grundsatz gesprochen. Indessen wird dieses Wort in verschiedenem, beinahe gegensätzlichem Sinne gebraucht. Wenn jemand im täglichen Leben sagt, daß er etwas grundsätzlich nicht tue, will er meist gerade zum Ausdruck bringen, daß es für ihn eine Ausnahme gar nicht geben könne. In der neueren Rechtslehre hat sich aber unvermerkt immer mehr der Gebrauch entwickelt, von Grundsatz nur da zu sprechen, wo Ausnahmen in Frage kommen. Diese Denkform kann die Rechtswissenschaft gar nicht entbehren. Wir sagen oft in einem Einzelfall, die Ausnahmen seien so zahlreich und im praktischen Leben so wichtig, daß der Grundsatz nicht die Regel sei. Ein Grundatz in diesem Sinne ist die Prozeßmaxime nicht. Sie ist ein Gestaltungsprinzip, das bei der Schaffung eines Prozeßgesetzes befolgt wird und ein Wesenszug, den wir einer Verfahrensregelung entnehmen. Aber eine rechtliche Folgerung kann daraus nicht abgeleitet werden. Die Maxime kann in stärkerem oder schwächerem Grade durchgeführt sein. Sie kann mit anderen Maximen in Konkurrenz stehen und tut es meist. Eine Prozeßmaxime wird bei der Schaffung eines Prozeßrechts nicht (wie etwa bei einem Kunstwerk eine ästhetische Maxime) um ihrer selbst willen durchgeführt. Ob und inwieweit diese Richtschnur verfolgt wird, hängt vielmehr von den Zwecken ab, denen das Verfahren dienstbar gemacht wird.

2. Von Mündlichkeit und Schriftlichkeit sprechen wir hinsichtlich *einzelner* Prozeßhandlungen und hinsichtlich eines Verfahrens oder eines Verfahrensabschnittes im *ganzen*. Für eine Prozeßhandlung kann vorgeschrieben sein, daß sie mündlich (in einem Zivilprozeß besonders in einer mündlichen Verhandlung) oder daß sie schriftlich vorzunehmen ist oder daß beide Möglichkeiten gegeben sind. Der Grundsatz der Mündlichkeit der Prozeßhandlungen bedeutet, daß alle Prozeßhandlungen mündlich (in mündlicher Verhandlung) vorzunehmen sind, sofern nicht etwas anderes bestimmt ist oder sich aus einer Ausnahmeregelung ergibt. Wenn von Mündlichkeit des Verfahrens gesprochen wird, steht dagegen die Prozeßmaxime der Mündlichkeit in Rede. Es ist denkbar daß die Prozeßhandlungen grundsätzlich (d. h. soweit nichts anderes bestimmt ist) mündlich vorzunehmen sind, die Ausnahmen aber so weit gehen, daß die Mündlichkeitsmaxime nicht herrscht.

3. Unter starkem Einfluß des französischen Rechts hat die Reichszivilprozeßordnung (ZPO) von 1877 die Unmittelbarkeits- und die Mündlichkeitsmaxime sehr weitgehend durchgeführt. Die politische Forderung der Öffentlichkeit des Prozesses hat dabei eine erhebliche Rolle gespielt: die Öffentlichkeit setzte die Mündlichkeit voraus (und daß Beschränkungen der Mündlichkeit auch die Kontrolle durch die Öffentlichkeit vermindern, sollte immerhin auch heute nicht ganz unbeachtet bleiben). Aber wie jedes moderne, von der Mündlichkeitsmaxime beherrschte Gerichtsverfahren, so weist auch der deutsche Zivilprozeß neben den

mündlichen auch schriftliche Elemente auf. Ihr *Zusammenwirken* soll hier erörtert werden. Die Darstellung soll sich beschränken auf das ordentliche Erkenntnisverfahren der ordentlichen Gerichte. Es bleibt also außer Betracht sowohl das Schiedsgerichtsverfahren, das kein Zivilprozeß, überhaupt kein staatliches Verfahren ist, und das Verwaltungsgerichtsverfahren, aber auch das Vollstreckungsverfahren (Zwangsvollstreckung und Konkurs), das Verfahren vor Sondergerichten (wie dem Arbeitsgericht) und die besonderen Verfahrensarten des Zivilprozesses (wie der Urkunden- und Wechselprozess, das Verfahren in Ehe-, Kindschafts- und Entmündigungssachen, das Mahnverfahren, das Verfahren auf Erlaß eines Arrestes oder einer einstweiligen Verfügung, das Aufgebotsverfahren).

4. Die Begründung des (zweiten) Entwurfs einer Deutschen Zivilprozeßordnung (1872, 19) führt aus: „Mündlichkeit des Verfahrens ist ein zwar gängiger, aber inkorrekter Ausdruck. Man spricht richtiger von dem Grundsatz der Unmittelbarkeit der Verhandlung und versteht darunter, daß die Verhandlung der Parteien über den Rechtsstreit vor dem erkennenden Gericht eine mündliche sein soll". Man wird aber doch wohl unterscheiden müssen zwischen *Mündlichkeit* und *Unmittelbarkeit*. Mündliche wie schriftliche Prozeßhandlungen können unmittelbar oder mittelbar sein. Unmittelbar ist eine Prozeßhandlung, wenn sie dem erkennenden Gericht gegenüber oder von diesem selbst (nicht etwa von einem Richterkommissar) vorgenommen wird. Der Unmittelbarkeitsgrundsatz besagt, daß alle Prozeßhandlungen, soweit nicht eine Ausnahmebestimmung Platz greift, von der Partei selbst dem Prozeßgericht gegenüber oder daß sie von dem Prozeßgericht selbst vorzunehmen sind. Dieser Grundsatz gilt in unserem ordentlichen Erkenntnisverfahren, es bestehen aber sehr weitgehende Ausnahmen. Die Unmittelbarkeitsmaxime beherrscht ein Prozeßrecht dann, wenn es als ein Wesenszug des Verfahrens anzusehen ist, daß es sich zwischen der Partei und dem Prozeßgericht ohne Vermittlung abspielt. Sie beherrscht auch das ordentliche Erkenntnisverfahren des heutigen deutschen Zivilprozeßrechts.

5. Aber es bedarf noch weiterer Feststellungen hinsichtlich des geltenden deutschen Zivilprozeßrechts. Denn die mündlichen und schriftlichen Elemente des Erkenntnisverfahrens lassen sich — das wird so häufig übersehen — nur dann richtig erkennen und gebührend würdigen, wenn man die *allgemeine Gestaltung des Verfahrens* berücksichtigt. Vor allem gilt in dem ordentlichen Erkenntnisverfahren der Grundsatz des *beiderseitigen Gehörs*: jeder Partei ist Gelegenheit zu geben, sich zu jeder Tatsache, die zu ihrem Nachteil der Entscheidung zugrunde gelegt werden soll, zu äußern. Man kann darin den — in der Praxis heute leider oft verletzten — obersten Grundsatz des Verfahrens sehen. Es gilt weiter der *Verhandlungsgrundsatz*. Das ist nicht etwa der Grundsatz, daß es,

von Ausnahmen abgesehen, einer mündlichen Verhandlung bedürfe und der Entscheidung nur zugrunde zu legen sei, was in der mündlichen Verhandlung vorgebracht wurde. Eher könnte man schon als Verhandlungsgrundsatz den Satz bezeichnen, daß nichts der Entscheidung zugrunde gelegt werden darf, was nicht Gegenstand der — mündlichen oder schriftlichen — Verhandlung gewesen ist. Aber heute wird gemeinhin unter Verhandlungsgrundsatz verstanden, daß, von Ausnahmen abgesehen, die Parteien den Prozeßstoff bestimmen und das Gericht an die Sachanträge, die tatsächlichen Behauptungen und die Beweisanträge gebunden und nicht zu eigenen Ermittlungen berechtigt ist. Dieser Grundsatz gilt, soweit es sich nicht um Punkte handelt, die ausnahmsweise von Amts wegen zu berücksichtigen sind. Unser ordentliches Erkenntnisverfahren wird auch von der Verhandlungsmaxime beherrscht. Sie zugunsten der Untersuchungsmaxime aufzugeben, wie es in der nationalsozialistischen Zeit, aber auch schon vorher von einigen gefordert wurde, wäre verfehlt. Sie entspricht der Aufgabe, die der Zivilprozeß in der Gemeinschaft zu erfüllen hat, und hat sich in der Praxis durchaus bewährt, weil dem Gericht die Verpflichtung auferlegt ist, den Parteien bei der Beschaffung der Entscheidungsgrundlagen mit seinem Rat an die Hand zu gehen (§ 139) und von den Gerichten diese Verpflichtung allenthalben gebührend erfüllt wird. Von Verhandlung wird in verschiedenem Sinne gesprochen. Meist versteht man darunter nur die „mündliche Verhandlung". Doch umfaßt der Begriff auch die schriftliche Verhandlung. Oft wird die Verhandlung der Beweisaufnahme gegenübergestellt, sei es daß diese in einem besonderen Verfahren erfolgt (§ 358) oder nicht, oft umfaßt der Begriff auch die Beweisaufnahme, und zwar auch dann, wenn sie durch das erkennende Gericht oder einen beauftragten oder ersuchten Richter erfolgt. Seit 1924 zielt das deutsche Zivilprozeßrecht darauf ab, daß der Rechtsstreit in der einzelnen Instanz „tunlichst durch eine Verhandlung vor dem Prozeßgericht" (§ 349 II S. 1) erledigt wird (sog. *Konzentrationsmaxime*). Das ist aber in sehr vielen Fällen nicht möglich. Oft muß eine mündliche Verhandlung vertagt werden. Die verschiedenen Verhandlungstermine bilden dann eine Einheit (*Einheit der mündlichen Verhandlung*, Gleichwertigkeit der Verhandlungstermine; arg. § 286; ö. ZPO § 193 II: „Die Verhandlung ist bis zur Verkündung ihres Schlusses als ein Ganzes anzusehen"). Nach den §§ 278 I, 283 I können Angriffs- und Verteidigungsmittel (Einreden, Widerklage, Repliken usw.) sowie Beweismittel und Beweiseinreden bis zum Schlusse derjenigen mündlichen Verhandlung, auf welche das Urteil ergeht, geltend gemacht werden. Was in einem Termin Prozeßstoff geworden ist, ist es auch für alle folgenden. Auch wenn eine Beweisaufnahme nicht vor dem Prozeßgericht erfolgt ist, ist ihr Ergebnis ohne weiteres Prozeßstoff. Freilich haben die Parteien das Ergebnis nach § 285 II vorzutragen. Aber damit ist nicht bestimmt, daß es erst durch den Vortrag Prozeßstoff werde.

Wie die Rechtslage ist, wenn trotz Aufforderung des Gerichts keine Partei das Ergebnis vorträgt, ist sehr bestritten. Sie ist nicht anders als die Lage, wenn beide Parteien erklären, daß das Ergebnis einer vor dem erkennenden Gericht erfolgten Beweisaufnahme nicht zur Entscheidungsgrundlage gemacht werden soll. Wenn es sich nicht um eine von Amts wegen zu berücksichtigende Tatsache handelt, ist diesem Begehren zu entsprechen. Aber nicht nur die mündliche Verhandlung bildet eine Einheit, sondern die Verhandlung überhaupt, und zwar die Verhandlung samt den vor dem erkennenden Gericht oder einem Richterkommissar erfolgten Beweisaufnahmen.

Die „*Eventualmaxime*" beherrscht das ordentliche Erkenntnisverfahren weder im ersten noch in einem höheren Rechtsgang: das Verfahren ist nicht in bestimmte Abschnitte geteilt derart, daß mit dem Ablauf eines solchen Abschnitts Rechtsbehelfe gewisser Art nicht mehr geltend gemacht werden können. So gibt es insbesondere keine Trennung des Verfahrens in ein Stadium der Behauptungen und ein Stadium der Beweise, Ja, der Prozeßstoff der früheren Instanz ist auch Prozeßstoff des höheren Rechtsganges. Gegen Urteile erster Instanz ist (nicht allgemein, sondern mit weitgehenden Einschränkungen) die Berufung gegeben. „Vor dem Berufungsgerichte wird der Rechtsstreit in den durch die Anträge bestimmten Grenzen von neuem verhandelt" (§ 525). Anders als bei der österreichischen Berufung, die grundsätzlich das beneficium novorum nicht kennt, können die Parteien grundsätzlich neue Angriffs- und Verteidigungsmittel geltend machen, insbesondere neue Tatsachen und Beweismittel vorbringen (§ 529). Der Prozeßstoff des ersten Rechtsganges ist ohne weiteres auch solcher des zweiten. Freilich ist auch hier bestimmt, daß die Parteien bei der mündlichen Verhandlung das angefochtene Urteil sowie die ihm vorausgegangenen Entscheidungen und die Beweisverhandlungen insoweit vorzutragen haben, als dies zum Verständnis der Berufungsanträge und zur Prüfung der Richtigkeit der angefochtenen Entscheidung erforderlich ist (§ 526 I). Aber auch hier wird das Vorzutragende nicht erst durch den Vortrag Prozeßstoff des zweiten Rechtsganges. Gegen gewisse Urteile der zweiten Instanz ist die Revision gegeben. Sie kann nur darauf gestützt werden, daß die Entscheidung auf der Verletzung eines Rechtssatzes beruhe (Näheres §§ 549—551), und führt nur zur rechtlichen Nachprüfung des Verfahrens und der Entscheidung (nach Maßgabe von § 559). Dabei unterliegt der Beurteilung des Revisionsgerichts nur dasjenige Vorbringen, das aus dem Tatbestande des Berufungsurteils oder dem Sitzungsprotokoll ersichtlich ist (§ 561 I S. 1). Die tatsächlichen Feststellungen sind für das Revisionsgericht bindend (§ 561 II). Das Revisionsgericht hat bei Aufhebung der angefochtenen Entscheidung grundsätzlich die Sache zur anderweiten Verhandlung und Entscheidung an das Berufungsgericht zurückzuverweisen, das dann die rechtliche Beurteilung, welche der Aufhebung zugrunde gelegt ist, auch seiner Entscheidung zugrunde zu legen hat (§ 565 I u. II). Nur ausnahmsweise hat das Revisionsgericht in der Sache selbst zu entscheiden (§ 565 III).

II. Mündlichkeit und Schriftlichkeit im deutschen Zivilprozeß

Über Mündlichkeit und Schriftlichkeit der Prozeßhandlungen enthält unser Zivilprozeßrecht teils allgemeine Bestimmungen, die für jedes ordentliche Erkenntnisverfahren in jedem Rechtsgang gelten, teils solche, die sich nur auf das Verfahren vor bestimmten Gerichten oder auf einen bestimmten Rechtsgang beziehen oder nur unter besonderen Voraussetzungen gelten. Aber auch die allgemeinen Bestimmungen wirken sich verschieden aus, je nachdem wie das Gericht besetzt ist, ob die Parteien durch Anwälte vertreten werden oder nicht, um welchen Rechtsgang es sich handelt, ob und inwieweit die Entscheidung, auf die das Verfahren zunächst abzielt, angefochten werden kann usw. Deshalb kann das Zusammenwirken der mündlichen und schriftlichen Elemente mit völliger Genauigkeit nur in aufgeteilter Darstellung (insbesondere für die Instanzen getrennt) erfaßt werden. Für eine solche fehlt aber hier der Raum. Die Darstellung muß sich auf die Grundregelung beschränken und auf die in besonderen Fällen eingreifenden Sonderregelungen, die dem geltenden deutschen Zivilprozeßrecht als Ganzem in bezug auf die mündlichen und schriftlichen Elemente das Gepräge geben.

A. Die Grundregelung

I. In allen Rechtsgängen gilt der Mündlichkeitsgrundsatz in dem Sinne, daß, soweit nicht besondere Ausnahmebestimmungen eingreifen, über den Rechtsstreit mündlich zu *verhandeln* ist und *alles* das und *nur* das zur Entscheidungsgrundlage zu machen ist, was Gegenstand der mündlichen Verhandlung war. Ob etwas von einer Partei oder — wo es sich um von Amts wegen zu berücksichtigende Tatsachen handelt — von dem Gericht zum Gegenstand der mündlichen Verhandlung gemacht worden ist, ist dabei ohne Belang. Die Parteien haben ihre Vorträge in freier Rede zu halten (§ 137 II Halb. 1), „die Verlesung von Schriftstücken findet nur insoweit statt, als es auf den wörtlichen Inhalt derselben ankommt" (§ 137 III S. 2). Das sind sehr wichtige Bestimmungen, die sich schon in der ZPO von 1877 fanden. Die österr. ZPO (§ 177 I S. 2) erklärt das „Ablesen schriftlicher Aufsätze" für unzulässig. Die deutschen Gerichte sind sich leider der großen Bedeutung, die dem Gebot der freien Rede in unserem Zivilprozeßrecht zukommt, nicht voll bewußt gewesen. Das hat verhängnisvolle Folgen gehabt. Der Gesetzgeber muß bestrebt sein, sicherzustellen, daß der Rechtsstreit zwischen dem Gericht und den Parteien in einer gut vorbereiteten, konzentrierten Verhandlung in möglichst kurzer Zeit erschöpfend erörtert wird. Das Gebot der freien Rede soll die Parteien, vor allem die Anwälte, dazu zwingen, sich unmittelbar vor der Verhandlung gründlich auf sie vorzubereiten und sich in der Verhandlung auf das Wesentliche zu konzentrieren. Einem Vortrag in freier Rede folgen auch die Richter, die der Vortragende anspricht, aufmerksam, und sie verarbeiten während der Verhandlung den Inhalt des Vortrags. Erfahrungsgemäß wird aber auch Zeit gespart, wenn in freier Rede verhandelt wird. Die Vorlesung von Schriftstücken dauert oft sehr lange, während im freien Vortrag kurz das wiedergegeben wird, worauf es für die Verhandlung ankommt. Manchmal ist ein Anwalt garnicht dazu zu bringen, seinen Vortrag in freier Rede zu halten, er trägt stattdessen seinen Schriftsatz vor — weil er nicht die Zeit gefunden hat, sich so vorzubereiten, daß er den Streitstoff ausreichend beherrscht. Möglicherweise hat er gar nicht selbst den Schriftsatz abgefaßt. Auch heute kann man es — wenn auch nicht mehr so häufig wie früher — erleben, daß ein Anwalt den Richtern einen Schriftsatz vorliest, während die Richter Akten studieren und der Gegenanwalt vor dem Gerichtssaal eine Besprechung hat, bis er nach der Vorlesung wieder in den Saal gerufen wird. Um solche Unsinnigkeiten und solche Zeitvergeudung zu verhüten, hatte es sich bei vielen Gerichten eingebürgert, daß die Anwälte in der mündlichen Verhandlung, wenn das Gericht die Akten kannte und eine mündliche Erörterung nicht für erforderlich hielt, ihre Anträge verlasen und im übrigen auf die Akten verwiesen. Zuweilen stellte das Gericht im Anschluß daran noch Fragen zur Klarstellung einzelner Punkte, über die sich manchmal eine ausführlichere Verhandlung entspann. Meist aber kam eine mündliche Erörterung überhaupt nicht auf. Dieses Verfahren war nicht zu vereinbaren mit der Bestimmung der ZPO von 1877: „Eine Bezugnahme auf Schriftstücke statt mündlicher Verhandlung ist unzulässig". Diese Vorschrift ist durch die Novelle von 1924 abgeändert worden und lautet jetzt: „Eine Bezugnahme auf Schriftstücke ist zulässig, soweit keine der Parteien widerspricht und das Gericht sie für angemessen hält" (§ 137 III S. 1). Man hat gesagt, damit sei der Grundsatz der Mündlichkeit aufgegeben worden, es bedürfe nun einer mündlichen Verhandlung überhaupt nicht mehr. Entscheidungsgrundlage sei damit der Akteninhalt geworden. Das ist mindestens eine starke Übertreibung. Ja, man braucht den § 138 III S. 1 nicht einmal als eine Ausnahme des Mündlichkeitsgrundsatzes aufzufassen. Es ist zu bedenken, daß der Akteninhalt hier doch nur durch die in der mündlichen Verhandlung abgegebenen Erklärungen Entscheidungsgrundlage wird und sowohl jede Partei wie das Gericht die mündliche Erörterung dieses Prozeßstoffs in den Einzelheiten verlangen kann. Wenn das Gericht (mindestens der Vorsitzende und der Berichterstatter) und die Parteien wirklich den Akteninhalt kennen und die Akten inhaltlich genau das enthalten, was die Parteien vortragen würden, ist der Ersatz der mündlichen Erörterung durch die Verweisung unbedenklich. Es handelt sich nicht nur scheinbar, sondern wirklich um eine mündliche Verhandlung, und Entscheidungsgrundlage wird auch in diesem Falle nur das, was Gegenstand der mündlichen Verhandlung war. Eine Gefahr bedeutet § 137 III S. 1 nur insofern, als es vorkommen kann, daß das Gericht, um Zeit zu sparen, ohne ausreichende Aktenkenntnis die Verweisung zuläßt und sich bei der Abfassung des Urteils erst ergibt, daß doch noch eine Aussprache über diesen oder jenen Punkt wünschenswert gewesen wäre. In solchem Falle müßte das Gericht die Verhandlung wiedereröffnen (§ 156). Das wird aber oft zu vermeiden versucht.

Der Mündlichkeitsgrundsatz kommt in der ZPO vor allem in § 128 zum Ausdruck: „Die Verhandlung der Parteien über den Rechtsstreit vor dem erkennenden Gerichte ist eine mündliche". Erkennendes Gericht ist auch der Einzelrichter der Kammer des Landgerichts oder des Zivilsenats des Oberlandesgerichts. (Über ihn unten II 2 b.) Nicht dagegen ist der Vorsitzende als solcher und der beauftragte oder ersuchte Richter erkennendes Gericht. Für Verhandlungen vor ihnen gilt der § 128 nicht. Gewisse Entscheidungen kann das erkennende Gericht „ohne vorgängige mündliche Verhandlung" fällen: die Abänderung eines Beweisbeschlusses im Falle § 360 S. 2, die Verwerfung der Berufung und der Revision als unzulässig nach den §§ 519 b II und 554 a II und die Entscheidung über eine Beschwerde nach § 573 II. (Das Güteverfahren, das die Novelle von 1924 als ein grundsätzliches Vorstadium des Verfahrens vor den Amtsgerichten eingeführt hatte, bleibt hier außer Betracht, weil es im größten Teile des Reichsgebiets nicht mehr gilt und in den übrigen Teilen voraussichtlich bald verschwinden wird.)

II. Die *schriftlichen Elemente* spielen im deutschen Zivilprozeß eine große, bei der Beurteilung dieses Rechtes nicht immer gebührend gewürdigte Rolle. Sie dürfen nicht als Ausnahmen von dem Mündlichkeitsgrundsatz oder als eine Beschränkung des Bereichs der Mündlichkeitsmaxime aufgefaßt werden, wenn auch in gewissen Ausnahmefällen Urkunden, ohne daß sie in mündlicher Verhandlung vorgetragen werden, Prozeßstoff werden können. Grundsätzlich ergänzen nur die schriftlichen Elemente die mündlichen. Als schriftliche Elemente kommen in der Hauptsache in Betracht: schriftlich vorzunehmende Prozeßhandlungen, die Vorbereitung der mündlichen Verhandlung und die Beurkundung der mündlichen Verhandlungen und der Beweisaufnahme.

1. Für gewisse *Prozeßführungshandlungen* der Parteien ist vorgeschrieben, daß sie schriftlich vorzunehmen sind oder die Vornahme mündlich und schriftlich zu erfolgen hat. Das Verfahren soll dadurch eine feste Grundlage erhalten und umgrenzt werden. Für gewisse Prozeßführungshandlungen ist es den Parteien freigestellt, sie mündlich in der mündlichen Verhandlung oder schriftlich vorzunehmen. Aber auch gewisse Prozeßhandlungen des Gerichts bedürfen der Schriftform.

a) Von den Prozeßführungshandlungen der Parteien sind vor allem folgende schriftlich vorzunehmen: die Erhebung der Klage (§ 253; Ausnahme: § 500), die Einlegung des Einspruchs gegen ein Versäumnisurteil (§ 340 II), der Berufung (§§ 518, 522a) und der Revision (§§ 553, 556 II), die Begründung der Berufung (§§ 519, 522a II) und der Revision (§§ 554, 556 II S. 2), die Aufnahme eines unterbrochenen oder ausgesetzten Verfahrens (§ 250). Schriftlich oder durch Erklärung in der mündlichen Verhandlung erfolgt die Zurücknahme der Klage (§ 271 II), des Einspruchs (§ 346), der Berufung (§ 515) und der Revision (§ 566), die Klagänderung und die Erhebung einer Widerklage (§ 281). Die schriftliche Vornahme erfolgt in einem Teil der Fälle durch Zustellung eines Schriftsatzes an den Gegner (§§ 253 I, 250, 346, 515 II S. 1, 566), sonst durch Einreichung eines Schriftsatzes bei Gericht (§§ 340, 518 I, 519 II, 522 I u. II, 553, 554 II S. 1, 556 II S. 1). Im Verfahren vor den Amtsgerichten gilt die Besonderheit des § 496 (schriftliche Einreichung bei Gericht oder mündliche Anbringung zum Protokoll der Geschäftsstelle usw.). Die Schriftsätze, in denen eine schriftlich vorzunehmende Prozeßführungshandlung (Erhebung oder Zurücknahme der Klage, des Einspruchs oder eines Rechtsmittels usw.) vorgenommen wird, heißen (nicht im Gesetz, aber in der Praxis und in der Rechtslehre) bestimmende Schriftsätze (im Gegensatz zu den nur vorbereitenden Schriftsätzen).

b) Die Sachanträge (nicht auch Prozeßanträge) sind im Anwaltsprozeß in der mündlichen Verhandlung aus vorbereitenden Schriftsätzen oder aus Protokollanlagen zu verlesen (§§ 297, 298; im Verfahren vor den Amtsgerichten gilt § 510a).

c) „Die Verkündung des Urteils erfolgt durch Verlesung der Urteilsformel" (§ 311 I S. 1; Ausnahme: § 311 I S. 2). Über die Abfassung der Urteile enthält die ZPO eingehende Vorschriften (besonders in den §§ 313, 315). Aber auch viele Beschlüsse des Gerichts bedürfen der schriftlichen Abfassung. Über die Art der Abfassung enthält die ZPO keine Bestimmungen.

2. Für den zweckmäßigen Verlauf der mündlichen Verhandlung ist Voraussetzung, daß sie gut vorbereitet wird. Die *Vorbereitung* hat nach dem geltenden deutschen Recht vor allem durch Schriftsätze der Parteien, aber auch durch gerichtliche Maßnahmen, unter gewissen Voraussetzungen durch Verhandlungen eines Gerichtsmitgliedes (Einzelrichters) mit den Parteien zu erfolgen.

a) „In Anwaltsprozessen wird die mündliche Verhandlung durch Schriftsätze vorbereitet ... In anderen Prozessen können vorbereitende Schriftsätze gewechselt werden" (§ 129). In Anwaltsprozessen stellt der Anwalt seinen Schriftsatz dem Gegenanwalt zu und legt eine Abschrift für das Gericht auf der Geschäftsstelle nieder (§ 133 I). Im Parteiprozeß wird die Urschrift bei dem Gericht eingereicht, das eine Abschrift dem Gegner zustellt oder mitteilt. Auch im österreichischen Zivilprozeß ist das Gericht immer auf dem laufenden über den Schriftsatzwechsel. Anders ist es in England, wo die mündliche Verhandlung zwar auch durch Schriftsätze, die die Parteivertreter wechseln, sehr sorgfältig vorbereitet, das erkennende Gericht aber nur durch die mündliche Verhandlung unterrichtet wird. Gleiches galt bis 1945 im wesentlichen in Frankreich. Auch diese Regelung hat — was in Deutschland indessen heute nicht anerkannt wird — ihre Vorzüge. Sie verhütet, daß das Gericht, wie bei uns in vielen Sachen, in einem Wust von Schriftsätzen erstickt, und zwingt dazu, eine wirkliche, den Streitstoff erschöpfende und klärende mündliche Verhandlung durchzuführen. Sie ist vielleicht die einzige Lösung, die ein Absinken in Scheinmündlichkeit und Schriftlichkeit ausschließt.

Vorbereitende Schriftsätze können nicht etwa nur vor der ersten mündlichen Verhandlung gewechselt werden; bei Vertagungen geht auch den späteren Terminen meist ein Schriftsatzwechsel voraus. Häufig stellen die Anwälte auch nach der Schlußverhandlung noch Schriftsätze zu. Darüber ist unten (B III) zu handeln. Die bestimmenden Schriftsätze sind oft zugleich auch vorbereitende. Soweit ein Schriftsatz vorbereitend ist, kündigt er lediglich an, was die Partei in der mündlichen Verhandlung vorbringen will. Sein Inhalt ist grundsätzlich nur insoweit zur Entscheidungsgrundlage zu machen, als er in der mündlichen Verhandlung vorgetragen oder gemäß § 138 III S. 1 in Bezug genommen worden ist. Davon machte die ZPO von 1877 nur eine einzige Ausnahme. Sie besteht auch heute noch: wenn ein vorbereitender Schriftsatz im Tatbestand (oder den Entscheidungsgründen) eines Urteils in Bezug genommen ist, ist er auch dann Prozeßstoff für die höhere Instanz, wenn er nicht in der mündlichen Verhandlung vorgetragen oder auf ihn verwiesen worden ist. Es ist ein Wesenszug sowohl der im ersten Weltkrieg erlassenen Bekanntmachung zur Entlastung der Gerichte vom 9. September 1915, die heute in einer Fassung vom 13. Mai 1924 gilt (EntlVO), als auch der ZPONovelle von 1924, die zur Beschleunigung und Vereinfachung des Verfahrens das Zivilprozeßrecht tiefgreifend geändert hat, die Ausnahmefälle stark erweitert zu haben, in denen vorbereitende Schriftsätze, auch wenn sie nicht von der Partei, die sie zugestellt hat, in der mündlichen Verhandlung vorgetragen oder in Bezug genommen wurden, der Entscheidung zugrunde zu legen sind: mit Einwilligung der Partei in den Fällen EntlVO §§ 7 und 18/19, ohne Rücksicht auf den Willen der Partei in den Fällen der §§ 251 a und 331 a (Säumnis beider Parteien und Säumnis einer Partei). Diese Fälle sind unten (B) zu erörtern. In ihnen werden Schriftsätze, die als vorbereitende zugestellt und eingereicht worden sind, nachträglich Entscheidungsgrundlage. Die Partei muß also heute, wenn sie säumig ist, den Schriftsatz, der nur als ein vorbereitender gedacht war und von dem sie sich vorbehielt, wie weit sie seinen Inhalt zur Entscheidungsgrundlage machen werde, gegen sich gelten lassen. Die bestimmende Kraft erlangen die Schriftsätze im Falle der Einverständniserklärung (EntlVO §§ 7 und 18/19) und der Säumnis (§§ 251a und 331a) mit Rückwirkung auf den Zeitpunkt ihrer Zustellung an den Gegner.

Für den Anwaltsprozeß ist vorgeschrieben, daß der vorbereitende Schriftsatz, der neue Tatsachen oder ein anderes neues Vorbringen enthält, mindestens eine Woche, und die Gegenerklärung darauf mindestens drei Tage vor der mündlichen Verhandlung zuzustellen ist (Näheres § 132). In der mündlichen Verhandlung kann unter bestimmten Voraussetzungen Vorbringen, das nicht rechtzeitig in einem Schriftsatz angekündigt worden ist, vom Gericht zurückgewiesen werden (§§ 279 II, 283 II). Statt das Vorbringen zurückzuweisen, kann das Gericht auch dem Gegner auf seinen Antrag hin die Möglichkeit geben, noch nach der mündlichen Verhandlung einen Schriftsatz einzureichen, damit er in der Entscheidung berücksichtigt wird (§ 272a. Darüber unten B IV). Zur Aufklärung einzelner Punkte soll das Gericht, das den Schriftsatzwechsel der Parteien dauernd zu verfolgen hat, den Parteien aufgeben, sich innerhalb bestimmter Fristen über die Punkte zu erklären; wenn einer solchen Anordnung nicht Folge geleistet wird, so kann die Erklärung, wenn sie später nachgeholt wird, unberücksichtigt bleiben (§ 279a). Auch Kostennachteile können entstehen (§§ 95, 102). Von der in § 39 des Gerichtskostengesetzes gegebenen Möglichkeit, der Partei eine Verzögerungsgebühr aufzuerlegen, wird nur sehr selten Gebrauch gemacht. Einen erheblichen Nachteil aber kann eine Partei durch die Unterlassung rechtzeitiger Ankündigung insofern erleiden, als dann bei Säumnis des Gegners seinem Antrag, Versäumnisurteil oder Entscheidung nach Lage der Akten zu erlassen, nicht entsprochen werden darf (§ 335 I Nr. 3). Das gilt im Anwalts- wie im Parteiprozeß.

In Deutschland lassen die Schriftsätze der Anwälte viel zu wünschen übrig. Darunter leidet die Rechtspflege sehr. Sie werden meist in das Stenogramm diktiert und werden dadurch unnötig lang. Oft werden sie abgefaßt, ohne daß der Anwalt den Streitstoff genügend durchdacht und gesichtet hat. Zuweilen wird einfach das Schreiben, das der Anwalt von seiner Partei erhalten hat, ganz oder auszugsweise wiedergegeben, obwohl es vieles enthält, was gar keine Bedeutung für den Prozeß haben kann. Wie anders stände es um unsere Rechtspflege, wenn die Schriftsätze jede Weitschweifigkeit und jedes Plädoyer vermeiden und sich darauf beschränken würden, Tatsachenbehauptungen aufzustellen, über die sich der Gegner erklären muß! Durch bessere Schulung der jungen Juristen und durch Erziehung könnte eine Besserung erreicht werden. Auch gesetzliche Bestimmungen könnten dazu beitragen. Die österreichische ZPO enthält beachtenswerte Ansätze dazu.

b) Nach deutschem und österreichischem Recht wird aber auch das Gericht zur Vorbereitung der mündlichen Verhandlung tätig (wie denn auch in England die Verhandlung vor dem judge ausgiebig durch den master, der auch den Schriftsatzwechsel der solicitors regelt, vorbereitet wird). In Deutschland kommt vor allem der § 272 b und das „Verfahren vor dem Einzelrichter" der Kammer des Landgerichts und des Senats des Oberlandesgerichts (§§ 348—354), in Österreich der § 183 der ö. ZPO, dem § 272a der deutschen ZPO nachgebildet ist, die „erste Tagsatzung", die vor einem Mitglied des Senats stattfindet, und das vorbereitende Verfahren vor einem beauftragten Richter in Betracht.

Nach § 272 b (Novelle von 1924) hat der Vorsitzende oder ein von ihm zu bestimmendes Mitglied des Prozeßgerichts schon vor der mündlichen Verhandlung alle Anordnungen zu treffen, die angebracht erscheinen, damit der Rechtsstreit tunlichst in einer mündlichen Verhandlung erledigt wird. Diese Vorbereitungspflicht wird heute im allgemeinen von den Gerichten gut erfüllt. Das Gericht kann insbesondere den Parteien die Ergänzung ihrer Schriftsätze und die Vorlegung von Urkunden aufgeben, Behörden um Mitteilung von Urkunden oder um Auskünfte ersuchen und das persönliche Erscheinen der Parteien zur mündlichen Verhandlung anordnen. Hat der Beklagte dem Klaganspruch (wenn auch nur in einem Schriftsatz) widersprochen, so kann das Gericht auch Zeugen, auf welche die Partei sich bezogen hat, zur mündlichen Verhandlung laden oder von ihnen nach Maßgabe des § 377 III, IV (s. unten) schriftliche Auskünfte einholen und die Einnahme des Augenscheins sowie die Begutachtung durch Sachverständige anordnen und ausführen oder Sachverständige zur mündlichen Verhandlung laden. Von jeder Anordnung werden die Parteien benachrichtigt. Die Novelle von 1924 hat ferner angeordnet, daß im Verfahren vor dem Landgericht in erster oder zweiter Instanz und vor dem Oberlandesgericht jede Sache zur Vorbereitung der Entscheidung der Kammer oder des Senats zunächst vor einem Mitglied des Kollegiums zu verhandeln ist, wenn nicht der Vorsitzende, weil es einer solchen Vorbereitung nicht bedarf, bestimmt, daß davon abgesehen werden soll (§ 348). „Verhandeln" bedeutet hier (arg. § 272 b) mündlich verhandeln. Auch für das Verfahren vor dem Einzelrichter gilt der Grundsatz der Mündlichkeit. Das erkennende Gericht ist hier mit einem Einzelrichter besetzt. Er kann auch Beweisbeschlüsse erlassen und sie (unter gewissen Voraussetzungen) selbst ausführen. Das Verfahren vor ihm bildet mit den etwa vorausgegangenen und dem nachfolgenden Verfahren vor dem Kollegium das Verfahren vor dem erkennenden Gericht. Diese Einheit wird auch dadurch nicht beeinträchtigt, daß der Richter aus dem Kollegium ausscheidet. Der durch die Verhandlung und Beweisaufnahme vor dem Einzelrichter beschaffte Prozeßstoff ist ohne weiteres Entscheidungsgrundlage für das Kollegium. Die im Einzelrichterverfahren durch Parteiverhalten entstandenen bindenden Prozeßlagen (§§ 39, 269, 274 III, 288, 295 usw.) bestehen fort. Die Ergebnisse des Einzelrichterverfahrens sind zum Gegenstand der mündlichen Schlußverhandlung vor dem Kollegium zu machen. Das kann durch jede Partei, aber auch durch den Vorsitzenden oder einen von ihm damit beauftragten Beisitzer geschehen. (§ 285 II findet keine Anwendung.) Daß ein von dem inzwischen ausgeschiedenen Einzelrichter verfaßter Bericht über die Ergebnisse des Einzelrichterverfahrens vorgelesen wird oder der Einzelrichter etwas aus seiner Erinnerung berichtet, ist, wenn eine Partei widerspricht (und der frühere Einzelrichter nicht als Zeuge vernommen wird), unstatthaft.

c) Auch das Verfahren zur „Sicherung des Beweises" (§§ 485—495) dient in gewissem Sinne der Vorbereitung der mündlichen Verhandlung und beschafft schriftliche Entscheidungsgrundlagen. Über das Gesuch kann ohne mündliche Verhandlung entschieden werden (§ 490 I). „Die Beweisaufnahme erfolgt nach den für die Aufnahme des Beweismittels überhaupt geltenden Vorschriften" (§ 492). Jede Partei kann die Beweisverhandlungen in dem Prozesse benutzen (§ 493). Sie trägt das Protokoll über die Beweisaufnahme in der mündlichen Verhandlung vor. Ohne Vortrag oder Bezugnahme ist es nicht der Entscheidung zugrunde zu legen.

3. Ob, inwieweit und wie der Prozeßstoff am besten zu *beurkunden* ist, ist ein besonders schwieriges, bisher noch nirgends befriedigend gelöstes Problem der Zivilprozeßgesetzgebung.

a) In *Deutschland* erfolgt diese Beurkundung durch die Protokolle über mündliche Verhandlungen und Beweisaufnahmen und durch den Tatbestand des Urteils.

α) Die *Aussagen* von Zeugen und Sachverständigen sowie die Aussagen einer Partei im Falle ihrer Vernehmung sind zu protokollieren (§ 160 II Nr. 3), mögen sie vor dem erkennenden Gericht oder einem beauftragten oder ersuchten Richter erstattet sein. Nur dann bedarf es dessen nicht, wenn die Vernehmung vor dem Prozeßgericht erfolgt und das Endurteil der Berufung nicht unterliegt (§ 161). Freilich sollte von der Ausnahmevorschrift nur Gebrauch gemacht werden, wenn es ganz sicher ist, daß das Endurteil sofort erlassen wird. Bei Richterwechsel wäre Wiederholung der Vernehmung erforderlich. Auch das Ergebnis eines Augenscheins ist „durch Aufnahme in das Protokoll" oder durch Aufnahme in eine Protokollanlage festzuhalten (§ 160 II Nr. 4). Eine dem § 161 entsprechende Ausnahme gilt hier nicht.

Im übrigen sind in einem Verhandlungsprotokoll grundsätzlich nur festzustellen: Anerkenntnisse, Verzichte und Vergleiche, durch die der geltendgemachte Anspruch ganz oder teilweise erledigt wird; die Anträge und Erklärungen, deren Feststellung besonders vorgeschrieben ist;

die Entscheidungen (Urteile, Beschlüsse und Verfügungen) des Gerichts, sofern sie nicht dem Protokoll schriftlich beigefügt sind; die Verkündung der Entscheidungen. In dem Verfahren vor dem Amtsgericht sind auch alle Anträge sowie die Erklärung über einen Antrag auf Parteivernehmung zu protokollieren. (Das kann durch Bezugnahme auf einen vorbereitenden Schriftsatz geschehen.)

Sonstige Erklärungen einer Partei, insbesondere Geständnisse, sind durch das Protokoll insoweit festzustellen, als das Gericht es bei dem Schlusse der mündlichen Verhandlung für angemessen hält (§ 510a). Vor den Kollegialgerichten (also auch im Einzelrichterverfahren) gilt § 298: soweit es sich nicht um Anträge handelt, sind wesentliche Erklärungen, die nicht in vorbereitenden Schriftsätzen enthalten sind, oder wesentliche Abweichungen von dem Inhalt solcher Schriftsätze auf Antrag durch Schriftsätze, die dem Protokoll als Anlage beizufügen sind, festzustellen, und das gilt auch von Geständnissen und von Erklärungen über Anträge auf Parteivernehmung. Im übrigen wird das Parteivorbringen im deutschen Zivilprozeß nicht im Sitzungsprotokoll beurkundet. Die Nachteile dieser Regelung liegen klar zu Tage: was in einer mündlichen Verhandlung vorgetragen oder in Bezug genommen worden ist, ist in einer späteren mündlichen Verhandlung nur insoweit Prozeßstoff, als der Richter und im Kollegium jeder der Richter sich dessen erinnert. Nur mit dieser wichtigen Einschränkung gilt die Einheit der mündlichen Verhandlung. Mancher Richter macht sich Notizen zur Unterstützung seines Gedächtnisses. Ein neuer Richter darf sie nicht als Beurkundung von Prozeßstoff verwerten. Die Gefahr, daß wichtiger Prozeßstoff verfällt, wird in Kauf genommen zur Vereinfachung des Verfahrens. Gewiß wäre es ganz unsinnig, vorzuschreiben, daß in jedem Verhandlungstermin das gesamte Vorbringen in allen Einzelheiten zu beurkunden sei. Doch könnte in Frage kommen, den Streitstand, wie er sich am Schlusse des Termins darstellt, ganz kurz zusammengefaßt zum Protokoll festzustellen.

Das Parteivorbringen ist mit dem Ergebnis der Beweisaufnahmen und dem übrigen Prozeßstoff von dem erkennenden Gericht nach dem Stande der letzten mündlichen Verhandlung in dem Tatbestand des Urteils in gedrängter Kürze zu beurkunden (§ 313 I Nr. 3). Auch das Beurkundete wird als Tatbestand bezeichnet. Es ist ganz etwas anderes als der Sachverhalt, d. h. das, was das Gericht in tatsächlicher Beziehung auf Grund des Prozeßstoffs festgestellt hat. Der Tatbestand ist auch keine Beurkundung der Prozeßgeschichte. Er soll nur angeben, was die Parteien am Schlusse der mündlichen Verhandlung noch beantragt, behauptet und als Beweismittel verwertet haben. Denn nur das ist dafür, worüber zu entscheiden war, und für ein Rechtsmittel, die Rechtskraft des Urteils, eine Wiederaufnahme des Verfahrens usw. künftig noch von Bedeutung. „Der Tatbestand des Urteils liefert rücksichtlich des mündlichen Parteivorbringens Beweis. Dieser Beweis kann nur durch das Sitzungsprotokoll entkräftet werden" (§ 314). Die richterliche Feststellung, die ihnen erst nach der Verkündung des Urteils bekannt wird, kann jede Partei binnen einer Woche nach Zustellung des in vollständiger Form abgefaßten Urteils durch einen Antrag auf Berichtigung des Tatbestandes anfechten. Aber die Berichtigung hat keine Änderung des übrigen Teils des Urteils zur Folge. Deshalb wird nur selten Berichtigung des Tatbestandes beantragt.

Die ZPO von 1877 bestimmte: „Bei der Darstellung des Tatbestandes ist eine Bezugnahme auf den Inhalt der vorbereitenden Schriftsätze und auf die zum Sitzungsprotokoll erfolgten Feststellungen nicht ausgeschlossen". Das konnte nur bedeuten, daß bei der Beurkundung eines Angriffs- oder Verteidigungsmittels hinsichtlich der Einzelheiten auf vorbereitende Schriftsätze und Protokollfeststellungen verwiesen werden könne, soweit sie dem Vorbringen bei Schluß der mündlichen Verhandlung entsprachen. So aufgefaßt diente der Tatbestand nicht nur der Beurkundung, sondern das Erfordernis zwang auch den Richter, den Prozeßstoff zu sichten, und sollte darauf hinwirken, daß die Verhandlung in der richtigen Weise geleitet wurde. Die Verhandlung soll möglichst weitgehend den Sachverhalt klären, den Streitstoff auf das beschränken, was für die Entscheidung von Bedeutung sein kann, und die Bedeutung herausarbeiten, die dem einzelnen Parteivorbringen im Verhältnis zu dem Klaganspruch zukommt. Darauf, daß dieser Zweck erreicht wird, kommt alles an. Der Gesetzgeber muß alle ihm zur Verfügung stehenden Mittel einsetzen, um auf solche Gestaltung der Verhandlung hinzuwirken. In Verkennung dieses Zweckes der Bestimmungen über den Tatbestand bestimmte leider die Entlastungsverordnung von 1915, die Darstellung des Tatbestandes könne „durch eine Bezugnahme auf den Inhalt der vorbereitenden Schriftsätze und auf die zum Sitzungsprotokoll erfolgten Feststellungen ersetzt werden, soweit sie den Sach- und Streitstand wiedergeben". Die Folgen waren schlimm. Oft wurde im Tatbestand schlechthin auf die Schriftsätze der Parteien und die Beweisaufnahmeprotokolle oder einfach auf „die Akten" verwiesen, auch wenn viele von den Schriftsätzen längst durch andere Schriftsätze oder durch nicht angekündigtes mündliches Vorbringen überholt waren. Vor allem aber nahm bei vielen Richtern die Neigung zu, nach dem Gefühl ohne scharfe juristische Durcharbeitung des Prozeßstoffs zu entscheiden. Die Novelle von 1924 versuchte wiedergutzumachen, was die Verordnung von 1915 angerichtet hatte. Seit ihr lautet § 313 II: „Die Darstellung des Tatbestandes kann durch eine Bezugnahme auf den Inhalt der vorbereitenden Schriftsätze und auf die zum Sitzungsprotokoll erfolgten Feststellungen ersetzt werden, soweit sich aus ihnen der Sach- und Streitstand richtig und vollständig ergibt. In jedem Falle sind jedoch die erhobenen Ansprüche genügend zu kennzeichnen und die dazu vorgebrachten Angriffs- und Verteidigungsmittel ihrem Wesen nach hervorzuheben." Daß aber auch diese Bestimmungen noch keine befriedigende Lösung des für die Zivilrechtspflege so wichtigen Problems darstellen, habe ich in meiner Abhandlung „Zur Lehre vom Tatbestand im Zivilurteil" (in „Die Reichsgerichtspraxis im deutschen Rechtsleben. Festgabe der juristischen Fakultäten zum 50jährigen Bestehen des Reichsgerichts" [1929] VI, 309—334) dargelegt.

β) In *Frankreich*, dessen Zivilprozeßrecht die deutsche Zivilprozeßgesetzgebung so stark beeinflußt hat, stellen die avoués nach der Urteilsverkündung den Prozeßstoff fest. Der Richter soll damit nicht belastet werden, er soll nur urteilen. Nur wenn die avoués sich nicht einigen können, entscheidet der Richter. Die bayerische ZPO von 1869 folgte dieser Regelung. Aber in Frankreich selbst betrachtete man sie schon damals nicht als befriedigend und die Darstellung des französischen Zivilprozesses von *Glasson-Morel-Tissier* (Traité théorique et pratique d'organisation judiciaire, de compétence et de procédure civile, 3 éd.) führt aus (Nr. 758 tom. II [1929] 83): „Le système du Code de procédure est généralement critiqué. Il peut paraitre étrange de faire rédiger le compte-rendu de l'instance par le mandataire d'une des parties et souvent longtemps après que le jugement a été rendu. Cela semble surtout inadmissible si on veut admettre, comme l'a fait la Cour de Cassation, que les qualités font partie du jugement et que leur nullité entraîne la nullité du jugement. — Cependant le système français des qualités rédigées par les avoués a ses défenseurs; certains y trouvent plus de garanties pour les plaideurs. Les qualités ont, disent-ils, le caractère d'un contrat judiciaire; elles ne peuvent plus être critiquées. Le juge et le greffier ne pourraient lier les parties par des qualités non reconnues par elles. — Le projet de réforme décide que c'est au tribunal lui-même de préciser, d'après les conclusions des parties, les difficultés à trancher."

γ) Als *Franz Klein* die heute geltende *österr. ZPO* entwarf, konnte er sich weder für das französische noch für das deutsche System der Beurkundung des Prozeßstoffes erwärmen. Nach der österr. ZPO braucht das Urteil einen Tatbestand nicht zu enthalten. § 417 II S. 2—4 bestimmt: „Die Entscheidungsgründe haben unter Hervorhebung der von den Parteien in der Hauptsache gestellten Anträge die Tatsachen, auf die sich der Anspruch oder das Rechtsverhältnis, worüber entschieden wird, gründet, sowie jene Tatsachen anzugeben, die das Gericht als festgestellt angenommen und seiner Entscheidung zugrunde gelegt hat. Wenn das Gericht dies für zweckmäßig hält, ist der am Schlusse der mündlichen Verhandlung sich ergebende Sachverhalt abgesondert von den Entscheidungsgründen gedrängt darzustellen (Urteilstatbestand). Hiebei kann auf die Akten verwiesen werden." Grundsätzlich ist das Parteivorbringen im Sitzungsprotokoll zu beurkunden, aber nicht laufend, wie es zeitlich vorgetragen wird (§ 210 II S. 1: „Eine Protokollierung der einzelnen Parteivorträge ist unstatthaft"), sondern in Zusammenfassung des Verhandlungsergebnisses. „In jedes Protokoll über eine mündliche Verhandlung ist neben den Angaben, welche den Gang der Verhandlung im allgemeinen erkennen lassen, der Inhalt des auf den Sachverhalt sich beziehenden beiderseitigen Vorbringens in gedrängt zusammenfassender Darstellung aufzunehmen" (§ 209 I). „Ferner sind in dem Protokolle die von den Parteien für streitig gebliebenen Ausführungen der angebotenen Beweismittel zu bezeichnen" (§ 209 II). „Kann eine Verhandlung nicht an einem Tage zu Ende geführt werden, so ist bei jeder einzelnen Tagsatzung das während derselben Vorgebrachte besonders zu protokollieren" (§ 209 IV). Entlastung des Protokolls durch Verweisungen auf Schriftsätze, Akten eines vorbereitenden Verfahrens und Sachverhaltsdarstellungen in Beweisbeschlüssen ist vorgeschrieben (§ 210 I). „Die Weigerung der Parteien, am Protokollierungsakte teilzunehmen, hindert die Vornahme der Beurkundung nicht" (§ 210 III). Wird das Begehren einer Partei, das Protokoll zu berichtigen oder zu ergänzen, zurückgewiesen, so kann die Partei Widerspruch erheben, der in einem Anhange zum Protokoll zu beurkunden ist; der Partei bleibt dadurch vorbehalten, in zweiter Instanz vor dem Berufungssenat die Unrichtigkeit der Protokollierung geltend zu machen. Die Protokollierung des Parteivorbringens „kann auch in der Art geschehen, daß der Vorsitzende oder der die Verhandlung leitende Einzelrichter unverzüglich nach Beendigung der Parteiverhandlung und in Gegenwart der Parteien den aus ihrem Vorbringen sich ergebenden Sachverhalt in übersichtlicher Zusammenfassung darlegt und diese Darstellung, soweit tunlich, unter Bezugnahme auf den Inhalt der Prozeßakten zu Protokoll gebracht wird" (§ 211 I). In solchem Falle wird von Resuméprotokoll gesprochen. „Wenn der Umfang des Verhandlungsstoffes oder andere Umstände eine frühere Beurkundung notwendig oder zweckmäßig erscheinen lassen, so kann eine derartige Protokollierung auch schon während der mündlichen Verhandlung in der Weise stattfinden, daß der Inhalt einzelner Abschnitte der Verhandlung (§§ 188, 189) zusammengefaßt und zu Protokoll gebracht wird" (§ 211 II). Hier spricht man von Teil-Resuméprotokoll. Auch als Stück- oder Flickprotokoll wird eine solche Niederschrift bezeichnet (*Sperl*, Lehrbuch der bürgerlichen Rechtspflege, I [1925] § 113 I 2b, 383), doch wird von anderen unter Flickprotokoll jedes Protokoll mit Verweisungen (§ 210) verstanden (*Karl Wolff*, Grundriß des österreichischen Zivilprozeßrechts [1936] 174). Im Verfahren vor dem Bezirksrichter hat die Protokollierung des tatsächlichen und Beweisvorbringens der Parteien, falls nicht vorbereitende Schriftsätze vorliegen (§ 210 I), in der Regel durch Resuméprotokoll zu erfolgen (§ 443), doch kann hier auch die Darstellung des auf den Sachverhalt sich beziehenden Parteienvorbringens einem sofort auszufertigenden Beweisbeschluß oder dem Tatbestand eines sofort zu erlassenden Urteils vorbehalten werden (§§ 444, 445).

Franz Klein hatte sehr richtig die große Bedeutung erkannt, die der richtigen Verteilung der mündlichen und der schriftlichen Elemente im Zivilprozeß und insbesondere der Lösung der hier zur Erörterung stehenden Frage zukommt, und von dem Permanenzausschuß, der den Entwurf durchzuarbeiten hatte, wurden die Bestimmungen über die Protokollierung als „der Angelpunkt des ganzen Prozesses" angesehen (Materialien I, 277). *Kleins* Lösung wird auch in Österreich verschieden beurteilt. Dem Verfasser dieser Abhandlung haben aufmerksame Beobachtungen in den Wiener Zivilgerichten, die sich freilich nur auf einige Wochen erstreckten und schon mehr als 15 Jahre zurückliegen, gezeigt, daß das Verfahren sehr verschieden funktioniert. Es bewährt sich ausgezeichnet, wenn am Schlusse einer Verhandlung oder doch der Verhandlung über einen einzelnen Anspruch oder einen selbständigen umfänglichen Streitstoff das Ergebnis vom Richter zusammengefaßt wird. In vielen Spruchkörpern wurde so verfahren. In ihnen gestaltete sich die mündliche Verhandlung ganz frei, aber alles drängte von vornherein darauf hin, den Sachverhalt zu klären, alles Unwesentliche auszuschalten, den oder die wesentlichen Streitpunkte herauszuarbeiten und für alle Prozeßbeteiligten Klarheit darüber zu schaffen, was der Entscheidung zugrunde zu legen war. Auch in anfänglich sehr verwickelten Sachen gab der Vorsitzende am Schlusse eine Zusammenfassung des Sach- und Streitstandes, die ein vorbildlicher Tatbestand war und an den, wenn eine Fortsetzung der mündlichen Verhandlung in einem neuen Termin erforderlich wurde, auch bei einem Richterwechsel angeknüpft werden konnte. Streit darüber, was zu protokollieren ist, kann da kaum aufkommen; die Prozeßbeteiligten haben sich schon durch die Verhandlung über den Prozeßstoff geeinigt. Wenn es in Wien besonders viele Richter gibt, die eine Verhandlung meisterhaft zu leiten verstehen, so ist das vielleicht mit darauf zurückzuführen, daß dieses Verfahren sich weitgehend eingebürgert hat. Freilich gibt es auch viele Spruchkörper, in denen anders verfahren wird. Weniger befähigte und weniger tatkräftige Richter pflegen die Verhandlung von Zeit zu Zeit, ohne daß etwa die Erörterung über einen einzelnen Anspruch oder einen selbständigen umfangreichen Streitstoff abgeschlossen wäre, zu unterbrechen, um das bisher Vorgebrachte zu protokollieren. Daß kaum etwas die Verhandlung mehr stören kann, liegt auf der Hand. Mit Recht sagt *Sperl* (a. a. O.), daß dadurch der Eindruck der Verhandlung schwere Einbuße erleidet. Diese Beobachtungen zeigen, daß der Versuch gemacht werden muß, *Kleins* Lösung zu verbessern.

b) Die deutsche ZPO bestimmt, daß Entwürfe zu *Urteilen* weder vorgelegt noch abschriftlich mitgeteilt werden (§ 299 III). Das schließt aber nicht aus, daß das Gericht vor der mündlichen Verhandlung zu deren Vorbereitung den Parteivertretern eine gedrängte Darstellung des Sach- und Streitstandes, wie er sich dem Berichterstatter auf Grund der vorbereitenden Schriftsätze und etwaiger früherer Verhandlungen darstellt, gibt, damit die Anwälte dann in der mündlichen Verhandlung vorbringen können, ob und in welchen Punkten sie etwa mißverstanden sind, Abweichendes vorzubringen haben oder Ergänzungen für erforderlich halten. In eigener Praxis hat der Verfasser von dieser Möglichkeit im Berufungssenat in verwickelten Sachen gern und, wie er glaubt, mit gutem Erfolge Gebrauch gemacht. Noch mehr vielleicht könnte sich dieses Verfahren wohl im ersten Rechtsgang bewähren.

Die mündliche Verhandlung *fördert* häufig auch da, wo nicht einfach auf die Schriftsätze verwiesen wird, den Prozeß *nicht*: die Parteien stellen ihre Anträge, der Kläger trägt den Inhalt des Klageschriftsatzes, der Beklagte den der Klageentgegnung vor und das Gericht erklärt, daß an einem bestimmten Tage eine Entscheidung verkündet werden solle. Mitunter ergeht dann nur eine Aufklärungsanordnung! Wichtiger als der Grundsatz, daß in jeder Sache mündlich verhandelt wird, und *alles* das und *nur* das, was Gegenstand der mündlichen Verhandlung gewesen ist, der Entscheidung zugrunde zu legen ist, ist es, daß, wenn eine mündliche Verhandlung durchgeführt wird, sie den Prozeß so weit fördert, wie es nach Lage der Verhältnisse überhaupt möglich ist. Durch die Vorschriften über die *schriftlichen Elemente* des Zivilprozesses läßt sich viel in dieser Beziehung tun. Man könnte daran denken, allgemein vorzuschreiben, daß der Sach- und Streitstand durch die mündliche Verhandlung mit den Parteien so weit zu klären ist, als es möglich ist, und daß der Vorsitzende dann das Ergebnis wohlgeordnet in gedrängter Kürze unter Bezeichnung der Beweismittel, die für streitig gebliebene Behauptungen angeboten worden sind, zu Protokoll festzustellen hat, soweit es für die Fortsetzung der mündlichen Verhandlung oder für einen höheren Rechtsgang von Bedeutung sein kann. Ob und inwieweit Ausnahmen davon und die Möglichkeit von Verweisungen auf Schriftsätze vorzusehen wären, wäre eine zweite Frage. Gewiß würde eine solche Regelung hohe Anforderungen an die Verhandlungsleiter stellen. Es wäre erforderlich, daß nur Persönlichkeiten zu Verhandlungsleitern (Amtsrichtern, Kammer- und Senatsvorsitzenden) berufen werden, die dieser Aufgabe gewachsen sind. Durch geeignete Schulung der jungen Juristen und zielbewußte Erziehung der Beisitzer in den Kammern und Senaten läßt sich das Ziel erreichen. In besonders verwickelten Sachen könnte das eben erwähnte Verfahren (Übergabe einer auf Grund der Akten gefertigten Darstellung des Sach- und Streitstandes vor der Verhandlung an die Parteivertreter) die Aufgabe erleichtern. Es würde durch eine solche Regelung endlich, soweit das überhaupt durch Gesetzesvorschriften geschehen kann, sichergestellt, daß die Verhandlung zweckmäßig durchgeführt wird. Der Prozeß würde von vornherein in das richtige Fahrwasser kommen. Der Streitstoff würde von allem, was für die Entscheidung nicht von Bedeutung sein kann, gleich anfänglich entlastet werden, viele Beweisaufnahmen würden erspart werden, die Anwälte würden sich daran gewöhnen, von vornherein und in jedem Stadium des Verfahrens, nicht erst wenn die Schlußverhandlung vor der Tür steht, den Prozeßstoff mit strenger juristischer Sonde zu prüfen, und das Gericht wie die Parteivertreter würden vor der Entscheidung Klarheit darüber erlangen, was der Entscheidung zugrunde zu legen ist. Die Protokollierung könnte nicht die Verhandlung stören und würde nicht viel Zeit kosten. Die Denkarbeit, die sie erfordern würde, muß doch einmal geleistet werden, wenn der Rechtsstreit nach Gesetz und Recht und nicht bloß nach dem Gefühl entschieden werden soll, und meist ist sie leichter, je früher man sie in Angriff nimmt. Solche zielbewußte Verhandlung klärt auch vor allem oft den Sachverhalt viel weiter auf, als es zunächst möglich zu sein schien. Deshalb kann der Richter viel öfter zu einem Vergleich raten, denn vor solcher Klärung der Sachlage kann er einen Vergleich mit gutem Gewissen nicht empfehlen. Wird eine solche, auf die Klärung des Sach- und Streitstandes und seine Protokollierung abzielende Verhandlung vorgeschrieben, so kann das Verfahren im übrigen freier gestaltet, vielleicht für besondere Fälle seine Gestaltung in das Ermessen des Gerichts gestellt werden. Vor allem aber könnte nur dann, wenn das Verfahren erster Instanz so gestaltet wird, daran gedacht werden, die zweite Tatsacheninstanz ganz zu sparen oder doch stofflich weitgehend zu beschränken. Die Beschränkung der Berufung in Österreich ist nur dadurch erträglich, daß grundsätzlich vor der Entscheidung in erster Instanz der Sach- und Streitstoff vom Gericht in Zusammenarbeit mit den Parteien festzustellen ist.

In Deutschland wird heute von vielen die große, ja geradezu für die Gestaltung und Bewährung des Zivilprozesses ausschlaggebende Bedeutung der Bestimmungen über die Abfassung des Urteils verkannt. *Walsmann* erklärt sogar[2]: „Die Ausgestaltung des Urteils hat mit dem Problem der Mündlichkeit und Schriftlichkeit kaum etwas zu tun" (398). In anderen Ländern denkt man darüber anders, und man hat in Deutschland früher darüber anders gedacht (*Adolf Wach*). Es wäre ein würdiger Gegenstand internationaler Zusammenarbeit, eine Lösung zu finden, die auf dem einfachsten Wege nicht nur die zur Ergänzung der Mündlichkeit erforderliche Beurkundung des Prozeßstoffs sicherstellt, sondern auch die Prozeßbeteiligten anhält, mit geringstem Aufwand den Prozeß so zu führen, daß er in möglichst kurzer Zeit vom Richter nicht nach seinem Gefühl, sondern nach Gesetz und Recht entschieden wird.

III. Auch in der *Beweisaufnahme* und ihrer Verwertung mischen sich mündliche und schriftliche Elemente. Hier wirkt sich die enge Beziehung zwischen Mündlichkeit und Unmittelbarkeit, Schriftlichkeit und Mittelbarkeit besonders aus. Aber auch hier muß, wenn tiefere Einsicht gewonnen werden soll, zwischen Mündlichkeit und Unmittelbarkeit, Schrift-

[2] Schriftlichkeit und Mündlichkeit. Ein Beitrag zur Reform des Zivilprozesses: Ztschr. f. dt. ZivProz. 61 (1939) 381—409.

lichkeit und Mittelbarkeit klar geschieden werden. Von der Unmittelbarkeit und Mittelbarkeit ist hier nicht zu handeln.

1. Jede Beweisaufnahme wird durch das Gericht angeordnet. Diese Anordnung hat durch einen *Beweisbeschluß* zu erfolgen, wenn die Beweisaufnahme ein besonderes Verfahren erfordert (§ 358) oder eine Partei vernommen werden soll (§ 450 I S. 1). Im Bereiche der Grundregelung (A) darf er nur auf Grund mündlicher Verhandlung ergehen, gewisse Änderungen bedürfen aber, wie bereits (unter I) erwähnt, nach § 360 keiner vorgängigen mündlichen Verhandlung. Was der Beweisbeschluß zu enthalten hat, ist in § 359 bestimmt. Einen Tatbestand und Entscheidungsgründe enthält er nicht. Der Beweisbeschluß ist im Bereiche der Grundregelung zu verkünden (§ 329 I S. 4), während in mündlicher Verhandlung eine Beweisaufnahme, die unmittelbar ausgeführt werden soll, formlos angeordnet werden kann. Die formlose Anordnung bedarf nicht einmal der Feststellung zum Sitzungsprotokoll. Doch ist eine solche Feststellung dringend anzuraten.

2. Soweit die Beweisaufnahme durch *Vernehmung* von Aussagepersonen erfolgt, haben diese Personen grundsätzlich mündlich auszusagen. Davon gibt es für die Parteienvernehmung keine Ausnahme. Für die Vernehmung von Zeugen und Sachverständigen hat die Novelle von 1924 aber wichtige Ausnahmen gemacht, die für alle in Betracht kommenden Instanzen gelten. „Bildet den Gegenstand der Vernehmung eine Auskunft, die der Zeuge voraussichtlich an der Hand seiner Bücher oder anderer Aufzeichnungen zu geben hat, so kann das Gericht anordnen, daß der Zeuge zum Termine nicht zu erscheinen braucht, wenn er vorher eine schriftliche Beantwortung der Beweisfrage unter eidesstattlicher Versicherung ihrer Richtigkeit einreicht" (§ 377 III). Erheblich weiter geht noch § 377 IV: „Das gleiche kann auch in anderen Fällen geschehen, sofern das Gericht nach Lage der Sache, insbesondere mit Rücksicht auf den Inhalt der Beweisfrage, eine schriftliche Erklärung des Zeugen für ausreichend erachtet und die Parteien damit einverstanden sind". Diese Vorschrift (aber nicht auch Abs. III) gilt für den Beweis durch Sachverständige entsprechend (§ 402). Die Allgemeine Verfügung des Reichsjustizministers vom 11. 9. 1935 über Beschleunigung und Unmittelbarkeit des Rechtsganges wies (unter IV) darauf hin, daß eine Anordnung gemäß § 377 IV „nur ausnahmsweise, insbesondere nur dann in Frage kommen kann, wenn die sichere Gewähr für das unbedingt selbständige Zustandekommen der schriftlichen Erklärung des Zeugen besteht". Der ZPO-Kommentar von *Jonas-Pohle* (16. Aufl. Bem. III 1 zu § 377) erklärt: „Grundsätzlich ist Zurückhaltung bei der Anwendung des § 377 III, IV geboten". Leider wird dieser Rat nicht von allen Gerichten befolgt. Bei der schriftlichen Beantwortung der Beweisfragen handelt es sich nicht um den Ersatz des Zeugen- und Sachverständigenbeweises durch den Urkundenbeweis. Die auf Grund eines Beweisbeschlusses ordnungsmäßig

abgegebene Erklärung ist eine Zeugenaussage, spätere mündliche Vernehmung ist „wiederholte Vernehmung", für die § 398 gilt.

3. Inwieweit die Ergebnisse von Beweiserhebungen, die vor dem erkennenden Gericht (auch dem Einzelrichter der Kammer des Landgerichts oder des Zivilsenats des Oberlandesgerichts) erfolgen, durch Aufnahme in das Sitzungsprotokoll festzustellen sind, wurde bereits erörtert (oben II 3a; §§ 160 II Nr. 3 und 4, II, 161). Auch über jede andere Beweisaufnahme ist ein Protokoll aufzunehmen (arg. § 165), für das die §§ 159 bis 164 gleichermaßen gelten. Die vor dem erkennenden Gericht erfolgten Beweisaufnahmen sind ohne weiteres Prozeßstoff und bleiben es auch für die höhere Instanz und ein Wiederaufnahmeverfahren. Richterwechsel ändert daran nichts. Nur wenn Aussagen von Zeugen, Sachverständigen und Parteien gemäß der Ausnahmevorschrift des § 161 (oben II 3a) nicht zu Protokoll festgestellt sind, sind sie Prozeßstoff nur, sofern sich alle Richter, die das Urteil zu fällen haben, ihrer noch erinnern. Häufig wird behauptet, das Ergebnis einer vor einem beauftragten oder ersuchten Richter erfolgten Beweiserhebung sei nicht ohne weiteres Urteilsstoff, sondern werde es erst durch Vortrag der Beweisaufnahmeprotokolle in der mündlichen Verhandlung (vgl. z. B. *Rosenberg*, Lehrbuch[4] § 117 IV 2, 520). Dem vermag ich nicht beizupflichten. Es wäre kein innerer Grund für eine solche Verschiedenheit einzusehen. Freilich bestimmt § 285 II: „Ist die Beweisaufnahme nicht vor dem Prozeßgericht erfolgt, so haben die Parteien das Ergebnis derselben auf Grund der Beweisverhandlungen vorzutragen" und für den Berufungs- und Revisionsrechtsgang ist durch die §§ 526, 566 vorgeschrieben, daß die Parteien die Beweisergebnisse insoweit vorzutragen haben, als es zum Verständnis der Rechtsmittelanträge und zur Prüfung der Richtigkeit der angefochtenen Entscheidung erforderlich ist. Aber damit ist nicht gesagt, daß bei einer Verletzung dieser Vorschrift (die im Berufungsrechtsgang sehr häufig ist) das Beweisergebnis nicht Prozeßstoff sei. Die Vorschrift zielt nur darauf ab, daß der Urteilsstoff möglichst vollständig mit den Parteien durchgegangen wird. *Rosenberg* (Lehrbuch[4] § 65 I 1b, 273) sieht in der Vorschrift § 285 II eine Übertreibung des Mündlichkeitsprinzips. Aber daß diese wichtigen Entscheidungsgrundlagen in die mündliche Erörterung einbezogen werden, ist gewiß zweckmäßig. Manches Beweisergebnis wird überholt sein; es gilt, es durch die Verhandlung auszuschalten; den Prozeßstoff zu beschränken auf das, was allein für die Entscheidung Bedeutung haben kann, ist eine wichtige Aufgabe der Verhandlung. Eine erhebliche Belastung entsteht dadurch auch nicht. Auf die zu verwertenden Beweisergebnisse wird in der Regel in der mündlichen Verhandlung nur durch kurze Wiedergabe ihres wesentlichen Inhalts verwiesen. Nur wenn sich Meinungsverschiedenheiten über sie ergeben, wird näher auf sie eingegangen. Zur wörtlichen Verlesung von Protokollen kommt es nach § 137 III S. 2 nur, wenn es auf den Wortlaut ankommt.

Nur insofern dürfte eine Übertreibung vorliegen, als das Gesetz verlangt, daß der Vortrag durch die Parteien erfolgt. In der Praxis trägt oft der Vorsitzende oder der Berichterstatter das Ergebnis der Beweiserhebungen vor. Anders liegt es bei der Verwertung des Ergebnisses eines Beweissicherungsverfahrens. Es wurde schon ausgeführt (oben II 2c), daß auch über eine in einem solchen Verfahren erfolgte Beweisaufnahme (Einnahme eines Augenscheins oder Vernehmung eines Zeugen oder Sachverständigen) ein Protokoll aufgenommen wird, daß aber erst mit dessen Verwertung das Beweisergebnis in diesem Prozeß Entscheidungsgrundlage wird.

B. Der unter A dargestellten Grundregelung treten *Sonderregelungen* gegenüber, die nur unter besonderen Voraussetzungen gelten.

I. Unter gewissen Voraussetzungen hat das Gericht sein Verfahren nach *freiem Ermessen* zu bestimmen. Freilich darf der Grundsatz des beiderseitigen Gehörs auch in diesen Fällen nicht verletzt werden, aber das Gericht kann ein rein schriftliches Verfahren durchführen.

1. Die bei Ausbruch des zweiten Weltkrieges erlassene 1. VereinfachungsVO bestimmte in ihrem § 10: „In bürgerlichen Rechtsstreitigkeiten bestimmen die Amtsgerichte . . . ihr Verfahren nach freiem Ermessen". Die VO hat bis zum Kriegsende im ganzen Reichsgebiet gegolten und sie gilt heute noch im Lande Sachsen und in der amerikanischen Zone. Dabei ist zu bedenken, daß vor die Amtsgerichte die vermögensrechtlichen Streitigkeiten mit einem Streitwert bis 2000 DM gehören und hier kein Anwaltszwang besteht. Entschieden werden muß durch Urteil, für das die §§ 300—327 gelten. Berufung gegen das Urteil ist grundsätzlich nur zulässig, wenn der Wert des Beschwerdegegenstandes die „Berufungssumme" übersteigt. Diese beträgt in der britischen und der französischen Zone 100 DM, in der amerikanischen 300 DM, in Sachsen und Thüringen 500 DM. Es ist anzunehmen, daß die 1. VereinfachungsVO demnächst auch in der amerikanischen Zone aufgehoben wird.

2. Nach dem § 20 der EntlastungsVO (oben II 2a) ist im amtsgerichtlichen Verfahren bei Streitigkeiten über vermögensrechtliche Ansprüche, wenn der Wert des Streitgegenstandes zur Zeit der Einreichung der Klage 100 DM nicht übersteigt, ohne Rücksicht darauf, ob die Parteien es wünschen oder nicht, nach freiem Ermessen zu verfahren und durch Schiedsurteil zu entscheiden. Das Schiedsurteil steht einem „im ordentlichen Verfahren ergangenen" rechtskräftigen Urteil gleich. Berufung gibt es gegen das Urteil nicht. Doch ist die Wiederaufnahme des Verfahrens in den Fällen des § 579 sowie dann zulässig, wenn der Partei in dem Verfahren das rechtliche Gehör nicht gewährt war oder das Schiedsurteil nicht mit Gründen versehen ist (es sei denn, daß die beiden Parteien auf eine Begründung verzichtet haben).

3. Nach den §§ 18 und 19 hat das zuständige Gericht erster oder zweiter Instanz auf den übereinstimmenden Antrag der Parteien, wenn diese über den Gegenstand der Rechtsstreitigkeit einen Vertrag zu schließen berechtigt sind, durch Schiedsurteil zu entscheiden. Der Antrag kann schon mit der Einreichung der Klageschrift oder der Berufungsschrift und bis zum Schlusse der mündlichen Verhandlung gestellt werden. Die Parteien können auch verlangen, daß das Gericht mit einem Richter als Vorsitzenden und zwei nicht richterlichen, von ihnen zu benennenden Beisitzern besetzt wird. Man wollte mit dieser Einrichtung den Schiedsgerichten das Wasser abgraben. Das Gericht soll wie ein Schiedsgericht sein Verfahren nach seinem Ermessen regeln, also auch schriftlich verfahren dürfen. Aber von der durch die §§ 18 und 19 EntlVO gegebenen Möglichkeit wird in der Praxis kein Gebrauch gemacht. Das „Verfahren mit Schiedsurteil" hat nur in geringfügigen Sachen (als sog. Bagatellverfahren) nach EntlVO 20 (oben 2) praktische Bedeutung, weil die Parteien dieser Bestimmung zwangsweise unterworfen sind.

II. „Mit *Einverständnis der Parteien* kann das Gericht eine Entscheidung ohne mündliche Verhandlung treffen. Die Verkündung der Entscheidung wird durch schriftliche Mitteilung ersetzt; bei Urteilen ist die Urteilsformel durch Zustellung mitzuteilen" (EntlVO § 7). Das gilt in allen Rechtszügen. Der ZPO-Entwurf von 1931 wollte an der Regelung festhalten und in der Begründung zu ihm (313ff.) wird ausgeführt, die Maßnahme bezwecke nicht einen Abbau der Mündlichkeit, sie solle im Gegenteil dazu dienen, „daß sich nach Beseitigung der das frühere Recht beherrschenden schematischen Übertreibung des Mündlichkeitsgrundsatzes die Mündlichkeit dort, wo sie zur Förderung des Rechtsganges nötig ist, um so lebendiger entwickelt". Diese Begründung läßt sich für die durch die Novelle von 1924 eingeführte Möglichkeit, in der mündlichen Verhandlung auf Schriftstücke Bezug zu nehmen (die der Entwurf von 1931 einschränken wollte) hören. Diese Einführung begründete nicht die Gefahr einer solchen Hochflut schier unlösbarer Zweifelsfragen, wie sie der § 7 EntlVO verursacht hat, weil bei der Bezugnahme auf Schriftsätze in der mündlichen Verhandlung der Zeitpunkt des Verhandlungsbeschlusses klar ist, die Frage eines Widerrufs nicht entsteht und kein Zweifel aufkommen kann, was der Entscheidung zugrunde zu legen ist. § 138 III S. 1 und EntlVO § 7 sind ihrem Wesen nach ganz verschieden. Auch von dem Verfahren nach den §§ 18 und 19 EntlVO unterscheidet sich die „Entscheidung ohne mündliche Verhandlung" in ihrem Wesen. Dort erklären die Parteien für einen ganzen Prozeß, daß das Gericht künftig nach seinem Ermessen das Verfahren bestimmen solle. Die Einverständniserklärung nach EntlVO § 7 bezieht sich dagegen nur auf die nächste Entscheidung, sie kann sich nicht darüber hinaus erstrecken (a. A. *Lent* Zivilprozeßrecht² § 67, 162: die Erklärung der Parteien werde meist das ganze Verfahren betreffen). Ob eine Beschränkung auf den Erlaß einer bestimmten Art von Entscheidung, z. B. eines Beweisbeschlusses möglich ist, ist sehr bestritten. Die durchaus herrschende Lehre lehnt das entschieden ab mit der (nicht stichhaltigen) Begründung, als Prozeßhandlung dulde die Einverständniserklärung keine Bedingung (z. B. *Baumbach*, Zivilprozeßordnung[18] 2 B des Anhangs zu § 128, *Rosenberg*, Lehrbuch § 108 II 1c, *Schönke* bei *Stein-Jonas* II 2 nach § 128). *Lent* (a. a. O.) bejaht dagegen die Möglichkeit, die Erklärung auf „eine bestimmte Entscheidung" zu beschränken, z. B. auf einen Beweisbeschluß. In der Praxis ist die auf den Erlaß eines Beweisbeschlusses (nicht eines Beweisbeschlusses bestimmten Inhalts) beschränkte Einverständniserklärung häufig. Sind die Parteivertreter in einer Vorbesprechung zu dem Ergebnis gelangt, daß zunächst Beweis erhoben werden muß, so erklären sie nicht selten in ihren Schriftsätzen ihr Einverständnis damit, daß ein Beweisbeschluß ohne mündliche Verhandlung erlassen wird. Warum soll das Gericht, wenn es zu dem gleichen Ergebnis gelangt, den Beschluß nicht erlassen dürfen? Wenn die Beratung ergibt, daß es keiner Beweiserhebung bedarf, muß es allerdings mündliche Verhandlung ansetzen. Die eintretende Verzögerung kann nur ganz gering sein. Auch dann, wenn die Parteien ihre Einverständniserklärung nicht ausdrücklich auf den Erlaß eines Beweisbeschlusses beschränkt haben, aber offenbar bei ihrer Erklärung davon ausgingen, daß nur ein Beweisbeschluß in Frage komme, wird das Gericht, falls es die Sache für spruchreif hält, nicht ohne mündliche Verhandlung entscheiden. Ob und bis zu welchem Zeitpunkt die Partei ihre Einverständniserklärung widerrufen kann, ist sehr bestritten. Die einen halten die Erklärung für schlechthin unwiderruflich, andere nehmen Widerrufbarkeit bis zur Einverständniserklärung des Gegners an, wieder andere lehren, die Erklärung sei bis zur Fällung der Entscheidung, d. h. bis zur Absendung der Entscheidung durch die Geschäftsstelle widerruflich. (Dies wird aus dem Wortlaut des § 7 Satz 1 geschlossen.) Es besteht kein Grund, die Widerruflichkeit auszuschließen, solange das Einverständnis des Gegners noch nicht erklärt ist. Es wäre aber doch wohl gesetzgeberisch verfehlt, nach diesem Zeitpunkt noch den freien Widerruf zuzulassen. Sickert etwas durch, wie die Kammer oder der Senat eingestellt ist — ganz läßt sich diese Möglichkeit nicht ausschließen —, so könnte die Partei durch ihren Widerruf die mündliche Verhandlung erreichen. Nur wenn eine Änderung der Prozeßlage es gerechtfertigt erscheinen läßt, kann nach der Einverständniserklärung des Gegners noch ein Widerruf erklärt werden. Diese Widerrufsmöglichkeit endet mit dem Zeitpunkt, in dem die Entscheidung der Geschäftsstelle zur Mitteilung oder Zustellung an die Parteien übergeben ist. Als Prozeßstoff ist der Entscheidung der gesamte Inhalt der Akten, aber auch das, was in einer mündlichen Verhandlung vorgetragen worden ist und allen Richtern noch in Erinnerung ist, zugrunde zu legen. Die Ansicht von *Baumbach* (3 B des Anhangs zu § 128), daß ein Wechsel der Besetzung des Gerichts die Verwertung des nicht protokollierten mündlichen Vorbringens nicht ausschließe, ist entschieden abzulehnen. Das Reichsgericht (RGZ 151/193—202 von 1936) hat es für zulässig erklärt, daß in der Einverständniserklärung beiden Parteien vorbehalten wird, noch innerhalb bestimmter Frist Schriftsätze einzureichen. Ja, es hat sich (a. a. O.) sogar auf den Standpunkt gestellt, daß das Gericht in solchem Falle auch Schriftsätze berücksichtigen dürfe, die erst nach Fristablauf eingehen. Damit wird weit über das hinausgegangen, was EntlVO § 7 zuläßt. Es wird die Möglichkeit eröffnet, ein schriftliches Verfahren durchzuführen, wenn auch nur bis zur nächsten Entscheidung. Eine solche Praxis schafft unannehmbare Zustände, ganz abgesehen von der Gefahr, daß das rechtliche Gehör nicht gebührend gewährt wird. Auch die Praxis und die Rechtslehre neigt bezeichnenderweise dazu, über den § 7 hinauszugehen. Es sollen der Entscheidung alle Schriftsätze zugrunde gelegt werden, die bis zur Absendung der Entscheidung durch die Geschäftsstelle dem Gegner zugestellt oder mitgeteilt sind (*Rosenberg*, Lehrbuch[4] § 108 III 4b und III 2; OLG Nürnberg JW 1929, 872 und OLG Stuttgart SJZ 1946, 35). Der ZPO-Entwurf (§ 230 II S. 2) sah folgende Bestimmung vor: „In den Fällen einer schriftlichen Verhandlung gilt diese, sofern nicht der Richter selbst ein anderes bestimmt, als in dem Augenblick geschlossen, in dem die schriftlich abgefaßte Entscheidung des Gerichts der Geschäftsstelle zur Zustellung an die Parteien übergeben oder in den Fällen, in denen ihre Verkündung erforderlich ist, ein Termin zu ihrer Verkündung anberaumt wird". *Lent* (a. a. O. § 67, 162) und *Schönke* (Zivilprozeßrecht[6] § 81 V 322 und bei *Stein-Jonas*[17] III 4 nach § 128) vertreten für das geltende Recht die Ansicht, daß nur der Prozeßstoff der Entscheidung zugrunde zu legen ist, der bei Eingang der *zweiten* Einverständniserklärung dem Gericht vorlag. Aber die Partei, die die *erste* Erklärung abgab, hat sich doch wohl nur damit einverstanden erklärt, daß auf Grund des ihr damals bekannten Prozeßstoffes eine Entscheidung ohne Verhandlung erlassen werde! Die Frage des Zeitpunkts des Verhandlungsschlusses läßt sich hier überhaupt nicht befriedigend lösen. *Lent* meint (a. a. O. 163), praktische Bedeutung habe das Verfahren nach EntlVO § 7 nicht erlangt. Das trifft leider nicht zu. Schon die Anzahl der veröffentlichten Entscheidungen zu § 7 ist nicht unbeträchtlich. Dabei muß bedacht werden, daß gerade solche Fälle meistens im Verborgenen bleiben. Die Begründung zu dem ZPO-Entwurf von 1931 (313) erklärt rundweg, der § 7 habe sich in der Praxis bewährt. Aber nicht alles, was für die Anwälte und das Gericht bequem ist, dient der Rechtspflege. Wer ein paarmal schaudernd erlebt hat, daß eine Partei durch ein Verfahren nach EntlVO § 7 um ihr gutes Recht kam, wird dieser Regelung ablehnend gegenüberstehen, mindestens fordern, daß auf Grund eines solchen Verfahrens kein Urteil erlassen werden darf. Auch ein so erfahrener Praktiker wie *Baum-*

bach (1 B des Anhanges zu § 128) sieht in EntlVO § 7 eine gesetzgeberisch abzulehnende Durchbrechung der Mündlichkeit. Er weist auch darauf hin, daß das Verfahren in der Praxis häufig zu großen Verzögerungen führt. In der AV des Reichsjustizministers vom 11. 11. 1935 heißt es unter VII: „Das schriftliche Verfahren gemäß § 7 oder im Rahmen der §§ 18 und 20 EntlVO soll seiner Zweckbestimmung nach ein vereinfachtes und abgekürztes Verfahren sein und sich auf wirklich geeignete Fälle beschränken. Überall, wo eine umfangreiche Sachaufklärung nötig wird, ist die mündliche Verhandlung der schnellste und sicherste Weg. Hier artet das schriftliche Verfahren leicht zu einem hingeschleppten und verworrenem Schriftwechsel aus. Beim Amtsgericht wird sich das schriftliche Verfahren nicht selten zum Nachteil schreibungewandter Volksgenossen auswirken, indem es sie zum Winkelschreiber drängt und für den Ausgang des Rechtsstreits statt des besseren Rechts die größere Federfertigkeit bestimmend werden läßt" (DJ 1935, 1656). Das Ziel, durch die Ersparung mündlicher Verhandlungen Raum für um so gründlichere mündliche Verhandlung in anderen Fällen zu bekommen, wird durch EntlVO § 7 nicht erreicht. Entsteht doch sehr viel unnötige Arbeit dadurch, daß sehr oft zu Beginn des Prozesses die beiden Parteien für ihre Sachdarstellungen Zeugen benennen mit der Erklärung, es möge ohne mündliche Verhandlung die Beweiserhebung beschlossen werden, und daß das Gericht dann ohne gründliche Prüfung eine umfassende Beweiserhebung beschließt, die unnötig ist und deshalb gar nicht beschlossen werden darf. Eine unnötige Beweisaufnahme aber verdunkelt und verwickelt häufig einen Prozeß sehr und steigert die Arbeitslast des Gerichts und der Parteivertreter nicht selten in sehr hohem Maße.

III. Eine Einschränkung der Mündlichkeit stellt auch die „*Entscheidung nach Lage der Akten*" dar, die die Novelle von 1924 für zwei Fälle vorgesehen hat: bei Säumnis beider Parteien nach § 251a und bei Säumnis einer Partei nach § 331a. Hier handelte es sich nicht (wie bei § 137 III S. 1 und EntlVO § 7) darum, die Mündlichkeit für gewisse Fälle einzuschränken, um sie in anderen Prozessen um so besser zur Entfaltung bringen zu können, vielmehr sollte verhütet werden, daß durch Säumnis einer Partei oder beider Parteien das Verfahren aufgehalten wird. Die Partei, die den Verhandlungstermin versäumt, soll das Recht auf mündliche Verhandlung verwirkt haben und soll sich gefallen lassen müssen, daß auf Grund des bisher entstandenen Prozeßstoffes — also des Inhalts der Akten, aber auch des in früherer mündlicher Verhandlung Vorgetragenen, soweit es noch in der Erinnnerung aller Richter ist — ein Beweisbeschluß oder auch ein Urteil ergeht. Die Entscheidung nach Lage der Akten steht einer Entscheidung, die auf Grund einer mündlichen Verhandlung ergangen ist, gleich. Ein Urteil nach Lage der Akten kann nicht wie ein Versäumnisurteil durch Einspruch, sondern nur durch Berufung oder Revision (soweit diese Rechtsmittel zulässig sind) angefochten werden. Die §§ 251a und 331a gelten in allen Rechtsgängen.

Die Novelle von 1924 enthielt eine Einschränkung für den Erlaß eines Urteils nach Lage der Akten. Es durfte nur ergehen, wenn in einem früheren Termin mündlich verhandelt worden war, und es war in einem besonderen, auf mindestens eine Woche hinaus anzusetzenden Termin, der der nicht erschienenen Partei in einem eingeschriebenen Brief mitzuteilen war, zu verkünden. Die Verkündung hatte zu unterbleiben, wenn der Säumige das vor dem Verkündungstermin beantragte und wenn er dabei glaubhaft machte, daß sein Ausbleiben nicht von ihm verschuldet war. Das war eine unsinnige Regelung — wenn auch nicht ganz so unsinnig, wie sie meist aufgefaßt wurde. Die Einschränkung für den Erlaß von Urteilen nach Lage der Akten wurde durch die 4. VereinfachungsVO von 1943 aufgehoben, ist aber für die britische Zone wiederhergestellt worden.

Nach § 251a *kann* das Gericht, wenn in einem Termin beide Parteien nicht erscheinen oder beim Ausbleiben einer Partei die andere, ohne daß es zur Vertagung kommt, keine Anträge zur Sache stellt, nach Lage der Akten entscheiden. Einen Beweisbeschluß wird das Gericht in einem solchen Falle unbedenklich erlassen, wenn er nach dem Inhalt der Akten und etwaiger früherer mündlicher Verhandlungen geboten ist. Ist aber die Sache zu einem Urteil reif, so wird das Gericht ein solches nicht erlassen: in der britischen Zone nicht, weil es sich der Gefahr aussetzt, daß die Verkündung des Urteils kraft der Entschuldigung eines Säumigen unterbleiben muß, in dem übrigen Reichsgebiet nicht, weil einer der Säumigen vielleicht einen erheblichen Nachteil ganz unverschuldet erleiden würde. Die Regelung in § 251a war, wie so manche Bestimmung der Novelle von 1924, wenig durchdacht und verfehlt.

Nach § 331a kann beim Ausbleiben einer Partei im Verhandlungstermin der Gegner statt eines Versäumnisurteils eine Entscheidung nach Lage der Akten beantragen; „dem Antrag ist zu entsprechen, wenn der Sachverhalt für eine derartige Entscheidung hinreichend geklärt erscheint“. In der britischen Zone wird das Gericht in den sauren Apfel, ein Urteil auf die Gefahr hin, daß es nicht verkündet werden kann, fertigzustellen, nur beißen, wenn es davon überzeugt ist, daß der Rechtsstreit in der früheren mündlichen Verhandlung so erschöpfend verhandelt ist, daß die säumige Partei nichts mehr vorbringen kann, was für die Entscheidung wichtig wäre. Im übrigen Reichsgebiet müßte, wenn die Sache nach dem vorliegenden Prozeßstoff spruchreif ist, das Urteil, das dem Säumigen auch bei Entschuldbarkeit die Instanz nimmt, ja vielleicht den Prozeß endgültig beendet, erlassen werden. Auch diese Regelung der Novelle von 1924 ist verfehlt. Man hat in dem richtigen Bestreben, die Verschleppung von Prozessen zu verhindern, zu einem falschen Mittel gegriffen: durch die gewählte Einschränkung der Mündlichkeit ließ sich das Ziel nicht erreichen.

IV. Schließlich stellt eine Ausnahme vom Mündlichkeitsgrundsatz auch noch der ebenfalls durch die Novelle von 1924 eingefügte § 272a dar, der für den ersten wie für den zweiten Rechtsgang und nicht nur im Anwaltsprozeß, sondern auch im amtsgerichtlichen Verfahren gilt. Er soll verhüten, daß ein Verhandlungstermin vertagt werden muß, weil eine Partei in dem Termin eine nicht rechtzeitig angekündigte Tatsachenbehauptung aufstellt, über die die andere Partei sich nicht alsbald erklären kann. „Kann eine Partei in der mündlichen Verhandlung auf eine Behauptung des Gegners eine Erklärung nicht abgeben, weil ihr die Behauptung nicht rechtzeitig vor dem Termin mitgeteilt worden ist, so kann auf ihren Antrag das Gericht eine Frist bestimmen, innerhalb deren sie die Erklärung in einem Schriftsatz nachbringen kann, und gleichzeitig einen Termin zur Verkündung einer Entscheidung anberaumen, der auch über eine Woche hinaus angesetzt werden kann. Wird bis zu dem Termin die Zustellung des Schriftsatzes an den Gegner nachgewiesen und eine Abschrift von ihm dem Gericht eingereicht, so ist sein Inhalt bei der Entscheidung zu berücksichtigen; wird der Schriftsatz bis zu dem Termin nicht eingereicht, so gilt die Behauptung des Gegners als nicht bestritten." Rechtslehre und Praxis haben die Bestimmung entsprechend angewandt bei der Anführung von Beweismitteln. Der ZPO-Entwurf von 1931 sah ihre Beibehaltung vor (§ 240). Als Zeitpunkt des für die Rechtskraft und die Einwendungen in der Zwangsvollstreckung maßgebenden *Verhandlungsschlusses* wird, wenn von § 272a Gebrauch gemacht wird, der Zeitpunkt der Einreichung des Schriftsatzes und, wenn ein solcher nicht eingereicht wird, der Ablauf der Frist angesehen (*Stein-Jonas*[17] III, 4 zu § 272a). Das kann aber doch nur für das hier in Frage stehende Vorbringen gelten. Von einem „gemischt-schriftlichen" Verfahren sollte man nicht sprechen. Es handelt sich darum, daß eine einzelne Behauptung, die in der mündlichen Verhandlung hätte vorgebracht werden sollen, schriftlich nachgebracht wird. Gewiß hat der Gegner noch Zeit, auf die nachgereichte Erklärung eine Gegenerklärung abzugeben. Sie darf aber der Entscheidung nicht mit zugrunde gelegt werden, kann nur dem Gericht Veranlassung geben, die mündliche Verhandlung wieder zu eröffnen. Die AV von 1935 (DJ 1935, 1655) erklärt zu dem Verfahren nach § 272a: „Wenn hierdurch eine Partei das letzte Wort verliert, so hat sie das ihrem eigenen Verhalten zuzuschreiben". *Baumbach* (3 B zu § 272a) meint sogar, „das Abschneiden der Gegenerklärung ist Zweck des § 272a" und der Kommentar von *Stein-Jonas*[17] (I zu § 272a) führt aus, die säumige Partei überlasse dem Gegner das letzte Wort, das Gesetz verfolge im wesentlichen das prozeßpolitische Ziel, die Parteien zur rechtzeitigen Ankündigung neuen Vorbringens zu erziehen. Diese Auffassungen halte ich nicht für gerechtfertigt. Die in § 272a vorgesehene gerichtliche Anordnung ist nicht von einem Verschulden der Partei abhängig, die die Behauptung nicht rechtzeitig angekündigt hat. Es ist sehr wohl möglich, daß sie gar kein Verschulden trifft, und es gleichwohl angemessen für das Gericht ist, die Nachbringungsmöglichkeit zu gewähren. Ob darin, daß auf die Gegenerklärung hin die Verhandlung nicht wieder eröffnet worden ist, eine Versagung des rechtlichen Gehörs liegen kann, ist eine andere Frage. Ich wage nicht, sie, wie es gewöhnlich geschieht, allgemein zu verneinen. Mit Recht warnen *Schönke* (Zivilprozeßrecht § 54 III,2a, 211) und *Baumbach* (1 zu § 272a) davor, das Verfahren zu einem schriftlichen ausarten zu lassen. Dieser Gefahr unterliegen die Gerichte nicht selten. Sie legen nicht nur die Erklärung, sondern auch die Gegenerklärung der Entscheidung zugrunde, ja, stellen zuweilen zu einer weiteren Erklärung noch eine Frist usw. Abgesehen davon hat offenbar der § 272a und seine Handhabung in der Praxis dazu beigetragen, daß auch sonst sich schriftliches Verfahren entwickelt hat. Es ist nicht außergewöhnlich, daß eine Partei nach der mündlichen Verhandlung — vom Rathaus kommend ist man klüger — noch einen Schriftsatz mit neuen Behauptungen zustellt und bei Gericht einreicht, daß der Gegner darauf in gleicher Weise antwortet und daß das Gericht diese Schriftsätze bei der Entscheidung berücksichtigt. Auch in der Literatur wird die Meinung vertreten, daß das zulässig sei und daß es im Belieben des Gerichts stehe, ob es die Schriftsätze verwerten will oder nicht. Dem kann nicht scharf genug entgegengetreten werden. Damit würde alle Sicherheit des Verfahrens aufhören. Auch auf EntlVO § 7 kann man sich nicht zur Rechtfertigung einer solchen Praxis berufen.

III. Zusammenfassung

Die vorstehende Darstellung zeigt, daß auch in dem geltenden deutschen Zivilprozeßrecht, soweit das ordentliche Erkenntnisverfahren in Frage kommt, noch der Mündlichkeitsgrundsatz gilt: soweit nicht eine besondere Ausnahme eingreift, ist jede Sache von dem Gericht mit den Parteien in einer mündlichen Verhandlung zu erörtern und der Entscheidung ist *alles* das und *nur* das zugrunde zu legen, was Gegenstand der mündlichen Verhandlung gewesen ist. Dieser Grundsatz galt schon nach der ZPO von 1877 nicht ganz ausnahmslos. Seitdem ist er immer weiter durchbrochen worden, besonders durch die anfangs nur als eine vorübergehende Maßnahme gedachte EntlastungsVO von 1915 und dann durch die ZPO-Novelle von 1924. Heute gehen die Ausnahmen sehr weit. Gleichwohl ist doch auch noch heute die Mündlichkeit ein Grundzug des deutschen Zivilprozeßrechts. Es gilt nicht nur der Mündlichkeitsgrundsatz, sondern unser Zivilprozeßrecht wird auch immer noch von der Mündlichkeitsmaxime beherrscht.

Wie jeder moderne, von der Mündlichkeitsmaxime beherrschte Zivilprozeß, so weist auch der deutsche Zivilprozeß auch schriftliche Elemente auf, die nicht als Ausnahmen von dem Mündlichkeitsgrundsatz aufzufassen sind. Sie spielen gegenüber den mündlichen eine größere Rolle im deutschen (und österreichischen) als z. B. im englischen und französischen Zivilprozeß. Gewisse Prozeßhandlungen bedürfen in dieser oder jener Weise der Schriftform, damit das Verfahren eine feste Grundlage hat und scharf abgegrenzt wird; die Vorbereitung der mündlichen Verhandlung durch die Parteien und durch das Gericht erfolgt schriftlich oder dient — wie die mündliche Verhandlung vor dem Einzelrichter — der Beschaffung schriftlicher Unterlagen für die mündliche Verhandlung des Kollegiums; schließlich muß der Prozeßstoff beurkundet werden, um entweder vor der Entscheidung für alle Prozeßbeteiligten Klarheit über die Entscheidungsgrundlage zu schaffen oder um das für die Nachprüfung und Verwertung der Entscheidung Erforderliche für die Zukunft festzuhalten.

Als eine Ausnahme von dem Mündlichkeitsgrundsatz wird meist die Bestimmung des § 137 III S. 1 bezeichnet, die in der mündlichen Verhandlung eine Bezugnahme auf Schriftsätze zuläßt, soweit keine der Parteien widerspricht und das Gericht sie für angemessen hält. Aber diese Änderung der ZPO von 1877 durch die Novelle von 1924 wollte nicht den Ersatz der mündlichen Verhandlung dadurch, daß in dem Termin beide Parteien allgemein auf die Akten verweisen, zulassen; sie sollte nur das sinnlose, gänzlich unnötige und der Verhandlung höchst schädliche Wiederkäuen von Prozeßstoff, zu dem sich manches Gericht und mancher Anwalt infolge falscher Auslegung der Bestimmungen der ZPO von 1877 verpflichtet glaubte, verhüten. Leider mißlang die Fassung der Bestimmung. Man hätte etwa bestimmen sollen: ,,Die mündliche Verhandlung darf nicht durch eine allgemeine Bezugnahme auf die Akten ersetzt werden; doch ist im einzelnen eine Bezugnahme auf Schriftstücke zulässig, soweit keine der Parteien widerspricht und das Gericht sie für angemessen hält". Faßt man § 137 II S. 1 der heutigen Fassung so auf — und diese Auslegung entspricht dem Geiste des § 137 — so stellt er keine Ausnahme des Mündlichkeitsgrundsatzes dar. So aufgefaßt war die Änderung vielmehr die Abkehr von einer entgegen dem Geist der ZPO von 1877 in der Prozeßrechtstheorie (in der Praxis kaum) eingerissenen rein formalen Mündlichkeitsauffassung. Zur Erfüllung der Mündlichkeitsvorschrift bedarf es nicht der Wiedergabe des gesamten Prozeßstoffs durch den Mund eines Prozeßbeteiligten in der Verhandlung des Gerichts mit den Parteien, aber auch nicht jede solche mündliche Wiedergabe erfüllt das Mündlichkeitserfordernis. Es ist keine mündliche Verhandlung, wenn lange Schriftsätze verlesen werden, die man vielleicht beim Lesen, nicht aber, wenn man sie hört, verstehen kann. Deshalb gebot schon die ZPO von 1877 die freie Rede für die Vorträge der Parteien. Es ist aber auch keine mündliche Verhandlung, wenn der Inhalt von Akten und früheren Verhandlungen, der allen Prozeßbeteiligten geläufig ist, noch einmal zwecklos mündlich ausgebreitet und dadurch die Verhandlung so belastet wird, daß ihr Stoff in seiner Gesamtheit nicht mehr von allen Prozeßbeteiligten übersehen werden kann. Ohne solche Bezugnahme, wie § 137 III S. 1 sie zuläßt, kann ein umfangreicher Prozeßstoff nicht von den Parteivertretern und dem Gericht gemeinsam in der mündlichen Verhandlung so durchgearbeitet werden, daß darauf die Entscheidung gestützt werden kann. Alle Mündlichkeitsvorschriften sind wirkungslos, wenn nicht aus ihrem Zweck heraus ausgelegt wird, was mündlich und mündliche Verhandlung ist. Es ist bezeichnend, daß die formale Mündlichkeitsauffassung sich in Deutschland erst nach 1900, als das neue BGB dem formalen Denken der Juristen Auftrieb gegeben hatte, und daß sie sich in der Prozeßrechtstheorie viel stärker als in der Praxis durchgesetzt hat.

Eine wirkliche Ausnahme von dem Mündlichkeitsgebot ist der § 20 EntlVO, der in Sachen, die ihrem Streitwert nach geringfügig sind, dem Gericht die Möglichkeit gibt, auch gegen den Willen der Parteien schriftlich zu verfahren. Rechtspolitisch handelt es sich hier um die Frage, ob es zu billigen ist, daß in „Bagatellesachen" nur ein Verfahren mit minderen Rechtsgarantien zur Verfügung gestellt wird. Das ist hier nicht zu erörtern.

Die zweite Ausnahme, das Verfahren mit Schiedsurteil im Falle des Einverständnisses beider Parteien nach §§ 18 und 19 EntlVO, richtet keinen Schaden an, ist aber völlig unpraktisch und sollte deshalb beseitigt werden.

Sehr gefährlich ist aber unserer Rechtspflege die Ausnahme des § 7 EntlVO geworden, und zwar vor allem deshalb, weil sie viel zu weit ausgelegt wird. Sie will nicht ein schriftliches Verfahren, sondern nur eine Entscheidung auf Grund des bereits bei der Einverständniserklärung vorliegenden und in vorbereitenden Schriftsätzen angekündigten Prozeßstoffes zulassen. Sie wäre unbedenklich, wenn sie etwa lauten würde: „Wenn die Parteien dem Gericht erklären, es möge eine Entscheidung ohne mündliche Verhandlung fällen, kann das Gericht, wenn es ihm angebracht scheint, auf Grund des bereits bei Abgabe der ersten Einverständniserklärung vorliegenden Prozeßstoffs und der zu dieser Zeit zu gestellten Schriftsätze entscheiden. Ein Urteil darf in solchen Fällen nicht ergehen."

Ausnahmen von dem Mündlichkeitsgrundsatz stellen auch die §§ 251a und 331a (Entscheidung nach Lage der Akten) dar. Daß bei Säumnis einer Partei der Gegner, um den Prozeß vorwärts zu bringen, statt des Versäumnisurteils einen Beweisbeschluß nach dem Stande der bisherigen Verhandlungen und des Schriftsatzwechsels erwirken kann, ist zweckmäßig. Daß dabei auch einmal ein Schriftsatz, dessen Inhalt die Partei bei streitiger Verhandlung gar nicht vorgetragen hätte, Entscheidungsgrundlage wird, könnte in Kauf genommen werden, weil ein Beweisbeschluß nichts Endgültiges ist. Ein Urteil aber, das die säumige Partei einer Instanz beraubt, vielleicht aber sogar unanfechtbar ist, sollte in einem solchen Falle nicht erlassen werden können. Jedenfalls müßte der Partei Gelegenheit gegeben werden, glaubhaft zu machen, daß ihre Säumnis unverschuldet war und dadurch die Verkündung des Urteils abzuwenden. Aber eine solche Regelung würde so viele Unzuträglichkeiten mit sich bringen, daß man die Möglichkeit, ein Urteil nach Lage der Akten zu erlassen, ausschließen sollte. Einen Vollstreckungstitel bekommt ja die nicht säumige Partei auch mit dem Versäumnisurteil. Sie muß freilich beantragen können, eine Entscheidung nach Lage der Akten, eventuell aber ein Versäumnisurteil zu erlassen. Auch bei Säumnis beider Parteien sollte die Möglichkeit, auch ein Urteil als Entscheidung nach Lage der Akten zu erlassen, ausgeschlossen werden.

Die in dem § 272a liegende Ausnahme von dem Mündlichkeitsgrundsatz wäre zweckmäßig zu beseitigen. Der Verwertung von Schriftsätzen, die erst nach Schluß der letzten mündlichen Verhandlung zugestellt und eingereicht werden, kann nicht scharf genug entgegengetreten werden. Das mit dem § 272a verfolgte Ziel läßt sich auch auf andere Weise erreichen. Verhandlungsleiter, die darauf bedacht sind, die Klarheit des Verfahrens zu wahren, ziehen eine kurze Wiedereröffnung der mündlichen Verhandlung zur Abgabe einer Erklärung auf das neue Vorbringen dem Verfahren nach § 272a vor.

Das Hauptproblem aber ist und bleibt die zweckmäßige Gestaltung der Bestimmungen über die schriftlichen Elemente des Zivilprozesses, weil sich, soweit die Mittel der Gesetzgebung in Frage kommen, nur durch solche Vorschriften das erreichen läßt, was vor allem not tut: die zweckmäßige Gestaltung der mündlichen Verhandlung. Nicht *daß* in allen Fällen mündlich verhandelt wird, sondern *wie* mündlich verhandelt wird, muß heute die erste Sorge sein. Gelingt es, die Beteiligten zu richtiger Verhandlung zu bringen — und das Gesetz kann in dieser Beziehung eine starke Kraft ausüben — so werden auch die Zivilprozesse beschleunigt werden und viel Arbeit bliebe der Justiz erspart. Vor allem aber würden die Entscheidungen verbessert werden.

Referat B

(Von Dr. Meiss)

I. Schriftlichkeit und Mündlichkeit als zweckmäßige Formen, nicht lehrsatzmäßige Prinzipien des Zivilprozesses

1. Schriftlichkeit und Mündlichkeit sind *Erscheinungsformen* des gerichtlichen Verfahrens. Sie haben keinen Eigenwert. Nicht um ihrer selbst willen sind sie da, vielmehr haben sie wie jede Form dem zugehörigen Inhalt zu dienen. Wenn nun Inhalt und Zielsetzung des Zivilprozesses in der staatlichen Rechtsschutzgewährung zur geordneten Erledigung der bürgerlichen Rechtsstreitigkeiten liegen, so kann das dabei zu beobachtende Verfahren in vielem grundsätzlich nur durch Zweckmäßigkeitserwägungen bestimmt sein. Zumal die dabei entwickelten Grundsätze der Schriftlichkeit und der Mündlichkeit des Verfahrens lassen sich nicht dogmatisch herleiten, oder gar läßt sich etwa die Schriftlichkeit damit rechtfertigen, daß sie wissenschaftlicher sei. Hier handelt es sich nicht um eine reine Prinzipienfrage, was man bei der bisweilen durchschimmernden Furcht vor Prinzipienlosigkeit in der Behandlung unseres Problems bei der Frage der Zulässigkeit des schriftlichen Verfahrens neben dem mündlichen nicht vergessen sollte. Andere das zivilprozessuale Verfahren im allgemeinen beherrschende Grundsätze, wie etwa die im Gegensatz zum Inquisitionsprinzip stehende Verhandlungsmaxime, die an sich weder für Mündlichkeit noch für Schriftlichkeit spricht und nicht etwa, wie bisweilen behauptet wurde, im engsten Zusammenhang mit der Mündlichkeit des Verfahrens steht, mögen immerhin aus dem Wesen des Zivilprozesses als eines Zweiparteienstreits begründet erscheinen, der für gewöhnlich, jedenfalls in vermögensrechtlicher Beziehung, der Parteienherrschaft unterliegt und die Allgemeinheit nur mittelbar angeht[1]. Bei den formalen Grundsätzen der Schriftlichkeit und Mündlichkeit, die niemals Selbstzweck sein können, ist dies anders. Schrift und Rede im Prozeß sind lediglich formelle Hilfsmittel, um den Prozeß sachgemäß zu entscheiden, nicht „Pfeiler der Gerechtigkeit"[2]. Sie folgen nicht mit logischer Konsequenz einem inneren Gesetz, mag auch eine lebendige Rechtsverwirklichung im Prozeß ihren natürlichen Ausdruck in der Mündlichkeit erblicken, die aber wiederum — insoweit jedenfalls hat *Klein* Recht[3] — bei Übermaß des Prozeßstoffes zur Schrift drängt und die Mündlichkeit gefährdet. Zum Verständnis bei der Erfassung der heute geltenden Anschauungen über Schriftlichkeit und Mündlichkeit und der Frage ihrer Rechtfertigung wie auch bei der Auslegung der in Betracht

---

[1] Dagegen *Schönke* a. a. O. 26.

[2] *Klein*, Mündlichkeitstypen in Allg. Öst. Gerichtszeitg. 1894, 294.

[3] *Klein* a. a. O. 294ff.; dagegen *Schultzenstein*, Ztschr. f. dt. ZivProz. 20 (1894) 513.

kommenden gesetzlichen Bestimmungen werden wir uns also von der *Zweckmäßigkeit*[4] der Schrift oder der Rede oder der Verwendung beider im zivilgerichtlichen Verfahren leiten lassen müssen, unbeschadet ihrer historischen Bedingtheit und des systematischen Zusammenhangs. In dieser Beziehung wird man sich insbesondere auch vor der wahllosen Übernahme fremder Vorbilder hüten müssen. Eine Pflanze, die von ihrem Standpunkt verpflanzt werden soll, will mit allen Würzelchen ausgegraben sein, und selbst dann kann sie nicht überall außerhalb ihres Mutterbodens gedeihen. *Klein* hinwiederum hat uns schon früher in überaus aufschlußreicher Weise gezeigt, daß die Mündlichkeit des französischen Zivilprozesses die natürliche Frucht der besonderen französischen Rechtsbildung ist, mit ihren eigenartigen Rechtseinrichtungen, ihrem materiellen Prozeßrecht, namentlich ihrem Beweismonopol der Urkunde zuungunsten des Zeugenbeweises, und der französischen Magistratur mit der Tendenz richterlicher Entscheidung nach Billigkeit und vernünftigem Ermessen ohne Häufung des Prozeßstoffes[5]. Überhaupt sollte man seit *Galiani* verlernt haben, Unvergleichbares miteinander vergleichen zu wollen.

2. Über Zweckmäßigkeit läßt sich streiten. Übereinstimmung wird darüber herrschen, daß eine gute Zivilprozeßordnung dem Rechtsfrieden nur dienen kann, wenn sie eine sachlich richtige und schnelle Entscheidung verbürgt. Aber die Ansichten darüber, wie und auf welchem Wege dieses Ziel des Prozesses formell am besten zu erreichen ist, werden immer auseinandergehen, wobei man aber niemals außer acht lassen sollte, daß man auch im Zivilprozeß trotz aller teleologischen Zuordnung sich innerhalb des Reiches der Werte bewegt[6]. In der Tat ist gerade auch der Streit über die zweckmäßigste Form des Zivilprozesses, wie die *geschichtliche* Entwicklung zeigt, uralt. Verfahrensordnungen, bei denen die Schrift herrscht oder wenigstens im Vordergrunde steht, wechseln mit Zeiten, in denen das Heil des Verfahrens allein in seiner unumschränkten Mündlichkeit erblickt wird. Der Streit hierüber ist für die deutschen Verhältnisse zeitweise besonders lebhaft geführt worden mit der politisch gfärbten Volksforderung der Öffentlichkeit und Mündlichkeit des Verfahrens im Verlauf der Verfassungskämpfe des 19. Jahrhunderts und namentlich seit der Einführung der am 1. 10. 1879 in Kraft getretenen sog. Reichsjustizgesetze vom 30. 1. 1877. Diese brachten mit

---

[4] *Klein* a. a. O.; *Wach*, Vorträge über die Reichszivilprozeßordnung (1896) 1; *Stein-Jonas*, Kommentar zur ZPO, 17. Aufl. von *Schönke* § 128 I.

[5] *Klein* a. a. O. 308, 309; vgl. ferner für die reichsdeutschen Verhältnisse die Begründung des Entwurfs der ZPO in *Hahn*, Die gesamten Materialien zu den Reichsjustizgesetzen II (1880) 115 u. die ablehnende Stellungnahme des Entwurfs einer Zivil-Prozeßordnung 1931, 272.

[6] Entgegen *Stein*, Grundriß des Zivilprozeßrechts und des Konkursrechts (3. Aufl. 1928) XIV unten.

der neuen Reichszivilprozeßordnung[7], welche heute in den deutschen Ländern noch gilt, allerdings nicht mehr einheitlich in ihrer letzten Fassung vom 8. 11. 1933 und mit den Neuerungen bis zum Jahre 1945, insbesondere der Vereinfachung durch die Kriegsgesetzgebung, damals die Rechtseinheit im Verfahrensrecht. Die ZPO brach mit dem außerhalb der des mündlichen Verfahrens sich erfreuenden französischen Rechtsgebiete am Rhein und anderer Länder, besonders Hannover und Bayern, in deutschen Landesteilen fortgeltenden, durch die Schriftlichkeit gekennzeichneten gemeinrechtlichen Prozeßverfahren und dem ebenfalls im Grunde schriftlichen preußischen Verfahren zugunsten der allgemeinen Einführung der vollen *Mündlichkeit.* Immer wieder entflammte der Streit, zeitweise besonders lebhaft geführt wie 1886/87 bei der von *Wach*[8] als Vorkämpfer der Mündlichkeit gegen *Bähr* als Verfechter einer größeren Berücksichtigung der Schrift veranstalteten Enquête, bei der Zivilprozeßnovelle vom Jahre 1909 oder ferner zur Zeit und gelegentlich der Verhandlungen des sich ebenfalls für die Mündlichkeit aussprechenden 31. Deutschen Juristentages vom Jahre 1912[9] sowie des 33. Deutschen Juristentages vom Jahre 1925[10] oder überhaupt in der Zeit der allgemeinen Reformbestrebungen für unser Zivilprozeßrecht seit dem 1. Weltkriege mit ihren die Grundlagen zwar unverändert lassenden, aber einer gesunden Entwicklung mit weitgehender Berücksichtigung der Schrift Raum gebenden Novellengesetzgebung vor allem der Jahre 1924 und 1933. Wenn die Streitfrage heute bei uns an Schärfe, ja an Interesse verloren hat, so mag das daran liegen, daß allgemein eine gewisse Konsolidierung eingetreten ist. Die zeitweise kaum übersehbare Reformliteratur auch zur Frage der Mündlichkeit und Schriftlichkeit des Verfahrens ist verebbt. Wie unproblematisch die grundsätzliche Regelung geworden ist, zeigt wohl besonders der Umstand, daß in dem 1949 neu aufgelegten Buche *Schiffers* „Die Deutsche Justiz, Grundzüge einer durchgreifenden Reform" unsere Frage überhaupt keine Rolle spielt. Die dem Mündlichkeitsprinzip huldigende deutsche ZPO hat sich seit ihrer Geltung von 1879 bis heute mit ihren zwischenzeitlichen Änderungen und nicht zuletzt dank einer verständnisvollen Handhabung in der Praxis der Gerichte, worauf es ja bei jedem Verfahrensgesetz für seine Auswirkung mitentscheidend ankommt, als ein brauchbares Mittel zur Erreichung des Prozeßzwecks bewährt. Noch mehr, und nicht nur für die

---

[7] Abgekürzt: ZPO. Im Text der Darstellung zitierte Paragraphen ohne Zusatz betreffen die ZPO.

[8] Die zivilprozessualische Enquête, Ergänzungsheft zu 11 der Ztschr. f. dt. ZivProz. und 12, 172, gegen *Bähr* in JheringsJ. 23 (1885) 339ff. und 24, 329, 523.

[9] Verhandlungen des 31. DJT I 259—365 (Gutachten *Degen*), 29—67 (Gutachten *Salinger*); III 825—942 (*Wildhagen, Vierhaus* und *Magnus*); III 979.

[10] Verhandlungen des 33. DJT 256ff. (*Engel* und *Wolff*).

deutschen Verhältnisse, sondern allgemein ist die Tatsache bedeutsam, daß die grundsätzliche Mündlichkeit des Verfahrens nach den Irrwegen geschichtlicher Vergangenheit in der Gegenwart als ein selbstverständliches, nicht mehr wegzudenkendes Gut anerkannt ist. Kein Praktiker zumal möchte heute den Segen der mündlichen Verhandlung entbehren. In die Zeiten des deutschen gemeinrechtlichen Zivilprozesses mit seiner Schriftlichkeit vermag sich niemand mehr zurück zu versetzen. Seine schlimmen Auswirkungen beim absterbenden Reichskammergericht in Wetzlar hat uns *Goethe* aus seiner dortigen Referendarszeit im Jahre 1772 anschaulich geschildert[11]. Wenn von den 20000 damals dort anhängigen Prozessen jährlich nur 60, durch die doppelte Zahl der Neueingänge überholte Prozesse ihre Erledigung fanden, kann es nicht Wunder nehmen, daß die Parteien in den meisten Fällen ihre Prozesse nicht überlebten. Wirkten bei dieser Prozeßverschleppung auch noch sonstige Gründe mit, wie u. a. die von *Goethe* schon erwähnte unzulängliche Besetzung des Gerichts, so wird man doch im wesentlichen dem Worte *Wachs*[12] zustimmen müssen, daß der gemeinrechtliche Prozeß sich am Schriftprinzip verblutet hat. Uns Heutigen ist auch *Wachs* Satz im Prinzip unumstritten: Mündlichkeit ist das Leben, die Beweglichkeit, die Anpassungsfähigkeit, die Wahrheit[13]. Damit scheint eine nicht wieder rückgängig zu machende Entwicklung abgeschlossen[14]. Die grundsätzliche Mündlichkeit des Verfahrens, die uns in Deutschland im Gegensatz zu unserem französischen Nachbarn als Folge der Rezeption des römischen Rechts und der Einwirkung des kanonischen und gemeinrechtlichen Prozeßrechts jahrhundertelang verloren war, ist und wird ein Eckpfeiler unseres Zivilprozesses bleiben. Gewisse Rückbildungen zu einer beschränkten Schriftlichkeit werden daran nichts ändern.

3. Indessen ist mit diesem grundsätzlichen Siege der Mündlichkeit noch nichts über die Gestaltung des zivilprozessualen Verfahrens im einzelnen nach der Seite der Verwendung der Schrift oder der Rede gesagt. Denn das steht außer Frage: Eine reine, d. h. ausschließliche Mündlichkeit, wie sie in den geschichtlichen Anfängen des Rechtsstreits gegeben war, als die Kunst des Schreibens und Lesens noch nicht erfunden oder nur wenigen geläufig war, ist heute noch weniger denkbar als ein ausnahmsweise rein schriftliches Verfahren. Die forensische Rede bedarf zu ihrer Festhaltung der Schrift. Und dies gilt umso mehr, als die Entwicklung zu einer Komplizierung und Häufung der Streitfälle drängt, deren Stoff unmöglich allein im Gedächtnis haften und bewahrt bleiben kann. Die Elemente der Schrift und der Mündlichkeit

[11] Dichtung und Wahrheit, 3. Teil, 12. Buch.
[12] Grundfragen und Formen des Zivilprozesses (1914) 77.
[13] a. a. O.
[14] Vgl. auch DRZ 1949, 15 unten (Prozessualisten-Kongreß 1948 in Argentinien).

sind daher im modernen Zivilprozeß notwendig gemischt. Und die Frage kann anerkanntermaßen nur sein, welche *Mischung* zwischen Schrift und Wort die zweckmäßige ist. Wir werden bei der Darstellung des geltenden deutschen Zivilprozeßrechts zur Frage der Mündlichkeit und Schriftlichkeit im einzelnen sehen, in welchen Teilen diese Mischung erfolgt ist und zweckmäßigerweise zu erfolgen hat. Gleichwohl erscheint es angebracht, schon hier die allgemeine Frage zu stellen: Welche *Vorzüge* und welche *Nachteile* hat die Schriftlichkeit und umgekehrt die Mündlichkeit?

Gemeinhin pflegt man als Vorzüge der *Mündlichkeit* folgendes anzuführen: Die Mündlichkeit beugt Mißverständnissen vor und schließt Irrtümer aus. Sie ermöglicht rasch und leicht, beweglich und anpassungsfähig eine sichere Klarstellung gegenüberstehender Parteibehauptungen durch Befragen seitens des Gerichts. Dadurch wird die Wahrhaftigkeit gefördert und zugleich der Rechtsgang vereinfacht und auch wird zur Beschleunigung wie zur Verbilligung des Verfahrens beigetragen. Diesen Vorteilen steht andererseits die Flüchtigkeit des gesprochenen Wortes gegenüber[15]. Umgekehrt wird der Vorzug der *Schrift* namentlich in der sicheren und genauen, einem festen Ordnungsprinzip folgenden und jede Willkür ausschließenden Festlegung und Überlieferung des Sach- und Streitstoffes und somit der Darbietung einer zuverlässigen Urteilsgrundlage erblickt, mag dies auch auf Kosten der Lebendigkeit erfolgen. Beide Grundsätze wollen gewiß im Rahmen der den heutigen Zivilprozeß beherrschenden Verhandlungsmaxime der Ermittlung der Wahrheit und der Ermöglichung einer richtigen Entscheidung dienen. Sowohl Freund wie Feind nehmen die größere innere Wahrheit für sich in Anspruch. Und für die Beschleunigung des Verfahrens treten auch die Verfechter einer größeren Berücksichtigung der Schrift ein, wenn sie gerade der mündlichen Verhandlung vorwerfen, daß sie den Prozeß verschleppe. Es ist aber eine Erfahrungstatsache, daß die freigeführte mündliche Verhandlung sowohl eine richtigere Aufklärung des Falles vermöge einer zielsicheren Verhandlungsleitung in Frage und Antwort gewährleistet, als auch daß sie bei richtiger Behandlung der Beschleunigung dient mehr als gemeinhin ein umständliches und im Falle der Präklusion unter der Herrschaft der Eventualmaxime auf größtmögliche Vollständigkeit abzielendes und der Unwahrhaftigkeit leichter Vorschub leistendes rein schriftliches Verfahren. Nicht nur im Rechtsleben, sondern allgemein führt ein lebendiges klärendes Wort meist rascher als die starre Schrift, eine mündliche Aussprache der Verhandlungs-

---

[15] Vgl. schon den Immediatbericht des Königl. Preuß. Just.-Min. über die Justizverwaltung und die Rechtspflege v. 27. 10. 1887 in Zeitschr. f. dt. ZivProz. 12 (1886) 14, 15; *Wach*, die ZPO und die Praxis (1886) 52 und Vorträge über die Reichszivilprozeßordnung (1896) 4; ferner *Degen* in Verhandl. des 31. DJT. a. a. O. 267; *Hegler*, Mündlichkeit und Unmittelbarkeit im Prozeß in: Der Rechtsgang I (1913) 199, 200; *Rosenberg* a. a. O. 269.

partner, eine Konferenz der Staatsmänner zu einem Ergebnis, welches dann, wenn es schriftlich niedergelegt wird, auch an Sicherheit hinter einem langatmigen Schriftenwechsel keinesfalls zurückstehen wird. Über seines Liebchens Äugeln wird auch der Schüler im „Faust" vergessen, daß man nur das getrost nach Hause tragen kann, was man schwarz auf weiß besitzt. Damit braucht der Gegensatz der beiden Prinzipien mit *Wach*[16] nicht unbedingt zugespitzt auf die Formel Natürlichkeit gleich Mündlichkeit und Künstlichkeit gleich Schriftlichkeit gebracht zu werden. Der Verfechter der Mündlichkeit sieht in ihr allein das Leben und erblickt in den Akten die Erstarrung, den Tod[17]. Das ist gewiß einseitig gesehen und schmälert ungerecht den Anteil der Schrift an unserer allgemeinen kulturellen Entwicklung. Und wenn es auch richtig ist, daß aller Formalismus ein Stück Unwahrhaftigkeit in sich trägt, so kommt es bei beiden Prinzipien darauf an, die Form nicht über den Inhalt zu stellen und das richtige Verhältnis von Wort und Schrift herzustellen. Beide sind relative Werte[18]. Das Kernproblem ist und bleibt, bei Verwendung der Schrift und der Rede im Zivilprozeß beide Elemente so aufeinander abzustimmen, daß dadurch sowohl eine richtige wie schnelle Entscheidung gewährleistet wird, wobei in der Bewertung dieser beiden Prozeßzwecke eine goldene Mittellinie einzuhalten sein dürfte, also weder Schnelligkeit noch Richtigkeit der Entscheidung um jeden Preis.

4. Der Mischcharakter des heutigen zivilprozessualen Verfahrens kann danach nicht zweifelhaft sein. Es bedarf aber noch der Klarstellung, was mit den Begriffen Mündlichkeit und Schriftlichkeit des Verfahrens eigentlich gemeint ist. Ihr *Wesen* liegt nicht in dem Ausschluß der Schrift bei der Mündlichkeit des Verfahrens und umgekehrt ebenso wenig in dem Fortfall jeden gesprochenen Wortes im schriftlichen Verfahren. Hier wie dort kann gesprochen und geschrieben werden. Es kommt bei dem einen wie bei dem anderen auf seine wesentliche Bedeutung für die Entscheidung des Rechtsstreits an. „Entscheidend ist die essentielle Erscheinungsform der Urteilsgrundlage. Ist sie der Akteninhalt, dann herrscht das Schriftprinzip. Ist sie das unmittelbar vom erkennenden Richter Wahrgenommene, so wird die Schrift nur ein Hilfsmittel der Verhandlung und des Gedächtnisses"[19]. Die deutsche ZPO hat sich für das Mündlichkeitsprinzip in diesem Sinne entschieden. Der Kern des Prozesses ist die mündliche Verhandlung. Unverändert gilt auch heute für das zivilprozessuale Verfahren in aller Regel noch der Grundsatz des § 128 ZPO, wonach die Verhandlung der Parteien über den Rechtsstreit vor dem erkennenden Gericht eine mündliche ist. Er

[16] Die ZPO und die Praxis 54.
[17] *Wach*, Grundfragen 77.
[18] *Wach*, Vorträge 4.
[19] *Wach*, Grundfragen 77, vgl. auch Vorträge 1.

bedeutet, daß die mündliche Verhandlung notwendig ist, und daß alles und nur das in der mündlichen Verhandlung Vorgetragene Grundlage und Gegenstand der richterlichen Entscheidung sein darf. Inwieweit dieser Grundsatz durch Ausnahmen durchbrochen und auf die Schrift zurückgegriffen ist, wird bei der Darstellung des mündlichen Verfahrens dem Einzelnen zu zeigen sein. Wenn auch vorbereitende Schriftsätze der Parteien gewechselt werden und schriftliche Feststellungen des Gerichts über Prozeßvorgänge durch das Sitzungsprotokoll und die Beweisaufnahmeprotokolle erfolgen, so ist das Verfahren doch keineswegs ein schriftliches oder gemischtschriftliches wie etwa der altpreußische Zivilprozeß mit seinem schriftlich festgestellten status causae et controversiae und seiner anschließenden mündlichen Schlußverhandlung, in der keine neuen Behauptungen mehr zulässig waren[20]. Ein eigentlich schriftliches Verfahren, in welchem der Rechtsstreit unter bestimmten Voraussetzungen auch ohne mündliche Verhandlung entschieden werden kann und die Schriftsätze die Urteilsgrundlage bilden, hat zuerst während des 1. Weltkrieges Eingang in den deutschen Zivilprozeß gefunden[21]. Ursprünglich bezweckte diese Entscheidungsmöglichkeit ohne mündliche Verhandlung nur die Erledigung eines auf Grund einer früheren mündlichen Verhandlung hinreichend geklärten Rechtsstreits, bei dem die mündliche Schlußverhandlung, etwa zum Verhandeln über ein noch ausstehendes Beweisaufnahmeergebnis, nicht viel mehr als eine bloße Form gewesen wäre. Dieses schriftliche Verfahren hat sich dann weiter in der Richtung auf eine fakultative Schriftlichkeit hin entwickelt. Damit ist das Mündlichkeitsprinzip in seiner die ZPO ursprünglich ausschließlich beherrschenden Gestalt durchlöchert. Auf die Einzelheiten und die Fortentwicklung des schriftlichen Prozeßverfahrens wird näher eingegangen werden bei der Darstellung des schriftlichen Verfahrens im geltenden deutschen Zivilprozeßrecht.

Mündlichkeit oder Schriftlichkeit des Verfahrens bedeutet also die mündliche oder schriftliche *Form* der Verhandlung der Parteien vor dem erkennenden Gericht als maßgebliche Entscheidungsgrundlage. Wenn es mithin auch richtig ist, daß der Grundsatz der Mündlichkeit dasjenige Parteiverfahren beherrscht, welches als ein gleichzeitiges sich darstellt, während das schriftliche Verfahren seiner Natur nach ein einseitiges, ungleichzeitiges Verfahren ist[22], so sind doch Wort und Schrift als Erscheinungsformen des Verfahrens überhaupt hierauf nicht beschränkt. Außer bei der Parteienverhandlung taucht weiter die Frage der Mündlichkeit oder Schriftlichkeit bei der Beweisaufnahme auf. Der Schwer-

---

[20] Preuß. Allgem. Gerichtsordng. v. 6. 7. 1793 mit abändernden Verordnungen von 1833 und 1846; vgl. dazu die Motive der ZPO bei *Hahn* a.a.O. 118ff.

[21] § 23 d. Bundesrats-VO zur Entlastg. d. Gerichte v. 9. 9. 1915.

[22] Begründung zur ZPO bei *Hahn* a. a. O. 125, 128.

punkt liegt hier allerdings in der Unmittelbarkeit der Beweisaufnahme. Und schließlich fragt es sich, in welcher Form die Entscheidung des Gerichts selbst zu erfolgen hat und auf welche Weise sie wirksam wird[23]. Naturgemäß tritt diese Frage der Mündlichkeit oder Schriftlichkeit der Entscheidung hinter die mündliche oder schriftliche Gewinnung der Entscheidungsgrundlagen an Bedeutung zurück.

5. Über die möglichen *Arten* der Schrift — Handschriftlichkeit, Schreibmaschinenschrift oder Druckschrift — und ihre Gleichbewertung als Schrifttext ist kein Wort zu verlieren. Die Verwendung der Kurzschrift wird beim Protokoll und die Unterschrift noch bei den Schriftsätzen berührt werden. Auch für die in bestimmten Einzelfällen [24] ohne Anwaltszwang (§ 71), etwa beim Armenrechtsgesuch oder beim Arrestantrag, von der ZPO zugelassene mündliche Erklärung einer Partei zu Protokoll des Urkundsbeamten der Geschäftsstelle des Gerichts gilt als Schriftform nichts besonderes. Schrift wie Wort bedürfen allgemein auch des Gebrauchs bestimmter Ausdrücke nicht mehr. Dagegen sind im übrigen bei der Mündlichkeit hier noch einige Unterscheidungen zu machen. Die Mündlichkeit kann als freie Rede und Gegenrede der Parteien oder der Anwälte als ihrer Vertreter gefordert werden, was grundsätzlich ein Ablesen des Vortragsstoffes ausschließt. Dies ist der Grundsatz der ZPO für das mündliche Verfahren im allgemeinen. Weiter kann die Mündlichkeit auf die bloße Entgegennahme der Parteivorträge im Termin durch das Gericht sich beschränken. Die ZPO verlangt heute statt dessen die Erörterung des Sach- und Streitstandes seitens des Gerichts mit den Parteien. Dadurch ist die mündliche Verhandlung lebendig gestaltet. Näheres wird hierüber noch bei der Darstellung der mündlichen Verhandlung im einzelnen zu sagen sein.

6. Zur *Abgrenzung* der Mündlichkeit und Schriftlichkeit von einigen mit ihr in Zusammenhang gebrachten allgemeinen Verfahrensgrundsätzen soll schließlich noch kurz die Rede sein.

a) Als eine Folgeerscheinung der Mündlichkeit und als ein weiterer heute nicht mehr zu entbehrender Vorzug derselben wird zunächst die *Öffentlichkeit* des Verfahrens genannt. Sie ist bei uns für die mündliche Verhandlung vor dem erkennenden Gericht einschließlich der Verkündung der Urteile und Beschlüsse durch § 169 Gerichtsverfassungsgesetz (GVG) gesetzlich vorgeschrieben. Gemeint ist damit, daß jedermann Zutritt zu der mündlichen Verhandlung vor Gericht hat. Das mündliche Verfahren braucht nicht notwendig öffentlich zu sein. Es kann auf die Parteien des Prozesses beschränkt sein (§ 357), denen im übrigen unbeschränkte Akteneinsicht zu gewähren ist. Die Öffentlichkeit kann auch durch Gesetz allgemein ausgeschlossen sein, so namentlich in

[23] Gegen diese Bedeutung für unser Problem: *Hegler*, Der Rechtsgang I 193 N. 2.

[24] Siehe die Zusammenstellung bei *Stein-Jonas* (*Schönke*) § 159 I C.

Ehesachen (§ 170 GVG); auch kann das Gericht im einzelnen Falle unter bestimmter Voraussetzung die Öffentlichkeit ausschließen (§ 172 GVG). Mit der Schriftlichkeit des Verfahrens ist im Gegensatz zu dem regelmäßig öffentlich mündlichen Verfahren die Geheimhaltung verbunden. Eine Zugänglichmachung der Akten im schriftlichen Verfahren an jedermann verbietet sich von selbst.

b) Ein weiteres formelles Verfahrensprinzip, das mit der Mündlichkeit eng zusammenhängend meist im selben Atemzuge genannt und mit ihr regelmäßig zusammengeworfen wird[25] anstatt es von ihr zu unterscheiden und zu trennen, ist die *Unmittelbarkeit.* Sie bedeutet, daß die Verfahrensvorgänge sich vor dem erkennenden Gericht selbst abzuspielen haben und nicht unter Zuhilfenahme einer Mittelsperson. Für die mündliche Verhandlung ergibt sich dieser Grundsatz bereits aus der Bestimmung, daß diese vor dem erkennenden Gericht stattzufinden hat (§ 128 ZPO), also nicht vor dem beauftragten oder ersuchten Richter. Ergänzt wird er durch die Bestimmung, daß das Urteil nur von den Richtern gefällt werden kann, welche der dem Urteil zugrundeliegenden Verhandlung beigewohnt haben (§ 309). Dies zwingt bei einem Richterwechsel nach einer voraufgegangenen mündlichen Verhandlung grundsätzlich zur Verhandlungserneuerung[26]. Besondere Bedeutung erfährt der Unmittelbarkeitssatz bei der Beweisaufnahme. Die Beweisaufnahme erfolgt regelmäßig vor dem Prozeßgericht (§ 355) und nur in gesetzlichen Ausnahmefällen vor einem Mitgliede des Prozeßgerichts oder vor einem anderen Gericht (§§ 375, 402, 451). Ungenügende Handhabung dieser Bestimmung durch die Gerichte hat lange die Regel zur Ausnahme gemacht, wenn man auch äußerlich ihr meist zu entsprechen suchte, wie das von *Wach*[27] mitgeteilte Beispiel der Zeugenvernehmung Richard Wagners in einem Leipziger Prozeß zeigt, in welchem erst auf ärztliches Krankheitsattest hin eine kommissarische Vernehmung des durch die Einstudierung der Erstaufführung des Parsifal in Bayreuth behinderten Meisters angeordnet wurde. Trotz früherer Reformbestrebungen[28] ist in jüngerer Zeit erst durch die Einwirkung der Justizverwaltung die Unmittelbarkeit der Beweisaufnahme unter Zurückdrängung der fast stets eine Verzögerung und Entwertung des Beweisergebnisses bedeutenden kommissarischen Zeugenvernehmung in der Praxis der Gerichte wirklich

---

[25] So die Begründung zur ZPO bei *Hahn* a. a. O. 124.

[26] Wie wir bei der Darstellung der mündlichen Verhandlung im einzelnen noch sehen werden. Unmittelbar auf Grund der mündlichen Verhandlung sollen die erkennenden Richter sich ein Urteil bilden. Bei schriftlichem Verfahren dagegen ist ein Richterwechsel naturgemäß ohne Bedeutung, da der neu hinzutretende Richter sich durch Lesen der Akten unmittelbar informieren kann.

[27] Grundfragen 75, N. 1.

[28] Verhandlungen des 31. DJT. 1912.

die Regel geworden[29]. Sie ist es als ein elementarer Verfahrensgrundsatz bis heute geblieben. Bei der Beweisaufnahme zeigt sich, daß Mündlichkeit und Unmittelbarkeit nicht identisch sind, sondern auseinandergehalten werden müssen. Man darf bei der Unmittelbarkeit „wahrnehmen" und „hören" nicht verwechseln. Bei der Zeugenvernehmung deckt sich beides, abgesehen von dem persönlichen Eindruck. Anders aber bei Beweisurkunden, die vorzulegen sind und gelesen werden sollen, aber nicht mündlich verlesen zu werden brauchen, worauf in anderem Zusammenhang noch zurückzukommen sein wird.

c) Als allgemeiner Verfahrensgrundsatz sei schließlich noch der Grundsatz des *rechtlichen Gehörs* erwähnt. Er bedeutet, daß jeder Partei Gelegenheit zur schriftlichen oder mündlichen Äußerung gegeben werden muß. Der Grundsatz schließt nicht aus, daß ausnahmsweise gewisse Entscheidungen ohne vorheriges Gehör der Gegenseite erlassen werden können oder sogar erlassen werden müssen, wie z. B. bei der Pfändung von Forderungen (§ 834). Vielfach ist im Gesetz die Anhörung der Parteien ausdrücklich vorgeschrieben, z. B. beim schiedsrichterlichen Verfahren (§ 1034). Als Eckpfeiler des Zivilprozesses gilt dieser Grundsatz sonst in gleicher Weise für das mündliche wie für das schriftliche Verfahren uneingeschränkt und ohne Unterschied. Bei der mündlichen Verhandlung wird das rechtliche Gehör in dieser gewährt. Es ist aber nicht mit der notwendigen mündlichen Verhandlung gleichzusetzen[30], die Frage- und Erörterungspflicht seitens des Gerichts in der mündlichen Verhandlung bedeutet etwa nicht ein besonderes aktives rechtliches Gehör.

II. Die Mündlichkeit in Form der mündlichen Verhandlung

Im *geltenden deutschen Zivilprozeßrecht* erscheint uns die Mündlichkeit entsprechend dem normalen Gang des zivilprozessualen Verfahrens in dreifacher Weise, in der mündlichen Verhandlung der Parteien bzw. ihrer Vertreter und ihrer Prozeßbevollmächtigten vor dem Gericht, bei der Beweisaufnahme des Gerichts über die erheblichen streitigen Parteibehauptungen und bei der Entscheidung des Rechtsstreits durch das Gericht.

Im Vordergrunde steht die *mündliche Verhandlung*. Mit ihr haben wir uns in aller Ausführlichkeit zu befassen.

1. Beim mündlichen Verfahren tritt das Vorbringen der Parteien im Rechtsstreit in beachtlicher Weise nur ins Leben, wenn es mündlich vorgebracht wird. Als Ausdrucksform wird aber nicht nur das gespro-

---

[29] Allgemeine Verfügung des Reichsjustizministers vom 11. 11. 1935 über die Beschleunigung und Unmittelbarkeit des Rechtsganges DJ 1935, 1654; siehe dazu *Staud* in DJ 1934, 512 und 1935, 1379 mit den dort mitgeteilten Statistiken.

[30] Irreführend *Hegler* a. a. O. 201.

chene Wort gefordert, es tritt vielmehr das Prinzip der *obligatorischen mündlichen Verhandlung* hinzu. Begrifflich ist Verhandeln wesentlich prozeßgestaltendes Verhandeln der Parteien[31], und zwar gegenüber dem Gericht. Man kann auch schriftlich verhandeln, wie ja auch die „Verhandlungs"-Maxime im schriftlichen Verfahren nicht ausgeschlossen ist. Dann ist die Verhandlung nicht an einen Termin geknüpft. Bei der mündlichen Verhandlung erfolgt dagegen die Vorlage des Streitstoffs seitens der Parteien in einem vom Gerichtsvorsitzenden anberaumten Termin unter Zuziehung aller Prozeßbeteiligten, in dem Verhandlungstermin, auf Grund dessen die Entscheidung des Gerichts erfolgt. Die Parteien äußern sich hier zwar nacheinander, wie dies nicht anders sein kann, aber nicht getrennt voneinander. Stellen die Parteien in der mündlichen Verhandlung einander widersprechende Anträge, so ist die Verhandlung kontradiktorisch. Es kann aber auch eine einseitige und eine nicht streitmäßige Verhandlung stattfinden. Im übrigen verwendet die ZPO den Ausdruck mündliche Verhandlung in verschiedenem Sinne. Sie meint damit sowohl den einzelnen Verhandlungstermin wie alle Verhandlungstermine in einem Prozeß, in weiterem Sinne aber auch die Verhandlung unter Einschluß der Beweisaufnahme.

2. Dieser Grundsatz der mündlichen Verhandlung nun *bedeutet* ein doppeltes, nämlich daß eine Entscheidung des Gerichts nur auf Grund mündlicher Verhandlung ergehen darf, und ferner, daß *nur* das in der mündlichen Verhandlung Vorgetragene Grundlage der Entscheidung, sei es eines Beweisbeschlusses oder der teilweisen oder gänzlichen Erledigung des Rechtsstreits oder einzelner Streitpunkte durch Urteil, sein darf, aber auch *alles* Vorgetragene berücksichtigt werden muß. Bei seiner Entscheidung auf Grund der mündlichen Verhandlung hat das Gericht den von den Parteien vorgebrachten Tatsachenstoff zugrunde zu legen unter Berücksichtigung auch nicht vorgetragener allgemeiner Erfahrungstatsachen sowie sonstiger Schlußfolgerungen aus Tatsachen[32]. Andererseits müssen bei Gericht offenkundige Tatsachen, wozu der Allgemeinheit Kundige und dem Gericht amtlich bekannte Tatsachen, nicht aber privates Wissen des Richters gehören, da nur sie keines Beweises bedürfen (§ 291), im allgemeinen dem Verhandlungsgrundsatze entsprechend von den Parteien behauptet und nach dem Grundsatze der mündlichen Verhandlung gerade auch in der mündlichen Verhandlung vorgetragen werden. Rechtsausführungen der Parteien dagegen wird das Gericht bei seiner Entscheidung zwar nicht unbeachtet lassen, aber da sie gemäß dem Grundsatz jura novit curia nicht vorgeschrieben sind, unterliegen sie nicht dem Zwange mündlichen Vortrags.

---

[31] *Wach*, Vorträge 161.

[32] Vgl. dagegen *Hegler* a. a. O. 203, 209.

a) In Ausprägung des Mündlichkeitsgrundsatzes in dem einen Sinne bestimmt der § 128 ZPO, wie bereits erwähnt, daß die mündliche Verhandlung der Parteien über den Rechtsstreit vor dem erkennenden Gericht eine mündliche ist. Ausnahmslos ist dieser Grundsatz nicht durchgeführt. Positiv ist mündliche Verhandlung bisweilen vorgeschrieben, z. B. bei der Berichtigung des Urteilstatbestandes (§ 320) und ebenso das Gegenteil, z. B. bei Feststellung der Kostentragungspflicht im Falle der Klagerücknahme (§ 271 III). Mündlich zu verhandeln ist über das Ergebnis der Beweisaufnahme (§ 285), und zwar bei Beweisaufnahme vor dem Prozeßgericht in dem zugleich zur Fortsetzung der mündlichen Verhandlung bestimmten Beweisaufnahmetermin (§ 370). Im übrigen erstreckt sich der Anwendungsbereich der mündlichen Verhandlung auf den Rechtsstreit vor allen Gerichten und in allen Instanzen, sowohl in der Berufungsinstanz (§ 520) als zweiter Tatsacheninstanz als auch bei der Revision (§ 550), während allerdings bei der Prüfung der formellen Zulässigkeit der Berufung und Revision deren Verwerfung ohne mündliche Verhandlung erfolgen kann (§§ 519b, 574a). Für die *Revision* sah der nicht Gesetz gewordene Zivilprozeßentwurf von 1931 hauptsächlich zum Zwecke der Entlastung des Reichsgerichts eine Einschränkung des Mündlichkeitsgrundsatzes unter bestimmten Voraussetzungen durch einstimmige Zurückweisung der Revision im Beschlußwege ohne mündliche Verhandlung bei deren Entbehrlichkeit vor, abweichend von der französischen Einrichtung einer Vorentscheidung durch die chambre des requêtes[33]. Nach geltendem Recht war dagegen ausnahmsweise eine sachliche Revisionsentscheidung ohne mündliche Verhandlung nur bei Entscheidungen der großen Senate zugelassen (GVG § 138), eine gegenwärtig überholte Bestimmung.

Bei den *besonderen Verfahrensarten* ergeben sich zum Teil Abweichungen vom Grundsatze der Mündlichkeit. Das für nichtstreitige Zahlungsansprüche gegebene Mahnverfahren ist seiner Natur nach hinsichtlich des Erlasses des gerichtlichen Zahlungsbefehls und Vollstreckungsbefehls schriftlich, leitet aber im Streitfalle auf Widerspruch des Schuldners in das ordentliche Verfahren über. Das Entmündigungsverfahren kennt die mündliche Verhandlung nur, soweit es als Streitverfahren über die Anfechtungsklage oder die Wiederaufhebungsklage der im Beschlußverfahren ausgesprochenen Entmündigung ausgestaltet ist. Bei dem Aufgebotsverfahren der ZPO gelten für die Verhandlung im Aufgebotstermin die gewöhnlichen Grundsätze der mündlichen Verhandlung; jedoch ist das Aufgebotsverfahren für Todeserklärungen jetzt als Verfahren der freiwilligen Gerichtsbarkeit ausgeschieden[34]. Das schiedsgerichtliche Verfahren ist nach freiem Ermessen der Schiedsrichter bestimmt. Es wird uns bei der Darstellung des schriftlichen Ver-

[33] Entw. 1931 § 519 u. Begr. 367, 368.

[34] § 13ff. des Gesetzes über die Verschollenheit usw. v. 4. 7. 1939.

fahrens noch näher beschäftigen. Bei der Zwangsvollstreckung findet sich die mündliche Verhandlung, abgesehen von den Vollstreckungsklagen (§§ 767, 771, 805) und vom Arrest- und einstweiligen Verfügungsverfahren, bei der Mitwirkung des Vollstreckungsgerichts oder des Prozeßgerichts nicht als notwendige mündliche Verhandlung, sondern nur fakultativ.

Diese nicht unter der Herrschaft des Mündlichkeitsgrundsatzes mit seinem Ausschluß der Schrift als Entscheidungsgrundlage stehende *freigestellte mündliche Verhandlung* findet in zahlreichen gesetzlich bestimmten Fällen statt[35] außerhalb der eigentlichen, auf Grund der mündlichen Verhandlung durch Urteil abzuschließenden Streitentscheidung, z. B. bei der Entscheidung über das Armenrechtsgesuch (§ 126), ferner im Beschwerdeverfahren (§ 573) und bei der Anordnung des Arrests und der einstweiligen Verfügung (§§ 921, 937). Die Entscheidung ergeht hier äußerlich regelmäßig durch Beschluß des Gerichts. Ihre Anordnung ist in das freie, nicht nachprüfbare Ermessen des Gerichts gestellt. Wird die mündliche Verhandlung vom Gericht, in der Regel auf ein schriftliches Gesuch der Parteien, angeordnet, so dient sie zur Ergänzung des schriftlich beigebrachten Prozeßmaterials, welches daneben Berücksichtigung findet. Zur selbständigen Schaffung der Entscheidungsgrundlagen dient sie ausnahmsweise im Arrest- und einstweiligen Verfügungsverfahren sowie bei der gerichtlichen Vollstreckbarerklärung inländischer und ausländischer Schiedssprüche und schiedsrichterlicher Vergleiche (§§ 922 I, 936; 1042a I, 1044 I, 1044a III), wo die Entscheidung durch Urteil ergehen muß und die vom Gericht einmal angeordnete mündliche Verhandlung der notwendigen mündlichen Verhandlung gleichgestellt ist. Ordnet dagegen das Gericht keine mündliche Verhandlung an, dann ist das Verfahren rein schriftlich.

Innerhalb dieses Anwendungsbereiches ist die *Notwendigkeit* der mündlichen Verhandlung *begrenzt* auf die Verhandlung der Parteien, und zwar vor dem erkennenden Gericht. Sie findet daher ebensowenig wie an sich bei Streitigkeiten einer oder beider Parteien mit Dritten statt bei Verhandlungen vor dem Vorsitzenden, dem ersuchten oder beauftragten Richter und vor dem Urkundsbeamten (Rechtspfleger), wohl dagegen vor dem Einzelrichter, ferner ebensowenig bei Prozeßleitungshandlungen (z. B. Terminsbestimmung, Aussetzung des Verfahrens) und bei eigentlichen gerichtlichen Verwaltungshandlungen. Allgemein ist sie überall da geboten, wo die Klage die Form ist, um den Prozeß einzuleiten. Das Gericht darf also eine Klage nicht a limine ohne mündliche Verhandlung abweisen; der Vorsitzende muß vielmehr auch bei offensichtlicher Aussichtslosigkeit der Klage Termin zur

---

[35] Siehe die Zusammenstellung bei *Stein-Jonas* (*Schönke*) § 128 II 2b α, zum Verfahren § 128 V, Literatur daselbst N. 18.

mündlichen Verhandlung bestimmen. Gegenteiliges kann nicht etwa aus Zweckmäßigkeitserwägungen gefolgert werden, da im Verhandlungstermin möglicherweise sich eine andere Beurteilung ergeben oder der Beklagte den Anspruch anerkennen oder sich über denselben vergleichen könnte. Entsprechend muß dort, wo die Entscheidung des Gerichts durch Urteil zu erfolgen hat, mündlich verhandelt werden. Der aus § 128 ZPO sich ergebende Satz von der Notwendigkeit der mündlichen Verhandlung der Parteien für die Entscheidung des erkennenden Gerichts kann indes nach neuerer Auffassung[36] im Hinblick darauf, daß die Mündlichkeit nicht Selbstzweck, sondern nur Mittel zum Zweck sein kann, wie bereits eingangs hervorgehoben wurde, nicht dahin verstanden werden, die Mündlichkeit sei überall in den vom Gesetz nicht ausdrücklich anders geregelten Fällen geboten. Eine Präsumtion, daß eine Entscheidung des Gerichts in allen Fällen nur auf Grund mündlicher Verhandlung erfolgen könne, besteht nicht. So dürften z. B. gegen eine Anordnung weiterer Beweiserhebung ohne erneute mündliche Verhandlung über den Rahmen des § 360 S. 2 hinaus keine Bedenken bestehen, wenn dies sachlich geboten und zumutbar erscheint, allerdings nur in besonderen Ausnahmefällen.

b) Der zweite aus § 128 ZPO abzuleitende Satz, daß nur alles in der mündlichen Verhandlung Vorgetragene Grundlage der Entscheidung sein darf, erfährt ebenfalls gewisse *Abschwächungen*, um einer zwecklosen Überspannung der Mündlichkeit vorzubeugen und ihre praktische Durchführung nicht zu gefährden. Zu nennen ist hier zuerst die allgemeine Gestattung der *Bezugnahme auf Schriftstücke* bei der mündlichen Verhandlung gemäß § 137 III ZPO, also von Schriftsätzen, Beweisaufnahmeprotokollen, Urteilen usw. Entgegen der ursprünglichen Fassung der ZPO, welche in Übertreibung des Mündlichkeitsprinzips eine Bezugnahme auf Schriftstücke statt mündlicher Verhandlung verbot, ist diese durch die Prozeßnovelle von 1924 in das Gesetz in Bestätigung einer längst als notwendig sich erwiesenen allgemeinen Gerichtspraxis eingefügt. Die Bezugnahme auf Schriftstücke ist zulässig, soweit keine der Parteien widerspricht und das Gericht sie für angemessen hält. Im übrigen findet nach dem Gesetz eine Verlesung von Schriftstücken nur insoweit statt, als es auf den wörtlichen Inhalt derselben ankommt. Eine weitere Milderungsbestimmung hinsichtlich der Mündlichkeit ist die Zulassung der *Nachreichung eines Schriftsatzes* seitens einer durch tatsächliches neues Vorbringen der Gegenseite in der mündlichen Verhandlung überraschten Partei nach der mündlichen Verhandlung innerhalb einer gerichtlich bestimmten Frist. Gemäß dem ebenfalls durch die Novelle von 1924 neu eingeführten § 272a kann das Gericht

---

[36] *Stein-Jonas* (*Schönke*) § 128 Anm. I, II 2b γ; *Baumbach* ZPO (18. Aufl. 1947) Vorbem. § 128, 1B; dagegen *Rosenberg* a. a. O. 272.

der Partei, die sich in der mündlichen Verhandlung auf eine Behauptung des Gegners nicht erklären kann, weil ihr die Behauptung nicht rechtzeitig vor dem Termin mitgeteilt ist, auf Antrag die schriftsätzlich nachzureichende Erklärung gestatten, die nach fristgemäßem Eingang bei Gericht und Zustellung an den Gegner in der Entscheidung zu berücksichtigen ist; bei Nichteinreichung des Schriftsatzes bis zum Verkündungstermin der Gerichtsentscheidung gilt die Behauptung des Gegners als nicht bestritten. Durch die zugelassene Nachreichung einer schriftsätzlichen Erklärung gemäß § 272a wird das Verfahren nicht zu einem schriftlichen[37]; denn es handelt sich ja nur um eine einzelne schriftsätzliche Erklärung des im übrigen mündlichen Verfahrens. Mißbräuchlich macht allerdings die Praxis der Gerichte bisweilen einen weit über den Rahmen des § 272a hinausgehenden Gebrauch von der Gestattung der Nachreichung von Schriftsätzen, wobei dann vielfach die Wiedereröffnung der mündlichen Verhandlung nicht zu umgehen ist[38]. Unnötig dürfe auch, da, wie *Stein-Jonas (Schönke)* mit Recht bemerken[39], die mündliche Verhandlung nicht Selbstzweck, sondern nur Mittel ist, dem Gericht den Prozeßstoff zu unterbreiten, ein Parteivortrag sein insoweit, als dem Gericht in seiner Besetzung der Streitstoff bereits aus einer anderweitigen mündlichen Verhandlung, etwa einem Vor- oder Parallelprozeß her bekannt ist, allerdings nur dann, wenn dieser Prozeßstoff zugleich beiden Parteien bekannt geworden ist. Dagegen ist vorzutragen das Ergebnis einer Beweisaufnahme vor einem Richterkommissar (§ 285 II) ebenso wie im Verfahren vor dem Einzelrichter sowie der Prozeßstoff der Vorinstanz in den Rechtsmittelinstanzen (§§ 526, 566) und in ähnlichen Fällen (§§ 669, 679 IV). Der Vortrag hat durch die Parteien, die über diesen bereits für die Urteilsgrundlage festliegenden Prozeßstoff naturgemäß nicht mehr beliebig verfügen können, zu erfolgen, und nicht wie anderwärts durch das übrigens aus dem Reichskammergerichtsprozeß stammende Richterreferat. Allerdings wird diesen Bestimmungen praktisch dadurch ihre Schärfe genommen, daß heute regelmäßig die Bezugnahme auf die Schriftstücke (Beweisprotokolle, Urteile usw.) nach § 137 III ZPO erfolgt.

3. Über die Gestaltung und den *Gang der mündlichen Verhandlung* ist hier im einzelnen noch folgendes nachzutragen. Der Vorsitzende eröffnet und leitet die mündliche Verhandlung (§ 136 I). Die mündliche Verhandlung wird dadurch eingeleitet, daß die Parteien ihre Anträge stellen (§ 137 I). Die Vorträge der Parteien sind, wie bereits bemerkt, in freier Rede zu halten. Sie haben das Streitverhältnis in tatsächlicher und rechtlicher Beziehung zu umfassen (§ 137 III). Dies schließt aber eine Bezugnahme auf Schriftstücke in der geschilderten Weise nicht aus. Kraft

[37] Dagegen *de Boor*, Die Entscheidung nach Lage der Akten (1924) 3ff.
[38] NJW 1949, 29.
[39] § 128 III 1b.

seiner Prozeßleitungsgewalt kann der Vorsitzende einer Partei, welche ihr Vorbringen abliest, das Wort entziehen (§ 136 II). Eine Ausnahme von dem freien Vortrag machen die von den Parteien im Anwaltsprozesse zu stellenden Anträge (§ 297). Die sich auf den Inhalt der begehrten Entscheidung beziehenden sog. Sachanträge sind aus den vorbereitenden Schriftsätzen der Parteien oder in Ermangelung derselben aus einer Sitzungsprotokollsanlage zu verlesen oder in Bezug zu nehmen, soweit das Gericht letzteres, was praktisch die Regel ist, für ausreichend erachtet, mit der Folge der Nichtberücksichtigung bei Nichtbeachtung dieser Vorschriften. Im Parteiprozeß vor dem Amtsgericht sind alle Anträge zu protokollieren, wobei die Bezugnahme auf den Inhalt eines vorbereitenden Schriftsatzes anstatt der Feststellung zum Sitzungsprotokoll genügt (§ 510a).

Seit der Zivilprozeßnovelle vom 13. 2. 1924 hat der grundsätzliche Zwang zur freien Rede einen Bedeutungswandel erfahren. Das Gericht hat sich nicht nur auf die Entgegennahme der freien Parteivorträge zu beschränken. Der Vorsitzende hat vielmehr über die schon früher nach § 139 bestehende aufklärende Fragepflicht hinaus nunmehr in Erweiterung der für das amtsgerichtliche Verfahren schon seit der Novelle vom 1. 6. 1909 bestehenden und mit der Übernahme auch für das landgerichtliche Verfahren beseitigten Bestimmung des § 502 in der mündlichen Verhandlung, soweit erforderlich, das Sach- und Streitverhältnis mit den Parteien nach der tatsächlichen und rechtlichen Seit zu *erörtern* und Fragen zu stellen. Diese Art der Mündlichkeit kommt somit nicht nur der Partei, welche in dem erschöpfenden mündlichen Vortrag behindert ist, zugute, sondern sie ermöglicht allgemein durch eine angemessene Aussprache des Gerichts mit den Parteien in der vorgeschriebenen Weise eine lebendige Darstellung und bessere Aufklärung des Sach- und Streitstandes. Der Entwurf von 1931 formuliert dies dahin, daß das Gericht *mit* den Parteien verhandelt. Die mündliche Verhandlung darf aber nicht in eine Diskussion[40] ausarten. Sie ist eine Aussprache des Gerichts mit den Parteien.

4. Bei *Verletzung* des Grundsatzes der Mündlichkeit, die stets vorliegt bei einer Berücksichtigung des nicht mündlich vorgetragenen Inhalts von Schriftsätzen der Parteien oder sonstiger Schriftstücke, soweit diese nicht in zulässiger Weise in der mündlichen Verhandlung in Bezug genommen sind, namentlich auch bei Nachreichung nicht vorbehaltener Schriftsätze, ist ein wesentlicher Mangel des Verfahrens gegeben (§ 539). Er stellt zwar keinen absoluten Revisionsgrund, aber eine die Revision rechtfertigende Verletzung des Gesetzes dar (§§ 551, 549). Eine andere Frage ist, ob eine Heilung dieses Verfahrensmangels (§§ 295, 530) bei Verzicht der Parteien auf seine Geltendmachung anzunehmen ist. Die Frage dürfte

---

[40] So *Hegler* 302ff.

richtigerweise heute zu bejahen sein im Hinblick auf die Zulassung auch des schriftlichen Verfahrens nach § 7 der Entlastungsverordnung neben dem grundsätzlich mündlichen Prozeßverfahren der ZPO. Man erblickt heute in dem Mündlichkeitsgrundsatz nicht mehr einen der Parteidisposition schlechthin entzogenen Grundsatz des Prozeßverfahrens[41].

5. Aus dem geschilderten Grundsatz der *notwendigen mündlichen Verhandlung* ergibt sich eine Reihe von *Folgerungen.*

a) Zunächst fehlt es im Gegensatz zum schriftlichen Verfahren an einer festen Ordnung und Gliederung des Prozeßstoffes in der mündlichen Verhandlung. Während im schriftlichen gemeinrechtliche Prozesse eine Zerlegung des Prozeßstreits nach Stoffabschnitten in einer bestimmten genau einzuhaltenden Reihenfolge stattfand mit dem Gebot alle Angriffs- und Verteidigungsmittel zugleich, auch nur evtl. vorzubringen unter Ausschlußfolge (Eventualmaxime), können nach geltendem Recht allgemein bis zum Schlusse derjenigen mündlichen Verhandlung, auf welche das Urteil ergeht, Angriffs- und Verteidigungsmittel, Beweismittel und Beweiseinreden geltend gemacht werden (§§ 278 I, 283 I). Statt der gemeinrechtlichen Trennung von Behauptungen und Beweis nach Prozeßabschnitten mit selbständig anfechtbarem Beweisinterlokut gilt jetzt das System der Verbindung von Behauptungen und Beweisantritten (§ 282), wobei die Anordnung der Beweisaufnahme durch unanfechtbaren Beweisbeschluß erfolgt (§§ 284, 358ff.). Die Beweisaufnahme selbst ist als Zwischenpunkt in das Verfahren eingebettet; sie kann mehrfach vorgenommen und bei Bedarf wiederholt werden. Sämtliche Verhandlungstermine einer Instanz bilden eine Einheit. Die mündliche Verhandlung ist unteilbar für das gesamte Parteivorbringen. Man spricht hier vom Grundsatz der *Einheit* der mündlichen Verhandlung. Die Befürchtungen, welche namentlich früher von Vertretern der Schriftlichkeit an diese Folgerung des Mündlichkeitsgrundsatzes der ZPO und an das angebliche Fehlen einer soliden schriftlichen Grundlage geknüpft worden sind[42], werden heute nicht mehr laut. Eine generelle Einführung der für den schriftlichen Prozeß geschaffenen Eventualmaxime in irgendeiner Weise auch für das mündliche Verfahren wird von keiner Seite mehr befürwortet. Die befürchtete Verlotterung unseres Prozesses ist nicht eingetreten. Der Rechtsstreit wickelt sich in natürlicher Weise ohne ungesunden formalen Zwang ab. Jahrzehnte nach ihrer Entstehung pries *Wach*[43], einer der berufensten Sachkenner, die ZPO als eine Kulturtat, eine Befreiung von den verkünstelten, durch und durch ungesunden, Präklusion und Eventualmaxime genannten, Ordnungsprinzipien, welche die

---

[41] RGZ 115/222; *Stein-Jonas* (*Schönke*) § 128 VI, zweifelnd *Schönke* a. a. O. 33.

[42] *Bähr,* JheringsJ 23 (1885) 339ff.

[43] Grundfragen 4.

papierne Scheidewand zerrissen habe, die früher Richter und Parteien trennte.

b) Bei notwendig werdenden mehreren Verhandlungsterminen erscheint im Zivilprozeß anders als im Strafprozeß (StPO § 229) der Grundsatz der Einheit der mündlichen Verhandlung in seiner Ausprägung als Grundsatz der Gleichwertigkeit aller mündlichen Verhandlungen, wonach eine abermalige Erörterung des gesamten Streitstoffs bei jeder Unterbrechung oder Vertagung der Verhandlung nicht erforderlich ist, vorausgesetzt, daß die Besetzung des Gerichts im neuen Termin die gleiche geblieben ist. Sämtliche Verhandlungstermine bilden eine gleichwertige Einheit. Die Schlußverhandlung, auf welche das Urteil ergeht, die sog. letzte mündliche Verhandlung hat an sich nicht mehr Gewicht wie jede vorhergegangene Verhandlung. Nur tatsächlich ist sie entscheidend und endgültig prozeßgestaltend, indem in ihr noch Änderungen des früheren mündlichen Vorbringens, soweit dieses nicht bindend geworden ist, in zulässiger Weise vorgenommen werden können und vorgenommen werden. Dagegen muß bei inzwischen eingetretenem *Richterwechsel* in dem neuen Termin wieder ganz von vorne verhandelt werden. Denn das Urteil kann nur von denjenigen Richtern gefällt werden, welche der dem Urteil zugrunde liegenden Verhandlung beigewohnt haben (§ 309). Dies ist ein Ausfluß des Prinzips der unmittelbaren mündlichen Verhandlung, gewiß eine Schattenseite der Mündlichkeit, der man aber auch mit anderen Zweckerwägungen nicht entgehen kann[44]. Wie weit man in der Praxis bei Richterwechsel mit weitgehender Bezugnahme auf die Schriftsätze nach § 137 III ZPO die Verhandlung abkürzen mag, ist eine im Einzelfalle nach der Besonderheit und Wichtigkeit des Parteivortrags in der früheren mündlichen Verhandlung und des zum Verständnis für das Gericht in der neuen Besetzung an Stelle erneuter Verhandlung Erforderlichen zu lösende Frage. Ein Parteibericht lediglich über den bisher vorgetragenen Prozeßstoff ist jedenfalls nach dem Gesetz nicht genügend. Im Gegensatz zum Strafprozeß verlangt die ZPO bei Richterwechsel aber keine Erneuerung auch der Beweisaufnahme. Der für die Urteilsfällung geltende Satz des § 309 ist nicht hinsichtlich der Beweisaufnahme aufgestellt. Dazu wird unten bei der Behandlung der Frage der Mündlichkeit und der Unmittelbarkeit der Beweisaufnahme noch einzugehen sein. Keinesfalls berührt durch einen Richterwechsel wird derjenige frühere Prozeßstoff, der als solcher unumstößlich in den Prozeß eingeführt ist, sei es, daß es sich um bindende Prozeßvorgänge oder um einmal erfolgte unwiderrufliche Parteierklärungen handelt, sei es, daß eine objektive Grundlage des Prozeßinhalts vorliegt, die naturgemäß außerhalb der Verhandlungsmaxime stehend der Verfügung der Parteien entzogen ist. Fälle der ersteren Art ergeben sich u. a. einmal

[44] *Stein-Jonas* (*Schönke*) § 128 IV 2; gegen die herrschende Meinung *Hellwig*, System des dt. Ziv. Proz. Rechts I (1912) § 168 I 5b 1533.

allgemein bei der Heilung von Verfahrensmängel durch Verzicht oder durch Rügeunterlassung (§ 295) oder speziell bei rügeloser Einlassung im Falle der Unzuständigkeit des Gerichts (§ 39) oder der Klageänderung (§ 269) oder bei Nichtgeltendmachung einer sog. prozeßhindernden Einrede vor dem Beginn der mündlichen Verhandlung (§ 274), andererseits bei Geständnis, Anerkenntnis oder Verzicht einer Partei. Im zweiten Falle kommt die selbstverständliche Fortwirkung einmal erlassener richterlicher Entscheidungen, Zwischen- und Teilurteile, in Betracht, wobei noch die Bindung des Gerichts an diese seine Entscheidungen zu beachten ist (§ 318).

c) Ferner ist an die protokollierte Beweisaufnahme zu denken. Der Parteivortrag bedeutet nicht die Einführung ihres Inhaltes in den Prozeß durch die Partei, sondern sie ist eine bloße durch die Partei vorgeschriebene Berichterstattung über objektiv schon vorhandenen Prozeßstoff. Darum gilt auch bei dem *Versäumnisurteil* in der Berufungsinstanz, das der Berufungskläger gegen den Berufungsbeklagten beantragt, die Fiktion des Geständnisses der tatsächlichen Behauptungen des Berufungsklägers als Säumnisfolge nicht wie in erster Instanz (§ 331), sondern nur insoweit, als das in erster Instanz festgestellte Sachverhältnis nicht entgegensteht. Es sind also die früheren im erstinstanzlichen Urteil festgestellten Behauptungen und Erklärungen der Parteien, sowohl ihr Bestreiten wie ihre Geständnisse zu berücksichtigen, während das neue Vorbringen des Berufungsklägers als zugestanden gilt, soweit es nicht ebenfalls mit dem festgestellten Sachverhältnis im Widerspruch steht (§ 542). Sonst ist aber für das Versäumnisverfahren aus dem Grundsatz der Einheit der mündlichen Verhandlung kraft ausdrücklicher Bestimmung gefolgert, daß beim Ausbleiben einer Partei in einem späteren Termin zur mündlichen Verhandlung ein Versäumnisurteil gegen sie ohne Rücksicht auf die Ergebnisse einer früheren mündlichen Verhandlung oder einer Beweisaufnahme zulässig ist (§ 332). Da jeder neue Termin den Beginn einer neuen mündlichen Verhandlung bedeutet, so haben frühere Beweisaufnahmen ebenso wie die in einem früheren Termine erfolgten Prozeßhandlungen der Parteien bei den in jedem späteren Termine unbeschränkt zugelassenen Versäumnisverfahren keine Bedeutung. Es wird hier die Fiktion des Geständnisses der tatsächlichen Behauptungen des Klägers beim Versäumnisurteil gegen den Beklagten wie im ersten Termine unterstellt. Es bleibt auch, worauf in den Erläuterungen zum Entwurf einer neuen ZPO von 1931 hingewiesen ist, die Möglichkeit, daß bei entscheidungsreifer Sache im Falle des Ausbleibens der Partei, die den Prozeß gewinnen müßte, ohne Berücksichtigung der Ergebnisse des vorausgegangenen Verfahrens ein Versäumnisurteil zu deren Ungunsten ergeht[45]. Gleichwohl hat auch der Entwurf von 1931 unter Ablehnung der Grundsätze des

---

[45] S. 330.

Versäumnisverfahrens der Österr. ZPO an der geltenden Regelung festgehalten[46]. Im übrigen ist ein früheres Hauptübel der deutschen Regelung, daß eine Partei zum Zwecke der Verschleppung ein Versäumnisurteil über sich ergehen läßt, das in jedem Falle ohne weitere sachliche Voraussetzung mit dem Einspruch anfechtbar ist, mit der durch die Novelle von 1924 geschaffenen Möglichkeit für den allein erschienenen Gegner beseitigt, statt des Versäumnisurteils eine Entscheidung nach Lage der Akten zu beantragen, welche den Prozeß für die Instanz beendet und nur mit der Berufung angreifbar ist (§ 331a).

6. Den aus dieser Gestaltung des Grundsatzes der mündlichen Verhandlung drohenden *Gefahren* hat die Prozeßordnung in mehr oder weniger wirksamer Weise zu begegnen versucht. Die *Schutzmaßnahmen* bewegen sich sowohl in der Richtung darauf, daß einem Auseinanderfallen und Zerfließen des Prozeßstoffs in der mündlichen Verhandlung nach Möglichkeit vorgebeugt, als auch daß eine Verschleppung der Prozesse verhindert werden soll.

a) Zunächst ist eine gewisse beschränkte *Gliederung und Ordnung* des Prozeßstoffs durch gesonderte Feststellung und Entscheidung seitens des Gerichts gegeben. Das Gericht hat die Befugnis der Prozeßtrennung. Es kann anordnen, daß mehrere in einer Klage erhobene Ansprüche in getrennten Prozessen verhandelt werden, was auch für eine Widerklage sowie die Geltendmachung einer Aufrechnung im Prozeß gilt, wenn die Gegenansprüche mit dem Klageanspruch nicht in rechtlichem Zusammenhange stehen (§ 145). Außerdem kann das Gericht anordnen, daß bei mehreren auf denselben Anspruch sich beziehenden selbständigen Angriffs- oder Verteidigungsmitteln die Verhandlung zunächst auf eines oder einige dieser Angriffs- oder Verteidigungsmittel zu beschränken sei (§ 146), soweit nicht bereits durch die Prozeßleitung des Vorsitzenden in der mündlichen Verhandlung (§ 136) eine übersichtliche Verhandlung gewährleistet erscheint. Weiter hat das Gesetz ausnahmsweise einzelne Angriffs- und Verteidigungsmittel an bestimmte Prozeßabschnitte gebunden und damit in gewisser Hinsicht der Eventualmaxime noch ein bescheidenes Plätzchen im Zivilprozeß vergönnt, so mit den Bestimmungen, die an das Verhandeln des Beklagten zur Hauptsache die Wirkung knüpfen, daß ein gewisses Vorbringen überhaupt nicht mehr oder nur unter besonderen Voraussetzungen zulässig ist, wie u. a. bei der Geltendmachung der Unzuständigkeit des Gerichts (§ 39) und überhaupt bei den sog. prozeßhindernden Einreden (§§ 274, 528); auch nach Abschluß der ersten Instanz ist das tatsächliche Vorbringen der Parteien in zweiter Instanz trotz grundsätzlicher Zulassung des Novenrechts bei der Gestaltung der Berufung in gewissem Umfange beschränkt (§ 529) und in der Berufung und Revisionsinstanz können verzichtbare Verfahrensmängel nicht mehr gerügt werden (§§ 530, 558). Abgesondert ver-

[46] S. 330 und §§ 337ff.

handeln und entscheiden kann das Gericht aber nur über diejenigen Prozeßvoraussetzungen, die im § 274 ZPO als prozeßhindernde Einreden im einzelnen aufgeführt sind (§ 275). Die Anordnung abgesonderter Verhandlung steht im freien Ermessen des Gerichts. Der Beklagte kann sie nicht mehr erzwingen im Gegensatz zu der ursprünglichen Regelung, die dem Beklagten ein Recht zur Verweigerung der Verhandlung zur Hauptsache gab, was heute nur noch bei der Einrede mangelnder Kostenerstattung im Falle der abermaligen Klageerhebung einer zurückgenommenen Klage gilt (§ 271 IV). Bedeutsamer ist noch die Beschränkung der Verhandlung auf einzelne Tatbestandselemente und die Erledigung dieses beschränkten Prozeßstoffs unter vorläufiger Ausschaltung des übrigen durch die dem Gericht bei Vorliegen der dafür jeweils aufgestellten Voraussetzungen verliehene Möglichkeit des Erlasses eines Teil-, Zwischen-, Grund- oder Vorbehalturteils (§§ 301, 303, 304, 302, 599); ein Teilurteil muß sogar erlassen werden, wenn das Gericht nicht ein solches nach Lage der Sache als unangemessen erachtet (§ 301). Die Versäumnis einer Partei wirkt aber total und läßt eine derartig beschränkte Entscheidung nur im Rahmen der zulässigen Parteianträge zu, also nur als Teilurteil. Als bedauerlich mag es erscheinen, daß nach der heutigen Regelung Zwischenurteile (§ 303), abgesehen von der Verwerfung prozeßhindernder Einreden (§ 275), nur über Zwischenstreitigkeiten und nicht über einzelne selbständige Angriffs- und Verteidigungsmittel mehr zulässig sind[47].

b) Neben diese Befugnisse des Gerichts tritt eine Reihe weiterer der Ordnung, Klarheit und Vereinfachung ebenso wie der Beschleunigung dienender Maßnahmen. Der *Konzentration* des Verfahrens dahin, daß der Prozeß tunlichst in einer einzigen mündlichen Verhandlung zusammengefaßt und erledigt wird, dient die Prozeßleitung durch das Gericht, die sich einmal in einer weitgehenden Aufklärungsbefugnis und Verpflichtung zur Vorbereitung des Verhandlungstermins äußert. *Vor* der mündlichen Verhandlung ist rechtzeitig zu prüfen, ob und welche der im Gesetz vorgesehenen Maßnahmen zur Vorbereitung der mündlichen Verhandlung zu treffen sind (§ 272b), wozu aber nicht der amtsgerichtliche Gütetermin (§§ 495a, 499b) zu rechnen ist. Auch kann die mündliche Verhandlung vor einem Kollegialgericht durch eine vorherige Verhandlung vor dem durch die Novelle von 1924 eingeführten Einzelrichter vorbereitet werden (§§ 348—350), eine Einrichtung, die allerdings in der Praxis keinen Fuß gefaßt hat und im großen und ganzen nur in Ausnahmefällen sich segensreich ausgewirkt hat. Eine Bedeutung wie der giudive istruttore der italienischen Zivilprozeßordnung hat der Einzelrichter nicht erlangt. Dem deutschen Recht ist auch die Bestellung eines Richters fremd, der mit

[47] Vgl. *Fischer*, Grundsätze des Ziv. Proz. Rechts und ihre Anwendung in der Praxis in: Tagung deutscher Juristen, Bad Godesberg 1947, 217.

der Beobachtung des Prozesses beauftragt ist, wie des seit dem décret loi vom 30. 10. 1935 im französischen Zivilprozeß eingeführten und durch das Gesetz vom 15. 7. 1944 noch mit größerer Machtvollkommenheit ausgestatteten „juge chargé de suivre la procédure", der in jeder Sache mit ihrer Einregistrierung (mise au rôle) vom Präsidenten bezeichnet werden muß und der entgegen dem deutschen Einzelrichter über seine Maßnahmen in der Sitzung vor der Verhandlung Bericht zu erstatten hat. Richtergehilfen vollends (Rechtspfleger, master in England) wirken bei der Vorbereitung der deutschen Verhandlung nicht mit. Die ZPO kennt auch kein weiteres vorbereitendes Verfahren zur Vorbereitung der mündlichen Verhandlung und keinen Vortermin. Sie hat die österreichische erste Tagsatzung (§ 239 öst. ZPO) ebensowenig wie die Klagebeantwortungsfrist übernommen. Wohl ist vielerorts bei den Gerichten eine gesonderte Behandlung der nicht streitig werdenden und der aufklärungsbedürftigen Sachen von den zur Endentscheidung reifen Sachen in der Sitzung üblich[48] (vgl. auch hierzu § 261 II).

Weiter ist *in* der mündlichen Verhandlung allgemein durch die Sitzungsleitung (§ 136) und die Aufklärungspflicht des Vorsitzenden für eine vollständige Erklärung der Parteien mit der Stellung sachdienlicher Anträge unter Erörterung des Sach- und Streitverhältnisses und Befragung der Parteien gesorgt (§ 139). Diese Förderung erfährt seit der Novelle von 1924 noch eine weitere Verstärkung dadurch, daß das Gericht bei Aufklärungsbedürftigkeit bestimmter Punkte den Parteien aufgeben soll, sich innerhalb bestimmter Frist über die streitigen Punkte zu erklären bei Vermeidung ihrer Nichtberücksichtigung im Falle späterer Nachholung (§ 279a). Zudem sind die Parteien verpflichtet, ihre Erklärungen vollständig und der Wahrheit gemäß abzugeben (§ 138 I), wenn auch, abgesehen davon, daß das Gericht unwahre Parteierklärungen unberücksichtigt zu lassen hat, aus der Unterlassung allgemein keine unmittelbaren Rechtsnachteile in der Sache erwachsen und die im übrigen an die Prozeßlüge geknüpften Folgen als unzulänglich zu bezeichnen sind. Nach vollständiger Erörterung schließt der Vorsitzende die mündliche Verhandlung (§ 136 IV). Fernerhin dient der Konzentration des Verfahrens auch der den Zivilprozeß der Gegenwart in verstärktem Maße neben dem Parteibetrieb beherrschende Grundsatz des Amtsbetriebs. Terminsbestimmungen, Ladungen und Zustellungen erfolgen jetzt von Amts wegen nicht nur im Verfahren vor den Amtsgerichten, sondern auch seit der im letzten Kriege erlassenen 4. Vereinfachungsverordnung vom 12. 1. 1943, die insoweit auch heute noch fortgilt, in dem Verfahren vor den Landgerichten (§ 2 der 4. VereinfVO). Eine Ausnahme machen lediglich die Urteile, deren Zustellung auf Betreiben der Parteien erfolgt (§§ 317 I, 496 I; § 2 d. 4. VereinfVO), wohingegen der ZPO-Entwurf von

[48] Vgl. *Fischer* a. a. O. 217: „Durchrufstermine" in Hamburg.

1931 die Amtszustellung auch der Urteile einführen wollte. Schließlich ist die freie Gestaltung des Streitstoffes seitens der Parteien eingeschränkt durch die Möglichkeit der gerichtlichen *Zurückweisung nachträglichen Parteivorbringens*, Angriffs- oder Verteidigungsmittel, Beweismittel und Beweiseinreden, dessen Zulassung die Erledigung des Rechtsstreits verzögern würde, im Falle absichtlicher Prozeßverschleppung oder grob nachlässiger Verspätung (§§ 279, 283 II) bzw. durch seinen Ausschluß in der Berufungsinstanz (§§ 529, 626)[49]. Auch diese in der Praxis allerdings nicht immer mit der wünschenswerten Schärfe gehandhabte und erfahrungsgemäß im Eheprozeß auch unzulängliche Maßnahme dient der Konzentration der mündlichen Verhandlung. Ergänzend hierzu treten die Bestimmungen über die Zurückweisung von Parteivorbringungen vor den Kollegialgerichten, das nicht rechtzeitig durch vorbereitenden Schriftsatz mitgeteilt worden ist (§§ 279 II, 283), und das Gebot der Berufungs- und Revisionsbegründung (§§ 518 II S. 3, 554). Bei nachträglichem Parteivorbringen hat das Gericht noch eine weitere, allerdings wenig wirksame Waffe in der Hand, nämlich die Verhängung von Kostenstrafen (§§ 278 II, 283 II, 95, 102 ZPO und § 39 GKG).

c) Während die geschilderten Schutzmaßnahmen zur Abwendung der aus der Mündlichkeit drohenden Gefahren in Förderung des Verfahrens zum Teil auch in einem schriftlichen Verfahren zur Anwendung gelangen können, wenn sie sich auch in erster Linie im mündlichen Verfahren auswirken, so sind die gegen die Prozeßverschleppung durch *Vertagung* gerichteten Maßnahmen nur auf die mündliche Verhandlung zugeschnitten. Das frühere Vertagungsunwesen ist seit der Novelle von 1924, welche den Parteien die Herrschaft über die Termine genommen hat, in Anlehnung an das österreichische Recht beseitigt. Die Aufhebung eines jeden Termins verlangt heute einen erheblichen Grund (§ 227). Die Parteien haben keinen allgemeinen Anspruch auf Vertagung, wenn sie im Termin zur Verhandlung nicht bereit sind und ebensowenig haben sie einen Anspruch auf Wiedereröffnung der mündlichen Verhandlung. Nur bei zureichend begründeter Verhinderung kann allein das Gericht vertagen. Ein Vertagungsgrund dürfte bei einer beruflichen Verpflichtung des Prozeßbevollmächtigten, gleichzeitig andere Termine wahrzunehmen, nicht unter allen Umständen gegeben sein, regelmäßig besteht aber wohl ein Vertagungsgrund bei Ablehnung einer Erklärung nach verspäteter Einreichung von Schriftsätzen durch den Gegner im Anwaltsprozeß (§ 132) und auch bei der Unmöglichkeit einer Erklärung auf eine Frage des Gerichts bei der mündlichen Verhandlung. Auch von sich aus kann das Gericht nur aus erheblichen Gründen einen neuen Termin unter Aufhebung des alten anberaumen. Ein ruhendes Verfahren kann vor Ablauf von drei Monaten nur mit Zustimmung des Gerichts aufgenommen

---

[49] § 7 der 3. VereinfVO v. 16. 5. 1942 hatte in Einschränkung des Novenrechts § 529 neu gefaßt und § 626 aufgehoben.

werden (§ 251 II). Der Förderung des Verfahrens dient weiter die Aktenlageentscheidung (§§ 251a, 331a), wovon beim schriftlichen Verfahren weiter unten im einzelnen noch die Rede sein wird. Dazu ist heute infolge der Einwirkung der Justizverwaltung durch die allgemeine Verfügung des Reichsjustizministers vom 11. 11. 1935[50] zur Beschleunigung und Unmittelbarkeit des Rechtsganges und deren verständnisvolle Handhabung durch die Gerichte keine uferlose Ausweitung der mündlichen Verhandlung mehr zu befürchten. Das Ideal der Mündlichkeit möglichst in einem einzigen Termine, in dem auch zugleich die erforderlichen Beweise unmittelbar vor dem erkennenden Gericht aufgenommen werden, mit anschließendem Urteil den Prozeß zu erledigen, wird sich allerdings nicht immer verwirklichen lassen. Immerhin ist die Entwicklung im Rückgang der Vertagungen bei den einzelnen Gerichten erfreulich und einer sachgemäßen Erledigung der Prozesse in befriedigender Weise angepaßt[51].

7. Die bisher geschilderten Gefahren der Mündlichkeit werden in den Schatten gestellt durch die Gefahr, welche aus der durch die Mündlichkeit bedingten Unsicherheit der Urteilsgrundlage resultiert. Denn hier handelt es sich nicht um äußere Dinge, um die Ordnung und die Schnelligkeit des Verfahrens, Voraussetzungen allerdings auch einer brauchbaren und guten Entscheidung, sondern um die Richtigkeit und Verläßlichkeit der Entscheidung selbst. Schutz gegen diese Unsicherheit gewährt die ergänzende Heranziehung der *Schrift*. Wegen deren Wichtigkeit für die mündliche Verhandlung ist hierüber gesondert zu handeln.

Als einen Mangel des mündlichen Verfahrens hat man allgemein mit Recht seit je die durch die Flüchtigkeit des gesprochenen Wortes hervorgerufene Unsicherheit empfunden. Um der hieraus entstehenden Gefahr namentlich einer unzuverlässigen Urteilsgrundlage zu entgehen, wurde wie gesagt zu deren Unterstützung die Schrift herangezogen. Auch im mündlichen Verfahren haben wir demgemäß Gerichtsakten[52]. Kein moderner Prozeß wird diese ganz entbehren können. Selbst der französische Zivilprozeß mit seinem klassischen mündlichen Verfahren kennt seit dem décret-loi vom 30. 10. 1935[53] Gerichtsakten in unserem Sinne. Es besteht also auch hier kein Schriftsatzwechsel lediglich der Anwälte unter sich vor der mündlichen Verhandlung mehr, wie dies früher der Fall war. Im mündlichen Verfahren ist der Akteninhalt, anders als im schriftlichen Verfahren nach dem gemeinrechtlichen Satze: „Quod non est in actis, non est in mundo", nicht die wesentliche Grundlage der

---

[50] DJ 1935, 1654.

[51] Siehe die bei *Schönke* a. a. O. 30, 31 und im Entwurf 1931, 260 u. 284 mitgeteilten Statistiken aus der Just. Verwltg.

[52] Über die Einrichtung der Gerichtsakten s. d. Aktenordnung v. 18. 11. 1934: Veröffentl. 6a der DJ.

[53] Art. 82b, jetzt seit dem Gesetz v. 15. 7. 1944 Art. 79c pr. civ.

Entscheidung. Dabei bedeuten allerdings Mündlichkeit und Schriftlichkeit, an sich gegensätzliche Formgestaltungsprinzipien, im mündlichen Verfahren keine Gegensätze mehr, da beide in gleicher Weise nur einem guten Prozeßergebnis dienen sollen.

Nach deutschem Zivilprozeßrecht ist die Schrift, abgesehen von gewissen naturgemäß schriftlich vorzunehmenden Prozeßhandlungen des Gerichts und seiner Hilfsorgane, wie Terminsbestimmungen, Ladungen, Zustellung von Schriftstücken und Vornahme sonstiger Beurkundungen und von Entscheidungen, neben der Mündlichkeit Mittel zu einem dreifachen Zweck.

a) Sie ist einmal *notwendige Form* zur wirksamen Vornahme bestimmter Prozeßhandlungen der Parteien, aber auch des Gerichts. Hier wirkt die Schrift konstitutiv. Damit ein Prozeßvorgang ins Leben treten kann, bedarf es der Schriftform. Sie bezweckt, eine feste Grundlage zu schaffen wegen der Wichtigkeit dieser Prozeßhandlungen. Hierunter fallen im wesentlichen Akte der Parteien, durch die der Prozeß eingeleitet oder aufgenommen werden soll und zugleich seine Richtung bestimmt wird. Sie müssen schriftsätzlich vorgenommen werden, teils durch Zustellung eines Schriftsatzes an den Gegner, teils durch Einreichung bei Gericht. So regelmäßig die Klage (§§ 253, 498) und die Sachanträge, die zu verlesen sind (§ 297). Ausnahmsweise kann die Klage beim Amtsgericht auch mündlich erhoben werden (§ 500). Die Klage im Urkundenprozeß muß dazu dies schriftlich zum Ausdruck bringen und die Urkunden zum Beweise der klagebegründenden Tatsachen beifügen (§ 593); dieses notwendige Schrifterfordernis wird in der Praxis weitherzig behandelt[54]. Ferner der Einspruch gegen ein Versäumnisurteil (§ 340), die Rechtsmittel (§§ 518, 522a, 555, 556) einschließlich ihrer besonders vorgeschriebenen Begründungen (§§ 519, 522a, 554, 556) nebst den Anschließungen[55], die Wiederaufnahme des Verfahrens (§ 587), der Widerspruch beim Arrest (§ 924), aber auch die Streitverkündung (§ 73), der Beitritt des Nebenintervenienten (§ 66), ferner der Wiedereinsetzungsantrag (§ 236) und die Wiederaufnahme eines unterbrochenen oder ausgesetzten Verfahrens (§ 250). Hingegen können andere Parteihandlungen schriftlich oder mündlich erfolgen wie die Zurücknahme der Klage (§ 271), des Einspruchs (§ 346) oder der Rechtsmittel (§§ 515, 566), ferner die Klageänderung (§§ 264, 268), die Erhebung einer Widerklage (§ 33) und die Erhebung einer Zwischenfeststellungsklage (§ 280). Die erst im Prozeß nach Klageerhebung erhobenen, ursprünglich nur mündlich geltend zu machenden Ansprüche können seit Einführung des schriftlichen Verfahrens schriftlich oder mündlich erhoben werden (§ 281). Trotz der Konstitutivwirkung des prozeßbegründenden Formalaktes besteht keine

---

[54] *Walsmann*, Schriftlichkeit und Mündlichkeit in Ztschr. f. dt. ZivProz. 61 (1938) 406.

[55] RGZ 171/131 u. RG JW 1928, 3042.

Bindung der Parteien; eine Antragsänderung in der mündlichen Verhandlung ist zulässig. Da die Schriftform wesentlich für die abgegebene Erklärung ist, spricht man nach dem Vorgange der Motive zur ZPO[56], nicht im Gesetz selbst von sog. bestimmenden Schriftsätzen, eine Unterscheidung, die uns bei der allgemeinen Behandlung der Schriftsätze noch beschäftigen wird. Da dieses Mittel der notwendigen Schriftform im übrigen in keinem Zusammenhang mit der mündlichen Verhandlung steht und in gleicher Weise auch im schriftlichen Verfahren Anwendung findet, braucht hier nicht weiter darauf eingegangen zu werden.

b) Die Schrift ist weiter dazu bestimmt, die mündliche Verhandlung *vorzubereiten*, dient also der vorherigen *Information* über den in der mündlichen Verhandlung vorzutragenden Prozeßstoff, und zwar sowohl der Information der Parteien untereinander wie auch des Gerichts. Und endlich bezweckt die Schrift das Festhalten des in der mündlichen Verhandlung von den Parteien Vorgebrachten, aber auch weiter des Ergebnisses einer Beweisaufnahme, sie bedeutet also insoweit *Konservierung* des in den Prozeß eingeführten für die Urteilsgrundlage bedeutsamen Materials und dient somit gleichzeitig zur Bildung der Urteilsgrundlage. Diese Konservierung erfolgt durch Beurkundung. Als Erscheinungsformen der Schrift kommen insoweit im einzelnen bei der mündlichen Verhandlung in Betracht namentlich die *Schriftsätze* der Parteien und das *Sitzungsprotokoll* des Gerichts, wozu ergänzend die außerhalb der mündlichen Verhandlung vor dem erkennenden Gericht aufgenommenen Beweisaufnahmeprotokolle treten. Dann ist aber auch weiter der *Tatbestand des Urteils* zu nennen, der ebenfalls der Feststellung des mündlichen Parteivorbringens in der Sitzung und des Ergebnisses der Beweisaufnahme dient. Dazu hat sich in der Gerichtspraxis als schriftliches Informationsmittel vor der mündlichen Verhandlung das richterliche *Votum* auf Grund des vorhergehenden Aktenstudiums eingebürgert. Das Lesen der Akten vor der mündlichen Verhandlung erscheint als selbstverständliche Pflicht und wird mittelbar von der ZPO durch die Einführung der vorbereitenden Schriftsätze auch gefordert[57]. Die Mündlichkeit wird nicht wie früher in ihrem klassischen Ursprungslande dahingehend verstanden, daß das Gericht nicht durch das Aktenstudium vorbereitet, dadurch möglicherweise voreingenommen, in die Sitzung gehen darf. Es ist weiter üblich, daß die Richter sich nicht nur aus den Akten vor der Verhandlung, sondern auch während der mündlichen Verhandlung im Bedarfsfalle *Notizen* über den Hergang derselben machen. Voten sowohl wie Notizen der Richter dienen als nicht im Gesetz vorgesehene inoffizielle Aufzeichnungen und Hilfsmittel nur der Erleichterung der richterlichen Arbeit. Keinesfalls darf lediglich an Hand der Akten auf Grund schriftlicher Voten und Notizen, die übrigens bei einem Richter-

[56] Begr. d. Entw. d. ZPO bei *Hahn* a. a. O. 126.

[57] *Wach*, Die ZPO u. d. Praxis 20ff.

wechsel nutzlos werden können, eine Beratung und Entscheidung des Gerichts erfolgen. Das wäre eine Verletzung des Mündlichkeitsgrundsatzes. Auch wenn man keinen Anstand daran nimmt, in der mündlichen Verhandlung bereits einen ausgearbeiteten fertigen Urteilsentwurf des Berichterstatters vorliegen zu haben, wie es einer Übung des früheren Reichsgerichts entsprach[58], so erfolgt doch die Urteilsfällung selbst immer nur auf Grund der mündlichen Verhandlung.

α) Bei den *Schriftsätzen* der Parteien unterscheidet man die vorhin schon angeführten sog. bestimmenden Schriftsätze, durch die für das Prozeßverfahren wesentliche Prozeßhandlungen vorgenommen werden, von den bloß vorbereitenden Schriftsätzen. Erstere sind regelmäßig zugleich auch vorbereitende Schriftsätze (§§ 253 IV, 340 III, 518 IV, 519 V usw.). So hat die Klage als Schriftsatz eine Doppelbedeutung. Sie ist als *bestimmender* Schriftsatz notwendige Form, nicht aber in ihrem gleichzeitigen Charakter als vorbereitender Schriftsatz. Dagegen ist die Klagebeantwortung nur vorbereitender Schriftsatz. Die bestimmenden Schriftsätze erfordern zu ihrer Gültigkeit die Unterzeichnung, ob eigenhändig, ist streitig[59]. Bei den vorbereitenden Schriftsätzen ist die Unterschrift nur durch Sollvorschrift gefordert (§ 130 Ziff. 6), während der Entwurf von 1931 (§§ 215, 206) sie wie in Österreich als Mußvorschrift vorsieht. Dagegen dürfte im schriftlichen Verfahren die Unterzeichnung der Schriftsätze wegen ihrer wesentlichen Bedeutung für die Urteilsgrundlage notwendig sein[60].

Im Gegensatz zu den bestimmenden Schriftsätzen dienen die *vorbereitenden Schriftsätze* lediglich dazu, die mündliche Verhandlung vorzubereiten, und zwar für den Gegner wie für das Gericht. Sie sind eine Ankündigung dessen, was die Partei im Verhandlungstermin vorzubringen gedenkt. Eine Eigenbedeutung haben sie nicht. Prozeßstoff und Urteilsgrundlage bilden sie nur im schriftlichen Verfahren, wo sie an die Stelle des Vortrags in der mündlichen Verhandlung treten. Als vorbereitende können sie hier nur in dem Sinne zugleich der Vorbereitung der Entscheidung bezeichnet werden. Sonst muß der Inhalt der vorbereitenden Schriftsätze im Verhandlungstermin vorgetragen oder, wie bereits früher erwähnt, in zulässiger Weise in Bezug genommen werden (§ 137 III). Dabei tritt auch ihre unterstützende Bedeutung für die Tatbestandsfeststellung im Sitzungsprotokoll und im Urteil zutage (§§ 160 Nr. 1, 2, 313). Während Schriftsätze im Parteiprozeß zugelassen sind, sich aber auch dort allgemein eingeführt haben, müssen im Anwaltsprozeß die Parteien die mündliche Verhandlung durch Schriftsätze vor-

---

[58] *Hartung*, Aus der Werkstatt des Reichsgerichts in SJZ 49 Sp. 310.

[59] Dafür RGZ, Gr. ZS. 151/83; dagegen *Stein-Jonas* (*Schönke*) § 129 I 2, *Walsmann* a. a. O. 393, *Schönke* Ziv. Proz. R. 108.

[60] So auch vermittelnd *Baumbach* ZPO 18. Aufl. (1947) § 129, 1 D; dagegen *Stein-Jonas* (*Schönke*) § 129 I 3.

bereiten (§ 129), und zwar rechtzeitig (§ 272). Die Zwischenfristen für den vorgeschriebenen Schriftsatzwechsel sind gesetzlich bestimmt, für Schriftsätze mit neuem Vorbringen mindestens eine Woche und für die Gegenerklärung darauf mindestens drei Tage (§§ 132, 272). Ihre Nichtbeachtung kann zur Zurückweisung (§§ 279 II, 283 III) oder zur Gestattung eines nachzureichenden Schriftsatzes für den Gegner führen (§ 272a). Auch das Gericht kann zur schriftsätzlichen Aufklärung eine Erklärungsfrist bestimmen (§ 279a) mit der Folge, daß das Gericht aus der Nichterklärung seine Schlüsse ziehen und bei verspäteter Erklärung diese unberücksichtigt lassen kann. Von wesentlicher Bedeutung ist, daß weder eine Klagebeantwortungsfrist noch sonst abschließende Fristen für einen erschöpfenden Schriftsatzwechsel gesetzt sind (im Gegensatz zu der ursprünglichen Regelung der ZPO (§§ 244, 245 II, 484 alte Fassg.). Die Parteien haben eine für das Prozeßgericht bestimmte Abschrift ihrer vorbereitenden Schriftsätze und der Anlagen, welche sie dem Gegner zustellen, auf der Geschäftsstelle niederzulegen (§ 133). Diese Abschriften werden zu den Gerichtsakten genommen. Unterläßt eine Partei die Einreichung von Schriftsätzen, so kann sie keinen Antrag auf Erlaß eines Versäumnisurteils stellen (§ 335 Ziff. 3). Als weitere Folgen drohen gerichtliche Bestimmung einer Erklärungsfrist (§ 279a), Zurückweisung des Vorbringens (§ 279 II) und Kostennachteile (§§ 95, 102 ZPO und § 39 GKG), aber keine sonstigen Nachteile in der Sache[61]. Inhaltlich sollen die Schriftsätze nach Auffassung des Gesetzgebers[62] nur eine Skizze des mündlichen Vortrags enthalten. Dazu gehören die Anträge und das gesamte tatsächliche Vorbringen der Parteien unter Bezeichnung der Beweismittel nebst Urkundenbeifügung (§ 131), und zwar vollständig, übersichtlich und knapp. Rechtsausführungen sind nicht erforderlich (§ 130), aber gebräuchlich und in den meisten Fällen auch in beschränktem Umfange wünschenswert. Sie können geeignetenfalls die gerichtliche Urteilsfindung des Gerichts in gemeinsamer Arbeit mit den Parteien fördern. Die Beweisantritte selbst erfolgen aber erst in der mündlichen Verhandlung mit dem mündlichen Vortrag (§§ 282, 283). Leider hat sich im Schriftsatzwechsel der Anwälte vielfach bei den Gerichten eine ungeordnete, wenig überlegte und durchdachte Vielschreiberei entwickelt mit unnützen Wiederholungen. Das Bestreben, alles sagen zu wollen, entschleiert gewiß dem Leser das Geheimnis der Langeweile, aber weit schlimmer nimmt der in den Schriftsätzen aufgewirbelte Staub ihm häufig jede Sicht. Hier täte eine größere Selbstzucht not. Ganz unzulässig muß es aber erscheinen, Schreiben der Partei selbst statt eigener Schriftsätze zu überreichen, was bisweilen von Prozeßbevollmächtigten versucht wird. Wenn das Gericht persönliche Erklärungen der Parteien für er-

---

[61] Fassg. § 129 I seit Nov. 1933 mit Rücksicht auf den eingefügten § 279 II.
[62] Begr. Entw. ZPO 212.

forderlich hält, kann es die Parteien hören (§ 141) oder im Rahmen des § 448 von Amts wegen ihre Vernehmung anordnen.

Da der Inhalt der vorbereitenden Schriftsätze erst durch ihren Vortrag in der mündlichen Verhandlung wirksam wird, und die Parteivorträge, wie früher ausgeführt, in freier Rede zu erfolgen haben, die Schriftsätze also nicht vorgelesen werden dürfen, die Anwälte bei ihrem Vortrag sich auch nicht sklavisch an die Schriftsätze halten, können *Abweichungen* zwischen dem schriftsätzlich Angekündigten und dem wirklich erfolgten mündlichen Vortrag entstehen. Der Gerichtsvorsitzende hat ebenso wie bei dem Vortrag der Parteien über das Ergebnis der Beweisaufnahme in der mündlichen Verhandlung an Hand der Akten darauf zu achten, ob und inwieweit derartige Abweichungen zwischen den vorbereitenden Schriftsätzen sowie den Beweisaufnahmeprotokollen und den Parteivorträgen vorkommen. Wesentlich abweichende Erklärungen sind auf Antrag durch schriftsätzliche Feststellung als Anlage dem Sitzungsprotokoll beizufügen (§ 298). Sonst mögen Richternotizen hierüber genügen. Die Nachreichung von ergänzenden oder berichtigenden Schriftsätzen auf Grund des veränderten Parteivorbringens ist dagegen nicht allgemein statthaft, höchstens im Rahmen des § 272a. Bisweilen mag es zwar für das Gericht wünschenswert sein, wenn umfangreiche Abweichungen oder neue nicht schriftsätzlich angekündigte Behauptungen vorgetragen werden, deren Inhalt im wesentlichen auch schriftsätzlich mitgeteilt zu erhalten als Unterlage für die Entscheidung des Gerichts. In Ausnahmefällen mag sogar eine entsprechende Auflage an die Parteien unbedenklich erscheinen. Besser wird es aber schon sein, das neue abweichende Vorbringen der Parteien zurückzuweisen (§ 279) oder die Verhandlung zu vertagen. Für sog. notes de plaidoiries und deren Übergabe durch die Anwälte an das Gericht nach der mündlichen Verhandlung besteht neben den vorbereitenden Schriftsätzen allgemein kein Bedürfnis, auch nicht in der Beschränkung auf Abweichungen vom mündlichen Parteivortrag. Gar ein Verbot mündlichen Vortrags und dessen Ersatz durch schriftliche Noten in Sonderfällen[63] ist in keinem Falle aufgestellt.

β) Als dritte wichtige Erscheinungsform der Schrift kommt bei der mündlichen Verhandlung das *Sitzungsprotokoll* nebst den Protokollen einer nicht vor dem erkennenden Gericht erfolgten Beweisaufnahme in Betracht. Es handelt sich hierbei um die Frage der Überlieferung und Erhaltung des mündlich eingeführten Prozeßstoffes zumal für die Entscheidungsgrundlage, deren befriedigende Lösung schwierig ist. Die ZPO verlangt die Aufnahme eines Protokolls über jede mündliche Verhandlung vor dem Gericht (§ 159). Das Protokoll ist die Niederschrift des wesentlichen Herganges der mündlichen Verhandlung.Es hält diesen objektiv fest und soll eine verläßliche Urteilsgrundlage für das Gericht bilden.

---

[63] Vgl. Art. 87 des décret v. 30. 3. 1808 zum c. pr. ziv.

Es ist keine bloße Aktennotiz, sondern eine regelmäßig durch den Urkundsbeamten des Gerichts unter eigener Verantwortung, aber unter Mithilfe des Gerichts, ausnahmsweise auch durch den Richter allein, aufgenommene Urkunde, die vom Urkundsbeamten und vom Gerichtsvorsitzenden zu unterzeichnen ist (§ 163). Umfangreichere Niederschriften können auch in einer gebräuchlichen Kurzschrift als Anlage des Protokolls aufgenommen werden unter nachheriger Übertragung in die gewöhnliche Schrift (§ 163a). Das Protokoll ist als Ausdruck des wirklichen Geschehens in Anwesenheit der Parteien in der mündlichen Verhandlung selbst niederzuschreiben, nicht erst nachträglich. Jedoch ist eine nachträgliche Berichtigung nicht ausgeschlossen. Beweiskraft hat das Protokoll hinsichtlich der für die mündliche Verhandlung vorgeschriebenen Förmlichkeiten, wogegen nur der Nachweis der Fälschung zulässig ist (§ 164). Für die beurkundeten Vorgänge erbringt es als öffentliche Urkunde vollen Beweis mit zulässigem Gegenbeweis (§ 418). Inhaltlich enthält das Protokoll neben den notwendigen äußeren Angaben der Förmlichkeiten (§ 159) nur den Gang der Verhandlung im allgemeinen (§ 160 I), und zwar formell, also nicht den mündlichen Vortrag der Parteien im einzelnen; gegenteiliges ist nur für das amtsgerichtliche Protokoll im Güte- und Streitverfahren bestimmt (§§ 499g I Ziff. 4, 510a). Ausdrücklich vorgeschrieben (§ 160 II) ist die Protokollierung der den Prozeß ganz oder teilweise erledigenden Anerkenntnisse, Verzichtleistungen und Vergleiche, ferner der Anträge der Parteien in gewissem Umfange, mit unterschiedlicher Regelung für das Amtsgericht und die Kollegialgerichte (§§ 279 II, 510a), der Beweisaufnahmen bei Zeugen und Sachverständigen und Parteiaussagen sowie beim Augenschein und endlich der Entscheidungen des Gerichts nebst ihrer Verkündung. Außerdem sind im Anwaltsprozeß, soweit es sich nicht um Anträge handelt, wesentliche nicht schriftsätzlich mitgeteilte Erklärungen oder Abweichungen von dem Inhalt der Schriftsätze sowie Geständnisse und Erklärungen über Anträge auf Parteivernehmung auf Antrag durch schriftsätzliche Protokollanlagen festzustellen. (§ 298). Abgesehen von der Verkündung der Entscheidungen ist das Protokoll den Parteien zur Genehmigung vorzulesen oder vorzulegen, was im Protokoll zu vermerken ist (§ 162).

Das deutsche Protokoll ist somit seinem Inhalte nach ein ziemlich dürftiges Gewächs, das im Schatten der Schriftsätze nicht recht gedeihen kann. Praktisch ist es bis auf die Niederschrift der Beweisaufnahme im allgemeinen ohne sonderliche Bedeutung, wenn man von den gestellten Anträgen und sonstigen notwendigen Erklärungen, Vergleichungen usw. absieht. Es ist weder ein Landschaftsbild noch eine gute Landkarte, wie letzteres *Klein* vom Protokoll der österreichischen ZPO fordert[64]. Im Gegensatz zum österreichischen Recht (öst. ZPO §§ 207ff.)

[64] Mündlichkeitstypen a. a. O. 312.

enthält das deutsche Protokoll keine gedrängt zusammenfassende Darstellung des Inhalts desjenigen Parteivorbringens, das sich auf den Sachverhalt bezieht und der angebotenen Beweismittel für die streitig gebliebenen Ausführungen. Ein Resumé-Protokoll ist uns unbekannt.

γ) Hier tritt nach der deutschen ZPO die Beurkundung des Prozeßstoffes, da das Parteivorbringen in seiner Gesamtheit nicht protokollarisch festzuhalten ist, durch den *Tatbestand des Urteils* ein. Und das mit vollem Recht. Denn es kann nicht Aufgabe des Protokolls sein, das im einzelnen feststellen zu wollen, was alles die Parteien in der mündlichen Verhandlung vorgetragen haben. Nicht um der Mündlichkeit als solcher willen begnügt man sich auch nach dem deutschen ZPO-Entwurf von 1931 unverändert mit der bisherigen gesetzlich vorgeschriebenen Protokollierung, nicht deshalb weil, um mit *Klein* zu reden[65], Mündlichkeit und ein leeres mageres Protokoll, das von dem Inhalt der Verhandlung keine oder nur sehr oberflächilche und sehr ungenügende Vorstellung gibt, lange Zeit als untrennbar gegolten haben, sondern aus Gründen eines zweckmäßigen Verlaufs der mündlichen Verhandlung, deren Aufgabe wahrlich nicht in der gleichzeitigen umfassenden und kunstvollen Protokollierung des Parteivorbringens bestehen kann. Einen sofort bei der Verhandlung selbst unter Beteiligung der Parteien niedergeschriebenen Urteilstatbestand in dem Protokoll, anstatt in der Stille nachträglicher Urteilsabfassung, verwirklichen zu wollen, ist eine unmögliche Forderung, selbst bei geschicktester Abfassung des Protokolles, ganz abgesehen davon, daß die Geschäftslage der Gerichte dies nicht zuläßt. Auch in Österreich ist die dort vorgeschriebene umfassende Protokollierung verschieden beurteilt worden. *Klein* selbst hat uns ein abschreckendes Beispiel eines aufgeblähten Protokolls eines österreichischen Bezirksgerichts vor der Reform von 1895 und selbst die Abfassung eines vorbildlichen gestrafften Protokolls im Sinne der neuen ZPO übermittelt[66]. Für reichsdeutsche Verhältnisse kommt weder das eine noch das andere in Betracht. Man wird auch bei uns den Parteien im mündlichen Prozeß ein primäres Recht zugestehen darauf, daß die Urteilsgrundlagen mit ihren Ausführungen übereinstimmen. Dieses Recht dürfte aber auch bei dem vom Gericht ohne Mitwirkung der Parteien zustande kommenden Urteilstatbestande, mit Rücksicht auf die, wenn auch nur vorbereitenden, die mündliche Verhandlung aber doch zweckmäßig entlastenden, und in ihrem Ergebnis sichernden, und im Gedächtnis der Richter festhaltenden Schriftsätze der Parteien, deren Inhalt in den allermeisten Fällen sich doch mit dem mündlichen Vortrag decken wird, im Regelfalle hinreichend gewährleistet sein. Gewiß bietet die mögliche Berichtigung des Tatbestandes des Urteils (§ 320) erfahrungsgemäß für die Parteien keine

[65] *Klein-Engel*, Der Zivilprozeß Österreichs (1927) 228.

[66] Mündlichkeitstypen 312.

allzu große Sicherung, wie schon *Wach* treffend bemerkt hat[67]. Vorzuziehen dürfte aber immer noch ein Urteilstatbestand des Gerichts sein, gegenüber einem von den Parteien in Form der uns wesensfremden und auch in ihrem französischen Heimatlande viel kritisierten sog. „Qualitäten"[68] gefertigten Urteilstatbestand. Die Abfassung des Urteilstatbestandes durch die deutschen Gerichte wird allgemein keinen ernsthaften Bedenken begegnen können. Die bei der Darstellung des Urteilstatbestandes zulässige, in der heutigen Fassung des § 313 II auf ein vernünftiges Maß zurückgeführte Bezugnahme auf Schriftsätze und Protokolle hält sich in der Gerichtspraxis nach den Erfahrungen des Verfassers durchweg in angemessenen Grenzen. Im übrigen mißt das Gesetz dem Urteilstatbestand, der rücksichtlich des mündlichen Parteivorbringens Beweis liefert, im Verhältnis zum Sitzungsprotokoll geringere Beweiskraft zu, da er durch das Sitzungsprotokoll, bezüglich der in diesem gesetzlich aufzunehmenden Punkte, entkräftet wird, während bei Übereinstimmung von Urteilstatbestand und Sitzungsprotokoll beide gleichen Beweis ohne Gegenbeweis erbringen (§ 314).

III. Die Mündlichkeit bei der Beweisaufnahme und die Entscheidung des Gerichts

1. Bei der *Beweisaufnahme* spielt die Mündlichkeit nicht die zentrale Rolle wie bei der mündlichen Verhandlung. Gleichwohl ist auch die Beweiserhebung dem Grundsatz der Mündlichkeit unterstellt. Nur ist hier zu unterscheiden zwischen den einzelnen Beweismitteln.

a) Beim Beweis durch *Augenschein*, der in einer allgemeinen unmittelbaren Sinneswahrnehmung durch das Gericht besteht, so u. a. namentlich bei Ortsbesichtigungen, aber auch bei den in jüngster Zeit üblichen, eine Verbindung von Augenscheins- und Sachverständigenbeweis darstellenden erbkundlichen Untersuchungsmethoden im Abstammungsprozeß, tritt naturgemäß die Mündlichkeit nicht in die Erscheinung. Auch der besondere *Urkundenbeweis* ist unmittelbare Kenntnisnahme eines Schriftstückes durch das Gericht. Dabei darf man, wie bereits früher hervorgehoben wurde, Wahrnehmung nicht mit Mündlichkeit verwechseln. Die Urkunde wird vorgelegt (§§ 420ff.). Das Gericht nimmt von der Urkunde Einsicht; auch der Gegner kann sie einsehen. Der Beweisführer braucht die Urkunde aber nicht zu verlesen. Denn die Urkunde selbst soll beweisen, man soll sie sehen, lesen und nicht hören[69]. Der hierüber früher bestehende Streit ist überholt. Nicht nur, daß schon immer die Verlesung von Schriftstücken in der mündlichen Verhandlung nur insoweit gefordert war, als es auf deren mündlichen Inhalt ankommt, wird die Verlesung durch die allgemein zu-

[67] Die ZPO u. die Praxis 43.
[68] Vgl. Mündlichkeitstypen 309.
[69] *Wach*, Grundfragen 80.

lässige Bezugnahme aus Schriftstücken ersetzt (§ 137 III). Dies genügt dafür, daß die Urkunde im Wege der Beweisführung zum Gegenstand der mündlichen Verhandlung gemacht wird. Unabhängig von der Frage der Beweisaufnahme ist natürlich ganz allgemein die Bestimmung, daß die Parteien das Ergebnis einer nicht vor dem Prozeßgericht erfolgten Beweisaufnahme auf Grund der Beweisverhandlung in der mündlichen Verhandlung vorzutragen haben (§ 285 II). Dieser Vorschrift kommt aber nicht die Bedeutung zu, daß erst mit dem Vortrag der Parteien das durch einen Richterkommissar protokollierte Beweisaufnahmeergebnis Prozeßstoff wird[70]. Es ist vielmehr als objektive, der Parteidisposition entzogene Feststellung auch ohnedies Entscheidungsgrundlage.

b) *Volle* Mündlichkeit herrscht dagegen in aller Regel für die Beweisaufnahme beim *Zeugenbeweis*, beim Beweis durch *Parteivernehmung* und auch beim *Sachverständigenbeweis*. Hier müssen grundsätzlich die Äußerungen der Aussagepersonen ebenso wie das Parteivorbringen bei der notwendigen mündlichen Verhandlung in mündlicher Rede gegenüber dem Gericht erfolgen, damit sie Berücksichtigung finden. Dabei spielt es für die Mündlichkeit keine Rolle, ob die Aussagen unmittelbar gegenüber dem erkennenden Gericht oder mittelbar gegenüber einem Richterkommissar erfolgen, der sie jenem in schriftlicher Form übermittelt. Stets wird die Aussage beachtlicher Prozeßinhalt nur auf Grund ihrer mündlichen Abgabe. Die Zeugen, die Parteien, die Sachverständigen sind vor Gericht zu vernehmen (§§ 377, 394ff., 451, 402). Die Vorteile einer mündlichen Beweisaufnahme springen noch mehr als die einer mündlichen Verhandlung in die Augen. Die mündliche Vernehmung der Zeugen oder der Parteien gewährleistet erfahrungsgemäß in einem ganz besonderen Maße eine möglichst wahrheitsgemäße Ermittlung, sie ist nicht nur besser, sondern auch schneller als rückfragebedürftige schriftliche Erklärungen. Auch ohne Narco-Analyse vermag richterliche Vernehmungskunst bei einem an sich so unsicheren Erkenntnismittel, wie es die Zeugenaussage ist, den viel zitierten Satz, daß die Sprache dazu da sei, die Gedanken zu verbergen, in das Gegenteil zu verkehren.

Nur ausnahmsweise gestattet das Gesetz dem Gericht, sich mit einer schriftlichen Anhörung der Zeugen (nicht der Parteien) zu begnügen, nämlich bei bloßen Auskünften an Hand von Unterlagen oder im Einverständnis der Parteien nach Lage der Sache, insbesondere mit Rücksicht auf den Inhalt der Beweisfrage; bezeichnenderweise hat der Zeuge die Richtigkeit seiner schriftlichen Erklärungen an Eides Statt zu versichern (§ 377 III u. IV). Bei der Zulassung der schriftlichen Zeugenbekundung soll das Gericht gewiß mit der nötigen Vorsicht und Zurückhaltung zu Werke gehen, es darf aber dabei nicht allzu ängstlich

---

[70] Dagegen *Rosenberg* a. a. O. 520 oben 2 und 272b.

sein. Bei Sachverständigen kann das Gericht im Einzelfall, aber nicht generell, schriftliche Begutachtung anordnen (§ 411), was in der Praxis allerdings die Regel geworden ist. Das Gebot mündlicher Beweisaufnahme bezieht sich weiter selbstverständlich nicht auf die den Gegenstand des Beweises regelmäßig nicht bildenden Rechtssätze und auf Erfahrungstatsachen. Es gilt mit Einschränkungen bei der Glaubhaftmachung (§ 294) und überhaupt nicht in den Fällen des sog. Freibeweises[71], so besonders bei der amtlichen Auskunft.

Daß die Beweisaufnahme zum Zwecke der Festhaltung des Beweisergebnisses zu protokollieren ist (§§ 160 II Ziff. 3 u. 4 und arg. 165), abgesehen von einer unmittelbar erfolgten Beweisaufnahme bei Urteil ohne Berufungsmöglichkeit (§ 161), hat zwar an sich ebenso wie der Wechsel bloß vorbereitender Schriftsätze mit der mündlichen oder schriftlichen Gestaltung des Verfahrens nichts zu tun, wie ja überhaupt die Frage wesentlicher Schriftlichkeit von der bloß schriftlichen Übermittlung und Erhaltung der Prozeßvorgänge zu trennen ist. Das *Beweisaufnahmeprotokoll* ist aber gleichwohl von wesentlicher Bedeutung für die Urteilsgrundlage, mehr noch als das Sitzungsprotokoll im übrigen. Ist die vorgeschriebene Aufnahme eines Protokolls über die Beweisaufnahme unterblieben, so müssen die Aussagen der Zeugen, Parteien und Sachverständigen ihrem ganzen Inhalte nach in den Tatbestand des Urteils aufgenommen werden, es sei denn, daß es auf die Aussagen für die Entscheidung nicht ankommt. Dies ist ein alter Grundsatz[72]. Allermindestens müssen sie sich aber mit hinreichender Gewißheit aus den Entscheidungsgründen des Urteils ergeben. Die Praxis der Berufungsgerichte behilft sich stattdessen auch damit, daß der Berichterstatter die Aussagen in der Sitzung niederschreibt und sie danach als Protokollanlage oder als Aktenvermerk unterschrieben zu den Akten bringt, besonders bei Erforderlichwerden der Vertagung, um bei einem späteren Richterwechsel nicht zu einer Wiederholung der Beweisaufnahme genötigt zu sein. In jedem Falle sind die Niederschriften den Parteien zugänglich zu machen, da diesen eine Nachprüfungsmöglichkeit hinsichtlich der Richtigkeit der Aufzeichnungen des Berichterstatters gegeben sein muß, um ihrer Verwertung als Urkundenbeweis zustimmen zu können. Wenn auch in dem Unterlassen und überhaupt in der Nichtkundmachung der Aussagen vernommener Zeugen zwar eine Gesetzesverletzung, aber kein unbedingter Revisionsgrund (§ 551) liegt[73], so ist andererseits ein Verstoß hiergegen, z. B. bei der Verwertung einer nicht protokollierten, den Parteien auch nicht abschriftlich mitgeteilten Berichterstatteraufzeichnung unheilbar als ein Fehler bei der Urteils-

---

[71] *Schönke* a. a. O. 206.

[72] OGH f. d. Brit. Zone in NJW 1949, 824 (übereinstimmend mit der angeführten Rspr. des RG); RGZ 151/249 und DR 1941, 1742.

[73] RGZ 150/337; RG in DR 1941, 1741.

fällung und nicht als ein Mangel des Verfahrens[74]. Überhaupt dürfte aber auch allgemein die Frage der Heilung von Verfahrensmängeln in Verletzung des Grundsatzes der Mündlichkeit bei der Beweisaufnahme und ihrer schriftlichen Niederlegung hier anders als in Verletzung des Mündlichkeitsgrundsatzes bei der mündlichen Verhandlung[75] zu beurteilen sein, da die Gestaltung der Beweisaufnahme, abgesehen etwa von dem gesetzlichen Falle einer schriftlich zugelassenen Zeugenaussage (§ 377 IV) oder dem praktisch häufigen Falle des Parteienverzichts auf Protokollierung einer Zeugenaussage wegen deren Unerheblichkeit, schlechthin der Parteidisposition entzogen sein.

Als selbständiges, die Mündlichkeit der Beweisaufnahme ergänzendes Prinzip von wesentlicher Bedeutung ist noch die Unmittelbarkeit der Beweisaufnahme anzuführen. Außerhalb unseres eigentlichen Themas liegend, entzieht sich dieser einleitend gekennzeichnete, von der ZPO geforderte (§ 355) und auch praktisch heute allgemein beachtete Grundsatz, der übrigens im arbeitsgerichtlichen Verfahren noch weitgehender durchgeführt ist, unserer Betrachtung hinsichtlich seiner Durchführung und Bedeutung im einzelnen. In die Erinnerung gerufen sei hier nur, daß ein Richterwechsel im Prozeß keine Erneuerung einer früheren Beweisaufnahme verlangt. Insoweit ist der Grundsatz der Unmittelbarkeit der Beweisaufnahme vor dem Prozeßgericht im Zivilprozeß preisgegeben, zum Zwecke der Beschleunigung der Sache an Stelle ihrer Verzögerung durch eine abermalige gleiche Beweisaufnahme, möglicherweise zum Schaden einer richtigeren und besseren Unterrichtung der das Urteil sprechenden Richter, wie dies ja auch allgemein bei Benutzung der erstinstanzlichen Beweisaufnahmeprotokolle in der Berufungsinstanz der Fall ist. Natürlich steht es dem Gericht frei, eine frühere Beweisaufnahme oder Teile einer solchen zu wiederholen, wenn nach seinem Ermessen etwa eine nochmalige Vernehmung besonders wichtiger Zeugen geboten erscheint oder etwa eine Augenscheinsaufnahme durch das ganze Gericht vielleicht unter Hinzuziehung von Zeugen an der Unfallsstelle zweckmäßig und notwendig ist, um ein zutreffendes Bild von der Sachlage zu erhalten.

c) Über die Mündlichkeit bei der *Entscheidung des Gerichts* ist nur weniges zu sagen. Beide Elemente, Schriftlichkeit und Mündlichkeit sind hier von Bedeutung. Beschlüsse wie Urteile müssen auf mündliche Verhandlung hin vom Gericht verkündet werden (§§ 329 I, 310). Erst dadurch werden sie rechtlich zum Entstehen gebracht. Dies gilt auch für das Urteil nach Lage der Akten. Im Gegensatz hierzu wird im schriftlichen Verfahren das Urteil existent mit seiner schriftlichen Mitteilung an die Parteien (§ 7 Entlastungsverordnung). Die Verkündung des

---

[74] RG in JW 1938, 1538 Nr. 31.

[75] Siehe oben S. 509 (II 4).

Urteils erfolgt sofort nach Schluß der mündlichen Verhandlung — im arbeitsgerichtlichen Verfahren die Regel, sonst aber die Ausnahme, da eine Überstürzung bei der Verkündung des Urteils nicht rätlich ist — oder innerhalb einwöchiger (§ 310) in der Praxis aber vielfach längerer Spruchfrist. Die Verkündung der Entscheidungen selbst ist in der Handhabung der Gerichte zu einer leeren Form herabgesunken. Praktisch werden regelmäßig in Abwesenheit der Parteien (§ 312) die Urteils- und Beweisbeschlußverkündigungen in der Sitzung fingiert. Weit davon entfernt, diesem Zustand Rechnung zu tragen und die Verkündung der Urteile durch Zustellung derselben zu ersetzen, geht der Entwurf von 1939 noch einen Schritt weiter[76], indem er auch im schriftlichen Verfahren für die ohne mündliche Verhandlung erlassenen Urteile die Verkündung vorschreibt mit Rücksicht auf etwaige Schwierigkeiten, die entstehen können, durch Doppelzustellung einmal der vorgeschriebenen Zustellung der Urteilsformel zur Wirksamkeit des Urteils und sodann der Zustellung des vollständigen Urteils, um die Rechtsmittelfrist in Lauf zu setzen. Wenn man nach dem Vorschlage des Entwurfs von 1931 die allgemeine, bisher nur in Ehesachen (§ 625) und in Statussachen (§ 640) vorgeschriebene Zustellung des vollständigen Urteils an die Parteien von Amts wegen statt der Parteizustellung gesetzlich einführen würde, möchte die Verkündung der Urteile entbehrlich werden, abgesehen vielleicht von dem sofort nach Schluß der mündlichen Verhandlung gefällten Urteile. Ähnlich ist ja auch die österreichische Regelung (§§ 414, 415 S. 2). Eine Vereinfachung in der Urteilsverkündung besteht bei den Arbeitsgerichten insoweit, als die Zuziehung der nicht richterlichen Beisitzer nicht notwendig ist. Notwendig ist die Feststellung der Verkündung der Entscheidungen, die bei Urteilen übrigens unverzichtbar ist und stets in öffentlicher Sitzung zu erfolgen hat (GVG § 173 I), im Protokoll (§ 160 Ziff. 6).

Der notwendigen Verkündung der Entscheidung tritt ihre schriftliche Fixierung an die Seite. Beim Urteil muß die Urteilsformel schriftlich abgefaßt sein, um verlesen zu werden, mit Ausnahme der Versäumnisurteile, Anerkenntnisurteile und der Urteile infolge Klageverzichts, wohingegen die Verkündung der Entscheidungsgründe nicht notwendig, aber zulässig ist (§ 311); ein Widerspruch zwischen den verkündeten und schriftlichen Gründen ist dabei ohne Bedeutung. Die Zustellung der Urteile ist im wesentlichen nur für die Zwangsvollstreckung und für den Lauf der Fristen beim Einspruch gegen das Versäumnisurteil und bei den Rechtsmitteln sowie für die Kostenerstattung notwendig. Für Form und Inhalt des schriftlichen Urteils sind bestimmte Erfordernisse aufgestellt. Neben der Urteilsformel enthält das Urteil gesondert den Tatbestand und die Entscheidungsgründe (§ 313). Von besonderer Wichtigkeit ist

---

[76] § 303 S. 2.

der entgegen dem schon erwähnten System der „qualités“[77], der Redaktion des Tatbestandes durch die Parteien bzw. ihrer Anwälte nach dem Urteilserlaß, ebenfalls vom Gericht abzusetzende Tatbestand des Urteils. Er hat eine gedrängte Darstellung des gesamten Sach- und Streitstandes auf der Grundlage der mündlichen Vorträge der Parteien unter Hervorhebung der gestellten Anträge zu enthalten, schließt aber zur Vereinfachung eine Bezugnahme auf den Inhalt der Schriftsätze und die Feststellungen in dem Sitzungsprotokoll sowie nach der Rechtsprechung[78] auf den Inhalt von zum Gegenstand der mündlichen Verhandlung gemachten anderen Schriftstücken, Beiakten, Auskünften an das Gericht, Vorentscheidungen und den Parteien mitgeteilten Aufzeichnungen des Berichterstatters über eine Beweisaufnahme (siehe oben S. 527) nicht aus. Von dieser Erleichterung der Bezugnahme wird der gewissenhafte Richter in geeigneten Fällen einen sparsamen Gebrauch machen insoweit, als die Bezugnahme zum Verständnis seiner Entscheidung ausreicht. Eine Hinzuziehung der Parteien bei den Feststellungen des schriftlichen Urteilstatbestandes kann am Schluß der mündlichen Verhandlung in keiner Weise in Frage kommen. Die Garantien dafür, daß der Tatbestand mit dem Parteivorbringen übereinstimmt, müssen, wie bereits früher angedeutet (s. oben S. 522, 524), anderswo liegen. Ein abgekürztes Urteil ist im Gesetz bei Anerkenntnis- und Versäumnisurteilen gegen den Beklagten vorgesehen. Darüber hinaus hatte der in der britischen und französischen Zone inzwischen aufgehobene § 2 der 3. Vereinfachungsverordnung vom 16. Mai 1942 die Abfassung von Tatbestands- und Entscheidungsgründen im Urteil eingeschränkt und sogar im Einverständnis der Parteien bei vermögensrechtlichen Streitigkeiten und inappellabelen Entscheidungen nach dem Ermessen des Gerichts von der Abfassung eines schriftlichen Tatbestandes und von schriftlichen Entscheidungsgründen ganz abgesehen. Eine Verletzung der angeführten wesentlichen Formerfordernisse macht das ordnungsmäßig verkündete Urteil nicht unwirksam, sondern nur angreifbar mit Rechtsmitteln. Dasselbe gilt, wenn das durch die Verkündung wirksam gewordene Urteil durch nachträglichen Wegfall der Richter überhaupt nicht schriftlich abgesetzt werden kann. Die Unterschrift eines verhinderten Richters wird aber bei den Kollegialgerichten durch einen Vermerk ersetzt (§ 215 I S. 2). Scheidet vor der Beschlußfassung über das Urteil ein Richter aus, so bleibt nichts anderes übrig, als die mündliche Verhandlung wieder zu eröffnen; dies ist auch der Fall, wenn nach dem Ausscheiden nur die Beratung über den Inhalt eines noch nicht eingegangenen nachzureichenden Schriftsatzes ausstehen würde. Die bloße Urteilsberichtigung kann schriftlich erfolgen (§ 319), während Tatbestandsberichtigung und Urteilsergänzung vorherige

[77] c. pr. civ. art. 142—145.

[78] RG in DR 41, 1739.

mündliche Verhandlung voraussetzen (§§ 320, 321). Unbekannt wie der „dissenter" englisch-amerikanischen Rechts ist dem deutschen Prozeßrecht eine schriftliche abweichende Stellungnahme zum Urteil seitens des überstimmten Kollegialrichters, wenn auch ein entsprechender geheimer Aktenvermerk nicht ausgeschlossen ist und beim Reichsgericht nach der Geschäftsordnung dem überstimmten Senatsmitglied sogar das Recht zustand, ein „Separatvotum" zu den Akten zu bringen.

IV. Die Schriftlichkeit im deutschen Zivilprozeß

Die verhältnismäßig geringe praktische Bedeutung, welche das *schriftliche Verfahren* im geltenden deutschen Zivilprozeßrecht für den Rechtsstreit erlangt hat, dürfte es als gerechtfertigt erscheinen lassen, dasselbe gewissermaßen nur anhangsweise zu behandeln.

1. Dem Erkenntnisverfahren der ZPO mit ihrer übersteigerten Mündlichkeit ursprünglich ganz fremd, war nur im *schiedsrichterlichen Verfahren* als besonders geregelter Verfahrensart der ZPO (§§ 1025ff.) Raum für ein schriftliches Verfahren. Unverändert gilt heute noch für diese private Schiedsgerichtsbarkeit der Grundsatz, daß hier das Verfahren in Ermangelung einer Vereinbarung der Parteien von den Schiedsrichtern nach freiem Ermessen bestimmt wird (§ 1034 II). Nur müssen die Schiedsrichter den Parteien rechtliches Gehör gewähren (§ 1034 I), d. h. ihnen Gelegenheit zu mündlicher oder schriftlicher Äußerung geben. Damit ist den Schiedsrichtern freigestellt, den Streit der Parteien auch ganz in schriftlichem Verfahren zu entscheiden. Sie können freiwillig vor ihnen erscheinende Zeugen und Sachverständige vernehmen, aber nicht eidlich, sonst nur auf Parteiantrag unter Zuhilfenahme des Gerichts (§§ 1035, 1036). Stattdessen können sie sich aber auch allgemein mit schriftlichen Äußerungen derselben begnügen. Ebensowenig wie die Schiedsrichter sich einseitig aus den Akten informieren dürfen, ohne den Parteien Gelegenheit zur Stellungsnahme zu geben, dürfen sie eine ungleiche Behandlung der Parteien eintreten lassen durch schriftliche Anhörung der einen und mündliche der anderen Partei.

2. Die dem privaten schiedsrichterlichen Verfahren nachgerühmten Vorzüge der Einfachheit, Billigkeit und Schnelligkeit legten es nahe, diese auch im ordentlichen Verfahren vor den staatlichen Gerichten durch eine entsprechende freie Gestaltung des Verfahrens nutzbar zu machen. Zu diesem Zwecke namentlich der Beschleunigung hat die Beschleunigungsverordnung vom 23. 12. 1923 und später die Verordnung zur Entlastung der Gerichte nach der Bekanntmachung vom 13. 15. 1924[79] das *Schiedsurteilsverfahren* eingeführt. Es unterscheidet sich verfahrensmäßig von dem schiedsrichterlichen Verfahren mit Schiedsspruch da-

[79] RGBl. I, 552.

durch, daß es ein gerichtliches Urteilsverfahren ist. Zwei Arten unterscheidet die Entl. VO, das obligatorische Schiedsurteilsverfahren vor den Amtsgerichten bei Streitigkeiten über vermögensrechtliche, 100 DM Streitwert nicht übersteigende Ansprüche (§ 20 Entl. VO) und das Verfahren auf übereinstimmenden Antrag der Parteien bei Rechtsstreiten, über deren Gegenstand die Parteien einen Vergleich abzuschließen berechtigt sind (§§ 18, 19 Entl. VO). Auch hier ist das Verfahren ähnlich dem schiedsrichterlichen Verfahren nach dem freien Ermessen des Gerichtes bestimmt, so daß das Gericht nichtöffentlich und ohne mündliche Verhandlung im schriftlichen Verfahren entscheiden kann, aber ebenfalls unter Gewährung rechtlichen Gehörs, nebenbei die Kollegialgerichte aber vom Anwaltszwang (§ 78) nicht absehen dürfen. Aussagepersonen kann das Gericht auch hier stets schriftlich hören. Die Schiedsurteile sind unanfechtbar. Das ganze Schiedsurteilsverfahren ist bis auf die Entscheidung in Bagatellsachen ein tot geborenes Kind geblieben. Das Schiedsurteilsverfahren auf Antrag der Parteien ist überhaupt nicht praktisch geworden und allgemein auch nicht das obligatorische amtsgerichtliche Schiedsurteilsverfahren ohne mündliche Verhandlung. Kennzeichnend ist, daß im arbeitsgerichtlichen Verfahren das Schiedsurteilsverfahren gesetzlich ausgeschlossen ist (§ 46 II S. 4 Arb. GG.). Nur auf Grund des § 10 der 1. Vereinfachungsverordnung vom 1. 9. 1939, einer vorübergehenden, heute in der britischen und französischen Zone nicht mehr geltenden Kriegsmaßnahme, wodurch die Amtsgerichte und Arbeitsgerichte ermächtigt werden, in bürgerlichen Rechtsstreitigkeiten allgemein, also nicht nur in Bagatellsachen das Verfahren frei zu gestalten, hat sich bei diesen Gerichten ein freies Verfahren entwickelt. Wenn auch dieses über das Schiedsurteilsverfahren hinausgehende und daneben bestehende Verfahren stärker an die Verfahrensgrundsätze der ZPO gebunden sein mag, z. B. hinsichtlich der Protokollaufnahme, so ist doch auch hier die Entscheidung ohne mündliche Verhandlung gleichfalls ohne Einverständnis der Parteien zulässig[80] ebenso wie die schriftliche Zeugenvernehmung.

3. Eine weitere allgemeine und dauernde gesetzliche Neuerung durch Einführung eines gemischt-schriftlichen Verfahrens, von der in unterschiedlicher Weise Gebrauch gemacht wird und über deren Häufigkeit mangels amtlicher Statistiken ein genauer Überblick fehlt, ist die *Entscheidung nach Lage der Akten.* Sie ist ebenfalls dem Streben nach Beschleunigung und Abkürzung der Prozesse entsprungen, und durch die Novelle vom 13. 2. 1924 in den Prozeß eingeführt. Als Folge davon, daß in Beseitigung des Vertagungsunwesens zur Förderung der Prozesse den Parteien die Herrschaft über die Termine genommen wurde (§§ 227, 251), ist einmal für das Gericht nach seinem Ermessen die Möglichkeit

---

[80] Dagegen *Baumbach* ZPO Anhg. nach § 495, 3 A.

der Entscheidung nach Lage der Akten gegeben statt Terminsvertagung oder Anordnung des Ruhens des Verfahrens, wenn beide Parteien säumig sind (§ 251a). Weiter kann bei Säumnis einer Partei die andere statt eines Versäumnisurteils eine Entscheidung nach Lage der Akten beantragen (§ 331a), welche dann ebenso wie bei der Zulässigkeit einer Versäumnisentscheidung (§ 335) erlassen werden muß, ein Vorzug gegenüber einem nur mit dem Einspruch anfechtbaren Versäumnisurteil, aber auch unter Umständen ein Nachteil für den Antragsteller, zu dessen Ungunsten auch eine, allerdings mit den gewöhnlichen Rechtsmitteln angreifbare Sachentscheidung ergehen kann. Damit ist aus Gründen der Zweckmäßigkeit eine weitere Bresche in das die ZPO beherrschende mündliche Verfahren geschlagen. Mit rückwirkender Kraft wird durch den Entschluß des Gerichts zur Entscheidung nach Lage der Akten der Übergang von dem bisherigen mündlichen Verfahren zum schriftlichen vollzogen. Die Schriftsätze verlieren ihre Bedeutung als bloß vorbereitende Schriftsätze. Ohne mündliche Verhandlung wird entschieden, weil beide Parteien, oder die eine von ihnen, in dem anberaumten Verhandlungstermin säumig sind. In jedem Falle muß der Sachverhalt für eine Entscheidung nach Aktenlage hinreichend geklärt erscheinen. Es wird also die sachliche Entscheidungsreife gefordert. Übertriebene Anforderungen dürfen aber an die im Ermessen des Gerichts stehende Entschließung über das Vorliegen der Entscheidungsreife nicht gestellt werden. Wenn auch die Aktenlageentscheidung nie ein Mittel werden darf, um auf Grund eines mangelhaften, eines nur formal wahren Tatbestandes zu urteilen, wie *de Boor* mit Recht hervorhebt[81], ist es doch übertrieben zu sagen, das Gericht könne nur nach mündlicher Erörterung wirklich wissen, ob eine Sache entscheidungsreif sei[82]. Hier spricht die Abneigung gegen die Schrift überhaupt mit. Der Entscheidung des Gerichts ist der gesamte aktenmäßige Prozeßstoff zugrunde zu legen, also insbesondere die von den Parteien gewechselten und allseitig bekannten vorbereitenden Schriftsätze, wobei es jedenfalls genügen muß, wenn ein Antwortschriftsatz eingegangen ist[83] und etwaige frühere, den Parteien bekannte Verhandlungs- und Beweisaufnahmeprotokolle. Dazu sind bei der Aktenentscheidung überhaupt die Ergebnisse einer vorausgegangenen mündlichen Verhandlung zu berücksichtigen. Selbst Richterwechsel hindert trotz der auf das mündliche Verfahren zugeschnittenen Bestimmung, daß das Urteil nur von denjenigen Richtern gefällt werden kann, welche der dem Urteil zugrunde liegenden Verhandlung beigewohnt haben (§ 309), eine Entscheidung nach Lage der Akten nicht[84]. Dies ist in dem Entwurf von

[81] *de Boor*, Die Entscheidung nach Lage der Akten (1924) 70.
[82] *de Boor* 84.
[83] Dagegen *de Boor* 72.
[84] a. A. *de Boor* 41, dagegen RGZ 132/336 und Zit.

1931 in Übereinstimmung mit der herrschenden Meinung ausdrücklich klargestellt[85]. Da bei der Entscheidung nach Lage der Akten kein Verhandlungsschluß wie bei der mündlichen Verhandlung besteht, kann nur der Streitstoff für die Entscheidung maßgebend sein, der in dem für die mündliche Verhandlung bestimmten Zeitpunkte, und nicht etwa danach vorliegt[86]. Dieser Streitstoff ist endgültig in den Prozeß eingeführt. Zulässig sind alle Entscheidungen, nicht nur Beweisbeschlüsse, sondern auch Urteile; sie entstehen und werden bekanntgemacht, wie bereits erwähnt, durch Verkündung. Eine Abschwächung des Schriftprinzips sah das Gesetz ursprünglich bei dem Erlaß eines Urteils nach Lage der Akten vor. Hier waren gewisse Beschränkungen, die im Sinne der Mündlichkeit dem Schutze der Parteien dienen sollten, namentlich durch das Erfordernis einer vorausgegangenen mündlichen Verhandlung aufgestellt; auch konnte die schuldlos nicht erschienene Partei die Verkündung eines Urteils verhindern (§§ 251a I S. 2—4 und 331a S. 2). Sie sind durch § 7 V der 4. Vereinf. VO vom 12. 1. 1943 aufgehoben worden. Diese Aufhebung gilt aber nur noch in der amerikanischen und französischen Zone, während in der britischen Zone die ursprüngliche Fassung des § 251 a wieder in Kraft ist. Die Aufhebungsbestimmung der 4. Vereinf. VO entsprach dem Entwurf von 1931 mit seiner aufschlußreichen Begründung, es bestehe, zumal da die Aktenlageentscheidung gegen den Beklagten voraussetze, daß dieser sich auf die Klage eingelassen habe, kein zwingender Grund, im ersten Verhandlungstermin eine schriftliche Einlassung der mündlichen nicht für gleichwertig zu erachten[87].

4. Einen besonderen Ausdruck hat das Schriftprinzip im deutschen Zivilprozeß mit Durchbrechung des Mündlichkeitsgrundsatzes durch das in begrenztem Umfange geübte *schriftliche Verfahren* des aus dem § 23 der Entl. VO vom 9. 9. 1915 entwickelten und durch die Beschleunigungsverordnung vom 22. 12. 1923 eingeführten §§ 7 Entl. VO in der Fassung der Bekanntmachung vom 13. 5. 1924 erfahren. Hier geht es zwar auch um eine Beschleunigung des Verfahrens, da der Zweck der Entl.VO in einer Vereinfachung des Verfahrens durch Entlastung des Gerichts von der mündlichen Verhandlung besteht. Das schriftliche Verfahren tritt aber darüber hinaus dem die ZPO beherrschenden mündlichen Verfahren mit seinem Prinzip der notwendigen mündlichen Verhandlung (§ 128) allgemein gegenüber. Das Gericht kann ohne mündliche Verhandlung seine Entscheidung treffen. Verlangt werden muß aber auch hier wie bei mündlicher Verhandlung vor der Entscheidung die völlige Klärung des Sach- und Streitstandes. Bei der Beurteilung der Frage der Entscheidungsreife wird man hier zwar vor-

[85] Entw. §§ 302 u. 323.

[86] Vgl. auch die Regelung im § 230 Entw. 1931.

[87] S. 330. Dagegen hat der westdt. Entw. 1950 die alte Fassg. allgemein beibehalten.

sichtiger als bei der Entscheidung nach Lage der Akten zu Werke gehen müssen, aber auch nicht zu engherzig sein dürfen[88]. Eine elektive Konkurrenz von Schriftlichkeit und Mündlichkeit im Sinne einer freien Wahl der Parteien zwischen mündlichem oder schriftlichem Verfahren ist mit der Zulassung des schriftlichen Verfahrens nach § 7 Entl.VO nicht gegeben. Denn Voraussetzung dieses schriftlichen Verfahrens ist neben dem Einverständnis der Parteien seine Zulassung durch das Gericht, die in dessen nicht nachprüfbaren Ermessen steht. Eine nähere Regelung des Verfahrens enthält das Gesetz nicht; von ihr hat man auch im Entwurf von 1931[89] bewußt, im Gegensatz zur Einzelregelung des § 399 der österr. ZPO, abgesehen, so daß vieles umstritten ist. Das Verfahren ist zulässig in allen Prozessen und in allen Instanzen, sogar im Eheprozeß, trotz seiner Einschränkung der Verhandlungsmaxime[90]. Im arbeitsgerichtlichen Verfahren ist es nur in der Berufung, nicht in erster Instanz zugelassen (§ 46 II S. 4, 64 II S. 3 ArbGG), während vor dem obersten Arbeitsgericht die Entl.VO sogar uneingeschränkt gilt. Das von beiden Parteien dem Gericht gegenüber zu erklärende Einverständnis, daß ohne mündliche Verhandlung entschieden werden darf, bezieht sich zwar auf den ganzen Rechtsstreit, aber im Gegensatz zum Schiedsurteilsverfahren immer nur auf die nächstliegende Entscheidung des Gerichts[91], da eine Teilung des Verfahrens und ein allgemeiner Verzicht der Parteien auf die mündliche Verhandlung sowie eine bedingte Einverständniserklärung nicht für zulässig zu erachten sein wird. Die Parteien können also z. B. nicht ihr Einverständnis auf den Fall des Erlasses eines Beweisbeschlusses beschränken[92], wohl aber nach dem Erlaß eines Beweisbeschlusses erklären, daß sie nunmehr nur nach mündlicher Verhandlung entschieden wissen wollen, und sie müssen sogar ihre Einverständniserklärung erneuern, wenn auch die nachfolgende Entscheidung ohne mündliche Verhandlung ergehen soll; umgekehrt können auch nach bereits vorangegangener mündlicher Verhandlung und Zwischenentscheidung die Parteien für das weitere Verfahren mit Billigung des Gerichts zur Schriftlichkeit übergehen. Im übrigen ist es streitig, ob das Einverständnis der Parteien mit einer Entscheidung ohne mündliche Verhandlung bis zum Erlaß der Entscheidung fortbestehen muß und widerruflich ist[93]. Grundlage der Entscheidung des Gerichts ist der gesamte aktenmäßige Prozeßstoff, und bei einer etwaigen mündlichen Verhandlung auch deren Ergebnis, wobei allerdings ein Richterwechsel von Bedeutung

[88] *Baumbach* Anh. § 128, 3 C und § 251a, 3 A.

[89] S. 314. Ebenso § 128 II des westdt. Entw. 1950.

[90] RGZ 123/334.

[91] *de Boor* a. a. O. 22; *Stein-Jonas* (*Schönke*) Anh. 128 II 2; *Baumbach* Anh. § 128, 2 D; *Rosenberg*, Lehrbuch § 118 II 1c, 473.

[92] a. A. *Lent*, Ziv. Proz. Recht (1947) 162; anders auch vielfach die Praxis.

[93] Dafür *Stein-Jonas* (*Schönke*) Anh. zu § 128 II 3, s. dagegen Zit. Note 10, ferner *Schönke* a. a. O. § 81 III 2, 284 und *Baumbach* Anh. zu § 128 II C.

sein kann[94]. Die im Gesetz ebensowenig geregelte und nicht zweifelsfreie Frage, welcher Zeitpunkt bei einer schriftlichen Verhandlung dem Schlusse der mündlichen Verhandlung (cf. §§ 323, 767 u. a.) entspricht, der Eingang der beiderseitigen Einverständniserklärungen[95] oder wohl richtiger erst der Zeitpunkt der Entscheidung des Gerichts[96], ist im Entwurf von 1931 so gelöst, daß das Gericht diesen Zeitpunkt selbst bestimmen kann unter Fristsetzung für die Einreichung schriftlicher Erklärungen der Parteien, daß sonst aber die Übergabe der schriftlich abgefaßten Entscheidung des Gerichts an die Geschäftsstelle zur Zustellung an die Parteien entscheidet, und bei erforderlicher Verkündung, wie im Falle der Entscheidung nach Lage der Akten, die Anberaumung eines Verkündungstermins. Bei der Entscheidung nach § 7 der Entl.VO wird nach ausdrücklicher Bestimmung die Verkündung durch schriftliche Mitteilung ersetzt; bei Urteilen ist die Urteilsformel durch Zustellung mitzuteilen. Damit entsteht die Entscheidung. Die Zustellung der Urteilsformel ersetzt aber nur die Verkündung des Urteils, während es sonst zur Herbeiführung der Urteilswirkung, und namentlich des Laufs der Rechtsmittelfristen, der Urteilszustellung auf Betreiben der Parteien bedarf[97].

V. Zusammenfassung

1. Wenn wir am Schlusse zurückschauen, so können wir zusammenfassend und wertend als Ergebnis unserer Betrachtungen über das schriftliche und mündliche Element im Zivilprozeß zunächst feststellen, daß nach deutschem geltenden Zivilprozeßrecht das zivilprozessuale Verfahren in aller Regel ein *mündliches Verfahren* ist. Die Mündlichkeit im Prozesse ist ein so hohes Gut, ihre Vorteile überwiegen ihre Mängel so sehr, daß an ihr nicht mehr zu rütteln sein dürfte: „Schreiben ist ein Mißbrauch der Sprache, stille für sich lesen ein trauriges Surrogat der Rede"[98]. Das mündliche Verfahren der ZPO wird beherrscht von dem Grundsatz der notwendigen mündlichen Verhandlung, dem weitaus wichtigsten Teil des mündlichen Verfahrens. Notwendig mündlich ist auch die Beweisaufnahme hinsichtlich der Aussagepersonen, bei dem nach deutschem Recht bedeutsamsten Beweismittel der Zeugenvernehmung und auch bei der Parteivernehmung, während die schriftliche Zeugenaussage eine eng begrenzte Ausnahme bildet und beim Sachverständigenbeweis praktisch die Schriftlichkeit vorherrscht. Die gerichtlichen Entscheidungen auf Grund der mündlichen Verhandlung sind ebenso not-

---

[94] Dagegen *Baumbach* Anh. § 128 3 B.

[95] *Stein-Jonas* (*Schönke*) Anh. zu § 128 III 4; *Lent* a. a. O. 162.

[96] *de Boor* a. a. O. 23; *Rosenberg*, Lehrb. § 108 III 2b, 174 unten und zit. 174 oben.

[97] RGZ 123/335ff.

[98] *Goethe*, Dichtung und Wahrheit, 2. Teil, 10. Buch am Ende.

wendig mündlich. Sie müssen verkündet werden, ein Erfordernis, das konsequent aus der mündlichen Verhandlung entwickelt, aber Wirklichkeitsfremd geworden ist und de lege ferenda durch die Amtszustellung ersetzt werden könnte. Die mündliche Verhandlung selbst stellt sich heute als eine lebendige Aussprache in freier Rede der Parteien mit dem Gerichte, eine Erörterung der Sache in gemeinsamer Arbeit, dar. So soll sie wenigstens sein, und sie dürfte es auch überwiegend in der Handhabung der Gerichte sein. Eine Verlesung von Schriftsätzen durch die Anwälte statt freien Vortrags hat der Verfasser wenigstens nie erlebt, und ebensowenig ein bloß rezeptives stummes Gericht. Der ursprüngliche Grundsatz voller Mündlichkeit des Verfahrens hat sich allerdings gewandelt. Eine begrenzte Bezugnahme auf Schriftstücke führt die Mündlichkeit auf ein erträgliches Maß zurück. Die seit der Prozeßnovelle von 1924 allgemein zulässige Verweisung auf die Schriftsätze statt mündlicher Verhandlung in der gesetzlichen Begrenzung des Einverständnisses der Parteien und der Billigung durch das Gericht (§ 137 III) ist nicht zu entbehren. Der Bankrott der mündlichen Verhandlung, der von *Wach*[99] schon für die seit der Prozeßnovelle vom 1. 6. 1909 zunächst allein im amtsgerichtlichen Verfahren zulässige Bezugnahme auf Schriftstücke befürchtet wurde, ist nicht eingetreten. *Wachs* Alarmruf, ob wir wirklich bereits bei der Schriftlichkeit angelangt wären und wir uns vollends zu ihr zurückdrängen lassen sollten, findet heute in diesem Zusammenhang keinen Widerhall mehr. Die Gefahr einer Scheinmündlichkeit dürfte nicht zu hoch zu veranschlagen sein. Bei Kenntnis aller Prozeßbeteiligten von dem Inhalt der Akten kann im Einzelfalle, besonders wenn kein Urteil, sondern ein Beweisbeschluß zu erwarten ist, ein vollständiger Vortrag der Sache in Übereinstimmung zwischen Gericht und den mit diesem durchweg in gutem Verhältnis stehenden Anwälten erspart werden. Eine weitere bedeutsame Abschwächung der Mündlichkeit liegt in der Möglichkeit der Nachreichung eines Schriftsatzes zur Erklärung über eine neue Behauptung des Gegners einschließlich neuer Beweismittel nach der mündlichen Verhandlung (§ 272a). Diese den Schluß der mündlichen Verhandlung auf dem Zeitpunkt der Nachreichung des vorbehaltenen Schriftsatzes hinaus erstreckende und möglicherweise einen schuldlosen Gegner verkürzende, gewiß nicht ganz unbedenkliche Vorschrift, ist praktisch unentbehrlich und bewährt sich bei gesetzmäßiger, notfalls zu einer Wiedereröffnung der mündlichen Verhandlung führenden Handhabung. Sie darf allerdings nur zu einem Antwortschriftsatz ohne neue Sachanträge führen und nicht in einen weiteren Schriftsatzwechsel ausarten.

2. Abgesehen von der notwendigen Schriftform bestimmter Prozeßhandlungen *ergänzt* und *unterstützt* die *Schrift* im mündlichen Verfahren das gesprochene Wort. Beide Elemente, im modernen Prozeß unent-

---

[99] Grundfragen 82.

behrlich, wirken zusammen, um den mündlich in der Verhandlung eingeführten Prozeßstoff, der die Grundlage für die Entscheidung des Gerichts bildet, zu sichten, zu klären, festzuhalten und vor allem den Streitfall nicht nur einer schnellen, sondern auch möglichst richtigen Entscheidung zuzuführen. Dabei bringt die Schrift die bei der Häufung der Prozesse notwendige Entlastung der Verhandlungstermine, ein Grund, der ja auch im französischen Zivilprozesse im Jahre 1935, entgegen dem alten Grundsatz der reinen Mündlichkeit, zur Einführung von Gerichtsakten geführt hat. Die mündliche Verhandlung vorbereitend, findet die Schrift Verwendung in den Schriftsätzen, welche die Parteien miteinander wechseln und in Abschrift dem Gericht einzureichen haben, als bloße Ankündigung dessen, was die Parteien in der mündlichen Verhandlung vorzutragen gedenken. Der vom Gesetzgeber nach Zahl und Frist nicht begrenzte, aber in mäßigen Grenzen gedachte, regelmäßig in zwei Schriftsätzen, Klage und Klagebeantwortung, Rechtsmittelschrift und Beantwortung sich erschöpfen sollende Schriftsatzwechsel der Parteien[100] hat leider in der Praxis einen wenig erfreulichen Umfang angenommen. Zu den Schriftsätzen tritt, die Prozeßvorgänge festhaltend und überliefernd, die Beurkundung durch das im Gegensatz zur österreichischen Regelung allerdings nur den formellen Gang der Verhandlung im allgemeinen enthaltende Sitzungsprotokoll einschließlich sonstiger Protokolle der Beweisaufnahme hinzu, für die übrigens allgemein der Grundsatz der Unmittelbarkeit durchgeführt ist. Auch ohne obligatorische Schriftsätze, abschließende Schriftswechselfristen, und ohne ein umfassendes Sitzungsprotokoll besteht eine hinreichende Garantie für die Richtigkeit der Entscheidung und des richterlich abgesetzten, das Parteivorbringen als die Urteilsgrundlage beurkundenden Urteilstatbestands. Die Irrtumsgefahr bei der Urteilsgrundlage ist erfahrungsgemäß in tatsächlicher Hinsicht nicht allzu hoch. Daß die verkündeten gerichtlichen Entscheidungen schriftlich abzufassen sind, erscheint wegen deren Wichtigkeit und zur sicheren Festlegung selbstverständlich.

3. Aus dem Mündlichkeitsgrundsatz ergeben sich bei der mündlichen Verhandlung wegen der Einheit derselben auch bei mehreren notwendig werdenden Verhandlungsterminen, insbesondere bei Richterwechsel und im Versäumnisverfahren *Erschwerungen*. — Drohenden *Gefahren* der Mündlichkeit wirken Schutzmaßnahmen zur Ordnung und Förderung des Prozesses entgegen. So insbesondere zur Konzentration des Verfahrens vor der mündlichen Verhandlung zu deren Vorbereitung, wobei allerdings weder ein Vortermin wie in Österreich vorgesehen, noch die Bestellung eines beauftragten Richters notwendig vorgeschrieben ist, wie seit 1935 in Frankreich. Und innerhalb der mündlichen Verhandlung namentlich durch die neben der möglichen, allerdings praktisch nicht

[100] Motive bei *Hahn* a. a. O. 263.

immer ausreichenden Zurückweisung nachträglichen Parteivorbringens (§ 279 usw.) gegen die Prozeßverschleppung durch Vertagung gerichteten gesetzlichen Bestimmungen (§§ 227, 251 II, 251a, 331a).

4. Neben dem regulären mündlichen Verfahren kennt das geltende deutsche Zivilprozeßrecht ein *schriftliches Verfahren*, das als Ausnahmeregelung erscheint. Es ist eine Rückbildung des ursprünglich nur mündlichen zivilprozessualen Verfahrens zur Schriftlichkeit. Die Fälle eines schriftlichen und gemischtschriftlichen Verfahrens, nämlich, abgesehen vom schiedsrichterlichen Verfahren, das Schiedsurteilverfahren einschließlich des freien amtsgerichtlichen Verfahrens nach § 10 der 1. Vereinf. VO, das Verfahren bei der Entscheidung nach Lage der Akten und das Verfahren ohne mündliche Verhandlung nach § 7 der Entl. VO stellen gewiß eine Beeinträchtigung des das Zivilprozeßverfahren nach wie vor regelmäßig beherrschenden Mündlichkeitsgrundsatzes dar. Sie dürfen aber nicht als ein Generalangriff auf die Mündlichkeit gewertet werden und als eine Minderbewertung derselben. Umgekehrt braucht man in ihnen auch nicht die Retter einer wirklichen Mündlichkeit zu sehen, wie dies der Entwurf von 1931 tut, wenn er die Beweggründe ihrer Übernahme darin erblickt, der Bestandsgefährdung des Mündlichkeitsprinzips vorzubeugen und Raum für eine wirklich entsprechend dem Gesetz gehandhabte Mündlichkeit zu schaffen[101]. Die Bedeutung des schriftlichen Verfahrens liegt vielmehr darin, daß es in manchem den praktischen Bedürfnissen entgegenkommt. Niemand darf wohl in Abrede stellen, daß z. B. ein Verfahren zweckmäßig und gerechtfertigt sein kann, welches die Berücksichtigung des Ergebnisses einer auswärtigen Beweisaufnahme, deren Protokoll in der mündlichen Verhandlung noch nicht vorliegt, im Einverständnis beider Parteien bei der Entscheidung des Gerichts vorsieht, obwohl das Protokoll in der Sitzung nicht nur vorliegen und zum Gegenstand der mündlichen Verhandlung gemacht, sondern auch nach der Auffassung *Rosenbergs* von der Bedeutung des § 285 II (siehe oben S. 526 Note 70) das Ergebnis der Beweisaufnahme auf Grund des nach Schluß der mündlichen Verhandlung eingehenden Beweisaufnahmeprotokolls in der mündlichen Verhandlung vorgetragen werden müßte. Das insoweit schriftliche Verfahren würde seiner praktischen Bedeutung nach der Gestattung der Nachreichung eines Schriftsatzes durch das Gericht gemäß § 272a an die Seite treten durch Ermöglichung einer Entscheidung der anstehenden Sache ohne Vertagung und Verhandlung in einem neuen Termin. Aber nicht alle angeführten Fälle eines schriftlichen Verfahrens dürften Billigung verdienen. Ebensowenig wie der Zivilprozeß als staatliche Rechtsschutzgewährung ein in seiner Verfahrensausgestaltung allein von den Parteien bestimmter Konventionalprozeß sein darf[102], kann m. E. ein ganz in das freie Ermessen des Ge-

[101] S. 280.

[102] *Wach*, Handbuch des deutschen Ziv. Proz. Rechts I (1885) 188ff.

richts gestelltes und im wesentlichen nur das rechtliche Gehör der Parteien erheischendes Verfahren als ein geordnetes sicheres Verfahren angesehen werden. Zu verschwinden hätte danach das Verfahren nach § 10 der 1. Vereinf,VO auch da, wo es noch besteht. Keine Daseinsberechtigung hat aber auch das nach freiem Ermessen des Gerichts bestimmte Schiedsurteilsverfahren, sowohl das ganz ungebräuchliche vereinbarte, nach §§ 18, 19 Entl.VO, wie auch das obligatorische in Bagatellsachen nach § 20 Entl.VO. Wenn der Entwurf von 1931 sich für die Beibehaltung des letzteren ausgesprochen hat[103], so scheint mir ein dagegen sprechendes Hauptbedenken darin zu bestehen, daß es auch in Bagatellsachen nicht verantwortet werden kann, von einer Garantie grundsätzlich mündlicher Vernehmung der Zeugen und Parteien abzusehen.

5. Anders liegt die Sache bei der Entscheidung nach Lage der Akten (§§ 251a und 331a) und auch bei der schriftlichen Entscheidung nach § 7 der Entl.VO. Man hat diese Regelungen zwar als Prinzipienlosigkeit gescholten, ja in ihnen eine Auflösungserscheinung gesehen. Zu verkennen ist allerdings nicht, daß die eingefügten Neuerungen wie bei jeder Novellengesetzgebung sich nur schwer in ein aus einem Gusse bestehendes Ursprungswerk wie die ZPO alter Fassung organisch eingliedern lassen, namentlich dadurch, daß viele im Gesetz verstreute Vorschriften eben auf dem Grundsatz der obligatorischen mündlichen Verhandlung aufgebaut sind, und eine gesetzliche Durchbildung der neuen Vorschriften im einzelnen vermieden worden ist. Man wird darüber hinwegsehen müssen und sich vor Augen halten, daß die Mündlichkeit, wie eingangs hervorgehoben wurde, nicht mehr als Selbstzweck gewertet werden kann, und daß die getroffene Neuregelung den praktischen Zwecken gerecht zu werden vermag. Die Gegnerschaft, welche die Einführung des schriftlichen Verfahrens im Prinzip, namentlich in der Prozeßrechtswissenschaft, lange Zeit hindurch erfahren hat[104], dürfte heute nicht mehr berechtigt sein. Die bereits auf dem 31. deutschen Juristentag im Jahre 1912 bei einmütigem Bekenntnis zur Mündlichkeit von *Degen*[105] erhobene Forderung: „Geben Sie Verhandlungsfreiheit" ist seit dem Jahre 1924 erfüllt. Ihre Einführung bedeutete zugleich eine weitere Verstärkung der Richtermacht im Prozeß. Denn in die Hände des Gerichts ist es letzten Endes gelegt, ob ausnahmsweise der Rechtsstreit ohne mündliche Verhandlung entschieden werden soll, abgesehen von der Entscheidung nach Lage der Akten im Falle der Säumnis einer Partei (§ 331a), wo das Gericht auf Antrag statt eines Versäumnisurteils ein Urteil nach Lage der Akten erlassen muß, was aber gegenüber einer Partei, die durch Nichterscheinen ihr mangelndes Interesse an der Förderung des Rechts-

[103] S. 339.

[104] *Wach*, Grundfragen 82ff., *de Boor* 81ff., *Engel* 261 und *Wolff* 298 und 307 in Verhandlungen des 33. DJT 1925; *Walsmann* in Zeitschr. für dt. Ziv. Proz. 61, 398.

[105] Verhandlungen I 364.

streits bekundet hat, durchaus zu vertreten ist. Seit Entstehung der ZPO von 1877 haben sich weltanschauliche, staats- und wirtschaftspolitische Wandlungen vollzogen in Überwindung der liberalen Staatsidee und in der Hinwendung zu sozialer Verbundenheit. Sie haben auch den Zivilprozeß aus der Sphäre des laisser faire laisser aller, wie der Entwurf von 1931 mit Recht bemerkt[106], längst herausgehoben und dem unsere Rechtsentwicklung allgemein beherrschenden sozialen Gedanken unterstellt. Die österr. ZPO und ihr Schöpfer Klein sind hierbei in manchem auf vorbildliche Weise vorangegangen. Wir können heute nicht mehr fragen, „cui bono", wem zu Liebe wir eigentlich die Parteien zur schnellen Erledigung ihrer Prozesse zwingen wollen, wenn diese selbst eine Beschleunigung nicht wollen. Die Frage ist allein, ob die Schriftlichkeit als Mittel der Prozeßbeschleunigung mit einer sicheren Feststellung des Sachverhalts und einer richtigen Sachentscheidung vereinbar ist und ob sie im Regelfalle wenigstens Überraschungen der Parteien ausschließt. Nach einem Menschenalter praktischer Erprobung und Bewährung wird man dies bei der Entscheidung nach Lage der Akten (§§ 251a und 331a) und der Entscheidung ohne mündliche Verhandlung nach § 7 Entl.VO allgemein bejahen können. Dabei mag man verschiedener Auffassung darüber sein, ob die durch die 4. Vereinf.VO eingeführte Fassung der §§251a, 331a beibehalten werden soll, oder ob man, wie heute wieder in der britischen Zone, beim Urteil eine vorherige mündliche Verhandlung fordern und die in diesem Falle in S. 2—4 des Abs. I von § 251a enthaltenen sonstigen Kautelen anwenden will. Wenn die jüngste Entwicklung in Frankreich zugleich mit der Einführung von Gerichtsakten durch das décret-loi vom 30. 10. 1935 das ungebräuchliche exzeptionelle schriftliche Verfahren, die instruction par écrit[107], abgeschafft hat, so können daraus nicht ohne weiteres Rückschlüsse für die deutschen Verhältnisse gezogen werden. Umgekehrt ist bezeichnend, daß auch die Verfahrensordnung des deutschen Obergerichts für das vereinigte Wirtschaftsgebiet vom 18. 4. 1949 gemäß § 6 trotz grundsätzlich mündlicher Verhandlung eine Entscheidung nach Lage der Akten in gewissen Fällen kennt[108]. Bei dem schriftlichen Verfahren von rechtsstaatlichen Grundsätzen entgegenstehender Juristenwillkür sprechen zu wollen, dürfte eine heute im Zeitalter der unvermeidlichen Generalklauseln überholte Positivistenklage sein. Ebensowenig hat sich die immer wieder gehörte Befürchtung, daß die Schrift die Mündlichkeit überwuchere, wenn man ihr nur den kleinen Finger reiche, hier bewahrheitet. Den deutschen Richtern wird man bei der im allgemeinen zurückhaltenden Handhabung der erwähnten gesetzlichen Bestimmungen keinesfalls nachsagen können: „ils veulent être libres et ne savent pas être justes."

---

106 S. 255ff.
107 c. proc. civ. 2. Buch 6. Tit. Art. 95ff.
108 VOBl. brit. Zone 1949, 127.

„CONTEMPT OF COURT" IM ZIVILPROZESS UND ÄHNLICHE REGELUNGEN IN ANDEREN RECHTEN

Von Dr. Murad Ferid

Staatsanwalt und Privatdozent in München

Literatur: Mendelssohn-Bartholdy, Imperium des Richters (1908) — *Oswald,* On Contempt (1910) — *Gerland,* Englische Gerichtsverfassung (1910) — *Levin,* Richterliche Prozeßleitung und Sitzungspolizei (1913) — *Fox,* The practice in Contempt of Court Cases: Law Quarterly Review 1922, 185 — *Curti,* Englands Zivilprozeß (1928) — *Fox,* History of Contempt of Court (1927) — *de Rossi,* Il Contempt of Court e la specific performance nel diritto inglese (1934), besprochen v. *Riezler:* Krit. Vierteljahresschrift 66, 115 — *de Rossi,* Die Lehre vom Contempt of Court in rechtshistorischer Betrachtung: Zeitschr. f. vgl. Rechtswiss. 51 (1936) — *Grünhut,* Contempt of Court: MDR 1948, 442.

I. Charakter und System des Contempt of Court im englischen Recht

1. Der *contempt of court* des englischen Rechtes wird gekennzeichnet als „*wilful disregard of the authority* of a court of justice or a legislative body or *disobedience* to its lawful orders"[1] oder als „rechtswidriges Verhalten, das sich gegen die Autorität und den freien und ungestörten Lauf der Rechtspflege richtet"[2, 3].

Für eine auf den Zivilprozeß bezogene Betrachtung haben von vornherein jene Erscheinungsformen dieses Rechtsinstitutes, die als „contempt of Parliament" sowohl in England[4], als auch in den USA[5] zu den Requisiten der gesetzgeberischen Körperschaften gehören, auszuscheiden,

---

[1] *Black,* Law Dictionary, Boston 1946, Artikel „Contempt".

[2] *Grünhut* a. a. O.

[3] Vgl. ferner besonders die Definition von *Oswald* a. a. O. 5, die sich an die Entscheidung Miller v. Knox (1878) anlehnt und hauptsächlich noch jene Fälle hervorhebt, die darauf angelegt sind, „to interfere with or prejudice parties or their witnesses during the litigation" — Ähnlich *Bell,* Dictionary and Digest of the Law of Scotland (7. Aufl. 1890). 236.

[4] *W. F. Craies* in Encyclopedia Britannica, Artikel Contempt of Court.

[5] Eine gewisse Publizität hat dort laut Pressemeldungen (vgl. „Neue Zeitung", München, 3. Jahrgang, Nr. 52 vom 30. 8. 1947) die Entscheidung des obersten Bundesgerichts vom 28. 8. 1947 erlangt, welche den jetzigen Informationsminister der Deutschen Demokratischen Republik Gerhart Eisler wegen Aussageverweigerung vor dem „Un-American-Activities"-Ausschuß des Kongresses zu einem Jahr Gefängnis und 1000 Dollar Geld-

ebenso wie der heute in der Form der „misprision"[6] noch erhaltene „contempt of Sovereign"[7].

Im rein justiziellen Sektor gibt das Law of Contempt nicht nur den Gerichten die Handhabe zu einer sehr weitreichenden Sitzungspolizei, sondern verhindert auch unzulässige Einwirkungen auf das Zustandekommen der Entscheidung, ob sie nun von den Prozeßbeteiligten ausgehen, so durch unlautere Prozeßführung, oder aber von Dritten, besonders durch unzulässige Presseveröffentlichungen. Darüberhinaus erfüllt der Contempt — im kontinentalen Sinne qualifiziert — Funktionen des ordentlichen Strafrechts und des Beamtendisziplinarrechts. Endlich ermöglicht in Zivilsachen die Institution des contempt die Durchsetzung gewisser richterlicher Anordnungen und — in der Zwangsvollstreckung — der Naturalrestitution (specific performance).

2. Der Contempt of Court dehnt sich mithin bis zur *Generalklausel*[8] aus. Solche Weite fällt im englischen Recht besonders auf, dessen allgemeine Abneigung gegen das, was man dort „broad principles" nennt, bekannt ist[9]. Während nun die angedeuteten einzelnen Erscheinungsformen des Contempt nach englischer Auffassung, entsprechend der Sammelbezeichnung „Contempt of Court", in begrifflicher und tatsächlicher Einheit gesehen werden, sind sie in Deutschland — und auf dem Kontinent überhaupt — in eine Reihe von „einzelnen, besonders gesetzlich geregelten Institutionen aufgespalten"[10]. Den Grund für eine derartige Zusammenfassung sämtlicher Institutionen des Gerichts- und Prozeßschutzes ausschließlich in den gemeinsamen Wurzeln zu erblicken, welche von den einzelnen Contempt-Fällen zu den verschiedenen Formen des Königsfriedens führen[11], erscheint jedoch etwas zu weitgehend.

Man wird vielleicht einen der Gründe dieser methodischen Verschiedenheit in dem Unterschied zwischen anglo-amerikanischer und europäisch-kontinentaler Rechtssystematik zu suchen haben. Die Methodik in den Ländern des rezipierten römischen Rechts folgt abstrakt-logischen

strafe verurteilte. Neuestens wurden in gleicher Weise 8 amerikanische Drehbuchautoren und Filmdirektoren verurteilt, weil sie sich geweigert hatten, gegenüber einem Kongreßausschuß zu erklären, ob sie Kommunisten seien oder nicht (vgl. „Neue Zeitung" vom 1. 7. 1950).

[6] „all forms of seditious or disloyal conduct and leze-majesty" (*Black:* Law Dictionary).

[7] *Oswald* a. a. O. 5.

[8] Treffend spricht *Grünhut* a. a. O von einer „Sammelbezeichnung".

[9] *Eugen Ehrlich,* in seiner Juristischen Logik (2. Aufl. 1924, 284ff.) hat plastisch die Parallelität dieser englischen Auffassung mit der römischen Denkart hervorgehoben, die ihren Ausdruck findet in dem Satze: omnis definitio in jure periculosa est. (Dig L, 17, l. 202).

[10] *Grünhut* a. a. O. 443; vgl. *Gerland* a. a. O. 827; *Mendelssohn-Bartholdy* a. a. O. 55.

[11] *de Rossi* a. a. O. 66.

Kategorien, nach denen die einzelnen, hier in Frage kommenden Rechtsinstitute als heterogen empfunden werden. Im anglo-amerikanischen Rechtskreis dagegen gliedert man konkret-lebensmäßig, ebenso wie im frühen römischen[12] sowie deutschen[13] Recht und begreift daher die verschiedenen im Leben — d. h. beim Contempt: im Verfahren, dessen Schutz sie ja alle dienen — nebeneinanderliegenden Erscheinungen im Zusammenhang dieser ihrer natürlichen Verbundenheit, die für den Kontinentaljuristen eben eine rein formale, zufällige ist[14].

3. Solch lebensmäßig gedachter Gliederung folgend, unterscheidet die englische Systematik beim Contempt of Court entweder direct und constructive oder criminal und civil cases.

Als *direct contempt* werden alle jene Fälle klassifiziert, welche sich ereignen in unmittelbarer Anwesenheit des Gerichts (in facie curiae) während unter den Begriff des *constructive contempt* solche einschlägige Akte subsumiert werden, welche vorfallen „not in presence of the court", wobei die größte Bedeutung den mit der Gerichtsberichterstattung zusammenhängenden Presseverfehlungen zukommt.

Mit der genannten Einteilung überschneidet sich die Unterscheidung zwischen criminal und civil contempt[15]. Als *civil cases* sind nur solche Fälle anzusehen, welche in einer Weigerung bestehen, eine civil order zu erfüllen, ohne daß dadurch die Würde des Gerichts verletzt wird. Alle anderen contempt-Handlungen aber, gleich in welchem Verfahren sie sich ereignen, sind Fälle von criminal contempt.

Diese sich gegenseitig überschneidenden Einteilungen mögen wohl in ihrem Wert problematisch sein[16], so daß man — von kontinentaler Anschauung her — versucht sein könnte, mit gewohnteren Kategorien zu operieren, etwa mit der Unterscheidung von Ungebühr und Ungehorsam. Doch mag solche Einteilung auch historische Gründe für sich haben und zur Klärung des Problemes beitragen, im geltenden englischen Recht gewinnen praktische Bedeutung vor allem die oben erwähnten Unterscheidungen von direct und constructive contempts auf der einen, sowie civil und criminal contempts auf der anderen Seite. Einer Unterscheidung ist lediglich noch zu gedenken: zwischen *ordinary* und *special* Contempt. Der ersteren Kategorie sind im wesentlichen Fälle zuzu-

---

[12] *Ehrlich* a. a. O.

[13] *Heusler*, Deutsche Rechtsgeschichte 186.

[14] Das Fehlen eines gemeinsamen Rechtsschutzzweckes bei den verschiedenen Contempt-Arten betont *De Boor*, Die Methode des englischen Rechts und die deutsche Rechtsreform (1934) 14.

[15] Nach der von Lord Selborne, dem Initiator der Judicature Arts 1875, anläßlich des Vorschlages einer Contempt of Court Bill, 1883 vorgetragenen Auffassung, ist diese Unterscheidung die primäre. Vgl. *Fox*, History 44.

[16] Darauf hat *de Rossi* a. a. O. 22, 36, 199 hingewiesen. Vgl. auch *de Boor* a. a. O. 15, ferner *Oswald* a. a. O. 32ff.

rechnen, in denen ein Urteil oder eine sonstige Entscheidung des Gerichts nicht eingehalten wird, in denen es sich also um Dinge mehr privatrechtlicher Natur handelt. Dagegen sind als Special Contempt alle übrigen Fälle anzusehen[17]. Begangen kann ein contempt werden von den Parteien, von Dritten und auch von Amtspersonen.

4. Die für den contempt vorgesehenen *Sanktionen* sind entweder Kriminalstrafen[18] für ein misdemanour (der Begriff der bloßen Ordnungsstrafe ist in diesem Zusammenhang unbekannt[19]) oder aber — in reinen civil cases — Schadensersatz. Prinzipiell können nur Courts of record wegen contempt strafen[20].

Die öffentliche Strafe kann verhängt werden entweder durch „brevi manu reactio" des verletzten Gerichts selbst oder in einem gesonderten, neuen Verfahren. Nur die höheren Gerichte haben die Befugnis, alle in bezug auf sie begangenen contempt-Fälle selbst summarisch abzustrafen.

Die unteren Gerichte dagegen — und darin zeigt sich die praktische Bedeutung der oben aufgezeigten contempt-Arten — haben die Befugnis zur „brevi manu reactio" nur für Fälle von direct contempt („in facie curiae"). Dies gilt in England besonders bezüglich der County Courts[21].

Darüber hinaus sind die unteren Gerichte auch befugt, jene Fälle von contempt summarisch selbst, ohne Einleitung eines gesonderten Verfahrens zu ahnden, welche begangen sind durch Zuwiderhandlung gegen eine civil order, insbesondere durch

a) Weigerung, trotz Besitzes der erforderlichen Mittel, eine kraft richterlicher Anordnung auferlegte Zahlung zu leisten,
b) Ungehorsam gegenüber einer injunction (zu vergleichen mit einer einstweiligen Verfügung),
c) Verweigerung der durch richterliche order verfügten Herausgabe einer Speziessache.

---

[17] Siehe dazu *Gerland* a. a. O. 829.

[18] In Amerika durch Statute Law festgesetzte Höchststrafen nach dem Clayton Act vom 15. 10. 1914. Dessen Eingangsbestimmung enthält übrigens eine charakteristische Begriffsbestimmung des Contempt. Sie lautet: „Any person who shall wilfully disobey any lawful writ, process, order, rule, decree or command of any of the District Court of United States or any court of the District of Columbia by doing an act or thing therein or thereby forbidden to be done by him if the act or thing so done by him be of such a character as to constitute also a criminal offense under the statute of the United States or under the laws of any state in which the act was committed shall be proceeded against for his contempt. . ."

[19] s. *Grünhut* a. a. O. 444.

[20] *Gerland* a. a. O. 833; über den Begriff des Courts of Record: *Gerland* a. a. O. 1, Anm. 1. Nach ihm ist die Contempt-Strafgewalt heute noch das einzige praktisch bedeutungsvolle Merkmal der Courts of Record.

[21] Vgl. die Abgrenzung der sitzungspolizeilichen Befugnisse dieser Gerichte, wie sie im County Courts Act 1888, 162 statutarisch festgelegt ist.

Alle übrigen Fälle von Contempt, die sich vor den unteren Gerichten ereignen, also besonders die constructive cases, erfordern ein abgetrenntes Verfahren, das in England vor der King's Bench Division des High Court einzuleiten ist[22].

Das verletzte Gericht kann vermöge der ihm hier zustehenden „prerogative of pardon" die wegen contempt verhängte Bestrafung wieder aufheben. Die Voraussetzung hierfür ist, daß der Täter seine Tat tilgt (he purges his contempt), indem er, je nach Art seiner contempt-Handlung, finanzielle Wiedergutmachung leistet oder aber sich gebührend entschuldigt. Die „prerogative of pardon" ergibt sich daraus, daß Schutzobjekt die Würde oder die Entschlußfreiheit des Gerichts als Ganzen — nach früherer Auffassung des verletzten Richters — ist. Das Gericht als Ganzes hat es daher auch in der Hand, auf die Bestrafung der Tat zu verzichten[23].

II. Die Funktionen des special contempt in Straf- und Zivilverfahren

Wie oben bereits angedeutet, sind bei weitem nicht alle im Zusammenhang mit Zivilprozessen zu rechtlicher Würdigung Anlaß bietenden contempt-Fälle solche von technisch „ziviler" Natur.

Vor Darstellung der dem Bürgerlichen Streitverfahren spezifischen Fälle seien jene Spielarten — wenigstens andeutungsweise und jeweils unter Ziehung von Vergleichen mit dem deutschen Rechtszustand — erörtert, welche für *Straf- wie Zivilverfahren* gleicherweise in Betracht kommen.

1. Sitzungspolizeiliche Funktion des Contempt

Schon bei einem ersten Blick auf die, nach kontinentaler Auffassung, wohl naheliegendste Funktion des Contempt of Court, nämlich die sog. *Sitzungspolizei*, fällt der in so besonderem Maße historisch bedingte Charakter dieses Rechtsinstituts auf, an dessen heutiger Ausgestaltung man noch über das Case Law die Herleitung aus dem Königsfrieden[24] erkennen kann. Aus diesen historischen Gegebenheiten erklärt es sich ohne weiteres, daß die Sitzungsgewalt des englischen Richters — allerdings, wie oben[25] erwähnt, nur des Richters eines Court of Record — sachlich, persönlich und räumlich eine viel weitgehendere ist als die

[22] Siehe *Grünhut* a. a. O.

[23] Eine Begnadigung durch die Krone ist nur in einem einzigen Fall vorgenommen worden. Ein Gnadenrecht des Königs für Contempt-Strafen wird im übrigen abgelehnt. S. *Gerland* a. a. O. II 836 mit Nachweisen.

[24] *Brunner*, Deutsche Rechtsgeschichte (1892) II 35; a. a. O. 43; *de Rossi* a. a. O. 41 Anm. 77, 202; *Mendelssohn-Bartholdy* a. a. O. 43 sieht den Schlüssel zum Contempt of Court in einem gewissen Treueverhältnis jedes einzelnen Rechtsgenossen zum Gericht.

[25] oben S. 545, Anm. 20.

seines deutschen Kollegen. Dieser erheblichen Einschränkung der richterlichen Selbstschutzgewalt in Deutschland entspricht schon eine theoretische Unsicherheit über das Wesen der Sitzungspolizei: In den Materialien zum GVG[26], welches den Gegenstand in seinen §§ 176ff. regelt, ist die Rede von einer „Disziplinargewalt" als innerer Begründung für solchen richterlichen Selbstschutz. Damit verwandt ist die Auffassung der richterlichen Befugnisse als Ausfluß einer „Anstaltsgewalt"[27] oder gar als „dem Züchtigungsrecht eines Vaters ähnlich"[28]. Wohl als Relikt eines alten, weit gefaßten Polizeibegriffes ist es zu verstehen, wenn eine Reihe von, besonders älteren, Autoren[29] den polizeilichen Charakter solcher Maßnahmen betonen. Dies ist, wie das ja an sich recht unglückliche Wort von der Sitzungs*polizei*[30], eine nicht eben folgerechte Hineinmengung von polizeilichen Begriffen in eine rein richterliche Tätigkeit.

Demgegenüber ist in neuerer Zeit zu Recht betont worden[31], daß auch die sog. Sitzungspolizei ein Ausfluß der Gerichtsbarkeit ist. Ein Versuch, die Selbstschutzbefugnisse des Gerichtes auf dessen Hausrecht zurückzuführeu[32], hat keinen besonderen Anklang gefunden. Er wäre besonders interessant, wenn er zu einer Wiederanknüpfung an die rechtsgeschichtlichen Gegebenheiten führen könnte, welche ja, wie bei den Angelsachsen, auch bei den festländischen Germanenvölkern vorhanden sind. Doch wird solche Anknüpfung nur dort möglich sein, wo ein besonders traditionsbewußter, dabei aber doch fortschrittlicher Geist sie fördert.

Die dem deutschen Richter zustehenden Möglichkeiten bleiben im einzelnen in folgenden Beziehungen hinter der angelsächsischen Ausgestaltung zurück[32a]:

a) Der dem deutschen Richter eingeräumte *Strafrahmen* (bei Ungehorsam nach § 177 GVG: zwangsweise Entfernung und evtl. Fest-

---

[26] *Hahn*, Die gesamten Materialien zu dem Gerichtsverfassungsgesetz usw. I. Abt. (1879) 338ff.

[27] *Waldecker:* Annalen des deutschen Reichs für Gesetzgebung, Verwaltung und Volkswirtschaft 1915, 314, 318.

[28] *Friedländer:* Gerichtssaal 46, 418.

[29] In verschiedenen Spielarten, so als Justizpolizei (*Endemann*, Das deutsche Zivilprozeßrecht 1868) oder als Prozeßpolizei (*Beling*, Deutsches Reichsstrafprozeßrecht (1928 494).

[30] Rein formell geht dieser Ausdruck offenbar zurück auf den Code de Procédure Civile, der in Titel 5 des 2. Buches spricht von „Des audiences, de leur publicité et de leur police".

[31] So *Rosenberg*, Lehrbuch des deutschen Zivilprozeßrechts (4. Aufl. 1949) 30; vgl. auch *Levin* a. a. O.

[32] *Hubrich*, Parlamentarische Redefreiheit und Disziplin (1899).

[32a] Für die vorsichtige und sparsame Anwendung der dem deutschen Richter zustehenden Strafbefugnisse ist charakteristisch OLG München v. 4. 11. 1936, HRR 1937 Nr. 186.

haltung bis zu 24 Stunden; bei Ungebühr Geldstrafe von 1—1000 Mark oder Haft bis zu drei Tagen nach § 178 GVG) bleibt weit hinter dem englischen Recht zurück, das den contempt als misdemanour straft. Jedoch werden ernstere Ungebührfälle immer den Tatbestand einer strafbaren Handlung, mindestens einer Beleidigung erfüllen, so daß die Strafdrohungen des ordentlichen Strafrechts eingreifen können. Das französische Recht hat im Zivilprozeß eine ähnliche Regelung (vgl. Art. 10 u. 11 C. proc. civ.), während im Strafprozeß — in zutreffender Wertung des dort herrschenden schärferen „Klimas" — die Art. 504ff. Code d'Instruction Criminell dem Gericht schärfere Maßregeln, durch summarische „inappelable" brevi manu reactio ermöglichen.

Für den wichtigsten und gefährlichen Fall des Ungehorsams, nämlich den Versuch des Zeugen, sich seiner Zeugnispflicht zu entziehen, gibt die ZPO[33] in § 380 für das unentschuldigte Ausbleiben und in § 390 für die unberechtigte Zeugnisverweigerung die Möglichkeit zu nicht unempfindlichen Zwangsmaßnahmen, die in der Praxis durchaus als genügend empfunden werden[34] und die wohl eine ebenso wirksame Sanktion für die Nichtbefolgung von Prozeßverfügungen, bes. Ladungen sind, wie das „subpoena" des englichen Rechtes.

b) Der *Kreis der Personen*, die wegen contempt zur Rechenschaft gezogen werden können, ist im deutschen Recht enger gezogen[35]: Während das engliche Gericht einen solicitor[36] wegen einer Contempt-Handlung zur Rechenschaft ziehen kann, ist dem deutschen Richter seit der 1921 erfolgten, öfters kritisierten[37] Streichung des § 180 alter Zählung GVG, der Ordnungsstrafen in Geld gegen Anwälte wegen Ungebühr vorgesehen hatte[38], eine entsprechende Möglichkeit gegen Anwälte nicht mehr gegeben.

Als eine sehr wirksame Schranke gegen anwaltschaftliche Mißgriffe kann sich eine sehr wohl ausgewogene Standesgerichtsbarkeit erweisen, welche sich auf den § 28 der Rechtsanwaltsordnung vom 1. 7. 1878[39] aufbaut[40].

---

[33] Entsprechend die StPO in ihren §§ 51, 70.

[34] Über den Zeugniszwang vgl. *Rosenberg*, Lehrbuch 533, 534.

[35] Über die Contempt-Maßregeln gegen Amtspersonen siehe unter Ziffer 2 im Zusammenhang mit der Erwähnung der strafrechtlichen und disziplinären Funktionen dieses Rechtsinstituts.

[36] Über die Entwicklung bezüglich der barristers siehe *Grünhut* a. a. O. 445, ferner *Linwood v. Andrews* 66 LTR 523.

[37] *Keller*, DJZ 1932, 366; *Löwe-Rosenberg*, StPO zu § 178 GVG, Anm. 1b.

[38] Über landesrechtliche Ordnungsstrafen wegen Ungebühr siehe *Friedländer*, Kommentar zur RAO (3. Aufl.) Anm. 32b zu § 65 mit Nachweisen.

[39] In seiner Fassung vor 1933. Nunmehr beispielsweise wieder § 28 der bayer. RAO vom 6. 12. 48 (GVBl. 341).

[40] Vgl. hierzu *Friedländer*, Anm. 55 Exkurs II zu § 28 RAO.

c) *Räumlich* erstrecken sich die in § 176 GVG statuierten Befugnisse des Vorsitzenden zur Aufrechterhaltung der Ordnung in der Sitzung lediglich auf Sitzungssaal und Beratungszimmer. Störungen, die von außerhalb herangetragen werden, können nur auf Grund landesrechtlicher Vorschriften[41], also praktisch nur kraft der Polizei, nicht kraft der richterlichen Gewalt ausgeschaltet werden. Die gegenteilige Auffassung, wonach sich die richterliche „Polizeigewalt“ bis auf die Straße erstrecken solle[42], läßt sich mit dem engen Wortlaut des § 176 GVG wohl nicht vereinen. Hier soll durch den „Strafrechtsänderungsentwurf 1950“[42a] eingegriffen werden, der in einem neuen § 137a des StGB einen Bannmeilenschutz für Gerichtsgebäude vorsieht.

Demgegenüber besteht in England kein Zweifel, daß die Würde des Gerichtes auch ungebührliches Benehmen außerhalb des Gerichtssaales selbst verbietet. Die „liberal interpretation“, die der Begriff „in facie curiae“ schon immer[43] fand, mag unter vielen Beispielen[44] der Fall *in re Johnson* (1887)[45] erläutern: Nach Schluß eines Termins hatte ein solicitor den Gegen-Solicitor bereits am Ausgang des Gebäudes ungebührlich beschimpft und war ihm mit der Hand in das Gesicht gefahren, „ohne ihn jedoch zu schlagen“. In solch räumlicher Ausdehnung der Gerichtsgewalt findet man eine Fortentwicklung der frühen Maßnahmen gegen „rioting sedentibus curiis“[46], wie sie auch noch in einem Gesetz von 1541[47] (in Kraft bis 1828) zu härtesten Strafdrohungen Anlaß gaben.

Auf zwei besonders typische Fälle mag noch hingewiesen werden[48]. Der eine betrifft einen Baumeister, der mit seiner lärmenden Tätigkeit das Gericht in der Sitzung störte. Im zweiten Fall büßte ein „Troupier“, der durch geräuschvolles „mastering a body of militia“ in Gerichtsnähe störend lärmte, dies als „contempt of court“. Gerade aus dem letzten Fall mag die „supremacy“ der Justiz besonders deutlich hervorgehen, die ein Charakteristikum englischen Denkens ist. Er fordert förmlich eine Parallele heraus zu dem Vorgehen, das sich während des letzten Krieges ein Münchner Gericht von seiten des „Reichsleiters“ Amann bieten lassen mußte, der — übrigens auch von Haus aus ein Feldwebel — eine Verhandlung aus dem Zuschauerraum her in wüstem Auftritt unterbrach,

---

[41] Vgl. *Löwe-Rosenberg*, Anm. 1 zu § 176 GVG.

[42] Vertreten von *Baumbach*, Anm. 3 zu § 176 GVG.

[42a] Hierüber vgl. am Ende der Darstellung.

[43] *Fox*, History 53.

[44] *R. v. Wigley* [1835], *Purdin v. Roberts* [1910].

[45] 38 LT 160; 5 *Mews Dig.* Sp. 556.

[46] Vgl. dazu *Oswald* 43ff.

[47] 33 Henry VIII ch 12.

[48] Vgl. *de Rossi* a. a. O. 206, Anm. 380.

da das betreffende Verfahren nicht nach seinen Intentionen zu laufen drohte[49].

d) Als Ungebühr (misconduct) wird — und dies ist eine interessante Folgerung aus der weitgehend sportlichen Auffassung des Rechtsstreites mit der daraus resultierenden Verpflichtung zum fair play — auch die vollendete oder versuchte Täuschung des Gerichtes durch Parteien oder Parteibeistände gewertet[50, 51].

Demgegenüber ist im deutschen Zivilprozeß die *Wahrheitspflicht* sehr problematisch. Ursprünglich wurde ihr Bestehen von der h.M. zu Recht in Abrede gestellt[52], vor allem mit dem Hinweis darauf, daß es an Folgen für die Verletzung dieser Pflicht mangelte, so daß hier keine Rechtspflicht angenommen werden konnte. Es liegt nahe, an dieser Argumentation auch festzuhalten gegenüber der Neufassung, welche § 138 ZPO durch Gesetz vom 27. 10. 1933 erhalten hat[53], denn diese Neufassung bedeutete nur eine Floskel[54], von dem damaligen Gesetzgeber heuchlerisch dazu bestimmt, seiner Wohlanständigkeit Ausdruck zu verleihen und durch ihren moralischen Anstrich über seine eigene Unmoral hinwegzutäuschen, ohne Festsetzung von Sanktionen für Wahrheitsverletzung bei der Prozeßführung[55]. Ein Vergleich mit dem österreichischen Prozeßrecht mag dies verdeutlichen: dort ist (§ 178 öZPO) ebenfalls eine Wahrheitspflicht statuiert, wonach das Parteivorbringen „ohne Lücken und Lügen" zu erfolgen hat[56]. Für Verletzung dieser Pflicht sind in Österreich jedoch konkrete Nachteile angedroht, so Kostenfolgen (§ 48 öZPO), bei mutwilliger Bestreitung der Urkunden-

---

[49] Es handelte sich um ein Verfahren gegen den Münchener Staatsanwalt Geyer wegen staatsfeindlicher Äußerungen, das durch das Eingreifen Amanns mit der Neubesetzung des Gerichtes und der Verurteilung Geyers zu einer langfristigen Freiheitsstrafe endete. Geyer fiel später in einer Strafeinheit.

[50] Eine interessante Zusammenstellung von aufschlußreichen Beispielen über Fälle, in denen eine Wahrheitspflicht als bestehend angenommen wurde, vgl. bei *Grünhut* a. a. O. 446.

[51] Über die historischen Grundlagen der „deceptio curiae" als contempt s. *de Rossi* a. a. O. 44 (Anm. 86) mit Nachweisen.

[52] Vgl. *Rosenberg*, Lehrbuch (2. Aufl. 1927) 169 mit Nachweisen, abweichend 4. Aufl. 1949, 258f.

[53] Siehe auch *Lent*, ZAkDR 1938, 196, der die Grenzen und damit die Problematik von Wahrheits- und Vollständigkeitspflicht nach dem neuen § 138 ZPO herausstellt. S. auch RG vom 11. 5. 1937 (Recht 1937, Nr. 7136).

[54] Ebenso wie die — nun gemäß MilRegGes. Nr. 1, Art. III, Ziff. 6 — unbeachtlich gewordene — Präambel des Änderungsgesetzes.

[55] Gerade aus Darlegungen von Anhängern der Wahrheitspflicht zeigt sich deren schwere Vereinbarkeit mit der Dispositionsmaxime. So *Bernhardt*, Die Wahrheitspflicht im Zivilprozeß, DJZ 1936/1404; vgl. auch *Gerold*, Dt. Recht, 1937, 163 (letzterer übrigens mit Ausblicken auf die Wahrheitspflicht im Zivilprozeß des Sowjetrechts).

[56] Hierzu vgl. *K. Wolff*, Grundriß des österr. Zivilprozeßrechts (1926) 223.

echtheit auch Mutwillensstrafen (§ 313 öZPO), während die unwahre Besitzabstreitung oder -vortäuschung Schadensersatzpflicht nach sich zieht (§ 377 ABGB), bzw. bewirkt, daß „deswegen allein schon" der Besitz an der umstrittenen Sache dem Gegner abgetreten werden muß (§ 676 ABGB).

Trotz der Problematik einer formellen Wahrheitspflicht im deutschen Zivilprozeß, dessen Aufbau ja die Beteiligten oft dazu zwingt, Vermutungen in Gestalt von Behauptungen vorzubringen[57], erscheinen doch die hier gegen eine unlautere Prozeßführung bestehenden Kautelen als hinreichend. Man darf bei einem Vergleich mit dem englischen Recht zunächst schon nicht die Verschiedenheit des Problems übersehen, die sich aus der richterlichen Beweisaufnahme auf dem Kontinent ergibt, die im Gegensatz steht zu der Beweiserhebung durch die Partei im englischen Recht[58]. Denn in einem Verfahren, in welchem die Parteien nur ein Fragerecht (vgl. § 397 ZPO) haben, ist das Bedürfnis nach einer Wahrheitspflicht und auch die Gefahr, die aus einer unlauteren Prozeßführung entstehen kann, bei weitem nicht so stark als im anglo-amerikanischen Prozeß, wo infolge einer weitaus stärkeren Ausprägung des Parteiprozesses die Parteien und deren Beistände weit unmittelbarer in die Beweisaufnahmen und deren Vorbereitung eingeschaltet sind[59].

Im deutschen Recht gehören die Sicherungen gegen unlautere Prozeßführung teils dem Strafrecht an, wie die Vorschriften gegen Meineidsverleitung, Verleitung zum Falscheid (§§ 159, 160 StGB) oder gegen die Prävarikation (§ 356 StGB). Eine besondere Bedeutung kommt der auf § 263 StGB aufbauenden Rechtsprechung über den Prozeßbetrug zu[60].

Von Bedeutung sind aber auch die in § 580 ZPO enthaltenen Restitutionsgründe[60a], welche zu einer Aufhebung des erschlichenen Urteils führen.

Hauptsächlich fällt aber ins Gewicht die Selbstkontrolle, welche von der anwaltschaftlichen Standesgerichtsbarkeit vermöge der Generalklausel des bereits oben erwähnten § 28 RAO ausgeübt wird[61]. Sie

[57] Daß die Unwahrheit im deutschen Prozeßrecht nicht Strafen im Prozeß selbst nach sich ziehen kann, geben auch die Verfechter einer strengen Wahrheitspflicht zu, so *Becker* in Der Deutsche Justizbeamte, 1937, 269.

[58] Diesen Unterschied hebt besonders auch *Grünhut* a. a. O. 445 hervor.

[59] Hierüber siehe auch die Darstellung von *Curti* a. a. O. 95ff.

[60] Hierzu vgl. zu § 263 StGB: *Schönke* StGB Anm. V, 6; *Ebermayer* StGB, Anm. 5d; *Schwarz* Anm. 3B, jeweils mit Nachweisen. Der letztere nimmt (seit der im Text erwähnten Änderung des § 138 I ZPO im Jahre 1933) eine formelle „Redlichkeitspflicht" an.

[60a] Analog im französ. Recht die in Art. 482 C. proc. civ. Ziff. 1 u. 9 angeführten Gründe für die „Requète civile".

[61] Vgl. dazu die eingehende Darstellung von *Friedlaender*, Anm. 3ff. zu § 28 RAO mit Nachweisen von Literatur und Rechtsprechung.

funktioniert, auch ohne daß es einer Bestimmung bedürfte, wie sie etwa Art. 88 des ital. Codice di Procedure Civile v. 28. 10. 1940 enthält, worin dem Richter zur Pflicht gemacht ist, die Behörden, welche die Standesgerichtsbarkeit ausüben, zu verständigen, wenn ein Anwalt sich einer Verfehlung gegen die ihm obliegende „lealtà e probità" schuldig macht. Einer Bestrafung der Prozeßlüge als Ungebühr bedarf es nicht[62].

e) Daß die Contempt-Handlung auch im *Schriftsatz* eines Prozeßbeteiligten enthalten sein kann, ist in England anerkannten Rechtens, jedenfalls seit jenem Fall, da im Jahre 1344 der attorney John of Northampton wegen eines libel gegen das Gericht mit contempt-Strafe belegt wurde[63].

Die Möglichkeit, in Schriftsätzen enthaltene Ungebührlichkeiten durch Ordnungsstrafen zu ahnden, war nach gemeinem Recht vielfach gegeben[64]. Sie ist aber als durch die Reichsjustizgesetze gemäß Art. 14 EGZPO aufgehoben anzusehen[65], denn die §§ 176ff. kümmern sich nur um die Aufrechterhaltung der Ordnung in den Sitzungen. Auch dieser Mangel kann wohl verschmerzt werden, da schwerere Ungebühr wohl immer irgendwie strafrechtlich oder standesmäßig bestraft werden kann[66].

Sachlich übereinstimmend mit dem anglo-amerikanischen Recht ist auch im österr. Recht eine Ordnungsstrafe wegen in Schriftsätzen begangener Ungebühr vorgesehen. Die dort maßgebende Bestimmung ist § 86 ö.ZPO mit folgendem Wortlaut:

> „Gegen eine Partei, welche die dem Gerichte schuldige Achtung in einem Schriftsatz durch beleidigende Ausfälle verletzt oder welche in einem Schriftsatze den Gegner, einen Vertreter, Bevollmächtigten, Zeugen oder Sachverständigen beleidigt, kann unbeschadet der deshalb etwa eintretenden strafgerichtlichen Verfolgung vom Gericht eine Ordnungsstrafe verhängt werden.
>
> Aus den gleichen Gründen ist die Verhängung einer Ordnungsstrafe gegen den Rechtsanwalt zulässig, welcher den Schriftsatz unterzeichnet hat."

Zuständig zur Verhängung der Ordnungsstrafe ist nach einem Gutachten des Obersten Gerichts jenes Gericht, an welches der die beleidi-

---

[62] Sie wurde von nat.-soz. Seite gefordert, so von *Schrierer*, D. Rechtspflege 1936, 323; s. auch *Hoffmann*, Dt. Recht 1937, 24.

[63] Vgl. dazu *Holdsworth*, History of English Law, London 1931, Bd. III, 390, ferner *Fox* a. a. O. 23ff., 107, 235.

[64] Vgl. ZB preuß. Allg. Gerichtsordnung vom 6. 7. 1793, §§ 30, 31, Teil III, Tit. 1; Hannoversches Polizeistrafgesetzbuch v. 25. 5. 1847, § 72.

[65] Ebenso *Löwe-Rosenberg*, Anm. 11 zu § 178 GVG; *Baumbach*, Anm. 1 zu § 176 GVG; s. auch *Rosenberg*, Lehrbuch (4. Aufl. 1949) 88; a. M. E. v. 13. 11. 1936 in Zeitschr. f. Freie Gerichtsbarkeit („Württ. Z.") 1937, 162; über landesrechtliche Ungebührstrafen vgl. die oben S. 548, Anm. 38 erwähnte Erläuterungsstelle in *Friedländers* Kommentar zur RAO.

[66] Für die Bestrafung der Ungebühr in Schriftsätzen in diesem summarischen Verfahren: *Löwe*, Ger. S. 107, 298ff.

genden Ausfälle enthaltende Schriftsatz amtlich gelangt ist, nicht also das beleidigte Gericht als solches (*Dubowy Jesser-Pollack*, Handausgabe der ö.ZPO, Note 2 zu § 86).

Daß die österr. Rechtswirklichkeit von dieser Bestimmung nur einen zurückhaltenden Gebrauch macht, mag eine Entscheidung des OGH vom 17. 6. 1925 (Zentr.Bl. 44/46) belegen, welche eine Strafe aufhob, die ein Untergericht deswegen verhängt hatte, weil in einem Rekursschriftsatz gesagt worden war: „Die Rechtsansicht ist schon längst so durchgedrungen, daß ein Prüfungskandidat, wenn er sie beantwortete wie der Gegner, darüber im Examen stolpern müsse. Die erste Instanz allerdings zerbrach sich nicht den Kopf."

f) Nicht von Prozeßbeteiligten, sondern von *Dritten* können Angriffe gegen die Rechtspflege insbesondere durch die Presse vorgetragen werden. Sie führen seit etwa 1720 auf dem Wege über den „constructive Contempt", ebenfalls zu Contempt-Sanktionen[67], während vorher „strangers" nur zu strafen waren[68], wenn ihre Handlung den Tatbestand eines trespass[69] erfüllte[70]. Es ist wohl kein Zufall, daß der Zeitpunkt, in dem mißbilligenswerte Presseveröffentlichungen über Justizangelegenheiten als contempt of court bestraft zu werden beginnen, zusammenfällt mit der Entstehung der Tagespresse und des Journalismus in England.

Gerade hierin zeigt sich die besondere — für die Wesensart des Common Law überhaupt so charakteristische — Elastizität des Contempt of Court, welche ja dazu geführt hat, daß dieses Rechtsinstitut als „legal thumbscrews" bezeichnet wurde[71].

Solange die Angriffe gegen das Gericht von primitiver Brutalität sind und die reports von „outrages on judges in court" zu berichten haben, folgen die Contemptmaßnahmen diesen Methoden, wie es zuletzt wohl im Jahre 1634 ein James Williamson[72] verspüren mußte, dessen abgehackte rechte Hand mehrere Jahre lang über dem Portal von Chester Castle angenagelt davon Kunde tat, daß ihr Träger sich hatte einfallen lassen, gegen einen Richter in der Sitzung einen Stein zu schleudern. Mit der Verlagerung der Angriffe auf ein geistiges Gebiet, paßt sich das Law of Contempt diesen Methoden an in Erkenntnis der Gefährlich-

[67] Vgl. *Grünhut* a. a. O. 445 Anm. 28 mit Nachweisen.

[68] Im Wege des ordentlichen Verfahrens „by information": vgl. *Fox*, Practice, 185.

[69] z. B. „quare clusum fregit" oder „vi et armis".

[70] Vor allem *Fox* in seiner History of contempt hat an Hand reichen Materials, besonders unter Auswertung von umfangreichen, unveröffentlichten Zusammenstellungen von *Solly-Flood*, überzeugend dargetan, daß der im berühmten *Almon's* Case von Sir Eardley Wilmot 1765 als unvordenklich bezeichnete Rechtsbrauch damals erst etwa 40 Jahre lang bestanden hatte.

[71] Vgl. bei *de Rossi* a. a. O. 22.

[72] Vgl. *de Rossi* 64, Anm. 129.

keit der Wurfgeschosse der Presse, und es entsteht in dem „constructive contempt" ein neuer, vergeistigter Behelf. Er bietet nicht nur die Möglichkeit, eine Berichterstattung in Sachen als unzulässig zu ahnden, die „in camera" verhandelt worden sind oder in denen das Gericht ausdrücklich eine Berichterstattung untersagt hatte[73], sondern verhindert auch solche Presseberichte, die als Beeinträchtigung freier Urteilsbildung vor Rechtskraft untragbar sind oder danach mit den Anforderungen der Würde des Gerichtes sich nicht vereinen lassen[74].

Diesen weitreichenden Möglichkeiten des englischen Rechtes stehen im deutschen Recht nur die spärlichen Behelfe gegenüber, die als Korrektiv gegen eine die gerichtlichen Schweigegebote oder die Anstandspflicht verletzende Berichterstattung durch das Gesetz v. 5. 4. 1888[75] eingeführt worden sind[76].

Es ist daher nicht verwunderlich, wenn aus der Begegnung mit dem Recht der Besatzungsmächte, die den an die Perspektiven des deutschen Rechtes gewohnten Inlandsjuristen gelegentlich auch recht unerfreuliche Überraschungen bereitete[77], Rezeptions-Gedanken entstanden[78].

Praktische Bedeutung hat die Frage in Deutschland in erster Linie für Strafsachen, da bei uns im wesentlichen über diese in der Presse

---

[73] Hier hat in verschiedener Richtung sich das statute Law der Materie bemächtigt, so für Ehescheidungssachen der Judicial Proceedings (Regulations of Reports) Act 1926 und in Jugendsachen s. 39 des Children and young Persons Act 1933 (23 Geo 5, Ch. 12), die jedoch in subsection 2 ausdrücklich das summarische Verfahren — und damit die Eigenart der contempt-Prozedur — aufrecht erhält.

[74] Für den deutschen Leser darf eine Einzeldarstellung entsprechender Fälle durch Bezugnahme auf das sehr anschauliche Material bei *Grünhut* a. a. O. 446ff. ersetzt werden.

[75] Abgedruckt bei *Löwe-Rosenberg*, StPO. nach § 172, kommentiert von *Klemm* (Leipzig 1888) und von *Kleinfeller*, von letzterem in der „Gesetzgebung des deutschen Reiches"; Teil III, V, Heft 2.

[76] Vgl. dazu die Kommentare zu § 174/II GVG von *Löwe-Rosenberg* und *Baumbach*.

[77] So wurde ziemlich zu Beginn der Tätigkeit der Militärgerichte einem führenden deutschen Richter, der als „Zeuge" (die Institution des Sachverständigen in unserem Sinne ist dem englischen Prozeßverfahren fremd, vgl. *Curti* a. a. O. 112ff.) über eine Frage des deutschen Rechtes vernommen wurde, von dem Vorsitzenden eines US-Militärgerichtes eine Frage gestellt mit dem Zusatz: „The answer may be: Yes or No." Als der Befragte hierauf im besten Willen weder mit Ja noch mit Nein, sondern mit rechtlichen Darlegungen antwortete, wurde er, allerdings unter Gewährung bedingten Straferlasses, wegen Contempt of Court zu einer Freiheitsstrafe von 90 Tagen verurteilt.

[78] Nachweise über diese Bestrebungen bei *Grünhut* a. a. O., ferner wurde auf einer gemeinsamen Tagung des Nordwestdeutschen Journalistenverbandes und des Zentraljustizamtes für die Brit. Zone 1947 von britischer Seite eine entsprechende Anregung gebracht. Vgl. den Bericht der „Neuen Zeitung" vom 1. 12. 1947 (3. Jahrg. Nr. 96).

berichtet wird und die ausführliche Wiedergabe von Zivilrechtsstreiten in der Tagespresse[79] bei uns unbekannt ist und auch in normalen Zeiten nicht geübt wurde.

Wie sehr aber die Berichterstattung auch über Zivilprozesse an neuralgische Punkte rühren kann, zeigte sich erst jüngst, als eine Zeitung in München gelegentlich der Information ihrer Leser über eine einstweilige Verfügungssache mit politischem Charakter, an welcher der Bayerische Justizminister beteiligt war, vor Entscheidungsverkündung schrieb, es müsse sich zeigen, ob der mit der Sache als Einzelrichter befaßte Assessor X. seinem Justizminister ein gerechter Richter sein werde[80].

Die Bedenklichkeit derartiger Eingriffe in schwebende Verfahren durch Presseveröffentlichungen ist übrigens auch im deutschen Rechtsgebiet außer Zweifel. Auf sie hat die Entscheidungspraxis zunächst der anwaltschaftlichen Ehrengerichtsbarkeit, die ja in mancher Richtung recht feinfühlig reagiert, schon seit langem mit Nachdruck hingewiesen[81]. Was aber dem Anwalt seine Standesehre abverlangt, das muß die Justiz auch von der Publizistik fordern, denn Notwendigkeiten der Rechtspflege sind unteilbar. Damit ist aber schon der Weg gewiesen, auf dem derartige Fehlgriffe abzustellen sind: Die in ihrer Gerichtsberichterstattung oft fehlgreifende Presse[82] muß durch Hebung des Verantwortungsgefühles und des fachlichen Könnens der Journalisten und eine hochstehende, strenge Standesgerichtsbarkeit dazu gebracht werden, die ihr gesteckten Grenzen zu beachten, die sich schon aus der Schwierigkeit ergeben, oft tatsächlich und rechtlich komplizierte Tatbestände, häufig den Inhalt ganzer Aktenbände, der Öffentlichkeit in Kurzberichten zu schildern[83]. Es ist so auch Stellung genommen zu

---

[79] Über die entsprechende englische Übung berichtet anschaulich *Curti* a. a. O. 95.

[80] Siehe Südd. Zeitung vom 26. 2. 1949 (Nr. 24).

[81] Vgl. dazu *Friedlaender*, Anm. 52 zu § 28 RAO mit Nachweisen.

[82] Zum großen Teil liegt dies auch an einer mangelnden Auslese der Gerichtsberichterstatter: Eine große Münchner Tageszeitung war im Frühjahr 1950 gezwungen, ihren Gerichtsberichterstatter fristlos zu entlassen, da er öfter betrunken zu den Sitzungen erschienen war und sich im Justizgebäude Dirnen gegenüber nicht die nötige Zurückhaltung auferlegt hatte.

[83] Der strengen englischen Contempt-Auffassung mag allerdings ein Schweizer Fall aus dem Jahre 1948 gegenübergestellt werden: Ein Züricher Redakteur, der das Versagen von Justizorganen in einem bestimmten Verfahren angeprangert hatte, wurde vom Obergericht Zürich freigesprochen, weil die Feststellungen tatsächlich einen Mangel an Können ergeben hatten. (vgl. dazu Berner „Bund" vom 18. 4. 1948, Jahrg. 99, Nr. 178). Zu dem Problem auch Oberlandesgerichtspräsident *Dr. Dehler* in „Frankenpost" (Hof) vom 26. 2. 1949.

den Plänen einer Übernahme von Contemptgedanken, wie sie sich in dem derzeit im Beratungsstadium befindlichen „Entwurf zum Strafrechtsänderungsgesetz 1950" finden[84].

2. *Verhinderung von Justizmißbrauch*

a) Mißbräuchliche Prozeßführung.

Über die rein sitzungspolizeiliche Funktion geht es hinaus, wenn die mutwillige Prozeßführung auf der Aktiv- oder der Passivseite unter Strafe gestellt wird, ebenso wie die offensichtlich unbegründete Einlegung eines Rechtsmittels oder die unbegründete Neuerhebung einer Klage in einer causa judicata.

Solche Gedankengänge finden sich im deutschen Recht nicht. Für das franz. Recht vgl. Art. 471 C. Proc. Civ., wonach bei Unterliegen der Rechtsmittelführer eine — geringe — Strafe zu entrichten hat, deren Höhe je nach der Art des vergeblich angefochtenen Urteils schwankt.

Mit ihnen verwandt, aber nicht identisch sind Vorschriften, welche bei einer mutwilligen Prozeßführung eine Schadensersatzpflicht statuieren. So lautet § 408 der ö.ZPO (ihr wörtlich nachgebildet Art. 504 der jugosl. ZPO vom 13. 7. 1929): „Findet das Gericht, daß die unterliegende Partei offenbar mutwillig Prozeß geführt hat, so kann es dieselbe auf Antrag der Gegenpartei zur Zahlung eines den Umständen entsprechenden Gegenbetrages verurteilen . . ."

Bei diesen Instituten wird man unwillkürlich an die poenae temere litigantium[85], an die condemnatio in duplum des Formularverfahrens[86] (bei gewissen Aktionen, etwa der a. judicati, der a. depensi und vor allem der a. legis Aquiliae), sowie an die sonstigen Prozeßstrafen des römischen Rechtes (Calumnieeid oder judicium contrarium gegen Schikaneprozesse) erinnert. Alle diese Einrichtungen begegnen schwersten Bedenken vom Gedanken des Rechtsstaates her, da sie die Gefahr in sich tragen, daß sie eine freie und unbeeinflußte Rechtsverfolgung beeinträchtigen.

Dies gilt in besonderem Maße von der Verhängung öffentlicher Strafe, und es ist bezeichnend, daß — soweit ersichtlich — das englische Recht, wiewohl ihm in der Materie des Contempt of Court und allem, was damit zusammenhängt, unleugbar eine besondere Schärfe eignet, solche Gedanken nicht zur Ausprägung gebracht hat.

Offensichtlich unbegründete Rechtsmittel werden durch die entsprechenden Vorschriften des deutschen Rechts auf ein erträgliches Maß

[84] Über den beabsichtigten § 137a dieses Entwurfs siehe unten am Ende der Darlegungen.

[85] Gajus IV, 94, vgl. dazu die Literatur zum römischen Zivilprozeß, etwa schon *Keller*, Der römische Zivilprozeß und die Actionen (1852) 107.

[86] Gajus IV, 21, 171.

zurückgeführt, etwa durch Anwaltszwang für die Revisionsbegründung und durch die Kostentragungspflicht (im Strafprozeß ferner durch die Möglichkeit, offensichtlich unbegründete Revisionen beschlußmäßig ohne erneute Hauptverhandlung zu verwerfen: § 349 StPO).

Die vorgetragenen Bedenken greifen aber auch gegenüber einer Prozeßstrafe in der Form einer Ersatzpflicht gegenüber dem Gegner durch. Liegen die Voraussetzungen einer unerlaubten Handlung, etwa eine vorsätzliche, sittenwidrige Schädigung vor, so genügt dies der Interessenlage als Anspruchsgrundlage. Das Recht der Geltendmachung oder der Durchführung eines Anspruches soll jedoch nie verkümmert werden. Und wann soll schließlich eine Rechtsverfolgung „mutwillig" sein? Die im österr. Zivilprozeßrecht gegebene Definition kann nicht den Eindruck erwecken, daß es sich hier um eine sehr vorteilhafte und präzise Begriffsbildung handelt: Der Mutwillige handelt, heißt es[87], aus Lust am Handeln, ohne die Rechtswidrigkeit zu bedenken oder wenigstens als hemmend zu empfinden. Die Abgrenzung des Mutwillens von „gutgläubiger" Prozeßführung macht schon begriffsmäßig Schwierigkeiten, besonders in einer Zeit, da es gelegentlich notwendig sein wird, auch eine feststehende Rechtsprechung im Hinblick auf die weitergeschrittene soziale und wirtschaftliche Entwicklung erneut zu überprüfen. Hierfür dem daran Interessierten außer dem allgemeinen Kostenrisiko, das allein schon abschreckend genug wirkt, noch ein besonderes periculum aufzubürden, erscheint als Beeinträchtigung seiner Entschlußfreiheit, die sich mit der rechtsstaatlichen Forderung der freien Geltendmachung von Ansprüchen nicht wohl vereinbaren läßt[88].

b) Prozeßverschleppung:

Bemühungen, die auf Prozeßverschleppung gerichtet sind, durch Androhung einer öffentlichen Strafe und zugleich einer Schadensersatzpflicht für den Gegner zu bekämpfen, erscheinen abwegig. Das so erstrebte Ziel wird in der deutschen Prozeßordnung wohl mindestens ebenso wirksam, wenn nicht noch energischer, dadurch erreicht, daß — im Zuge der möglichsten Konzentration des Verfahrens[89] — Nachteile für den Verzögerer *in der Sache selbst* entstehen können dadurch, daß in Verschleppungsabsicht oder aus grober Nachlässigkeit verspätet vorgetragene Angriffs- und Verteidigungsmittel zurückgewiesen werden können und zwar sowohl in erster (§§ 279, 279a ZPO) als auch in zweiter (§ 529 ZPO)[90] Instanz.

---

[87] Vgl. *Karl Wolff*, Grundriß des öster. Zivilprozeßrechts (1936) 129.

[88] In Armensachen besteht nach deutschem Recht (§ 119 II ZPO) die Möglichkeit, bei mutwilliger Rechtsmitteleinlegung das Armenrecht zu versagen. Hierzu *Rosenberg* a. a. O. 338.

[89] Hierüber *Rosenberg* a. a. O. 239 u. a.

[90] In verschiedenen Fassungen für die einzelnen Besatzungszonen, vgl. hierzu *Rosenberg* a. a. O. 309, *Baumbach* a. a. O. zu § 529 ZPO.

3. *Strafrechtliche und disziplinäre Funktion der Contempt*

Die Rechtsfigur des contempt of court hat wohl von allem Anfang an wesentlich dazu gedient, „to punish all kinds of irregularities and misfeasances of officials of the court" [91].

a) Demgemäß kann die *Straftat* der *Rechtsbeugung und der Rechtsverweigerung* dann unter dem Gesichtspunkt des Contempt gefaßt werden, wenn sie begangen wird von einem nachgeordneten Richter durch Nichtbefolgung einer gesetzmäßigen Anordnung des höheren Gerichts. An solchen Handlungen gibt es auch eine Teilnahme Dritter. Sie kann sich zu einem delictum sui generis steigern bei allen Versuchen, die darauf ausgehen, das Gericht zu bestechen, zu bedrohen oder sonst in rechtlich gemißbilligter Weise auf seine Entscheidung unlauteren Einfluß zu nehmen (Scandalizing the Court itself). Das gleiche gilt für die unlautere Zeugenbeeinflussung.

Diese Dinge sind im deutschen Recht weitgehend und detailliert in einer Reihe von Bestimmungen des materiellen Strafrechts geregelt, auf die hier aber, als außerhalb des zivilprozessualen Rahmens liegend, nicht näher eingegangen sei.

b) *Disziplinare* Bedeutung gewinnt das Rechtsinstitut des Contempt of court, indem es die Handhabe dazu gibt, *Ungebühr oder Pflichtverletzung* untergeordneter Gerichtspersonen zu sühnen, ebenso wie Ungehorsam von Vollzugsbeamten gegenüber richterlichen Anordnungen[92]. Das letztere bezieht sich hauptsächlich auf sheriffs und bailiffs, wie in England statutarisch niedergelegt ist in dem Sheriffs Act 1887. Schließlich sind hier noch die Fälle zu erwähnen, in welchen nachgeordnete Richter der Anordnung eines höheren Gerichts nicht Folge leisten, ohne daß diese Handlungsweise sich zu einer Rechtsbeugung steigert.

Es wird hervorgehoben[93], daß in all diesen Fällen neuerdings ein reines Disziplinarverfahren gegen den Schuldigen an Stelle der Sanktionen tritt, welche sich aus dem contempt of court ergeben.

Damit nähert sich aber das anglo-amerikanische Recht in dieser Beziehung dem unseren, welches für die hier in Betracht kommenden Fälle seit langer Zeit in seinen Beamtengesetzgebungen weitgehend Vorsorge getroffen hatte, auf Grund deren eine bis ins Einzelne gehende Disziplinarsgerichtsbarkeit entstanden war[94].

---

[91] *Holdsworth*, A History of English Law III 391ff., vgl. auch *Schmid*, Gesetze der Angelsachsen (1858) 554ff., über die Verantwortung der angelsächsischen Gerichtsorgane des „Gerefa" und des „Dema".

[92] Nähere Darlegungen siehe *Oswald*, Contempt 70ff. Besonders bemerkenswert erscheint, daß etwa das für den Sitzungsdienst verantwortliche Subalternpersonal unter dem Gesichtspunkt des Contempt zur Rechenschaft gezogen wird, wenn sich der Sitzungsssaaal als zu kühl oder zu heiß, zu hell oder zu dunkel erweist.

[93] *Black*, a. a. O. Art. Contempt.

[94] Eine Zusammenfassung für die Zeit vor 1933 bringen die Verhandlungen

III. Die Funktionen des ordinary contempt im bürgerlichen Streitverfahren

Der im Vorstehenden — zwangsläufig nur andeutungsweise — gegebene Überblick zeigte Fälle des *special* contempt. Im Folgenden wird nun auf Ausprägungen des *ordinary* contempt einzugehen sein, der sich im wesentlichen mit dem Begriff des *civil contempt* deckt. Der letztere wird, wie folgt, definiert: „a wrong for which the law awards reparation to the injured party: though nominally a contempt of court, it is in fact a wrong of a private nature as between subjects and the king is not a party to the proceedings to punish it. The punishment is a form of execution for enforcing the right of a suitor"[95].

Die Schwierigkeiten eines Vergleichs der deutschen — oder einer anderen kontinentalen — Rechtsordnung mit dem anglo-amerikanischen Rechtskreis sind auf dem nun zu untersuchenden Gebiet noch größer als bezüglich des special contempt. Denn hier hat der kontinentale Prozeß ein feingegliedertes System entwickelt, das von der Theorie bis in seine letzten subtilen Einzelheiten analysiert und von der Rechtsübung, jedenfalls in Deutschland, vollendet beherrscht wird. Dieses System läßt sich aber zu der angelsächsischen Anschauungsweise nur sehr schwer in Vergleich setzen.

1. Obwohl nur im Zivilprozeß vorkommend, können *nicht* als civil (oder ordinary) contempt erachtet werden jene Fälle, in denen die contempt-Handlung in der *Nichtbefolgung einer order* besteht, die im vorbereitenden Stadium des Verfahrens auf Antrag einer der Parteien erlassen worden ist, um die Beantwortung von „Interrogatories" zu erzwingen, durch welche der Gegner zur Äußerung auf gewisse Fragen der anderen Partei veranlaßt werden soll[96]. Hier handelt es sich vielmehr um einen gewöhnlichen Fall von disobedience gegenüber einer richterlichen Anordnung. Im deutschen Recht wird der Gegner zu solchen Äußerungen auf Vorbringen der anderen Partei nicht durch irgendwelche contempt-Gedanken, sondern durch die prozessuale Erklärungspflicht veranlaßt. Sie ergibt sich aus § 138 ZPO als allgemeiner, aus § 439/III ZPO als besonderer, auf die Echtheit von Urkunden bezüglicher Grundsatz[97].

2. Einen *doppelten Charakter* als civil und als criminal contempt haben jene Fälle, in denen heute noch (nach dem Debtors Act 1896) gegen Schuldner, welche eine urteilsmäßig festgesetzte Geldforderung nicht

deutscher Staatsrechtslehrer zu Halle (28. und 29. 11. 1930) über die Entwicklung und Reform des Beamtenrechts (Veröffentlichungen der Vereinigung der Deutschen Staatsrechtslehrer Heft 7, 1932).

[95] *Fox*, History 1.

[96] Vgl. dazu *Curti* a. a. O. 91ff.

[97] Dazu *Rosenberg*, Lehrbuch 350, 366 und die bekannten Zivilprozeßordnungskommentare zu §§ 138, 439.

bezahlen können, ein „committal order" ergehen kann, auf Grund dessen die *Schuldhaft* vollzogen werden kann [98].

Die Schuldhaft wird einerseits als indirektes prozessuales Zwangsmittel begriffen, andererseits als Strafe für eine Verfehlung, der die Natur eines criminal contempt beigemessen wird [99].

Funktionell entspricht dieser reinen Schuldhaft nach der deutschen ZPO das Hilfsmittel des prozessualen Offenbarungseides bei erfolgloser Pfändung [100], das nach § 807 ZPO dem Gläubiger zugebilligt ist [101]. Das Verfahren bei der Abnahme des prozessualen Offenbarungseides ist in den §§ 899ff. geregelt. Die Erzwingung des Offenbarungseides, den man zwar als „ein sehr schwacher Gläubigerschutz und eine sehr reformbedürftige Erscheinung" bezeichnet hat [102], wird durch die Androhung prozessualer Beugehaft gesichert, die bis zu 6 Monate dauern kann (§ 901 ZPO). Als Warnung für Kreditgeber dient die Aufnahme in eine „schwarze Liste", die in § 915 für Personen angeordnet ist, die entweder als frustra excussi den Eid nach § 807 ZPO geleistet haben oder gegen die wegen Eidesverweigerung die Haft angeordnet ist.

3. Dem Rechtsinstitut des contempt of court kommt im englischen Recht besondere Bedeutung zu als Mittel zur *Erzwingung der specific performance*. Dies hängt damit zusammen, daß im englischen Recht Verurteilungen auf Naturerfüllung und Naturalrestitution nur ganz ausnahmsweise zugelassen sind [103], so insbesondere dann nicht, wenn Schadensersatz „als genügend zu erachten" ist [104]. In jenen Fällen, da nun das „equitable relief" der specific performance gegeben ist [105], bietet der contempt of court die Möglichkeit zu deren Erzwingung. [106] Das verurteilende Erkenntnis hat dem Schuldner eine Frist zu setzen, vor deren Ablauf der Gläubiger eine nochmalige Aufforderung zur Erbringung der Leistung zuzustellen hat mit der Androhung der weiteren

---

[98] Dazu s. *Grünhut* a. a. O. 443.

[99] Siehe *de Rossi* a. a. O. 207, Anm. 381.

[100] Im bürgerlichen Recht wird der Offenbarungseid als Zwangsmittel bei der Rechnungspflicht verwendet (vgl. §§ 259, 260, 2006, 2028, 2057 BGB).

[101] Hierüber s. *Rosenberg*, 619ff. Unter den Kommentaren zur ZPO besonders *Stein-Jonas* zu § 807 und §§ 899ff., jeweils mit umfangreichen Literatur- und Rechtsprechungsnachweisen.

[102] So *Baumbach*, Anm. 1 vor § 899. Allerdings ist die Reformbedürftigkeit wohl nicht durch die rückschrittliche Wiedereinführung der durch das Bundesgesetz vom 29. 5. 1868 beseitigten Schuldhaft zu beseitigen.

[103] S. *Riezler*, Rechtsgefühl (2. Aufl. 1946) 71, Anm. 26 mit Nachweisen,

[104] Den Zusammenhang des Satzes „omnis condemnatio pecuniaria esto" mit dem aktionenrechtlichen Denken hat *Ehrlich*, Juristische Logik 8, 161. 174ff., 203ff. hervorgehoben.

[105] Besonders bei Verträgen über *land*, über *shares* in companies (nicht: Government stocks) und über *seltene* oder *kostbare Sachen* (vgl. Sale ef Goods Act — 56 u. 57 Vict, ch. 71 — s. 52).

[106] Wegen Unterlassungsansprüchen siehe unten Ziff. 4.

Maßnahmen[107]. Die hierfür gebräuchliche Formel lautet[108]: „If you, the within named, A. B. neglect to obey this judgment (or order) by the time herein limited you will be liable to process of execution for the purpose of compelling you to obey the same judgment (or order)[109]". Dieser Zwang wird indirekt, durch Contemptstrafen, vorgenommen.

Demgegenüber gewinnt im deutschen Zwangsvollstreckungsrecht die Notwendigkeit, die Herausgabe von Sachen oder die Vornahme von Handlungen[110] zu erzwingen, eine viel größere Bedeutung. Denn schon die materiell-rechtliche Lage ist grundverschieden: hier ist grundsätzlich die Naturalerfüllung (vorbehaltlich der allgemeinen Grenze der Unmöglichkeitsbestimmungen[111] und des Sonderfalles der Verpflichtung zur Eingehung einer Ehe[112]) und auch der Naturalschadensersatz (nach Maßgabe der §§ 249ff. BGB) im materiellen Recht vorgesehen.

Die Hindernisse, welche sich der Durchsetzung solcher Verpflichtungen entgegenstellen, räumt die deutsche Zwangsvollstreckung gemäß §§ 883ff. ZPO aus, indem sie nachstehendem System folgt[113]:

a) *Herausgabe von Sachen:*

Einschaltung des Gerichtsvollziehers[114]: § 883 I ZPO. Bei Nichtauffindung zu ergreifender Mobilien: Offenbarungseidspflicht nach § 883 II ZPO, durch Verhaftungsmöglichkeit gesichert ebenso wie die oben angedeutete des § 807 ZPO. Vgl. dazu §§ 899ff. ZPO.

b) *Bei vertretbaren Handlungen:*

Möglichkeit einer Ersatzvornahme auf Kosten des Schuldners: § 887 ZPO.

c) *Bei unvertretbaren Handlungen:*

§ 888 ZPO.

α) bei Willkürhandlungen: Zwangsstrafen nach § 888 I.

β) bei Handlungen, die nicht nur von Willkür des Schuldners abhängen oder die gewisse höchstpersönliche Pflichten (Herstellung

---

107 Hierzu vgl. *Oswald* a. a. O. 23ff., 141ff., *Fox*, The practice 185ff.

108 s. *Fox* a. a. O. 196.

109 Auf die Fälle der „part performance" und der „performance with compensation" kann hier aus Raummangel nicht eingegangen werden. Hierzu vgl. *de Rossi* 223ff.

110 Wegen Unterlassungen siehe nächste Ziffer des Textes.

111 S. §§ 275, 279, 280, 281, 306ff., 232ff. BGB.

112 § 1297 BGB.

113 Hierzu siehe *Rosenberg*, Lehrbuch, 971ff., *Falkmann-Mugdan*, Die Zwangsvollstreckung 942ff., ferner: *Kohler*, Ungehorsam und Vollstreckung im Zivilprozeß: ArchCivPr 80, 196ff., ferner die bekannten Kommentare zur ZPO zu §§ 883ff.

114 Über dessen Stellung siehe *Baumbach*, Übersicht 5 vor § 154 GVG mit Nachweisen. Seine Funktion in der Zwangsvollstreckung erhellt auch den §§ 753ff. ZPO.

des ehel. Lebens, Leistung von Diensten)[115] gewährt das formelle Recht keine Möglichkeit, eine nach materiellem Recht zugelassene Verurteilung durchzusetzen. Hier bleibt dem Gläubiger nur die sog. Interessenklage nach § 893 ZPO, vgl. § 888 II ZPO.

Der gleichfalls im § 888 II ZPO weiter genannte Fall einer Verurteilung zur Eingehung der Ehe gewinnt nur Bedeutung für allenfallsige ausländische Urteile, da im Inland schon das materielle Recht eine derartige Verurteilung unterbindet.

d) Im besonderen bei *Willenserklärungen:* Fiktion der Vornahme durch den Schuldner: § 889 ZPO.

In diesem System, hinter dem noch die Möglichkeit der „Interesseklage“ nach § 893 ZPO steht, scheint ein Höchstmaß an wünschenswertem Zwang zur Naturalleistung verkörpert zu sein: Einerseits ist die „specific performance“ dort gewährleistet, wo ihr Fehlen eine unerträgliche „Schwäche des Obligationsverbandes“[116] bedeuten würde. Andererseits ist doch nicht übersehen, daß auch die Rechtsordnung nicht allmächtig ist[117]. Wie wenig hier der Gedanke des contempt of court eine Rolle spielt, ergibt sich schon aus § 888 II ZPO, denn auch in den dort aufgezählten Fällen läge ja eine Mißachtung des Urteils vor[118]. Eine Verpflanzung von contempt-Gedanken dürfte hier, abgesehen von den noch zu erörternden allgemeinen Bedenken, nicht förderlich sein.

In *Frankreich* ist hier der eigenartigen Regelung in dem System der astreintes zu gedenken, welches darin besteht, daß, „lorsque l'obligation dont l'exécution refuse le débiteur consiste en une autre prestation que celle d'une somme d'argent“, der Widerstand des Schuldners dadurch gebrochen wird, daß für jeden Tag, um welchen sich die Erfüllung über eine vom Gericht zu setzende Frist hinaus verzögert, eine bestimmte Summe an den Gläubiger zu zahlen ist[119]. Diese Praxis ist zwar, insbesondere von Vertretern der französischen Theorie, heftig umstritten, aber doch Bestandteil der ständigen Rechtsprechung[120].

Die *österr.* Regelung lehnt sich weitgehend an die deutsche an[121].

---

[115] Den gleichermaßen im englischen Recht bestehenden Ausschluß der specific performance bei Dienstleistungen „involving personal skill, knowledge or inclination“ zeigt plastisch die Parömie: you can take a horse to the water, but you can't make him drink. Vgl. dazu *Fry*, On specific performance.

[116] So *Kohler* a. a. O. 233.

[117] Über die Grenzen der Erzwingbarkeit s. *Riezler*, Rechtsgefühl 70ff.

[118] Vgl. dazu *Riezler*, Krit. Vierteljahresschrift 66, 122.

[119] Vgl. *Colin-Capitant*, Cours Elémentaire de Droit civil II, 33ff.

[120] Vgl. dazu Zivilgesetze der Gegenwart I Frankreich, 357.

[121] Vgl. *Walker*, Grundriß des Executionsrechts 126ff. mit Nachweis der Normen der österr. Executionsordnung.

4. a) Die *Injunction* gibt vor allem für Verpflichtungen, die auf eine Unterlassung gehen, eine indirekte Erzwingungsmöglichkeit: Als contempt of court sind Zuwiderhandlungen gegen diese Art von richterlichen Anordnungen strafbar, welche ein Verbot der betr. Handlungen, in gewissen Fällen aber auch ein positives Gebot enthalten.

α) Besondere praktische Bedeutung kommt den in Arbeitsstreitigkeiten sehr häufig erlassenen injunctions gegen Gewerkschaften oder Unternehmerverbände zu[122]. Allerdings hat es auch nicht an Angriffen gegen die freigebige Anwendung der injunction gefehlt, und man hat sogar schon in diesem Zusammenhang ein förmliches „government by injunction" angeprangert. Vielleicht hat die häufige Anwendung der injunction in solchen Fällen auch den uneingestandenen Zweck, einen Ausgleich zu schaffen für den Ausschluß der Deliktsklage gegen Gewerkschaften, wie er sich aus dem Trade Disputes Act 1896 ergibt, dessen sec. 4 bestimmt: „An action against a trade union... in respect of any tortious act alleged to have been committed by or on behalf of the trade union, shall not be entertained by any court".

β) In Unterhaltssachen werden häufig im Wege der injunction einstweilige Zahlungsanordnungen erlassen, deren Verletzung die Rechtsfolgen des contempt of court nach sich zieht.

γ) Unter den zahlreichen Anwendungsfällen der injunction sei noch eine aus dem „conflict of Laws" hervorgehoben: Sie hängt mit der Bedeutung des Lageortes für die internationale Zuständigkeit zusammen. Unbeschadet der Regeln über das forum rei sitae[123] erachten sich engl. Gerichte zu gewissen Maßnahmen für zuständig, insbesondere auch dazu, dem Kläger durch injunction zu verbieten, Rechte auf im Ausland gelegenes Vermögen gerichtlich geltend zu machen[124]. Die Zuwiderhandlung gegen solche Verbote, die ein agere in fraudem legis verhindern sollen, in denen also das Gericht im Hinblick auf die ausländische Lage der Gegenstände „cannot act upon the land directly, but acts upon the conscience of the person living there"[125], wird als contempt gewertet[126].

b) Dem entspricht im *deutschen* Recht die Androhung der Zwangsvollstreckungsstrafen, die sich in § 890 ZPO für die Verletzung von Duldungs- und Unterlassungspflichten findet und die insbesondere

---

[122] Über die Bedeutung und das Ausmaß dieser injunctions in Arbeitsstreitigkeiten siehe *Grünhut* a. a. O. 444.

[123] Hierüber siehe *Riezler*, Internationales Zivilprozeßrecht (1949) 285f. mit Nachweisen der engl. Literatur zu dieser Frage.

[124] Vgl. hierzu *Curti*, Englands Privat- und Handelsrecht I, 184

[125] Vgl. *Burgin* and *Fletcher*, The Student's Conflict of Law, based on Dicey, Article 47 (S. 111).

[126] Über entsprechende Maßnahmen amerikanischer Gerichte vgl. *Minor*, Conflict of Laws (1901) 521, Anm. 14 mit Nachweisen.

auch durch eine einstweilige Verfügung (§ 935ff. ZPO) erfolgen kann, die funktionell weitgehend der englischen injunction entspricht.

Die Strafe nach § 890 II ZPO richtet sich weitgehend nach strafrechtlichen Grundsätzen. Sie hat den Charakter einer wirklichen Strafe[127] zum Unterschied von der Straffestsetzung nach § 888 ZPO, die lediglich ein der Partei zur Durchführung eines zuerkannten Anspruchs gegebenes Zwangsmittel ist. Sie kann auch, im Gegensatz zu der Strafe nach § 888 ZPO im Gnadenwege erlassen werden[128]. Enthält dieser kriminelle Charakter einer Strafe nach § 890 — er ist natürlich ein solcher ordnungsstrafrechtlicher Art[129] — eine gewisse Ähnlichkeit mit dem angloamerikanischen Recht, so ergeben sich doch sehr erhebliche Unterschiede aus der Verschiedenheit der Gesamtrechtsstruktur.

So besteht nach deutschem Recht keine Möglichkeit, eine öffentlichrechtliche Körperschaft auf Unterlassung von Handlungen zu verklagen, oder deretwegen eine einstweilige Verfügung zu erwirken, welche zu deren im öffentlichen Recht begründeten Aufgabenkreis gehören. Infolge des Fehlens einer scharfen begrifflichen und systematischen Abgrenzung einer gesonderten Verwaltungsgerichtsbarkeit im Rechtskreis des Common Law besteht die Möglichkeit, eine injunction gegenüber entsprechende Rechtsträger des öffentlichen Rechts zu erwirken.

Solange die deutsche Rechtsprechung die Unterlassungsklage wegen strafbarer Handlungen nicht, oder nur bei Geltendmachung eines besonderen rechtlichen Interesses im Einzelfall, zuließ, war das Feld der injunction — und damit der daraus resultierenden Strafdrohung — insofern weiter als das der funktionell entsprechenden Rechtsbehelfe in Deutschland, als die injunction von jeher auch als Schutzmittel gegen drohende strafbare Handlungen möglich war. Diese nicht unbeträchtliche Verstärkung des Schutzes gegen derartige Rechtsbeeinträchtigungen ist an sich im englischen Recht notwendiger als im deutschen, welch letzteres ja, dem Grundsatz der Naturalrestitution folgend, wenigstens theoretisch die gleiche Lage wiederherstellt, die vor dem schädigenden Ereignis bestanden hatte. Mit der Aufgabe der genannten Ansicht durch die überwiegende Rechtsübung[130] ist jedoch auch gegenüber unerlaubten Handlungen, welche zugleich strafbare

---

[127] Vgl. *Rosenberg*, Lehrbuch, 742; *Bendix*, JW 1923, 364; *Hein*, Handbuch der Zwangsvollstreckung 544, 545.

[128] Vgl. *Kleist*, Die Strafe aus §§ 888, 890 ZPO und ihr Erlaß durch Begnadigung: JW 1911, 205. Die Bayer. Gnadenbekanntm. vom 24. 7. 47 findet nach ihrem § 1 III auch entsprechende Anwendung auf Ordnungsstrafen oder andere nicht kriminelle Strafen, die von Justizbehörden verhängt sind. Zum engl. Recht siehe oben S. 546, Anm. 23.

[129] Siehe dazu *Isaac*, Zwangsstrafrecht und Zwangsstrafverfahren: Zeitschr. f. d. ges. Strafrechtswiss. 21, 625ff.

[130] So die meisten Senate des RG. Vgl. RGZ 116/151; 138/219; 377. Unentschieden bei RGZ 124/253; 128/307.

Handlungen darstellen, ein Unterlassungszwang mit den Straffolgen des § 890 ZPO möglich[131].

5. Nach angelsächsischer Auffassung ist es eine Mißachtung des Gerichtes, wenn man unterläßt, ein „*undertaking*" zu erfüllen, d. i. eine im Laufe eines Verfahrens dem Gericht gegenüber übernommene Verpflichtung. Solche undertakings werden besonders übernommen, um das Gericht zu einem Entgegenkommen oder den Gegner zu einem Nachgeben zu veranlassen. Verstöße gegen ein undertaking werden als civil contempt angesehen.

Vor deutschen Gerichten übernommene Verpflichtungen, besonders Prozeßvergleiche[132] sind nicht mit Strafdrohungen bewehrt. Insbesondere ist es nicht möglich, in dem Vergleich eine Strafdrohung aus § 890 ZPO aufzunehmen[133]. Die Erfüllungspflicht kann nur durch Vertragsstrafen verstärkt werden. Ein Bedürfnis für eine Verschärfung des Erfüllungszwanges für gerichtliche Vergleiche durch Einführung von contempt-Strafen ist nicht anzuerkennen: Der Prozeßvergleich ist wegen seiner Doppelnatur als Prozeßhandlung und als Rechtsgeschäft sämtlichen prozessualen wie materiellen Nichtigkeitsgründen unterworfen; er kann bei Vorliegen von Anfechtungsgründen angefochten werden oder durch Bedingungseintritt (oder -ausfall) seine Wirkung verlieren. Weiter kann er durch Rücktritt oder gegenseitige Vereinbarung beseitigt werden. In allen diesen Fällen ist nach richtiger Ansicht der Prozeß weiterzuführen. Damit ist aber die ursprüngliche Lage wiederhergestellt. Ist durch die Nichteinhaltung des Vergleiches Schaden entstanden, so mag dies bei Vorliegen einer unerlaubten Handlung zu Schadensersatzansprüchen Grund geben.

IV. Die Frage der Rezeption des contempt of court durch das deutsche Recht

1. Als ein für das englische Recht besonders charakteristisches Rechtsinstitut teilt der contempt of court Vorzüge und Nachteile seines heimischen Rechtssystems, wie sie vielleicht besonders anschaulich von *Glasson*[134] herausgestellt wurden, der zunächst hervorhebt: „un esprit essentiellement pratique qui, à toutes les époques de l'histoire a garanti la nation anglaise contre les utopies des doctrinaires et un admirable respect pour la tradition du passè". Andererseits aber weist der genannte französische Jurist auch hin auf die „immensité et obscurité" der Rechtsmasse.

a) Als Ausfluß des „*esprit pratique*" ist beim contempt of court die besondere Elastizität zu bewundern, die zur Ausprägung neuer, sich den

[131] In Italien ist die Nichterfüllung richterlicher Anordnungen durch Art. 388 der neuen Codice Penale unter Strafe gestellt.

[132] Hierüber s. *Rosenberg*, Lehrbuch 404ff. mit Nachweisen.

[133] *Baumbach*, Anm. 3 F zu § 794 ZPO.

[134] Histoire du Droit de l'Angleterre (1882) III Kap. VI.

Zeitbedürfnissen anschmiegender Rechtsgestaltungen führt, wie das Beispiel des contempt durch die Presse zeigt. Andererseits werden nicht mehr notwendige Bildungen durch die Entwicklung eliminiert. Das letztere demonstriert besonders einprägsam die Behandlung der Säumigen: Solange die Staatsautorität noch schwach und damit der Trotz gegen dessen Gerichte für die Autorität des Gerichtes noch gefährlich war[135], galt das Nichterscheinen bei Gericht als contempt. Noch *Glanville* (I, 33)[136] schreibt: „When it happens that the Demandant and the Tenant are both absent, then the king or his Justices may, at their pleasure, if so disposed, punish both parties, *the one for his Contempt of Court*, the other for his false claim". Die weitere Entwicklung stärkt die Zwangsmittel des staatlichen Gerichtes so, daß es einer Behandlung des Nichterscheinens als contempt entraten kann, anders als im kanonischen Prozeß, bei dem das Fehlen solcher Zwangsmittel[137] die weitere Behandlung der Säumnis als contumacia bedingt.

b) Zur *stofflichen Unübersichtlichkeit und Unklarheit* rechnen die Verschwommenheit des Contempt-Begriffes, die Uneinheitlichkeit der Prozedur, die Unsicherheit in der Frage einer Begnadigung[138] und das wohl doch sehr weitgehende Ermessen des Gerichtes, das noch dazu oft in eigener Sache zu sprechen hat, unbeschadet dem Satze in dem Urteilsentwurf Wilmots[139]: the judges are not vindicating their own cause but the cause of the public[140]. Allerdings fährt der Blitz des contempt bei weitem nicht so oft nieder, wie dies das zahlreiche Case Law vermuten lassen könnte[141].

Es hat sich denn auch zu Zeiten eine lebhafte und verbreitete Reformbewegung geltend gemacht[142], die bereits zu — allerdings nicht

---

135 Ein Zustand, den *Ehrlich* a. a. O. 12ff. sehr beredt skizziert.

136 „Tractatus de Legibus et Consuetudinibus Regni Angliae tempore Henrici II compositus", in der Ausgabe von *Beames* (A treatise on the laws and customs of England, translated by *J. Beames* with an introduction by *H. Beale*, 1900) 30.

137 Vgl. dazu *de Rossi* a. a. O. 101ff. (Kap. III: Contempt of Court und kanonische contumacia).

138 S. oben S. 546, Anm. 23.

139 *Fox*, History 444, Anm. 19.

140 Die von *Grünhut* für England mitgeteilte feste Praxis, daß der angegriffene Richter nicht selbst entscheide, räumt dieses Bedenken aus, nimmt aber dem Instrument des contempt zugleich seine eigenartige Wirksamkeit, die es in den Fällen einer „brevi manu reactio" hat.

141 Bereits *Gerland* (1910) a. a. O. 837, Anm. 1 schildert eine sehr milde Praxis.

142 Siehe die Zusammenstellung bei *de Rossi* a. a. O 72 (vor allem für die ältere Zeit), ferner bei *Gerland* a. a. O. I, 837ff. (bes. für den Beginn des 19. Jahrh.).

durchgedrungenen — Gesetzesvorschlägen geführt hat[143], aber in neuerer Zeit wohl in den Hintergrund getreten ist[144].

2. Man könnte versucht sein, gewisse Ausprägungen des contempt in das deutsche Recht zu *übernehmen*, schon um deswillen, weil sie eine Stärkung der richterlichen Autorität bewirken würden. Die deutsche Justiz bedürfte deren dringend, mußte sie doch Eingriffe über sich ergehen lassen, von denen der oben geschilderte Exzeß des Herrn Amann[145] nicht der einzige, wohl aber ein besonders dreister war. Dieses Bedürfnis nach Hebung der richterlichen Autorität ist um so eher anzuerkennen, als man bei uns selten sachlich genug ist, „auch gegenüber der Anwendung eines als ungerecht empfundenen Gesetzes durch den Richter die schuldige Ehrfurcht gegen diesen"[146] zu wahren. Aus dieser, wie man sagen könnte: personalistischen statt: institutionellen Auffassung erklärt es sich wohl auch mit, daß die „Abneigung gegen die Juristen", von der *Riezler* einmal gesprochen hat[147], in Deutschland besonders groß ist.

3. Trotzdem überwiegen die *Gegengründe*. Sie sind mehrfacher Art:

a) Zunächst erklärt sich der Contempt of Court aus dem *Rechtssystem des Common Law:* Es ist dort ein Angriff gegen Organe der Rechtspflege und eine unzulässige Einwirkung auf das Zustandekommen einer richterlichen Entscheidung zugleich eine Bedrohung der Rechtsquelle. Denn die Entscheidung wird ja objektives Recht und erschöpft sich nicht darin, daß sie „jus facit inter partes". Demgemäß steht die contempt-Strafgewalt in England auch nur den courts of record zu[148]. Wo sich das Statute Law verbreitet, führt dies oft zu Einschränkungen der ungebundenen Contempt-Strafgewalt.

b) Weiter ist der Contempt nur zu verstehen aus der *englischen Mentalität*, welche antithetische Begriffe wie Fortschritt und Tradition oder, was in unserem Fall besondere Bedeutung gewinnt: Disziplin und Freiheit, glücklich zur Synthese zu bringen weiß und als in hohem Maße gegenseitig bedingt auffaßt. Gerade das Institut des Contempt ist in seiner heutigen Auffassung wesentlich von der englischen Utilitaritätsphilosophie und dem Eudaimonismus mit geformt[149].

---

[143] Contempt of court Bill 1883, vgl. *Oswald* a. a. O. 14ff.

[144] Wie aus den Darlegungen *Grünhuts*, a. a. O. 448 zu entnehmen, der als umstritten lediglich erwähnt: den contempt durch die Presse, die Personalexecution wegen Forderungen und das „government by injunction" in Arbeitsstreitigkeiten in den USA.

[145] S. oben S. 549.

[146] *Mendelssohn-Bartholdy*, Imperium 54.

[147] *Riezler*, Abneigung gegen die Juristen (1925).

[148] Vgl. oben S. 545, Anm. 20.

[149] Siehe hierzu *de Rossi* a. a. O 248ff., ferner von demselben Autor: Die Lehre vom contempt of court in rechtshistorischer Betrachtung: Zeitschr. f. vergl. Rechtsw. 51 (1936).

c) Die Übernahme eines einzelnen, aus seinem eigenen System herausgerissenen Rechtsgedankens ohne Mitübernahme der ihn tragenden Rechtseinrichtungen in ein gesellschaftlich andersartiges Rechtsgebiet ist oft als bedenklich gekennzeichnet worden[150]. Auf kontinentalem Rechtsboden wäre der Contempt of Court eine fremde Pflanze, welche in der Mentalität der festländischen Juristen nicht recht gedeihen würde. Deren Systematik ignoriert die einzelnen Funktionen des contempt nicht etwa, erfüllt sie jedoch funktionell getrennt, allerdings oft recht unterschiedlich gegenüber England.

d) In *Deutschland* müssen wir vielleicht noch besonders Bedacht nehmen auf die unseren amtlichen Stellen oft spezifische Freude an der eigenen Autorität, die es zweifelhaft erscheinen lassen kann, ob die scharfe Waffe des contempt immer mit der gleichen Mäßigung gebraucht würde, wie meist im anglo-amerikanischen Rechtskreis. Es muß nachdenklich stimmen, daß Autoren, die im Sinne des autoritären Regimes schrieben, sehr gerne für die Erweiterung jeder Ordnungsstrafgewalt eintraten[151]. Die Übernahme von Contempt-Gedanken würde Ausdehnung des Ordnungsstrafrechts bedeuten. Wir stehen aber vor der Notwendigkeit, das seit dem ersten Weltkrieg stetig sich vermehrende, seit 1933 und insbesondere seit dem zweiten Weltkrieg lawinenartig angewachsene Ordnungs- und Zwangsstrafrecht zurückzudämmen, in dem „sans autre formalité ni délai"[152] und oft auch „sans appel" einschneidende Maßnahmen verhängt werden.

Die Erfahrungen mit dem autoritären Staat müssen uns aber auch bedenklich stimmen gegenüber der Übernahme des Contempt-Gedankens in das ordentliche Strafrecht, Gedanken, die sich fanden in Vorschlägen der seinerzeitigen amtlichen Strafrechtskommission, wonach die öffentliche Verhöhnung der Rechtspflege unter Strafe gestellt werden sollte[153].

Im Augenblick spielen solche Versuche der Übernahme von Contempt-Gedanken insofern eine besondere Rolle, als in dem derzeit im Beratungsstadium befindlichen „Entwurf zum Strafrechtsänderungsgesetz 1950"[154] die Einfügung eines § 137b in das StGB vorgesehen ist, der nach der Regierungsvorlage folgenden Wortlaut hat:

§ 137b

Wegen Störung der Rechtspflege wird mit Gefängnis, neben dem auf Geldstrafe erkannt werden kann, bestraft

---

[150] *Ehrlich* a. a. O. 49ff.

[151] So *Fraeb*, Die Kraft der Reichsgewalt im Ordnungsstrafverfahren: Der deutsche Justizbeamte 1937, 221, ferner die oben S. 551 u. 552, Anm. 55 u. 62 genannten Schriftsteller.

[152] Vgl. den Wortlaut von Art. 80 Code d'Instruction Criminelle.

[153] Vgl. *Gürtner*, Das kommende deutsche Strafrecht, Besonderer Teil, (2. Aufl. 1936) 331.

[154] Vgl. auch oben S. 556 bei Anm. 84.

1. wer ein Mitglied des Gerichts, einen Vertreter der Anklagebehörde, einen Zeugen oder einen Sachverständigen oder einen am gerichtlichen Verfahren Beteiligten oder dessen Vertreter einzuschüchtern versucht;
2. wer öffentlich unrichtig oder gröblich entstellend über den Gang eines gerichtlichen Verfahrens oder seine Ergebnisse berichtet;
3. wer wertende Äußerungen über den Verfahrensgang oder über die im Verfahren zu erwartenden oder erlassenen Entscheidungen öffentlich abgibt, solange der schwebende Rechtszug nicht beendet ist und die in ihm ergangenen Entscheidungen noch der tatsächlichen Nachprüfung unterliegen.

Die Vorschrift der Nr. 3 gilt nicht für rechtswissenschaftliche Erörterungen in Fachzeitschriften und vor Rechtskundigen.

Der Bundesrat hat demgegenüber für die Fassung der Ziffer 2 auch die Einbeziehung des staatsanwaltschaftlichen Verfahrens angeregt und als Schuldstufen „Vorsatz oder Leichtfertigkeit" vorgesehen. Die Ziffer 3 soll nach dem Bundesrat wegfallen, da dem hier zu erfassenden Tatbestand kein krimineller Unrechtsgehalt beizumessen und die hier gewählte Zäsur (Beendigung der Tatsacheninstanz) willkürlich sei (Revisionsverfahren!), so daß hierdurch noch das Mißtrauen gegen die Justiz in der Öffentlichkeit verstärkt werde.

Diese letzten Bedenken bestehen aber gegen jegliche Übernahme von Contemptgedanken. Es wäre ihnen noch hinzuzufügen, daß sich hierdurch wohl die Beziehungen von Justiz und Presse erheblich trüben würden, wobei man bei der doch noch sehr unter Sturm- und Drangerscheinungen stehenden Presse nicht sagen kann, wer die Zeche zu bezahlen haben würde, wenn sich „Contempt-Schlangen" ergäben dergestalt, daß in dem Verfahren über den Contempt abermals ein Contempt begangen würde. Daß die zweifellos oft in ihrer Berichterstattung nach Form, Fassung und Inhalt fehlgreifende Presse nicht in mißverstandener Übertreibung einer Pressefreiheit, die zur Pressewillkür, ja zu Pressediktatur und Presseterror ausartet, verantwortungslos handeln darf, leuchtet ein. Diese Verantwortung hat jedoch die Presse selbst. Es ist an ihr, etwa durch unparteiische, rein nach rechtlichen, nicht nach politischen Gesichtspunkten urteilende Standesgerichte von hohem Niveau einzugreifen.

FSC
www.fsc.org
MIX
Papier | Fördert
gute Waldnutzung
FSC® C083411

Kolibri 360 GmbH
Ferdinand-Jühlke-Straße 7
99095 Erfurt, Deutschland
produktsicherheit@kolibri360.de